BLUE BOOK

Annual Report on
China's Educational Equipment Industry

中国教育装备行业蓝皮书

（2020版）

中国教育装备行业协会 编

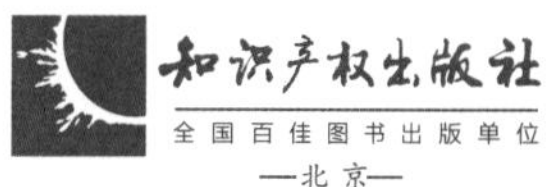

图书在版编目（CIP）数据

中国教育装备行业蓝皮书：2020版 / 中国教育装备行业协会编 .—北京：知识产权出版社，2020.12
ISBN 978-7-5130-7286-1

Ⅰ . ①中… Ⅱ . ①中… Ⅲ . ①教学设备—研究报告—中国—2020 Ⅳ . ① G484

中国版本图书馆 CIP 数据核字（2020）第 214091 号

责任编辑：石陇辉　　**责任校对**：谷　洋
封面设计：智兴设计室 • 索晓青　　**责任印制**：刘译文

中国教育装备行业蓝皮书（2020版）

中国教育装备行业协会　编

出版发行：	知识产权出版社有限责任公司	**网　　址**：	http：//www.ipph.cn
社　　址：	北京市海淀区气象路50号院	**邮　　编**：	100081
责编电话：	010-82000860 转 8175	**责编邮箱**：	shilonghui2009@163.com
发行电话：	010-82000860 转 8101/8102	**发行传真**：	010-82000893/82005070/82000270
印　　刷：	三河市国英印务有限公司	**经　　销**：	各大网上书店、新华书店及相关专业书店
开　　本：	720mm × 1000mm　1/16	**印　　张**：	24
版　　次：	2020年12月第1版	**印　　次**：	2020年12月第1次印刷
字　　数：	350千字	**定　　价**：	139.00元

ISBN 978-7-5130-7286-1

《中国教育装备行业蓝皮书（2020版）》

编委会

主　编

王　富

副主编

夏国明　李兴植

编　委

（按姓氏笔画排序）

王　艳　王　瀛　朱俊英

李梦莹　崔　峣　鲍亚培

主编的话

2019年是中华人民共和国成立70周年。70年来，在党中央、国务院的领导下，我国的教育事业发展取得了历史性成就，由一个文盲率80%以上的人口大国转变为一个人力资源大国。70年间，我国形成了体系完善、结构合理的现代教育体制，实现了学前教育的“从无到有，从有到优”，加速走过了西方国家近百年的义务教育普及之路，建成了体系、结构合理的高中阶段教育，成功跨入高等教育普及化阶段。目前，我国教育的总体发展水平已跃居世界中上行列，正在推动我国向学习大国、人力资源强国和人才强国迈进。作为教育事业的重要组成部分，教育装备战线70年来坚持全面贯彻党的教育方针，始终围绕中心、服务大局，为教育事业的砥砺前行提供了坚实的物质基础和后勤保障，为教育事业辉煌成就的取得作出了重要贡献。

2019年是教育系统深入贯彻落实全国教育大会精神的开局之年。这一年中，在党中央、国务院的坚强领导下，教育系统坚定不移地贯彻落实习近平新时代中国特色社会主义思想，牢牢坚持社会主义办学方向，全面贯彻党的教育方针，加强党对教育工作的全面领导，开拓奋进，狠抓落实，深入实施“奋进之笔”，使人民群众的教育获得感进一步增强。

2019年是《国家中长期教育改革和发展规划纲要（2010—2020年）》收官前的冲刺之年，也是《中国教育现代化2035》的启动元年。2035年是我国基本实现社会主义现代化的重要时间节点，《中国教育现代化2035》这一全新中长期战略规划的出台，为教育发展描绘了远景蓝图，为新时代的教育现代化建设指明了方向。

教育的现代化，离不开教育装备的现代化。在新的战略规划期内，教育装备战线将继往开来，充分发挥底层支撑作用，为《中国教育现代化2035》提出的推动各级教育高水平高质量普及、实现基本公共教育服务均等化、构建服务全民的终身学习体系、加快信息化时代教育变革、推进教育治理体系和治理能力现代化等战略任务的达成贡献力量。作为我国教育装备行业的重要成员，中国教育装备行业协会也将继续发挥纽带和桥梁作用，以行业党建、行业理论研究、团体标准建设、信用体系构建、品牌展会组织、国际交流合作、扶贫公益活动等工作为抓手，积极引领、推动行业科学发展，为教育现代化的实现励精图治，不断前行。

“中国教育装备行业蓝皮书”由中国教育装备行业协会按年度组织编撰，相关工作已连续开展9年。2020版蓝皮书分发展报告和专题报告两大板块。发展报告聚焦我国教育装备行业整体发展情况，对行业发展的年度宏观环境、政策法规导向、重要事件节点等进行全方位记录与解析，提出发现与观点；专题报告则侧重通过多样化视角对行业的不同领域和最新趋势予以立体呈现。本年度的发展报告将往年的“1篇总报告+4篇以学段划分的子报告”整合为1篇全景式报告，旨在以更简洁的形式和更精华的内容呈现更加明晰的行业图景；专题报告则在选题层面进一步体现“优中选优”的编撰理念，精选了23篇反映行业重点领域发展或热点议题的研究报告，供广大教育装备工作者及相关领域人士参考。

本书在编撰过程中得到了教育部基础教育司和发展规划司的指导和支持，也得到了地方教育装备管理部门、地方教育装备行业协会、相关科研单位、行业企业等的帮助，在此表示衷心的感谢。最后，对参与撰稿、审稿工作的专家致以诚挚的敬意，感谢诸位为本书付出的辛勤劳动。

中国教育装备行业协会　会长

2020年10月于北京

目　录

发展报告

专题报告

附录

发展报告

中国教育装备行业2019年度发展报告

王　富　王　靖　纪秀君　李　瀛　殷常鸿　盛　瑛

2019年是中华人民共和国成立70周年，是全面建成小康社会、实现第一个百年奋斗目标的关键之年，是深入贯彻落实全国教育大会精神的开局之年，是教育系统深入实施“奋进之笔”，攻坚克难、狠抓落实的重要一年。

这一年，《中国教育现代化2035》颁布实施，点亮了我国中长期教育发展的新灯塔；这一年，《中共中央 国务院关于深化教育教学改革全面提高义务教育质量的意见》和《国务院办公厅关于新时代推进普通高中育人方式改革的指导意见》先后出台，描绘了我国基础教育深化改革的新航图；这一年，《国家职业教育改革实施方案》正式启动，铸就了我国职业教育砥砺前行的新指针；这一年，《教育部关于深化本科教育教学改革全面提高人才培养质量的意见》印发落地，确立了我国高等教育内涵提升的新坐标。

一年来，教育装备战线深入贯彻党的教育方针，坚持围绕中心、服务大局，聚焦发展更加公平、更有质量的基础教育，服务建设产教融合的职业教育，推动高等教育内涵式发展，充分发挥教育装备在落实立德树人根本任务中的重要作用，为培养德智体美劳全面发展的社会主义建设者和接班人提供了坚实有效的保障。

本文以教育规模、教育投入、办学条件等基础数据为依托，全景描摹了教育装备行业所处的宏观环境；以国家政策、法律法规、标准规范等官方文件为根据，专题解读了教育装备行业须知的发展导向；以政府工作、行业实践、相关活动等为线索，立体呈现了教育装备行业历经的重要节点；分学前教育、普通中小学教育、职业教育、高等教育四个维度，阐述了对行业发展的观察与思考，供教育装备行业及相关工作者参考。

一、行业相关数据解读

（一）各级各类教育规模

教育规模是反映教育发展的基础性指标，也是研判教育装备行业基本面的主要依据。各级各类教育规模的变化和相应的结构改变，直接影响教育装备行业的市场空间和发展重心。

2019年，我国教育总体规模继续扩增。各级各类学校总计53.01万所，各级各类学历教育在校生2.82亿人，各级各类学校专任教师1732.03万人；较之2015年，上述三项反映教育规模的核心指标在五年间分别增长了3.45%、8.88%和12.26%（见图1）。

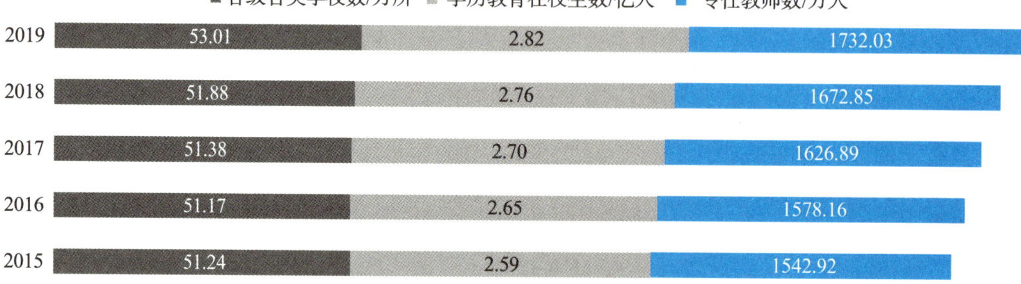

图1　2015~2019年我国教育规模变化情况

1. 学前教育

2019年，全国共有幼儿园28.12万所，比上年增加1.45万所，增长5.44%。学前教育入园幼儿1688.23万人（因教育统计指标调整，此项数据与往年不具可比性）；在园幼儿4713.88万人，比上年增加57.46万人，增长1.23%。幼儿园教职工491.57万人，比上年增加38.43万人，增长8.48%；专任教师276.31万人，比上年增加18.17万人，增长7.04%。学前教育毛入园率达到83.4%，比上年提高1.7个百分点，距离2020年学前三年毛入园率85%的目标达成还差1.6个百分点。

学前教育的各项数据中，教职工人数增长显著。如图2所示，2015~2019年的五年间，幼儿园教职工人数增幅达40.62%（其中专任教师人数增幅34.72%），远高于同期在园幼儿人数的增幅（10.53%），在人力资源层面为提升保育质量提供了重要支撑。

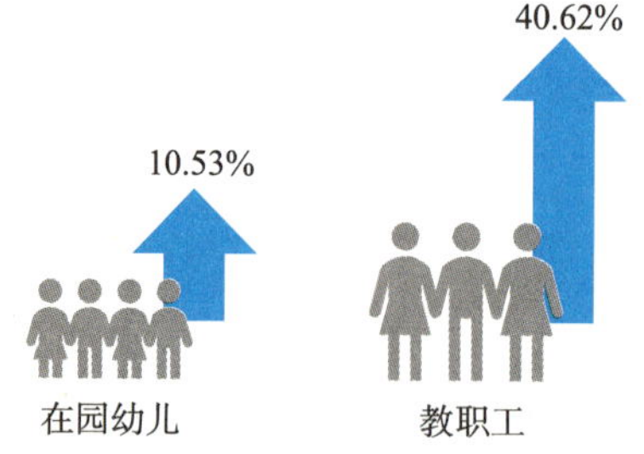

图2　2015~2019年我国学前教育在园幼儿与教职工人数增幅对比

2. 义务教育

2019年，全国共有义务教育阶段学校21.26万所，招生3507.89万人，在校生1.54亿人，九年义务教育巩固率94.8%；专任教师人数首次突破1000万人，达1001.65万人。

分小学和初中看：全国共有普通小学16.01万所，比上年减少0.17万所，下降1.03%；在校生10561.24万人，比上年增加221.98万人，增长2.15%；小学学龄儿童净入学率99.94%；小学教职工585.26万人，比上年增加12.01万人，增长2.10%；专任教师626.91万人，比上年增加17.72万人，增长2.91%。全国共有初中学校5.24万所（含职业初中11所），比上年增加433所，增长0.83%；在校生4827.14万人，比上年增加174.55万人，增长3.75%；初中阶段毛入学率102.6%；初中教职工435.04万人，比上年增加15.67万人，增长3.74%；专任教师374.74万人，比上年增加10.84万人，增长2.98%。

受“撤点并校”政策和城乡人口流动等因素影响，2019年义务教育阶段学校数虽延续了2001年以来的下降趋势，但降幅已进一步缩小。近五年的数据表明，我国初中学校数基本稳定，小学学校数的同比降幅正快速收窄（见图3）。

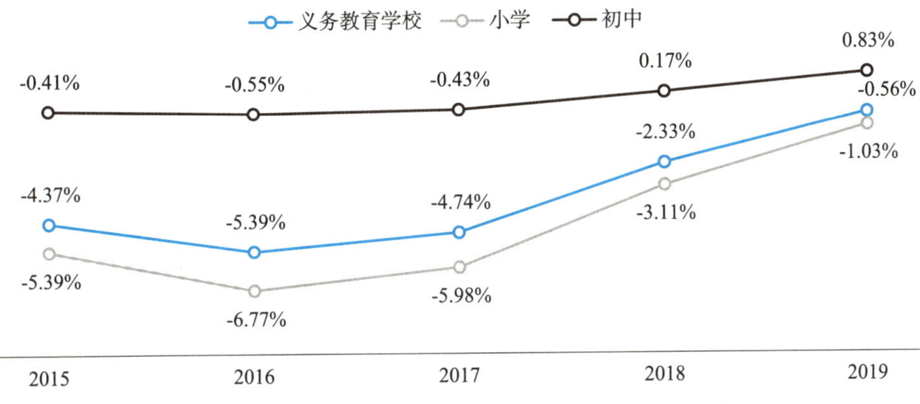

图3 2015~2019年我国义务教育阶段学校数同比变化情况

从总班数角度观察，小学、初中较上年分别增长1.96%和4.31%，延续了同比增长的态势。2015~2019年，小学、初中总班数分别增长了9.26%和15.56%，义务教育阶段的大班额问题得到有效改善。具体而言，2019年小学阶段56~65人的大班占比3.64%（比上年下降2.38个百分点），66人以上的超大班占比0.23%（比上年下降0.24个百分点）；初中阶段56~65人的大班占比4.04%（比上年下降3.99个百分点），66人以上的超大班占比0.26%（比上年下降0.33个百分点）。距离达成2020年底全面消除义务教育阶段超大班和大班的目标仅一步之遥（见图4）。

3. 高中阶段教育

全国高中阶段教育共有学校2.44万所，比上年增加55所，增长0.23%；招生1439.86万人，比上年增加90.11万人，增长6.68%；在校学生3994.90万人，比上年增加60.23万人，增长1.53%。高中阶段毛入学率89.5%，比上年提高0.7个百分点。从学校数、招生人数及在校生人数来看，2019年，我国高中阶段教育规模一改长期下降的态势，显示出回升的信号（见图5）。

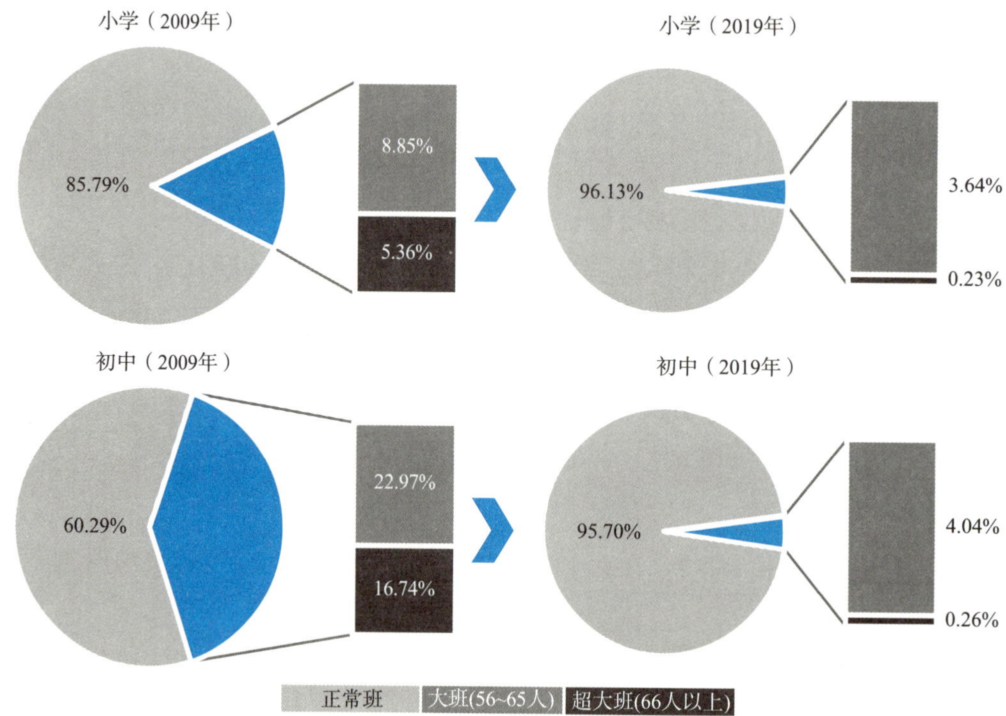

图4　2009年与2019年义务教育阶段学校大班、超大班占比变化情况

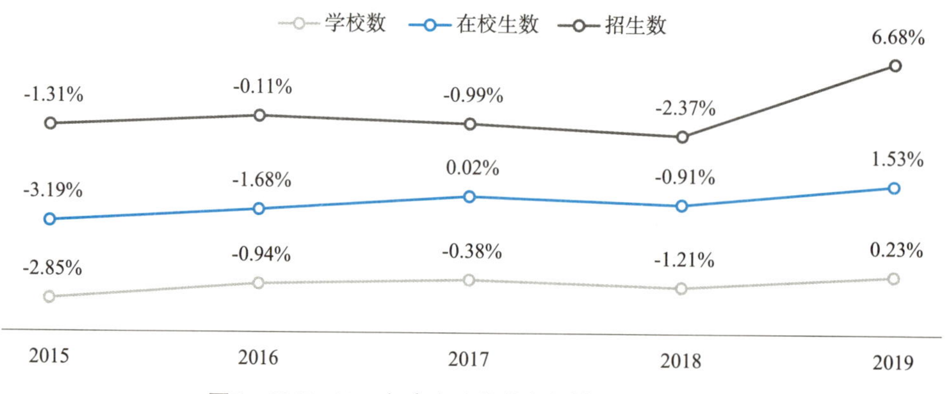

图5　2015~2019年高中阶段教育规模同比变化情况

以上三项指标中，招生人数的增长尤为显著。分学校类型看：普通高中招生人数的同比增幅由2018年的-0.92%提升至2019年的5.90%；中等职业教育学校的这一数据更是由-4.36%大幅提升至7.78%（我国高中阶段教育由普通高中、中等职业教育学校、成人高中组成，又以普通高中和中等职业教育学校为主体）。

招生人数和在校生人数的扩增并未影响到高中教育阶段生师比的持续优化。2019年普通高中生师比由上一年的13.10：1下降至12.99：1，中等职业教育生师比由19.10：1下降至18.94：1。

4. 高等教育

2019年，我国高等教育毛入学率突破50%，达到51.6%，首次迈入高等教育普及化国家行列。这是我国高等教育发展过程中的重要成就和新起点。2019年，全国各类高等教育在学总规模4002万人。全国共有普通高等学校2688所（含独立学院257所），比上年增加25所，增长0.94%。其中，本科院校1265所，比上年增加20所；高职（专科）院校1423所，比上年增加5所。全国共有成人高等学校268所，比上年减少9所；研究生培养机构828个，其中，普通高等学校593个，科研机构235个。普通高等学校校均规模11260人，其中，本科院校15179人，高职（专科）院校7776人。

经过70年的探索与发展，我国已成为公认的高等教育大国，但和高等教育强国之间仍存在一定的差距，发展潜力巨大。一方面，虽然我国高等教育已进入普及化阶段，但在普及率方面仍有较大的提升空间：发达国家的高等教育毛入学率已普遍高于60%，一些国家甚至高于70%；美国每千人注册研究生数（在学研究生数除以当年人口数乘以1000所得数值）近年来一直保持在9人以上，英国为8人以上，加拿大为7人左右，韩国则为6~7人，而我国仅为2人。另一方面，虽然我国顶尖高等教育机构的绝对数量（以入围“QS世界大学排名”的学校数为例）逐年递增，但作为高等教育在学总规模占全球20%以上的人口大国，我国的生均优质高等教育资源占有量仍远落后于其他先进国家（见图6）。

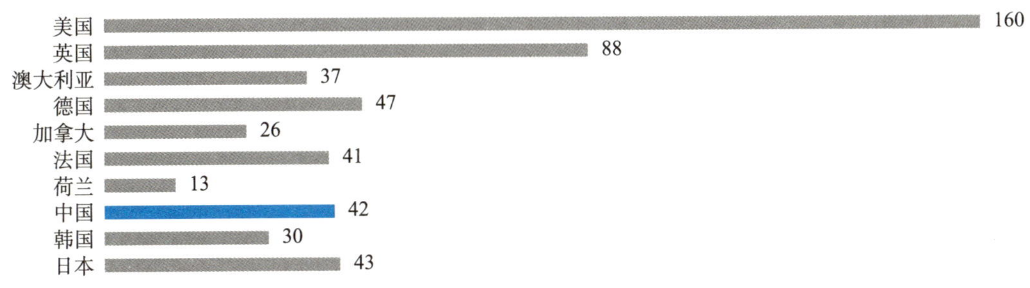

图6　2019年相关国家入围“QS世界大学排名”的高校数量①（单位：所）

高职（专科）教育是我国高等教育体系的重要组成部分，其2019年的大规模扩招值得关注。2019年，高职（专科）院校招生人数较上年增加114.78万人（同比增长31.12%），完成了2019年《政府工作报告》提出的“大规模扩招100万人”的任务。高职（专科）院校招生人数超过本科院校，“本科强、专科弱”的高等教育招生形势已发生逆转（见图7）。

---

① 图中所列国家为“2019年QS高等教育体系实力排行”排名前10的国家，按排名升序排列。

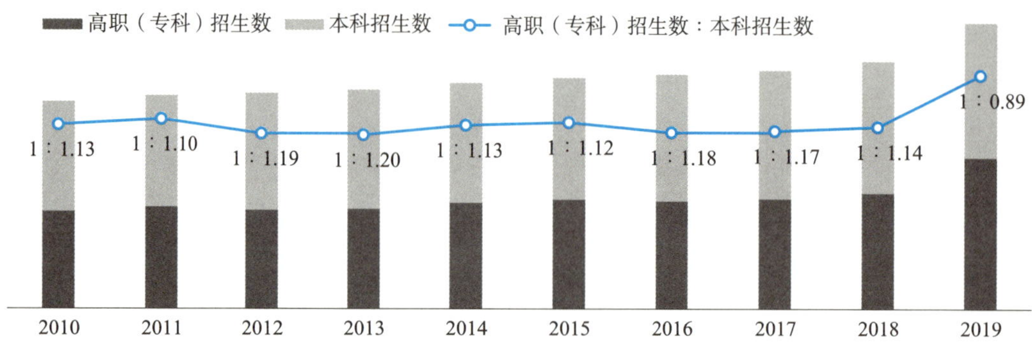

图7　2010~2019年高职（专科）与本科招生数的相对值变化情况

5. 民办教育

2019年，全国共有各级各类民办学校19.15万所，比上年增加8052所，占全国院校的36.13%；招生1774.33万人，比上年减少5.42万人，下降0.30%；各类教育在校生5616.61万人，比上年增加238.40万人，增长4.43%。

从在校生规模结构看，各级各类民办学校的规模占比排序较2018年未发生变化。学前教育仍是民办教育的绝对主体，但其规模占比由上一年的49.1%缩减至47.2%，而其他类型学校占比则均有所提升（见图8）。

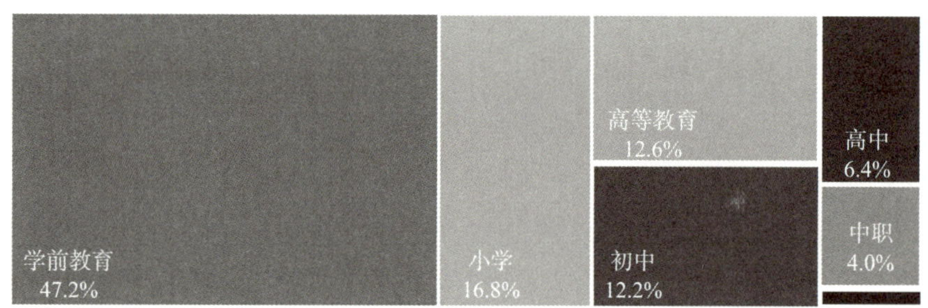

图8　2019年我国民办教育在校生规模结构

纵观近五年的民办教育，各级各类民办学校均取得了较快发展，在校生总人数增幅达22.89%。其中，民办普通高中在校生增幅最大（39.97%），义务教育阶段学校次之，其后是职业教育院校，幼儿园和本科学校增幅则相对较小（见图9）。

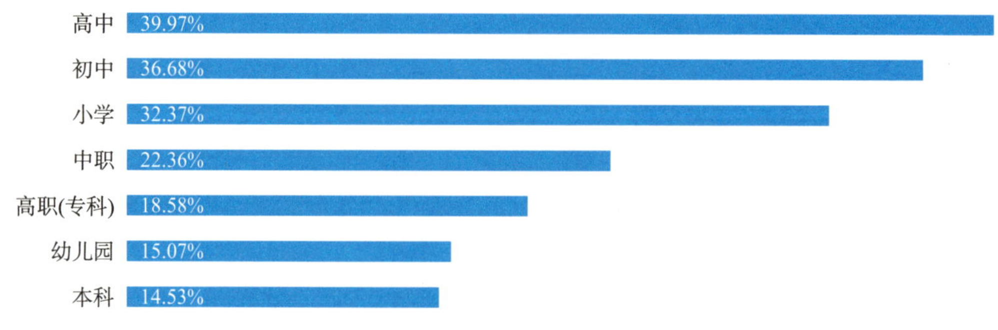

图9　2015~2019年各级各类民办学校在校生增幅

6. 特殊教育

2019年，全国共有特殊教育学校2192所，比上年增加40所，增长1.86%；特殊教育学校共有专任教师6.24万人，比上年增加0.37万人，增长6.31%。全国共招收各种形式的特殊教育学生14.42万人，比上年增加2.07万人，增长16.76%；在校生79.46万人，比上年增加12.87万人，增长19.32%。其中，附设特教班在校生3845人，占特殊教育在校生0.48%；随班就读在校生39.05万人，占特殊教育在校生49.15%；送教上门在校生17.08万人，占特殊教育在校生21.50%。

（二）教育投入

2019年，全国教育经费总投入为50175亿元，首次突破50000亿元，比上年增长8.74%。其中，国家财政性教育经费（主要包括一般公共预算安排的教育经费，政府性基金预算安排的教育经费，国有及国有控股企业办学中的企业拨款，校办产业和社会服务收入用于教育的经费等）为40049亿元，比上年增长8.25%。国家财政性教育经费支出占国内生产总值的4.04%（自2012年起连续第八年超过4%），较上年提升0.02个百分点（见图10），处于联合国《2030年教育行动框架》提议的4%~6%范围内。

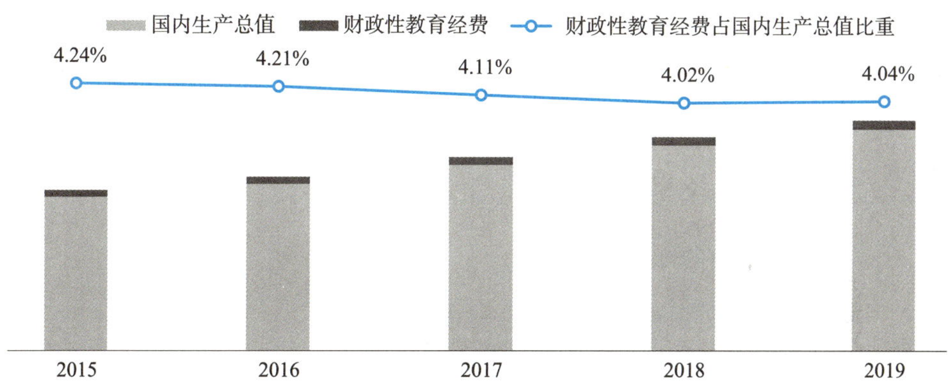

图10　2015~2019年国家财政性教育经费占国内生产总值比重①

1. 各级各类教育经费

2019年，全国学前教育经费总投入4099亿元，比上年增长11.63%；义务教育经费总投入22780亿元，比上年增长9.12%；高中阶段教育经费总投入为7730亿元，比上年增长7.53%（其中，中等职业教育经费总投入为2617亿元，比上年增长6.20%）；高等教育经费总投入为13464亿元，比上年增长11.99%（其中，普通高职高专教育经费总投入为2402亿元，比上年增长11.25%）；其他教育经费总投入为2102亿元，比上年下降11.77%。

---

① 按照我国国内生产总值数据修订制度和国际通行做法，在第四次全国经济普查后，国家统计局对2018年及以前年度的国内生产总值历史数据进行了系统修订。此处采用修订后的数据进行计算。

对近三年各级各类教育经费的增长情况进行分析可以发现：除学前教育和高中阶段教育（不含中职）的经费增幅逐年减小外，2019年义务教育、中等职业教育、高等教育（不含高职）、普通高职高专教育经费的增幅均较上一年有所提升，中等职业教育、高等教育（不含高职）和普通高职高专教育的同比增幅还创出了三年来的新高（见表1）。

表1　2017~2019年各级各类教育经费总投入及同比增幅变化趋势

教育类型	教育经费总投入/亿元				
	2017	2018	2019	2019同比	同比趋势
学前教育	3255	3672	4099	11.63%	
义务教育	19358	20858	22780	9.12%	
高中阶段教育（不含中职）	4318	4721	5113	8.30%	
中等职业教育	2319	2463	2617	6.20%	
高等教育（不含高职）	9086	9863	11062	12.16%	
普通高职高专教育	2023	2150	2402	11.25%	

从各级教育生均教育经费支出情况来看：2019年幼儿园生均教育经费支出增幅最大，义务教育阶段增幅最小；与上一年相比，幼儿园、普通小学、普通初中的生均教育经费同比增幅均有所提升，普通高中、中等职业教育学校、普通高等学校的增幅则有所下降（见图11）。

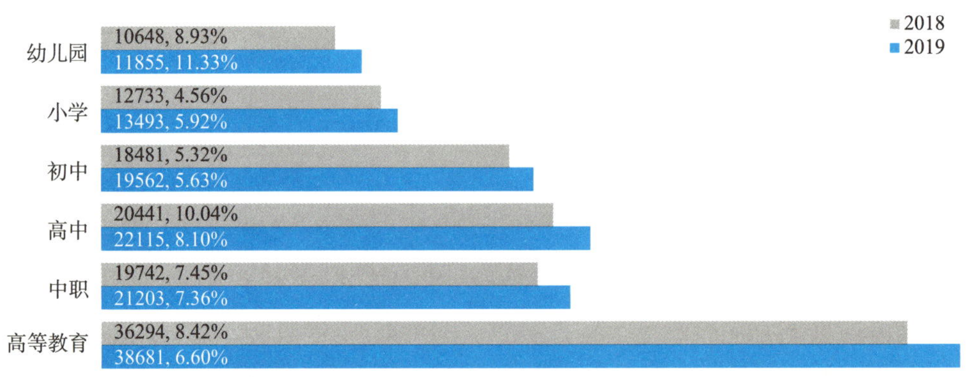

图11　2018年、2019年各级各类教育生均经费支出额及同比变化情况（单位：元）

2. 教育行业固定资产投资

固定资产投资是以货币形式表现的在一定时期内建造和购置固定资产的工作量及与此有关的费用的总称。该指标是反映固定资产投资规模、结构和发展速度的综合性指标。对教育行业而言，固定资产投资反映了各方在教育基础设施建设方面的投入力度，与教育装备市场的发展密切相关。

2019年，我国全年全社会固定资产投资560874亿元，比上年增长5.1%。其中，全行业固定资产投资（不含农户）增长5.4%；教育行业固定资产投资（不含农户）增长

17.7%。近五年，在全行业固定资产投资增速持续下行的情况下，教育行业固定资产投资的增速总体保持了较高水平，除2018年外均较大幅度领先于全行业平均水平（见图12）。这一现象体现了教育行业的“抗周期”属性，同时也说明行业仍存在较大的固定资产投资空间，是倍受政府和社会资本关注和青睐的朝阳行业。对于教育装备行业而言，教育行业固定资产投资的高速增长势必为行业创造出更加可观的发展空间。

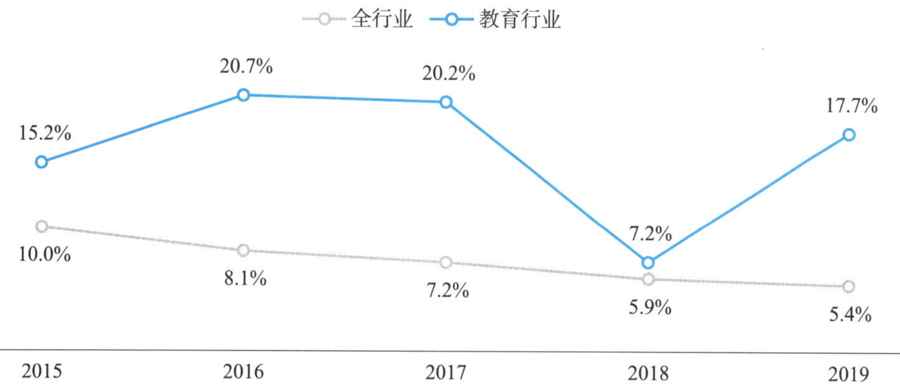

图12　2015~2019年教育行业固定资产投资（不含农户）增长率与全行业平均增长率

3. 教育科技类投资

近年来，教育科技类企业（包括在线教育、人工智能、移动学习、教育游戏等）迅速成为资本市场的关注热点。据统计，2019年全球教育科技类投资总额高达186.6亿美元（较上年增长14%），2018年、2019年的投资额之和甚至远超之前20年（1998~2017年）的投资总额。值得注意的是，虽然2019年教育科技类投资总额较2018年有大幅增长，但融资事件数却下降了17.6%（见图13），其原因在于大额融资比例的提升：2019年融资金额等于或大于1亿美元的企业共有44家，而2018年仅有30家。

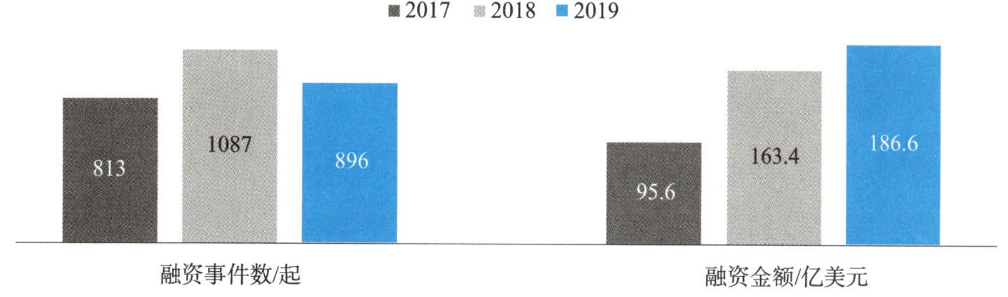

图13　2017~2019年全球教育科技类融资事件数与融资金额

受监管新规落地的影响，2019年我国教育科技类融资事件数与融资金额均较2018年有显著下降：全年融资事件数79起（同比下降62.8%），融资总额39亿美元（同比下降46.0%）。从占全球教育科技类融资总额的比例看，我国由上一年的占比44.1%（全球第一）降至21.0%（全球第二）（见图14）。教育科技的子领域教育人工智能方面的投资也出现显著回落，由2018年的3亿美元降至1.9亿美元。

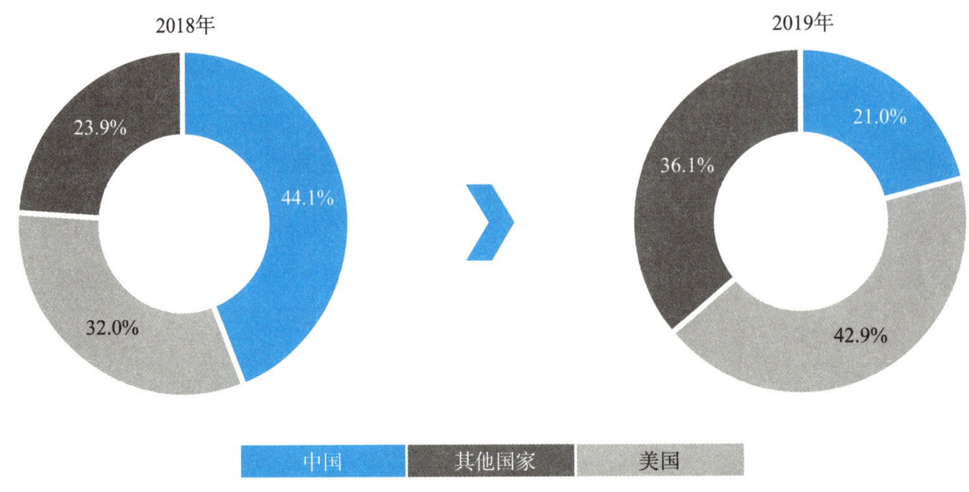

图14　2018年、2019年中国、美国及其他国家教育科技类融资金额占比

（三）学校办学条件

1. 校舍建设

2019年，我国幼儿园、义务教育阶段学校、普通高中学校生均校舍建筑面积较2018年有所增长，中等职业教育学校、高等教育阶段学校则有所下降；和学生在校学习与活动直接相关的生均教学及辅助用房面积的情况相同，除中等职业教育学校、高等教育阶段学校有所下降外，其他各类学校均有所上涨。在各类学校中，幼儿园的生均校舍建筑面积和生均教学及辅助用房面积增幅继续排名第一；高等教育阶段学校则连续第二年出现负增长，且降幅较上一年有所扩大（见图15）。

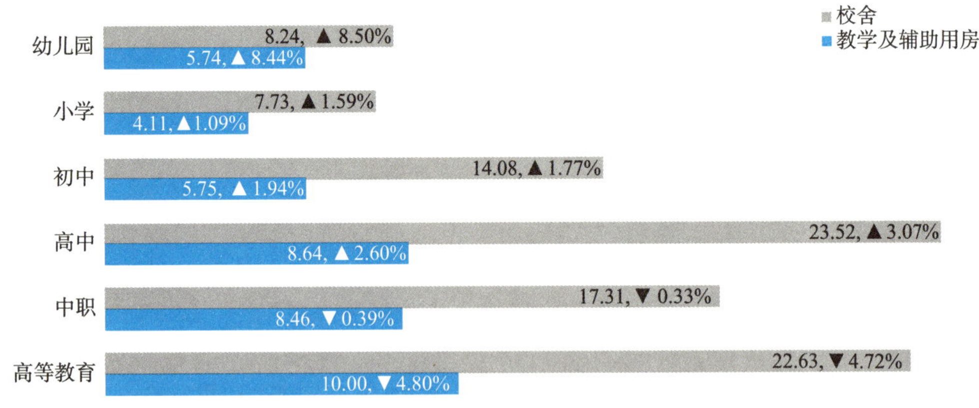

图15　2019年各类学校生均校舍建筑面积及同比变化情况（单位：m^2）

（1）教室。教室（幼儿园活动室）是学生在校期间的主要学习场所。2019年各类学校生均教室面积方面，中等职业教育学校、高等教育阶段学校较上一年均有所下降（分别下降0.91%、6.57%）；其他类型学校则保持了增长态势，增幅为0.57%（小学）~8.79%（幼儿园）。教室数量方面，在以行政班为主要教学单位的小学至高中教育阶段学校中，每50名学生拥有普通教室（指可供行政班每班1间且固定使用的教室）数量变化情况如图16所示。可以发现：近三年，义务教育阶段学校的此项数据基本保持稳定（小学稍有下滑），而高中教育阶段学校则保持了一定的增长。总体而言，与高中教育阶段学校相比，义务教育阶段学校的普通教室资源仍相对有限。

图16　2017~2019年各类学校每50名学生拥有普通教室数及年复合增长率（单位：间）

（2）体育运动场所。2019年，我国中小学体育运动场（馆）面积达标率首次全部突破90%。具体而言，义务教育阶段学校较上一年进一步提升，其中：小学提升1.75个百分点至90.22%，初中提升0.96个百分点至93.54%；普通高中下降0.15个百分点至91.62%。

学校的体育运动场所主要由室外运动场地和体育馆组成。体育运动场所总面积方面：2019年仅中等职业教育学校较上一年有小幅下降（室外运动场地面积同比减少0.27%），其他各类学校均有所增长。生均方面：室外运动场地面积小学下降1.28%，初中下降0.78%，中等职业教育学校下降0.47%，高等教育阶段学校下降7.18%，幼儿园和普通高中有所增长（增幅分别为6.78%、1.31%）；体育馆面积除高等教育阶段学校下降4.50%外，其他类型学校均有增长（见图17）。

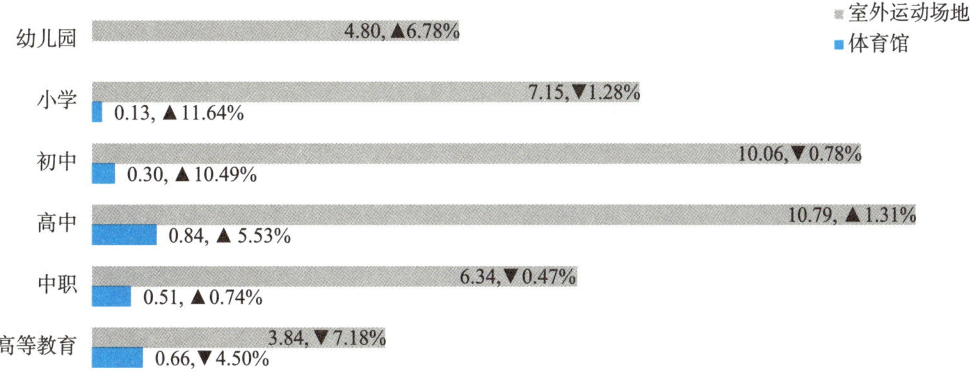

图17　2019年各类学校生均体育运动场所面积及同比变化（单位：m²）

义务教育阶段学校和高等教育阶段学校生均体育运动场所面积（生均室外运动

场地面积与生均体育馆面积之和）的下降值得关注：义务教育阶段学校的降幅虽然较小，但已降至2017年的水平之下；高等教育阶段学校则连续下降，且降幅有逐渐加大的趋势（见表2）。学校（尤其是义务教育阶段学校）体育运动场所面积的下降，直接影响校内体育运动的开展，对青少年体质健康发展不利，应给予充分重视。

表2　2017~2019年各类学校生均运动场所面积及变化趋势

教育类型	生均运动场所面积/ m²			
	2017	2018	2019	变化趋势
幼儿园	4.18	4.49	4.80	
小学	7.34	7.36	7.28	
初中	10.44	10.41	10.36	
普通高中	10.98	11.45	11.63	
中等职业教育学校	6.75	6.87	6.85	
高等教育阶段学校	4.90	4.83	4.50	

（3）功能性教学与辅助用房。功能性教学与辅助用房包括：幼儿园开展保育工作所需的活动室、保健室、图书室，普通中小学（小学、初中、普通高中）的实验室、微机室、语音室、图书室，中等职业教育学校的实验室、实习场所、图书馆，以及高等教育阶段学校的实验室、实习场所、专用科研用房、图书馆。

从2019年各类学校功能性教学与辅助用房的生均面积变化情况看（见表3）：幼儿园活动室、保健室、图书室仍保持了相对较高的增速；普通高中的语音室，中等职业教育学校、高等教育阶段学校的图书馆，以及高等教育阶段学校的实验室、实习场所均较上一年出现了下降（其中，高等教育阶段学校的图书馆、实验室、实习场所已连续两年下降且降速加快）；初中的微机室、语音室止跌回升且反超了2017年的数据。除上述房舍外，其他各类学校的各类功能性教学与辅助用房均有小幅增长，但增速均呈进一步放缓的态势。

表3　2017~2019年各类学校功能性教学与辅助用房生均面积及变化趋势

学校类别	房舍类型	生均面积/m²				
		2017	2018	2019	2019同比	变化趋势
幼儿园	活动室	2.824	3.102	3.375	8.80%	
	保健室	0.142	0.150	0.159	6.00%	
	图书室	0.197	0.214	0.233	8.88%	

续表

学校类别	房舍类型	生均面积/m²				
		2017	2018	2019	2019同比	变化趋势
小学	实验室	0.251	0.262	0.266	1.53%	
	图书室	0.218	0.224	0.228	1.79%	
	微机室	0.171	0.176	0.177	0.57%	
	语音室	0.048	0.049	0.051	4.08%	
初中	实验室	0.867	0.882	0.885	0.34%	
	图书室	0.343	0.350	0.360	2.86%	
	微机室	0.252	0.251	0.253	0.80%	
	语音室	0.086	0.084	0.088	4.76%	
普通高中	实验室	1.383	1.442	1.468	1.80%	
	图书室	0.724	0.758	0.769	1.45%	
	微机室	0.336	0.346	0.349	0.87%	
	语音室	0.133	0.131	0.130	-0.07%	
中等职业教育学校	图书馆	0.557	0.569	0.547	-3.87%	
	实验室、实习场所	3.366	3.577	3.596	0.53%	
高等教育阶段学校	图书馆	1.297	1.261	1.185	-6.03%	
	实验室、实习场所	4.066	4.037	3.891	-3.62%	
	专用科研用房	0.612	0.627	0.629	0.32%	

（4）行政办公用房。2019年各类学校教职工人均行政办公用房面积较上一年基本保持稳定：高等教育学校的增幅相对较大（1.10%）；其他各类学校仅有微小改变，同比增幅为-0.57%（初中）~0.03%（小学）。2019年各类学校教职工人均行政办公用房面积如图18所示。

图18　2019年各类学校教职工人均行政办公用房面积（单位：m²）

（5）生活用房。学校生活用房主要包括学生与教工宿舍（公寓）、学生与教工食堂、厕所等；另外，从装备配置角度，幼儿园的睡眠室和厨房也可归入此类。以下对宿舍/睡眠室和食堂/厨房两类主要学校生活用房情况予以考察。2019年各类学校宿舍、食堂总面积均较上一年有不同幅度增长（见图19）。与上一年相比，幼儿园两类房舍的同比增幅继续排名第一，中等职业教育学校的同比增幅由负转正，其他各类学校增幅基本保持稳定。

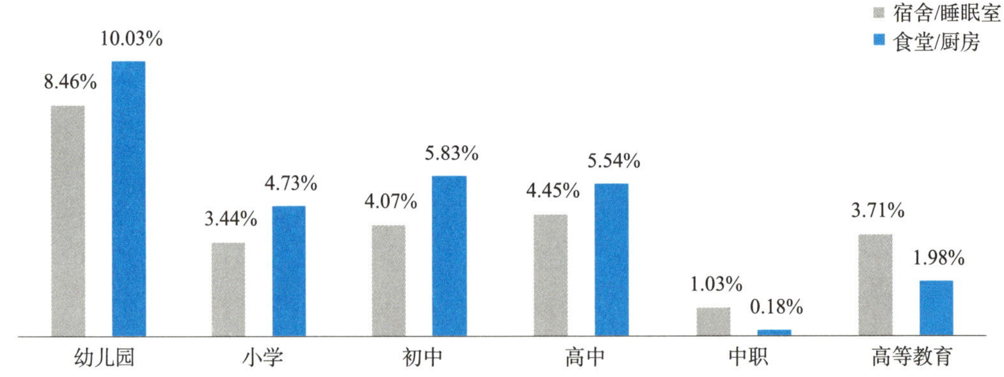

图19　2019年各类学校宿舍、食堂面积同比变化情况

高等教育阶段学校学生宿舍的总面积增速虽较上一年有小幅提升，但受高等职业教育大规模扩招的影响，生均面积的持续下滑不仅未能得到缓解，反而出现了加速下行，值得引起注意（见图20）。

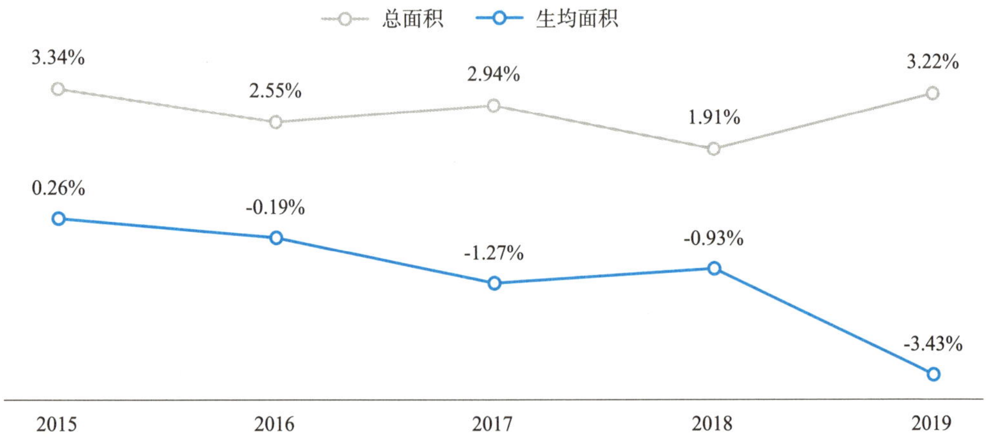

图20　2015~2019年高等教育阶段学校学生宿舍总面积与生均面积同比变化情况

2. 中小学学科教育装备配置

中小学学科教育装备主要包括普通中小学（义务教育阶段学校和普通高中）的体育、音乐、美术三科教学器械器材及数学自然/理科实验器材。2019年，普通中小学的体育器械、音乐器材、美术器材、数学自然/理科实验仪器配备达标率继续稳步提升，各学科达标率均已超过或接近95%（见图21）。

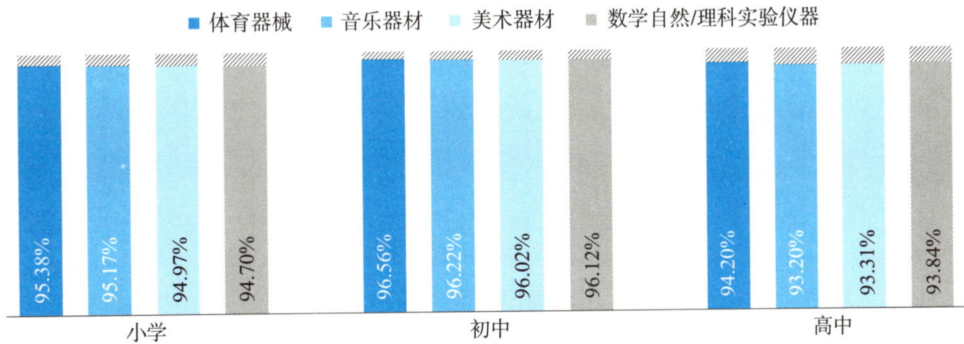

图21　2019年中小学学科教育装备配备达标学校占比

结合近五年学科装备达标率的提升情况（见图22）可以看出：

· 小学学科装备达标率起点最低，但在经历连续快速提升后已反超普通高中，达到较高水平；近两年提升速度虽显著放缓，但仍高于初中和普通高中。

· 初中学科装备配置达标率的起点高于小学、低于高中，达标率提升速度也介于二者之间。截至2019年底，其各学科达标率均已突破96%，连续第三年位居三类学校之首。

· 普通高中学科装备配置达标率起点最高，近年来保持小幅稳步提升；目前达标率虽略低于义务教育阶段学校，但也已达到较高水平。

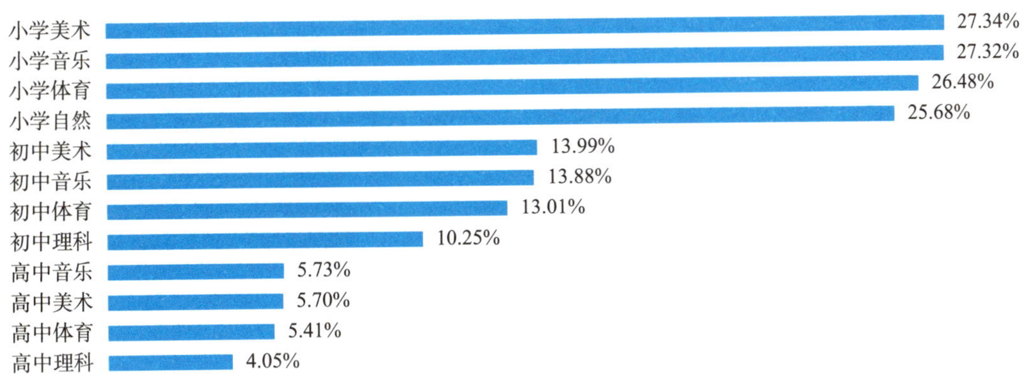

图22　2015~2019年中小学学科教育装备达标率提升情况

3. 教育信息化基础设施

教育信息化基础设施是构建信息化教学环境的物质基础，是开展信息化教与学的必要工具，是现代教育装备的重要组成部分。2019年，《教育信息化2.0行动计划》的全面落地实施对教育信息化基础设施建设及其创新应用提出了更高的要求。

（1）网络建设。2019年，我国学校层面的网络覆盖率基本保持稳定，网络品质进一步提升，出口带宽达到100bit/s及以上的中小学（含教学点）占比超过80%。结合近五年互联网接入率和校园网建网率的变化情况分析可知（见图23）：

·互联网接入率方面，经过近年来的快速提升，小学层面的短板已经补齐，目前我国中小学校已接近实现互联网全覆盖。

·校园网建网率方面，普通高中的起点较高，但近五年基本保持稳定，未能进一步提升；小学的起点最低，提升速度最快，但目前仍与其他两类学校有较大差距；初中的情况介于小学和普通高中之间。

图23　2019年中小学接入互联网、建立校园网学校占比及近五年变化情况

（2）网络多媒体教室。网络多媒体教室是实施信息化教学的基础设施和主要空间，全国各类学校网络多媒体教室占教室总数的比例持续提升。2019年，小学、初中、普通高中、中等职业教育学校、高等教育阶段学校网络多媒体教室占教室总数的比例分别为64.06%、69.27%、70.76%、52.45%、55.99%，五年来分别提升了21.74、13.27、8.12、13.88、4.59个百分点。

在以行政班为主要教学单位的义务教育和高中教育阶段学校中，每50名学生拥有网络多媒体教室（指可供行政班每班一间、固定使用的网络多媒体教室）的数量变化情况如图24所示。总体来看，2019年上述各类学校的该项指标继续稳步优化。除中等职业教育学校外，指标值继续保持在1.00以上，为50人以下班额信息化教学的常态化开展提供了空间保障。从增长情况来看，2017~2019年各类学校每50名学生拥有网络多媒体教室数的增速较上一个三年周期有所降低，但仍显著高于普通教室数的增速（见图24）。

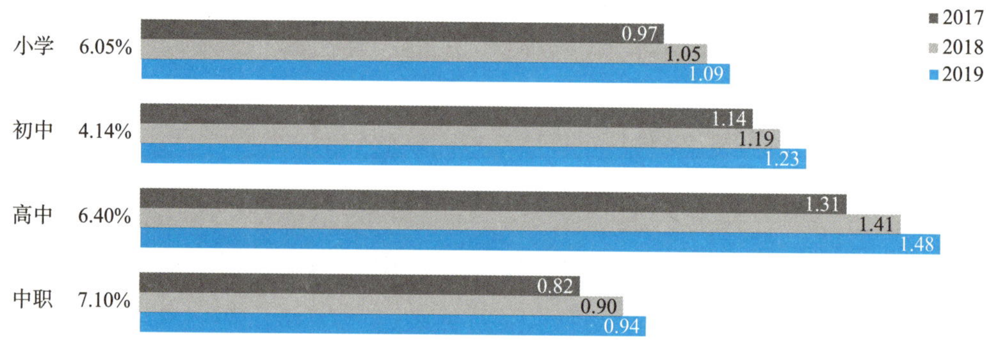

图24　2017~2019年各类学校每50名学生拥有网络多媒体教室数及年复合增长率（单位：间）

（3）教学用终端设备。教学用终端设备是开展信息化教学的基础硬件。2019年，除高等教育阶段学校外，全国各类学校每100名学生拥有教学用计算机数继续保持增长（见图25），但同比增幅较上一年均有所降低。高等教育阶段学校的此项指标连续第二年下降且降幅显著增大，其原因应与高等职业教育的大规模扩招有关。

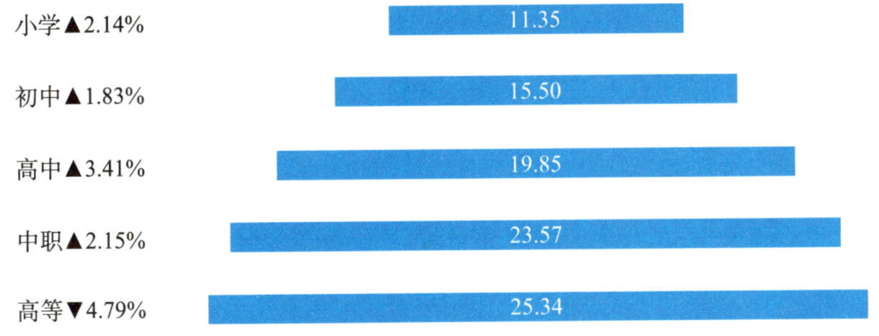

图25　2019年各类学校每100名学生拥有教学用计算机数及同比增幅（单位：台）

教学用计算机中的教学用平板电脑是近年来新兴的教育装备，其便携性和交互体验优异，有望取代传统计算机，成为未来课堂的主要信息化终端。2019年，各类学校教学用平板电脑占教学用计算机总数的比例均有所提高（具体占比情况：小学6.56%、初中7.19%、普通高中8.81%、中等职业教育学校4.67%、高等教育阶段学校1.67%）。结合近三年的变化情况（见表4）分析，各类学校每100名学生拥有教学用平板电脑数量的增速显著高于教学用计算机的整体增速，但同比增幅均呈现下行趋势（2019年的同比增幅均为近三年的最低水平）。总体来看，我国各类学校的平板电脑配置数量仍十分有限，教育用平板电脑的市场空间广阔。对于学校而言，除进一步提升平板电脑采购和配置比例外，还可积极探索利用学生自带设备等模式进行短期补充，以加速推动信息化教学水平的提升。

表4　2017~2019年各类学校每100名学生拥有教学用平板电脑数量及变化情况

学校类别	每100名学生拥有教学用平板电脑数/台				
	2017	2018	2019	同比趋势	年复合增长率
小学	0.50	0.63	0.74		21.68%
初中	0.70	0.91	1.12		26.39%
普通高中	1.07	1.38	1.75		27.80%
中等职业教育学校	0.91	1.05	1.10		9.77%
高等教育阶段学校	0.34	0.39	0.42		11.22%

（4）教育信息化服务体系。教育信息化服务体系是连通教育信息化设施、数字教育资源和教育实践的公共服务体系，是教育信息化应用层的重要架构。2019年教育信息化服务体系相关情况如图26所示。

图26　教育信息化服务体系相关情况（数据截至2019年年底）

体系规模方面：截至2019年年底，国家教育资源公共服务体系已接入各级平台150个，其中国家级平台1个、省级平台25个、市级平台52个、区县级平台72个，月活跃用户数已达3854万人；全国各级各类教育师生网络学习空间开通数量首次突破1亿个大关（包括学生空间9643万个、教师空间754万个），国家级平台开通学习空间2598万个（包括教师空间1339万个、学生空间630万个、家长空间589万个、学校空间40万个）；在校生和社会学习者慕课学习人数达3.1亿人次，“爱课程”网中国大学慕课移动终端累计下载安装达3503万人次。

数字教育资源方面：2019年度基础教育“一师一优课、一课一名师”活动共推荐省级优课17312堂，遴选部级优课10005堂，创建生成性资源800万条；在线课程累计上线4.1万门（含1291门国家精品在线开放课程和401门国家虚拟仿真实验课程），在22个在线课程平台免费开放；国家数字化教育资源公共服务平台累计汇聚全社会290个单位的457个教学应用，与61家单位的111个应用完成技术对接。

4. 教育装备相关固定资产值

国家教育事业统计中，义务教育阶段学校和普通高中的教学仪器设备资产值，中等职业教育学校的教学、实习仪器设备资产值，高等教育学校的教学、科研仪器设备资产值及信息化设备资产值，是反映各类学校教育装备总体投入情况的重要指标。

如表5所示，2019年各类学校上述固定资产值的生均值继续保持增长，但同比增速较上年进一步下降。从近三年的年复合增长率来看，中等职业教育学校的生均教学、实习仪器设备值增速最快，高等教育阶段学校的生均教学、科研仪器设备值增速最慢。

表5　2017~2019年各类学校教育装备相关固定资产值及变化情况（生均值）

学校类别	指标	生均固定资产值/元				
		2017	2018	2019	同比趋势	年复合增长率
小学	教学仪器设备	1405	1558	1672		9.12%
	其中：实验设备	277	297	310		5.81%
初中	教学仪器设备	2265	2453	2625		7.67%
	其中：实验设备	666	691	718		3.78%
普通高中	教学仪器设备	3729	4124	4447		9.20%
	其中：实验设备	1182	1265	1320		5.70%
中等职业教育学校	教学、实习仪器设备	6362	7123	7597		9.27%
高等教育阶段学校	教学、科研仪器设备	14274	15216	15503		4.22%
	信息化设备	4001	4295	4391		4.76%
	其中：信息化软件	790	918	1021		13.69%

与上一年的情况相同，在传统实验仪器配置达标率已达到较高水平且更新迭代率相对较低的情况下，中小学教学仪器设备资产值的子项“实验设备资产值”的生均值增速继续显著低于母项；从生均实验设备资产值的同比变化来看，2019年仅初中学校的增幅较上一年有小幅提升（前值3.75%），其他类型学校均持续下降。增速的持续性差异也导致实验设备资产值在教学仪器设备资产值中所占的比例不断下降，2015~2019年小学、初中、普通高中学校的这一比值分别下降了3.43、4.66、4.13个百分点（见图27）。

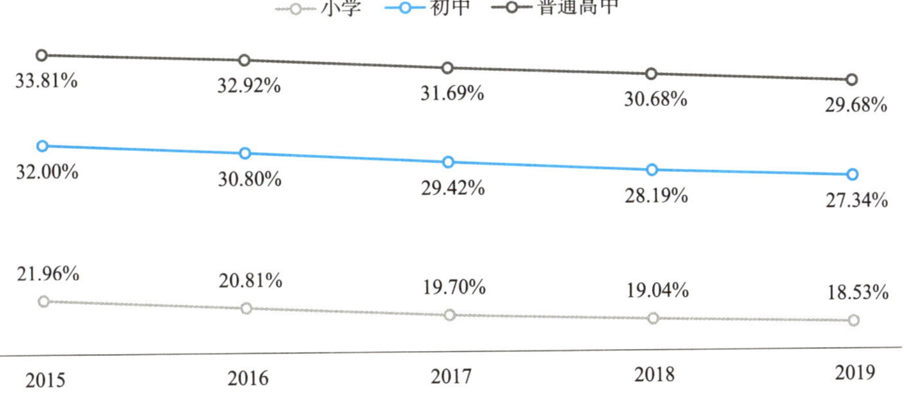

图27　2015~2019年中小学实验设备资产值占教学仪器设备资产值的比例（生均值）

二、政策法规环境分析

据不完全统计，2019 年中共中央、国务院、教育部及其他部委公开发布的政策类、制度规范类、事务通知类文件中，与教育装备事业发展密切相关的共有 185 份[①]，其中政策类文件 41 份、制度规范类文件 72 份、事务通知类文件 72 份。从上述文件所针对的学校类型看，面向普通中小学（义务教育阶段学校和普通高中）的数量最多（110 份），其后依次是职业教育（91 份）、高等教育（66 份）、学前教育（48 份）。[②] 对文件所涉工作内容进行分类，可归纳出 17 个主题类型（见图 28），其中：涉及学科装备主题的最多，共计 54 份；涉及内容资源的其次，共计 23 份；其后是涉及教育信息化和安全与后勤管理的，各 20 份；再后是涉及体育与健康和教学与教改的，分别有 18 份和 11 份；涉及文件数小于 10 份的主题类型依次是高校科研、德育思政国防、教师发展、校舍建设、扶弱改薄、经费与采购、劳动与美育、综合实践与实习、校外教培；另有 30 份文件涉及主题范围较广，归为综合类。

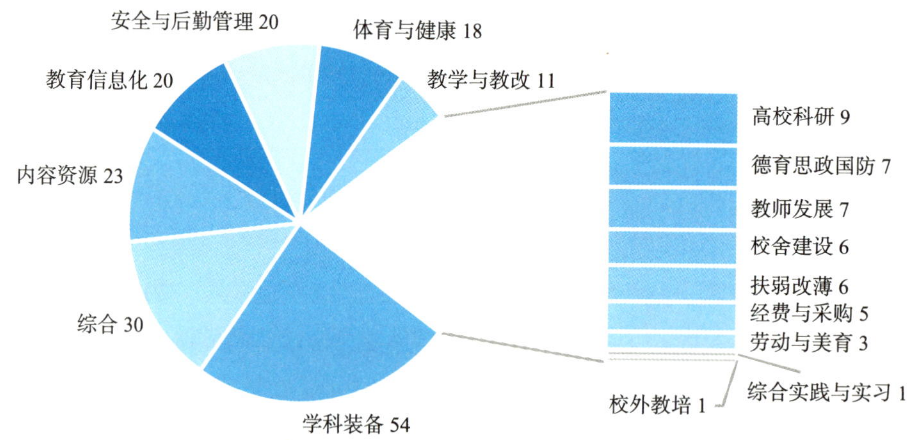

图28 2019年涉及教育装备事业的中央及部委文件的主题类型及数量

（一）教育现代化

2019年2月，中共中央、国务院先后印发《中国教育现代化2035》和《加快推进教育现代化实施方案（2018—2022年）》。前者是我国第一个以教育现代化为主题的中长期战略规划，是未来一段时期内指导我国教育事业发展的最重要的纲领性文件；后者则聚焦规划实施的第一个五年周期，强调行动性和可操作性，与前者远近结合，共同构成我国教育现代化的顶层设计和行动方案。教育现代化离不开教育装备的现代化，对于教育装备行业而言，上述文件势必成为未来较长时间内行业发展的总指针和主旋律。

---

① 通过一份文件发布多个制度规范类文件的，按实际发布的文件数量计算。

② 统计中有同一份文件涉及多种类型学校的情况，故总数相加大于185份；下文中关于文件主题类型的分析统计与此一致。

1.《中国教育现代化2035》

《中国教育现代化2035》定位于全局性、战略性、指导性，对应我国基本实现社会主义现代化的重要时间节点。与以往的教育中长期规划相比，《中国教育现代化2035》时间跨度更长，重在目标导向，对标新时代中国特色社会主义建设总体战略安排，从两个一百年奋斗目标和国家现代化全局出发，在总结教育改革发展成就和经验的基础上，面向未来描绘教育发展图景，系统勾画了我国教育现代化的战略愿景。

在推进教育现代化的指导思想方面，《中国教育现代化2035》提出以习近平新时代中国特色社会主义思想为指导，全面贯彻党的十九大和十九届二中、三中全会精神，坚定实施科教兴国战略、人才强国战略，紧紧围绕统筹推进“五位一体”总体布局和协调推进“四个全面”战略布局，坚定“四个自信”，全面贯彻党的教育方针，坚持马克思主义指导地位，坚持中国特色社会主义教育发展道路，坚持社会主义办学方向，立足基本国情，遵循教育规律，坚持改革创新，以凝聚人心、完善人格、开发人力、培育人才、造福人民为工作目标，培养德智体美劳全面发展的社会主义建设者和接班人，加快推进教育现代化、建设教育强国、办好人民满意的教育。《中国教育现代化2035》指出，要将服务中华民族伟大复兴作为教育的重要使命，坚持教育为人民服务、为中国共产党治国理政服务、为巩固和发展中国特色社会主义制度服务、为改革开放和社会主义现代化建设服务，优先发展教育，大力推进教育理念、体系、制度、内容、方法、治理现代化，着力提高教育质量，促进教育公平，优化教育结构，为决胜全面建成小康社会、实现新时代中国特色社会主义发展的奋斗目标提供有力支撑。

《中国教育现代化2035》明确了推进教育现代化的基本原则，提出了推进教育现代化的八大基本理念，订立了推进教育现代化的总体目标和2035年的主要发展目标，重点部署了面向教育现代化的十大战略任务（见图29）。

《中国教育现代化2035》厘清了实现教育现代化的实施路径：一是总体规划，分区推进。在国家教育现代化总体规划框架下，推动各地从实际出发，制定本地区教育现代化规划，形成一地一案、分区推进教育现代化的生动局面。二是细化目标，分步推进。科学设计和进一步细化不同发展阶段、不同规划周期内的教育现代化发展目标和重点任务，有计划有步骤地推进教育现代化。三是精准施策，统筹推进。完善区域教育发展协作机制和教育对口支援机制，深入实施东西部协作，推动不同地区协同推进教育现代化建设。四是改革先行，系统推进。充分发挥基层特别是各级各类学校的积极性和创造性，鼓励大胆探索、积极改革创新，形成充满活力、富有效率、更加开放、有利于高质量发展的教育体制机制。为确保教育现代化目标任务的实现，《中国教育现代化2035》还明确了加强党对教育工作的全面领导、完善教育现代化投入支撑体制、完善落实机制三个方面的保障措施。

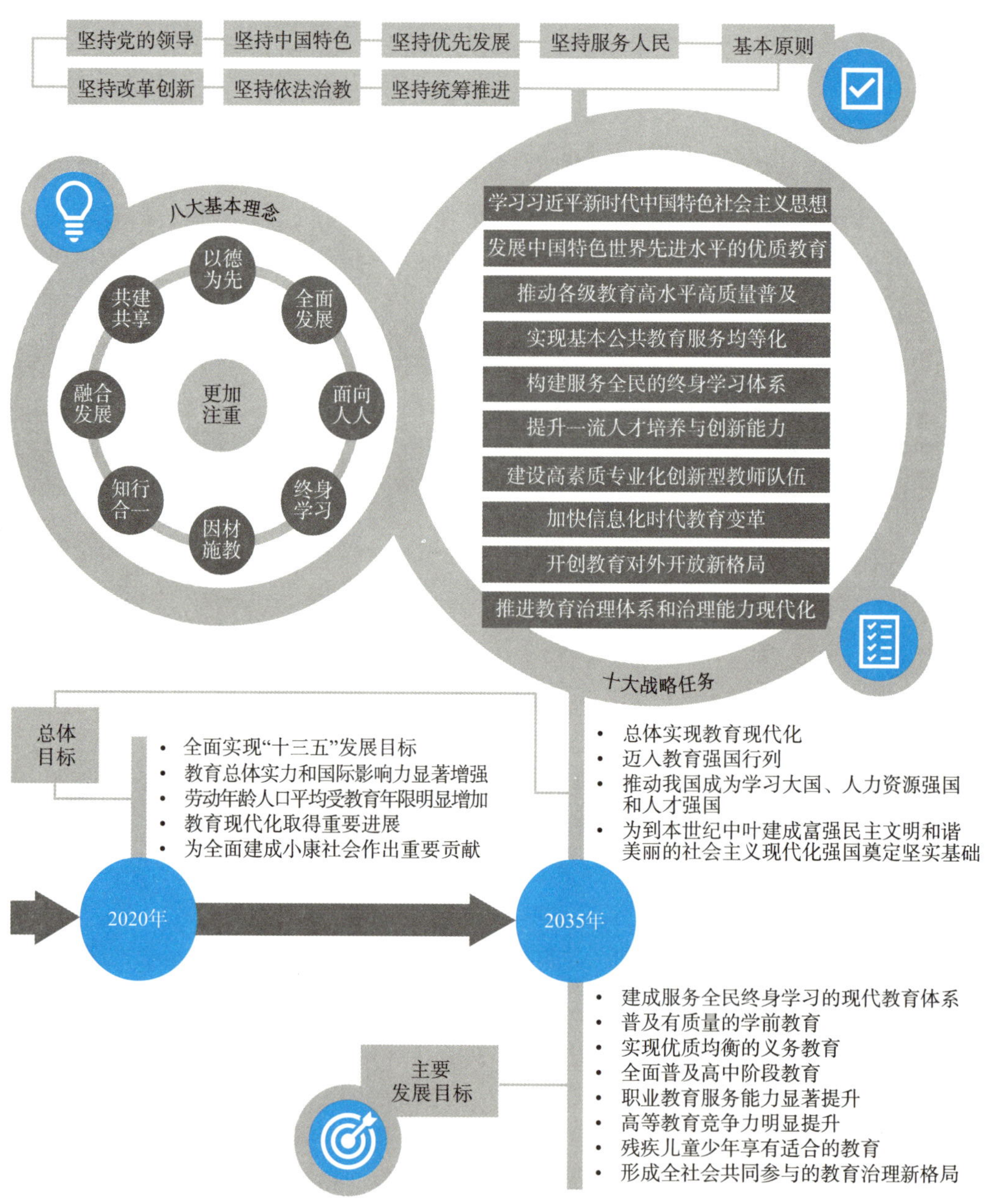

图29 《中国教育现代化2035》部分主要内容

2.《加快推进教育现代化实施方案（2018—2022年）》

与《中国教育现代化2035》先后发布的《加快推进教育现代化实施方案（2018—2022年）》（以下简称《实施方案》）定位于行动计划，可被视为本届政府任期内加快推进教育现代化、建设教育强国的时间表、路线图，其所面向的时间周期是我国实现两个百年目标的历史交汇期，是贯彻落实党的十九大精神和全国教育大会精神、实现2035年教育现代化目标奠定基础的关键时期，也是中长期教育规划纲要、“十三五”规划收官和“十四五”规划起步的衔接期。

《实施方案》按照可操作、可落地、可监测、可评估的原则，聚焦五年周期内教育发展的战略性问题、当前教育发展面临的紧迫性问题和人民群众关心的问题；按照可实施、可量化、可落地的原则，将教育现代化远景目标和战略任务细化为近期的具体目标任务和工作抓手。《实施方案》提出的十大任务（见表6）中：立德树人是基础工程，基础教育巩固提高、职业教育产教融合、高等教育内涵发展是构建现代教育体系的重要着力点，教师队伍建设、教育信息化是推进教育现代化的有力支撑，推进教育现代化区域创新试验是推动形成区域教育发展新格局的战略重点，推进共建“一带一路”教育行动是提升我国教育国际影响力的重要举措，深化重点领域教育综合改革是教育现代化的动力源泉。

表6 《实施方案》提出的十项重点任务

任务名称	主要内容
实施新时代立德树人工程	• 推动习近平新时代中国特色社会主义思想进教材进课堂进头脑 • 增强中小学德育针对性实效性，提升高等学校思想政治工作质量，深入构建一体化育人体系 • 大力加强体育美育劳动教育，加强劳动和实践育人
推进基础教育巩固提高	• 推进义务教育优质均衡发展，加快城乡义务教育一体化 • 推进学前教育普及普惠发展，健全管理，加强监管 • 加快高中阶段教育普及攻坚，推动优质特色发展 • 保障特殊群体受教育权利 • 减轻中小学生课外负担，支持中小学校开展课后服务
深化职业教育产教融合	• 构建产业人才培养培训新体系，衔接产业转型升级 • 健全产教融合的办学体制机制 • 健全职业教育制度标准，建立落实生均拨款制度 • 建立国务院职业教育工作联席会议制度
推进高等教育内涵发展	• 加快“双一流”建设，推动建设方案落实 • 建设一流本科教育，提升研究生教育水平 • 完善高等教育质量标准和监测评价体系 • 提升高等学校科学研究与创新服务能力 • 继续实施高等学校哲学社会科学繁荣计划
全面加强新时代教师队伍建设	• 实施师德师风建设工程 • 提高教师教育质量，实施教师教育振兴行动计划 • 深化教师管理制度改革，保障教师工资待遇 • 补强薄弱地区教师短板
大力推进教育信息化	• 促进信息技术与教育深度融合，支持利用技术开展人才培养模式和教学方法改革，信息化教与学应用覆盖全体师生 • 创新教育治理新模式，利用大数据优化教育治理能力，以信息化手段服务教育教学全过程 • 推进智慧教育创新发展 • 构建“互联网+教育”支撑服务平台，推进“三通两平台”建设

续表

任务名称	主要内容
实施中西部教育振兴发展计划	• 推进“三区三州”等深度贫困地区教育脱贫攻坚 • 加快中西部地区义务教育学校标准化建设，全面改善贫困地区义务教育薄弱学校基本办学条件，支持中西部地区加快普及高中阶段教育，加快发展民族教育 • 提升中西部高等教育发展水平 • 实施乡村振兴战略教育行动，大力发展现代农业职业教育
推进教育现代化区域创新试验	• 创新体制机制，探索新时代区域教育改革发展的新模式 • 高起点高标准规划发展雄安新区教育，深化粤港澳高等教育合作交流，构建长三角教育协作发展新格局，促进海南教育创新发展
推进共建“一带一路”教育行动	• 加快培养高层次国际化人才 • 加强与共建“一带一路”国家教育合作，深化人文交流 • 优化孔子学院区域布局，提高办学水平 • 加大汉语国际教育工作力度
深化重点领域教育综合改革	• 积极稳妥推进各级各类考试招生制度改革 • 完善民办教育分类管理，促进民办教育持续健康发展 • 加快构建终身学习制度体系 • 深化教育领域放管服改革 • 推进学校治理现代化

（二）中小学教育教学改革

1.《中共中央 国务院关于深化教育教学改革全面提高义务教育质量的意见》

《中共中央 国务院关于深化教育教学改革全面提高义务教育质量的意见》（以下简称《意见》）是中共中央、国务院印发的第一个聚焦义务教育阶段教育教学改革的重要文件，是新时代我国深化教育教学改革、全面提高义务教育质量的纲领性文件。在我国的各级各类教育中，义务教育的规模最大、地域分布最广，其教育质量事关亿万少年儿童的健康成长和国家的未来。改革开放特别是党的十八大以来，我国义务教育发展成就显著，整体水平已跃居世界中上行列。进入新时代，我国义务教育正由基本均衡向优质均衡转变，大众的教育需求正在由“有学上”向“上好学”转变。《意见》的出台，就是要通过全面深化教育教学改革，解决义务教育的热点难点问题，提升教育教学质量，促进学生的全面发展、健康成长，办好人民满意的义务教育。

在指导思想方面，《意见》指出要坚持以习近平新时代中国特色社会主义思想为指导，全面贯彻党的教育方针，落实立德树人根本任务，遵循教育规律，强化教师队伍基础作用，围绕凝聚人心、完善人格、开发人力、培育人才、造福人民的工作目标，发展素质教育，培养德智体美劳全面发展的社会主义建设者和接班人。对于改革工作的开展，《意见》提出的基本要求包括：坚持德育为先，教育引导学生爱党爱国爱人民爱社会主义；坚持全面发展，为学生终身发展奠基；坚持面向全体，办好每所学校、教好每名学生；坚持知行合一，让学生成为生活和学习的主人。

《意见》提出了全面提高义务教育质量的五大主要任务（见图30）：一是坚持“五育”并举，全面发展素质教育；二是强化课堂主阵地作用，切实提高课堂教学质量；三是按照“四有好老师”标准，建设高素质专业化教师队伍；四是深化关键领域改革，为提高教育质量创造条件；五是加强组织领导，为新时代提高义务教育育人质量提供坚强保障。

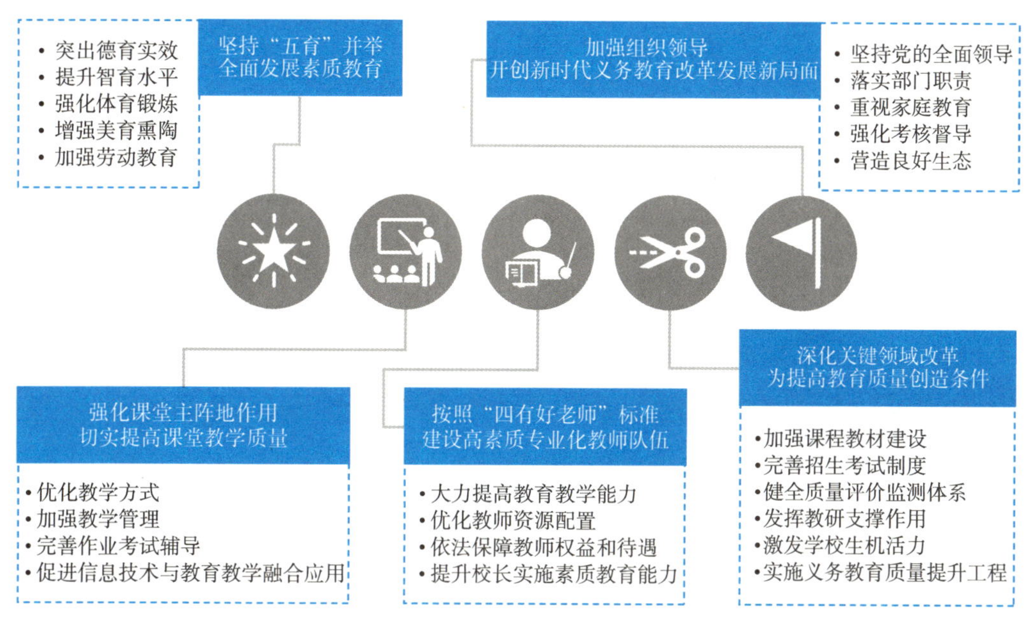

图30 《意见》提出的主要任务

综合来看，《意见》具有以下突出特点：一是更加强调党对义务教育教学改革的全面领导，更加突出义务教育的国家意志和法定要求；二是强化价值引领，引导树立正确教育观念，构建德智体美劳全面培养的教育体系，健全立德树人落实机制；三是注重解决突出问题，围绕素质教育、课堂教学质量、教师队伍建设、关键领域改革等方面存在的突出问题，提出了有效举措；四是注重形成工作合力，动员各部门各方面力量共同办好义务教育，统筹利用各类社会资源，构建学校、家庭、社会“三位一体”的协同育人格局。

2.《国务院办公厅关于新时代推进普通高中育人方式改革的指导意见》

普通高中教育是国民教育体系的重要组成部分，在人才培养中起着承上启下的关键作用。办好普通高中教育，对于巩固义务教育普及成果、增强高等教育发展后劲和提高国民整体素质具有重要意义。《国务院办公厅关于新时代推进普通高中育人方式改革的指导意见》（以下简称《指导意见》）对推进普通高中教育教学改革、全面提高普通高中教育质量进行了系统设计和全面部署，是进入21世纪以来国务院出台的第一个关于推进普通高中教育改革的重要纲领性文件。

21世纪特别是党的十八大以来，我国普通高中教育发展迅速，普及水平显著提高，整体办学水平逐步提升，已经进入以内涵发展、提高质量为重点的发展新阶段。当前，普通高中教育正处于普及攻坚、课程改革、高考综合改革三项重大改革同步推进的关键时期，存在素质教育实施不全面、应试教育倾向严重、唯分数唯升学率评价教育质量等突出问题。《指导意见》的出台为上述改革的推进和问题的解决提供了统筹规划和行动指南。

《指导意见》明确了推进普通高中育人方式改革的总体思路，即坚持正确方向，全面贯彻党的教育方针；坚持改革创新，着力破解体制机制障碍；坚持统筹协调，注重各项改革的衔接。针对普通高中教育存在的问题和高考改革带来的机遇与挑战，《指导意见》从育人体系、课程教学、学生指导、考试招生和条件保障等育人关键环节着手，健全机制、完善政策、明确要求，保障改革目标的实现；通过统筹各项改革发展任务、充分调动各方积极性、注重校内校外结合，形成多方参与、协同推进的育人合力。

《指导意见》提出到2022年“德智体美劳全面培养体系进一步完善，立德树人落实机制进一步健全”的总体目标和六项具体目标，明确了构建全面培养体系、优化课程实施、创新教学组织管理、加强学生发展指导、完善考试和招生制度、强化师资和条件保障六项重点任务（见图31）。

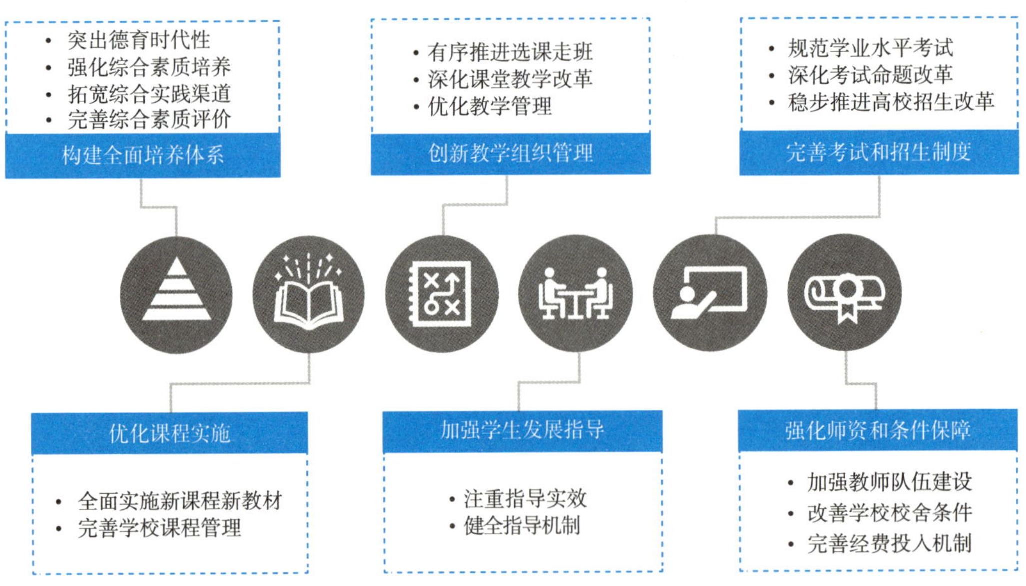

图31 《指导意见》提出的重点任务

3.《教育部关于加强和改进中小学实验教学的意见》

实验教学是国家课程方案和课程标准规定的重要教学内容，是培养学生创新精神和实践能力的重要途径。经过多年的大力投入和建设，我国中小学实验室和实验装备配置水平已取得显著提升，小学数学、自然和初、高中理科实验器材达标率均已超过或接近95%。然而，从教学角度观察，当前仍存在对实验教学重视程度不够、开不齐开不足实验教学课程、教学内容形式陈旧单一、教学质量不够高等问题，制约了基础教育的整体内涵发展。

《教育部关于加强和改进中小学实验教学的意见》（以下简称《实验教学意见》）的出台是中央关于基础教育的决策部署和全国基础教育工作会议精神的具体体现，也是《意见》《指导意见》在实验教学领域的具体落实。

《实验教学意见》明确了今后一段时间内加强和改进实验教学工作的总体要求，提出要构建与德智体美劳全面培养的教育体系相适应、与课程标准要求相统一的实验教学体系。《实验教学意见》还要求开齐开足开好国家课程标准规定实验；不断将科技前沿知识和最新技术成果融入实验教学，丰富内容，改进方式；强化学生实践操作、情境体验、探索求知、亲身感悟和创新创造，着力提升学生的观察能力、动手实践能力、创造性思维能力和团队合作能力，培育学生的兴趣爱好、创新精神、科学素养和意志品质。

《实验教学意见》提出了完善实验教学体系、创新实验教学方式、规范实验教学实施、提高教师实验教学能力、保障实验教学条件、健全实验教学评价机制、加强实验教学研究与探索、强化实验教学安全管理八项举措（见表7）；在组织实施层面，明确了加强组织领导、保障经费投入、强化督导考核等方面的一系列具体措施。

表7　《实验教学意见》提出的八项主要举措

举措名称	主要内容
完善实验教学体系	• 教育部制订中小学实验教学基本目录和操作指南 • 省级教育行政部门将实验教学纳入学科教学基本规范 • 中小学校组织开展好基础性实验和拓展性实验 • 加强实验教学与多学科融合教育
创新实验教学方式	• 丰富实验教学实施形式，综合运用多种方式提高实验教学质量 • 传统实验不易呈现或呈现效果不佳的，可用AR、VR等技术手段弥补 • 遵循学科特点，开展研究型、任务型、项目化、问题式、合作式学习 • 鼓励课余时间开放实验室，方便学生充分利用 • 广泛利用校外资源开展科学实验活动 • 定期举办全国中小学实验教学技能竞赛
规范实验教学实施	• 将实验教学纳入教学管理规程，制订切实可行的实验教学计划 • 加强实验教学过程管理，确保教学内容和课时，严格程序和规范 • 鼓励利用信息技术手段开展实验教学管理 • 探索通过购买服务方式开展特色实验教学或实践活动
提高教师实验教学能力	• 制定有针对性地教师培训方案，纳入教师培训体系 • 确保到2022年前完成教师实验教学能力全员轮训 • 将实验室管理员纳入教师培训体系中，强化岗前培训 • 鼓励地方与高等学校等在中小学建立教师实验教学培训基地 • 加大对贫困地区教师培训的支持力度 • 师范院校将实验教学能力列入师范类相应专业基本培养目标 • 将实验教学能力纳入学科教师资格考试和教师招聘素质考查

续表

举措名称	主要内容
保障实验教学条件	• 各地按标准和实际需求建设实验教学场所 • 支持探索建设学科功能教室、综合实验室、创新实验室、创客空间 • 鼓励对教室进行多功能技术改造，建设复合型综合实验教学环境 • 落实学科教学装备配置标准，保质保量配置并及时更新仪器设备 • 确保消耗性实验材料的补充与供给 • 落实实验室管理规程，合理配置实验室管理员
健全实验教学评价机制	• 将实验教学情况、实验室建设与管理等纳入教育质量评价监测 • 合理核定教师实验教学工作量，将实验教学指标纳入绩效、职称制度 • 畅通实验教学人员和实验室管理人员职称评聘通道 • 将学生实验操作情况和能力表现纳入综合素质评价 • 2023年前将实验操作纳入初中学业水平考试 • 有条件的地方可将理化生实验操作纳入省级普通高中学业水平考试
加强实验教学研究与探索	• 加强实验教学研究和教研活动，强化对学校实验教学工作的指导 • 将实验教学纳入校本教研，积极组织开展实验教学校本教研活动 • 鼓励开展教学仪器设备适用性评价和研究，完善配备标准 • 开展优秀自制教具评选，鼓励自制实验教具 • 遴选一批实验教学改革实验区、实验校和优质实验教学精品课
强化实验教学安全管理	• 切实增强实验教学安全意识，落实安全管理制度，制定安全预案 • 市县教育行政部门要会同有关部门制定并完善教学用试剂（药品）中的危险化学品、易制爆危险化学品及易制毒化学品采购、运输、储存、保管、使用、回收管理办法 • 落实危险化学品管理办法，健全安全责任制，定期开展安全风险排查 • 加强师生实验教学安全教育，提升实验教学安全管理能力

（三）义务教育薄弱环节改善与能力提升

2014~2018 年，教育部、国家发展改革委、财政部启动实施了“全面改善贫困地区义务教育薄弱学校基本办学条件工作”（以下简称“全面改薄”）。到 2018 年底，“全面改薄”基本完成规划任务，总体实现政策目标。然而，由于近年来社会经济形势的变化，人口流动模式的改变，部分地区义务教育学校“城镇挤、乡村弱”现象还比较突出，仍存在薄弱环节需要改善，与加快推进教育现代化、发展公平有质量的教育要求还有一定差距。为进一步巩固“全面改薄”成果，对尚存的薄弱环节展开攻坚，教育部、国家发展改革委、财政部于 2019 年 7 月有针对性地出台了《关于切实做好义务教育薄弱环节改善与能力提升工作的意见》（以下简称《薄弱环节改善意见》）。

在总结“全面改薄”政策设计和实施的成功经验基础上，《薄弱环节改善意见》提出了清晰的政策目标，确定了具体的实施范围，将消除城镇学校大班额、乡镇寄宿制学校和乡村小规模学校建设、农村学校信息化建设作为重点任务；同时要求地方政府根据本地实际，实事求是，确定轻重缓急和优先次序，合理制定工作目标，确保按时完成任务。

《薄弱环节改善意见》强调，各地要采取“倒排任务”的方式，将省级人民政府审定的消除大班额专项规划2019~2020年工作任务进一步细化，制定详细的路线图和时间表；要按照“实用、够用、安全、节俭”原则，合理确定“两类学校”基本办学标准，全面改善乡镇寄宿制学校学生基本条件，满足偏远地区学生和留守儿童的寄宿需求；对于规划保留的乡村小规模学校，要保障基本教育教学需要，防止盲目撤并乡村小规模学校人为造成学生辍学和生源流失；要加快推进农村学校宽带网络接入，实现全覆盖，改善学校网络教学环境，为确需保留的乡村小规模学校建设专递课堂、同步课堂，共享优质教育资源。

《薄弱环节改善意见》明确，义务教育薄弱环节改善与能力提升工作由中央统一部署，省级人民政府统筹安排，县级人民政府具体实施。在经费保障方面，《薄弱环节改善意见》提出，中央财政安排义务教育薄弱环节改善与能力提升补助资金，支持中西部地区和东部部分困难地区。补助资金的分配方面，将首先按照西部、中部、东部各占50%、40%、10%的区域因素确定分地区资金规模，再按基础因素、投入因素、绩效因素各占60%、20%、20%的权重分配到具体省份，重点向基础薄弱、财力困难的省份，特别是“三区三州”等深度贫困地区倾斜，并对成效显著的省份予以适当奖励。《薄弱环节改善意见》还对适用政策经费的具体建设内容作出明确规定（见表8）。

表8 《薄弱环节改善意见》规定的建设内容

项目类别	主要建设内容
校舍建设	• 教学及辅助用房 • 生活用房（学生宿舍、食堂、厕所、锅炉房、浴室） • 运动场地 • 校园文化 • 禁止列入规划： 　• 办公楼、礼堂、体育馆、塑胶跑道 　• 其他超越基本办学条件范畴的项目
设施设备购置	• 教学实验仪器设备 • 音体美器材 • 课桌椅 • 食堂设备、学生用床 • 饮水、采暖、安全等设施设备
信息化建设	• 通过光纤、卫星等方式实现宽带网络接入 • 校园网络 • 教室多媒体远程教学设备 • 专递课堂、同步课堂相关设备

（四）职业教育改革

2019 年 1 月，国务院印发《国家职业教育改革实施方案》（以下简称“职教 20 条”），对职业教育改革工作提出一系列新目标、新论断、新要求，是未来一段时期内指导国家职业教育改革发展的纲领性文件。

改革开放以来，我国职业教育为经济社会发展提供了有力的人才和智力支撑，现代职业教育体系框架全面建成，服务经济社会发展能力和社会吸引力不断增强，具备了基本实现现代化的诸多有利条件和良好工作基础。虽然发展成就显著，但与发达国家相比，与建设现代化经济体系、建设教育强国的要求相比，我国的职业教育还存在体系建设不够完善、职业技能实训基地建设有待加强、制度标准不够健全、企业参与办学的动力不足、有利于技术技能人才成长的配套政策尚待完善、办学和人才培养质量水平参差不齐等诸多问题。“职教20条”的出台，为上述问题的综合治理提供了统筹规划，为通过改革办好新时代职业教育提供了顶层设计和施工蓝图。

“职教20条”开篇即明确指出，职业教育与普通教育是两种不同的教育类型，具有同等重要地位，要求把职业教育摆在教育改革创新和经济社会发展中更加突出的位置。“职教20条”提出，职业教育的发展应服务建设现代化经济体系和实现更高质量更充分就业需要，对接科技发展趋势和市场需求；要完善职业教育和培训体系，优化学校、专业布局，深化办学体制改革和育人机制改革，鼓励和支持社会各界（特别是企业）积极支持职业教育。文件还明确了职业教育改革工作的总体目标和要达成的具体指标（见图32）。

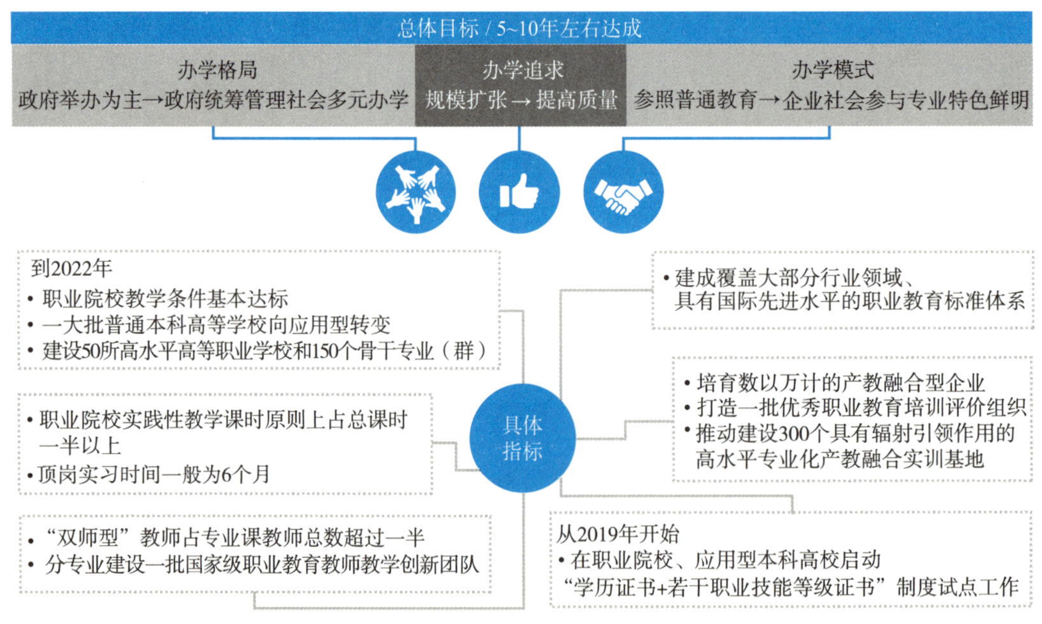

图32 “职教20条”提出的总体目标和具体指标

“职教20条”提出要构建职业教育国家标准，发挥标准在职业教育质量提升中的基础性作用；要持续更新并推进专业目录、专业教学标准、课程标准、顶岗实习标准、实训条件建设标准（仪器设备配备规范）建设和在职业院校落地实施；要巩固和发展国务院教育行政部门联合行业制定国家教学标准、职业院校依据标准自主制订人才培养方案的工作格局。

“职教20条”提出促进产教融合的校企“双元”育人。借鉴“双元制”等模式，总结现代学徒制和企业新型学徒制试点经验，校企共同研究制定人才培养方案，及时将新技术、新工艺、新规范纳入教学标准和教学内容，强化学生实习实训。适应“互联网+职业教育”发展需求，运用现代信息技术改进教学方式方法，推进虚拟工厂等网络学习空间建设和普遍应用。“职教20条”还要求推动校企全面加强深度合作，要求企业依法履行实施职业教育的义务，利用资本、技术、知识、设施、设备和管理等要素参与校企合作，促进人力资源开发。在开展国家产教融合建设试点基础上，建立产教融合型企业认证制度，对进入目录的产教融合型企业给予“金融+财政+土地+信用”的组合式激励，并按规定落实相关税收政策。试点企业兴办职业教育且投资符合条件的，可按投资额一定比例抵免该企业当年应缴教育费附加和地方教育附加。厚植企业承担职业教育责任的社会环境，推动职业院校和行业企业形成命运共同体。

“职教20条”还特别提出要打造一批高水平实训基地，加大政策引导力度，充分调动各方面深化职业教育改革创新的积极性，带动各级政府、企业和职业院校建设一批资源共享，集实践教学、社会培训、企业真实生产和社会技术服务于一体的高水平职业教育实训基地。面向先进制造业等技术技能人才紧缺领域，统筹多种资源，建设若干具有辐射引领作用的高水平专业化产教融合实训基地，推动开放共享，辐射区域内学校和企业；鼓励职业院校建设或校企共建一批校内实训基地，提升重点专业建设和校企合作育人水平。积极吸引企业和社会力量参与，借鉴德国、日本、瑞士等国家经验，探索创新实训基地运营模式。

“职教20条”还要求健全经费投入机制，要求各级政府新增教育经费要向职业教育倾斜；进一步完善中等职业学校生均拨款制度，各地中等职业学校生均财政拨款水平可适当高于当地普通高中；要求各地在继续落实好高等职业教育生均财政拨款水平达到12000元的基础上，根据发展需要和财力可能逐步提高拨款水平。

（五）教育信息化

1.《教育部等十一部门关于促进在线教育健康发展的指导意见》

在线教育是运用互联网、人工智能等现代信息技术进行教与学互动的新型教育方式，是教育服务的重要组成部分。发展在线教育，有利于构建网络化、数字化、个性化、终身化的教育体系，有利于建设“人人皆学、处处能学、时时可学”的学习型社会。为促进在线教育健康、规范、有序发展，教育部等部门于2019年9月联合印发《教育部等十一部门关于促进在线教育健康发展的指导意见》。该文件明确了在线教育的两项发展目标：到2020年，大幅提升在线教育的基础设施建设水平，互联网、大数据、人工智能等现代信息技术在教育领域的应用更加广泛、在线教育模式更加完善，资源和服务更加丰富；到2022年，现代信息技术与教育实现深度融合，在线教育质量不断提升，资源和服务标准体系全面建立，学习型社会建设取得重要进展。文件还提出了扩大优质资源供给、构建扶持政策体系、形成多元管理服务格局三个方面的重点工作（见图33）。

扩大优质资源供给	构建扶持政策体系	形成多元管理服务格局
• 满足多样化教育需求 • 推动线上线下教育融通 • 培育优质在线教育资源 • 推进产学研用一体化发展 • 加强在线教育人才培养	• 建立规范化准入体系 • 加强基础设施建设 • 落实财政支持政策 • 拓展金融支持渠道 • 加强知识产权保护	• 保护消费者权益 • 创新管理服务方式 • 加强部门协同监管 • 强化行业自律

图33 《教育部等十一部门关于促进在线教育健康发展的指导意见》提出的重点工作

2.《教育部关于实施全国中小学教师信息技术应用能力提升工程2.0的意见》

信息技术应用能力是新时代高素质教师的核心素养之一。2013年以来，通过实施全国中小学教师信息技术应用能力提升工程，教师应用信息技术改进教育教学的意识和能力普遍提高，但仍然存在信息化教学创新能力不足、乡村教师应用能力薄弱、支持服务体系不健全等问题，同时大数据、人工智能等新技术也对教师信息素养提出新的要求。为了更好地应对上述挑战，推动教师主动适应信息化、人工智能等新技术变革，教育部决定实施全国中小学教师信息技术应用能力提升工程2.0。

此次能力提升工程面向幼儿园、普通中小学、中等职业学校教师和相关管理人员，是《教育信息化 2.0 行动计划》和《教师教育振兴行动计划（2018—2022 年）》有关部署的具体落实。《教育部关于实施全国中小学教师信息技术应用能力提升工程 2.0 的意见》要求到 2022 年基本实现“三提升一全面”（校长信息化领导力、教师信息化教学能力、培训团队信息化指导能力显著提升，全面促进信息技术与教育教学融合创新发展）的总体发展目标，并提出教师信息技术应用能力培训每人五年不少于 50 学时（其中实践应用学时占比不少于 50%）。

3.《教育部等八部门关于引导规范教育移动互联网应用有序健康发展的意见》

教育移动互联网应用程序（以下简称“教育App”）是指以教职工、学生、家长为主要用户，以教育、学习为主要应用场景，服务于学校教学与管理、学生学习与生活以及家校互动等方面的移动互联网应用。2019年8月，教育部等部门联合印发了《教育部等八部门关于引导规范教育移动互联网应用有序健康发展的意见》（以下简称《引导意见》），旨在引导和规范教育移动应用有序健康发展，消除行业发展过程中出现的应用数量泛滥、平台垄断、强制使用等现象，解决教育App存在有害信息传播、广告丛生等问题。作为国家层面发布的第一个全面规范教育App的政策文件，《引导意见》明确了教育App的内涵和外延，对政策的规范范围作出界定；确立了鼓励支持的政策基调，在严守底线的前提下为新业态发展留足空间；确定了坚持问题导向、分类施策标本兼治的工作方式；提出了坚持政府、市场、社会同向同行，协同治理的总体原则。《引导意见》规定对教育App实行备案制管理。教育部于2019年11月配发《教育移动互联网应用程序备案管理办法》，明确了相关实施细则。截至2019年12月底，各省教育行政部门共完成两批628个教育App的核验备案工作。

（六）标准、规范、推荐性文件

国家、行业、地方出台的各类标准、规范及推荐性文件是促进和引导行业规范发展的重要保障。以下就2019年出台的与教育装备行业相关的主要标准、规范、推荐性文件予以简要梳理和解读。

1. 学前教育

（1）幼儿园建设标准。2019年1月，住房和城乡建设部、教育部发布《幼儿园标准设计样图》。此样图“适用于全国城镇和农村幼儿园（包含全日制幼儿园、寄宿制幼儿园）的新建、改建和扩建工程，可供建设、管理、规划、设计、施工、监理、验收等相关人员配合《幼儿园建设标准》（建标175—2016）和《托儿所、幼儿园建筑设计规范》（JGJ 39—2016）使用”。建设标准对幼儿园各类及各项用房面积指标设置了低限和高限，明确普惠性幼儿园不得低于面积指标低限，也不宜高于面积指标高限。2019年8月，住房和城乡建设部发布《托儿所、幼儿园建筑设计规范》（JGJ39—2019），于2019年10月1日实施。此规范在1987年、2016年修订过两次，其中有很多强制性条款，对规范幼儿园建设有重要意义。

上述标准的出台或更新，为幼儿园建设项目的编制、评估、审批以及相关工程的设计、监理审查提供了依据，为幼儿园建设的决策和确定幼儿园建设水平划定了统一标准，对于新建、改建、扩建幼儿园工作有很大的推动作用。

（2）0~3岁托育机构标规。2019年10月，国家卫生健康委发布《托育机构管理规范（试行）》和《托育机构设置标准（试行）》。两项标规按照《国务院办公厅关于促进3岁以下婴幼儿照护服务发展的指导意见》的要求制定，适用于为3岁以下婴幼儿提供全日托、半日托、计时托、临时托等托育服务的机构。标规要求托育机构的建筑、场地、设施设备、装饰装修材料等符合国家标准，规定托育机构“应当配备符合婴幼儿月龄特点的家具、用具、玩具、图书和游戏材料等，并符合国家安全质量标准和环保标准”。

（3）玩教具相关标准。2019年5月，中国质量认证中心发布了《儿童玩具益智等级评价技术规范》。该标准填补了玩具行业相关标准的空白，有助于规范国内益智玩具市场，引导企业设计和帮助消费者识别更加有益于儿童身心健康的玩具，对于幼儿园相关玩教具的配置和采购具有参考价值。国家市场监督管理总局、国家标准化管理委员会发布《玩具及儿童用品 特定元素的迁移试验通则》（GB/T 37647—2019），规定了玩具及儿童用品中的特定元素在模拟人体环境中迁移试验的取样方法、试样制备和试样提取方法，有助于相关产品质量检验工作水平的提升和儿童的健康成长。

2. 普通中小学

（1）学科教学装备配置标准。2019年5月，教育部发布初中物理、化学、生物学、地理、数学和小学数学等六个学科的教学装备配置标准（以下简称《配置标准》），自2019年9月1日起正式实施。

《配置标准》强调教育装备安全、环保，突出好用、实用、适用、管用的要求，对装备质量要求和把控标准全面提升，优化了技术指标参数，明确了教学性能要求；增加了具有现代科技含量的数字化、信息化、集成化、微型化等多元化教育装备，旨在从传统实验仪器配置向多元装备配置转变；明确了对按需补充消耗性材料，自备、自制器材等的要求。

除对装备本身的要求外，《配置标准》还强化应用指导，着力解决教学实践中教师“不会用”“用不好”的问题。通过新增“实践活动建议”板块，《配置标准》设计安排了系列化、多样化的科学探究和实践活动，引导教师从传授式、讲授式教学向促进学生主动学习、实践性学习、情景化学习、课程综合化学习转变，使教学装备成为深化“课堂革命”的有力助手，助力从传统课堂教学向现代课堂教学转变。

（2）《基础教育装备分类与代码》等行业标准。2019年4月，经全国教育装备标准化技术委员会审查通过，《基础教育装备分类与代码》等22项教育行业标准正式发布，自2019年9月1日起实施。

《基础教育装备分类与代码》（JY/T 0595—2019）从分类规则、编码规则和代码表三方面规范了基础教育学校教育教学及教学辅助装备、行政办公和生活服务装备的分类与代码，为实现信息准确高效处理，信息资源互通共享，提高基础教育装备管理信息化水平，加快推进基础教育装备现代化提供了重要的基础性支撑。其他21项标准（见表9）则填补了基础教育领域产品质量标准空白，为规范相关教育装备产品质量，培养学生创新意识和动手能力，保障学生健康安全，提高教育质量提供了基本的技术支撑。

表9　2019年发布的21项教育装备产品行业标准

标准代码及名称		
JY/T 0042—2019 教学用热敏温度计	JY/T 0221—2019 离心机械模型	JY/T 0509.2—2019 教学用尺第2部分：直尺
JY/T 0044—2019 碰撞实验器	JY/T 0226—2019 固体缩力演示器	JY/T 0512—2019 运动和力实验器
JY/T 0053—2019 透明塑料水槽	JY/T 0229—2019 液体对器壁压强演示器	JY/T 0515—2019 活塞式抽水机模型
JY/T 0060—2019 计数器	JY/T 0231—2019 量热器	JY/T 0516—2019 水轮机模型通用技术条件

续表

标准代码及名称		
JY/T 0061—2019 钟表模型	JY/T 0308—2019 小学几何形体模型	JY/T 0518—2019 爆燃器
JY/T 0106—2019 帕斯卡球	JY/T 0344—2019 钉板及附件	JY/T 0519—2019 毛细现象实验器
JY/T 0130—2019 计数棒（棍）	JY/T 0509.1—2019 教学用尺第1部分：演示用直尺	JY/T 0593—2019 中小学膜处理饮水设备 技术要求和配备规范

（3）团体标准。2019年6月，中国教育装备行业协会发布四项中小学教育装备团体标准（见表10），自2019年7月1日起实施。

表10　2019年发布的四项中小学教育装备团体标准

标准代码及名称	标准主要内容与适用范围
T/JYBZ 007—2019 中小学智慧书法教室装备规范	规定了中小学智慧书法教室装备规范的术语和定义、一般规定、教学功能，以及设备器材、软件系统要求及布置示意图；适用于中小学智慧书法教室，其他书法教室可参照使用
T/JYBZ 008—2019 中小学交互式教学一体机技术规范	规定了中小学交互式教学一体机的术语和定义、分类、要求、试验方法、检验规则、标志、使用说明、包装、运输和贮存；适用于中小学交互式教学一体机，其他场所使用时可参考执行
T/JYBZ 010—2019 中小学数字化音乐教室建设规范	规定了中小学数字化音乐教室装备规范的术语和定义、符号、一般规定、教学资源与功能、设备器材与软件系统要求；适用于新建、改扩建的小学、初中数字化音乐教室，其他类型数字化音乐教室可参考使用
T/JYBZ 011—2019 中小学生冬季校服技术规范	规定了中小学生冬季校服的术语和定义、技术要求、试验方法、检验规则及包装、贮运和标识；适用于我国中小学生冬季在学校日常统一穿着的服装，其他学校学生冬季校服可参照执行

（4）内容资源目录。2019年5月，教育部公布《2019年中小学教学用书目录》，对中小学的教学用书作出严格限定，明确规定中小学国家课程必须使用目录中的教材。2019年9月，教育部、中共中央宣传部联合发布《第39批向全国中小学生推荐优秀影片片目》，共推荐《流浪地球》等14部影片。2019年9月，中国期刊协会、中国教育装备行业协会联合发布《中小学图书馆推荐优秀期刊目录》，共推荐191种优秀期刊，供教育装备管理部门和中小学校图书馆（室）选配期刊时参考使用。2019年10月，教育部发布《2019年全国中小学图书馆（室）推荐书目》，作为中小学校馆藏建设的主要参考依据。

3. 职业教育与高等教育

（1）《高等职业学校建设标准》。2019年8月，由教育部组织编制的《高等职业学校建设标准》经住房和城乡建设部、国家发展改革委批准发布，自2019年12月1日起实施。该标准为高等职业学校工程项目的审批、核准、设计和建设工作提供了规范和依据，对提高高等职业学校基本建设管理的科学化、规范化水平具有重要意义。

（2）专业实训教学条件建设标准。为进一步完善职业教育标准体系，加强有关专业实训条件建设，保障人才培养质量，教育部于2019年5月发布了第三批职业教育专业实训教学条件建设标准，共涉及15个高职专业和6个中职专业（见表11）。

表11　2019年发布的21项职业教育专业实训教学条件建设标准

层次	专业名称		
高职	城市轨道交通车辆技术	康复治疗技术	网络技术
	城市轨道交通通信信号技术	矿物加工技术	物流管理
	道路桥梁工程技术	模具设计与制造	物流信息技术
	工业机器人技术	软件技术	新能源汽车运用与维修
	化工生物技术	铁道信号自动控制	智能交通技术运用
中职	城市轨道交通车辆运用与检修	化学工艺	模具制造技术
	城市轨道交通信号	康复技术	生物化工

（3）《高等学校固定资产分类与代码》。2019年1月，经全国教育装备标准化技术委员会审查通过，教育行业标准《高等学校固定资产分类与代码》（JY/T 0624—2018）正式发布，自发布之日起实施。此项标准规定了高等学校固定资产的分类原则、编码方法和代码，适用于高等学校固定资产的登记、统计等管理工作。高等教育装备涉及的专业领域繁多，科学合理的分类和统一编码是实现其规范化管理的前提。《高等学校固定资产分类与代码》的实施有助于高等教育装备资产的合理配置与投资，也为开展高等教育装备的教学效益评估及社会经济效益测评提供了基础。

4. 通用性标准

（1）国家标准。2019 年 6 月，国家市场监督管理总局、国家标准化管理委员会发布《文具用品安全标志》（GB/T 37651—2019），自 2020 年 1 月 1 日起实施。此标准由中国轻工业联合会提出，文具标准化委员会归口，适用于需要安全标志的文具用品，规定了文具用品安全标志的使用和设计、图标及内容。

2019年10月，国家市场监督管理总局、国家标准化管理委员会发布《家具售后服务要求》（GB/T 37652—2019），自2020年1月1日起实施。此标准由中国轻工业联合会提出，全国家具标准化技术委员会归口，适用于家具售后服务活动，规定了家具售后服务的术语和定义、服务要求。

2019年12月，国家市场监督管理总局、国家标准化管理委员会发布《消火栓箱》（GB/T 14561—2019），自2020年4月1日起实施。此标准由中华人民共和国应急管理部提出，全国消防标准化技术委员会归口，适用于建筑物内室内消火栓给水系统用消火栓箱，规定了消火栓箱的术语和定义、分类和型号、要求、试验方法、检验规则、标志、使用说明书、包装、运输和贮存等要求。

（2）团体标准。2019年6月，中国教育装备行业协会发布《教学视听设备操作与维护的安全要求》（T/JYBZ 009—2019）和《学校人造草运动场地要求》（T/JYBZ 012—2019）两项团体标准。前者规定了教学视听设备的操作安全要求、维护与检查安全要求及储存、运输与搬运安全要求，适用于教学视听领域中广泛使用的视听设备、视听辅助设备及其系统的安全操作和维护；后者规定了学校人造草运动场地术语定义、分类和规格、技术要求、检验方法、检验规则和场地维护，适用于校园足球特色学校人造草运动场地（学校其他人造草运动场地可参照执行）。

三、行业发展情况综述

1.《教育部2019年工作要点》

教育部年度工作要点是对我国教育战线全年工作的重点部署。2019年教育部对教育工作的总体要求包括：坚持稳中求进的工作总基调，坚持高质量发展，坚持和加强党对教育工作的全面领导，全面贯彻党的教育方针，落实教育现代化2035及其实施方案，坚持发展抓公平、改革抓体制、安全抓责任、整体抓质量、保证抓党建，加快推进教育现代化，建设教育强国，办好人民满意的教育。2019年工作要点中涉及教育装备行业工作的内容如表12所示。

表12 《教育部2019年工作要点》教育装备相关工作摘录

工作类别	具体要求
完善教育经费投入保障机制	• 目标任务 • 健全教育财政投入机制，完善非义务教育培养成本分担机制，优化教育经费投入使用结构，加强教育经费使用管理 • 相关措施 • 建立健全各地生均拨款制度 • 加强教育经费执行情况统计监测，落实“一个不低于、两个只增不减” • 落实完善扩大教育社会投入政策 • 推动各地建立拨款、资助、收费“三位一体”的标准动态调整机制 • 全面实施绩效管理，完善项目支出标准体系 • 加强经费监管，强化内部审计，提高使用效益

续表

工作类别	具体要求
推进信息技术与 教育教学深度融合	· 目标任务 · 推动教育信息化转段升级，提升师生信息素养 · 相关措施 · 实施教育信息化2.0行动计划，研究中国智能教育发展方案 · 联网攻坚行动，实现中小学入网率97%以上、出口带宽100bit/s以上 · 完善国家数字教育资源公共服务体系 · 启动“智慧教育示范区”建设 · 建立数字化资源进校园监管机制 · 推动“互联网+教育”大平台建设 · 启动“中小学教师信息技术应用能力提升工程2.0” · 出台《在线开放课程建设与应用管理办法》 · 推进国家虚拟仿真实验教学项目建设
提高基础教育质量	· 目标任务 · 推动树立科学的教育质量观念，深化教育教学改革创新 · 相关措施 · 出台义务教育和普通高中改革的意见 · 稳步推进普通高中实施新课程、使用新教材 · 研制《关于加强中小学实验教学的指导意见》等文件
促进学生身心健康	· 目标任务 · 推进体育美育教学改革，强化近视防控工作责任制 · 相关措施 · 推进校园足球“八大体系”建设 · 研制冰雪运动进校园的指导意见 · 推进儿童青少年近视综合防控工作 · 研制《关于加强和改进新时代学校卫生与健康教育工作的指导意见》 · 推进心理健康知识教育，加强学校心理健康专业教师队伍建设 · 印发《高等学校教师心理健康教育工作指导纲要》 · 推动《中国大学生心理健康网络测评系统》推广应用
大力加强劳动教育	· 目标任务 · 全面构建实施劳动教育的政策保障体系，开展劳动教育情况考核、评估和督导 · 相关措施 · 出台加强劳动教育的指导意见和劳动教育指导大纲 · 修订教育法将“劳”纳入教育方针 · 鼓励职业院校联合中小学开展劳动和职业启蒙教育 · 将学生参加劳动实践内容纳入中小学相关课程和学生综合素质评价 · 因地制宜组织开展形式多样的劳动实践活动
提高义务教育 城乡一体化发展水平	· 目标任务 · 缩小县域内城乡教育差距，扩大城镇学校学位供给 · 相关措施 · 制定完善农村学校布局规划和乡村小规模学校、乡镇寄宿制学校办学标准 · 做好“全面改薄”收尾，启动实施义务教育薄弱环节改善与能力提升工作

续表

工作类别	具体要求
推进高中阶段教育普及攻坚	• 目标任务 • 提高高中阶段教育普及水平，全面建立生均拨款制度，降低大班额比例 • 相关措施 • 继续实施教育基础薄弱县普通高中建设项目 • 加大普通高中改造计划实施力度，推动中西部省份提高普及水平 • 制定全国普通高中生均公用经费拨款最低标准 • 指导各地建立生均拨款标准和学费标准动态调整机制 • 部署各地制订普通高中消除“大班额”专项规划

2.“智慧教育示范区”建设项目推荐遴选

1月2日，教育部办公厅发布《关于“智慧教育示范区”建设项目推荐遴选工作的通知》，提出2019年和2020年分年度各遴选5个以上地方积极、具有较好发展条件的地区（地市或区县），优先开展“智慧教育示范区”建设与实践探索。

“智慧教育示范区”指在地方政府支持下，教育行政部门统筹相关机构，充分发挥市场机制的作用，利用新一代信息技术为学生、教师和家长等提供个性化支持和精准化服务，采集并利用参与者群体的状态数据和教育教学过程数据，促进学习者在任意时间、任意地点，采用任意方式、任意步调进行学习，为该区域师生提供高学习体验、高内容适配和高教学效率的教育供给，以促进教育公平、提高教育质量。

经遴选推荐、综合评议、集中公示等环节，2019年度“智慧教育示范区”建设项目名单于5月5日公布。北京市东城区、山西省运城市、上海市闵行区、湖北省武汉市、湖南省长沙市、广东省广州市、四川省成都市武侯区、河北省雄安新区入选2019年度“智慧教育示范区”创建区域名单；江苏省苏州市、山东省青岛市入围2019年度“智慧教育示范区”创建区域培育名单（进入培育名单的区域，可率先开展建设，2020年直接入围最终评审环节，不占用本省推荐名额）。

3. 义务教育课程修订工作

1月3日，义务教育课程修订启动会在北京召开。教育部副部长朱之文在会议讲话中强调，课程教材是学校教育教学的基本依据，是解决“为谁培养人、培养什么人、怎样培养人”这一根本问题的重要载体，直接关系党的教育方针能否落实，关系教育目标能否真正实现。朱之文副部长指出，义务教育课程教材建设要做到把好方向，找准定位，体现科学，优化结构，强化指导。此次会议明确了课程教材修订工作的总体要求，围绕义务教育阶段育人目标研究、课程设置等进行了专题研讨和交流。

4. 全国教育工作会议

1月18日，2019年全国教育工作会议在北京召开。教育部部长陈宝生在工作报告中指出，2019年，教育系统要在2018年成功实施“奋进之笔”的基础上，深入实施“奋进之笔”。具体而言，一是把“两个大计”转化为教育优先的实际行动，使教育优先发展成为推动党和国家各项事业发展的重要先手棋；二是从薄弱处着手落实立德树人根本任务，推动德育体系化，深化教育教学改革，对体育美育建立刚性要求，有效开展劳动教育，高度重视家庭教育；三是在全社会重振师道尊严，抓好师德师风建设，持续提升教师能力素质，为教师减负；四是教育脱贫攻坚要取得决定性进展；五是破除体制机制障碍，在标志性、引领性、支柱性改革上取得突破；六是加强党对教育工作的全面领导，确保教育系统和谐安全稳定。陈宝生部长在讲话中着重强调了落实各项工作部署的重要性，要求用高政治站位、用务实的作风、用奋进的状态、用学习的自觉、用研判的习惯、用法治的精神抓好落实。

5. 城镇小区配套幼儿园治理

1月9日，国务院办公厅下发《国务院办公厅关于开展城镇小区配套幼儿园治理工作的通知》，对小区配套园规划、建设、移交、办园等环节存在的突出问题开展治理并提出了路线图和时间表。城镇小区配套建设幼儿园是城镇公共服务设施建设的重要内容，是扩大普惠性学前教育资源的重要途径。城镇小区配套园治理是2019年学前教育领域的一项重点工作，是落实《中共中央 国务院关于学前教育深化改革规范发展的若干意见》相关要求的重要一笔。教育部专门成立治理工作小组，分别于2月25日和10月10日召开治理工作小组会、治理工作中期推进电视电话会，并连同其他六部门印发了《教育部等七部门关于做好城镇小区配套幼儿园整改工作的实施意见》。截至12月20日，对于前期摸排出的2万所需治理幼儿园，各地已完成1.5万所的阶段性整改任务，占总数的75%。

从建园环境和装备配置角度观察，我国小区配套幼儿园整体建设水平仍存在不少问题。有调查发现，部分幼儿园存在由小区配套商业设施改建以及设施环境不适合幼儿园使用等问题，比如，有的幼儿园场地上存在多个市政或电信井盖，有的幼儿园与垃圾处理站毗邻，有的幼儿园露台未安装适合幼儿活动的围栏，等等。在开展相关治理工作时，对存在上述问题的幼儿园应按照新颁布的《托儿所、幼儿园建筑设计规范》进行整改，为幼儿在园期间的安全健康保驾护航。

6. 校园特色体育项目建设

3月14日，《全国青少年校园足球工作领导小组关于做好2019年校园足球工作的通知》发布，就扎实做好全国青少年校园足球工作作出部署。通知要求从完善顶层设计、打牢教学根基、丰富课余训练、完善竞赛体系、加强校园足球科研和平台建设、做好条件保障、加大宣传力度等重点方面开展工作。近年来，以足球为代表的特色体育项目进校园工作持续开展，2019年教育部开展的相关工作如表13所示。

表13　2019年教育部开展的与校园特色体育项目建设相关的部分工作

日期	相关工作
1月8日	教育部办公厅发布《关于做好全国青少年校园冰雪运动特色学校及北京2022年冬奥会和冬残奥会奥林匹克教育示范学校遴选工作的通知》
1月16日	教育部办公厅发布《关于继续开展全国青少年校园足球师资国家级专项培训的通知》
2月2日	教育部办公厅发布《关于继续做好2019年全国青少年校园篮球特色学校遴选等有关工作的通知》
3月15日	教育部办公厅发布《关于开展2019年全国青少年校园网球特色学校遴选工作的通知》
3月22日	教育部办公厅发布《关于开展足球特色幼儿园试点工作的通知》
4月24日	教育部办公厅发布《关于开展2019年全国青少年校园足球特色学校、试点县（区）和“满天星”训练营创建工作的通知》
5月20日	教育部等四部门发布《关于加快推进全国青少年冰雪运动进校园的指导意见》

7. 儿童和学生用品安全守护行动

3月21日，国家市场监督管理总局发布《2019年儿童和学生用品安全守护行动工作方案》，重点聚焦儿童玩具、学生文具、校服、校园跑道原材料等产品，持续开展监督检查和专项整治，夯实儿童和学生用品质量安全保障线（见图34）。

儿童玩具

- 重点检查：列入CCC认证目录产品，是否存在未经认证出厂、销售及伪造、冒用、买卖CCC证书等违法行为
- 重点检测：增塑剂、可迁移元素超标等化学性危害，小零件、危险锐利尖端、绳索等物理性伤害
- 重点查处：牙签弩、口袋弹弓等危险玩具，不符合强制性标准要求的产品，“三无”产品及假冒伪劣产品

学生文具

- 重点检查：书写类文具、美术类文具、胶粘类文具、修正类文具及课业簿册等
- 重点检测：苯系物、可迁移元素、游离甲醛超标等化学性危害
- 重点查处：不符合强制性标准要求的产品、“三无”产品、假冒伪劣产品

校服产品

- 联合教育部门加强对中小学生校服产品的质量监督抽查
- 重点检测：甲醛、pH、可分解致癌芳香胺等安全性能指标
- 继续组织开展学生校服质量监测行动
- 推动采购单位将招标采购产品的标准技术条件和质量要求纳入合同文本，督促采购单位加强质量验收把关

校园跑道原材料

- 重点抽查用于建设校园跑道的塑胶颗粒、胶水等原材料，检测其安全性能指标

图34　2019年儿童和学生用品安全守护行动的重点工作

11月6日，2019年儿童和学生用品安全守护行动工作总结和现场推进会召开。会议通报了前三季度的工作情况：各地市场监管部门共组织检查生产企业10587家、重点商超和批发市场20余万家，开展行政指导和行政约谈4820次，部署开展产品质量监督抽查1.8万批次，举办宣传教育活动1.2万场，查处假冒伪劣产品9129批、“三无”产品4588批，立案3915起，召回缺陷产品123万件。

8.“双高计划”启动实施

3月29日，教育部、财政部发布《关于实施中国特色高水平高职学校和专业建设计划的意见》，并印发《中国特色高水平高职学校和专业建设计划项目遴选管理办法（试行）》，正式启动实施“双高计划”。

“双高计划”是贯彻党中央、国务院关于建设一批引领改革、支撑发展、中国特色、世界水平的高等职业学校和骨干专业（群）的重大决策的建设工程，其核心内容是国家重点支持建设50所左右高水平高职学校和150个左右高水平专业群。“双高计划”旨在打造技术技能人才培养高地和技术技能创新服务平台；引领职业教育服务国家战略、融入区域发展、促进产业升级。项目资金包括中央财政资金、地方财政资金和学校自筹资金。“双高计划”采用总量控制、动态管理，年度评价、期满考核，有进有出、优胜劣汰的方式，以五年为一个支持周期，2019年启动第一轮建设。

12月10日，教育部、财政部审定并公示了第一轮建设单位名单。首批“双高计划”建设名单包括197所高职院校，其中高水平学校建设高校56所、高水平专业群建设高校141所。列入“双高计划”的高职院校除可获得大力度的优惠政策扶持外，更有巨大的资金投入。据了解，中央和地方财政计划总投入高达650亿元。第一轮“双高计划”预算总经费超过10亿元的共有4所院校，其中合肥职业技术学院“双高计划”以21.4亿元的预算总经费高居榜首（预算排名前十位的院校如图35所示）。

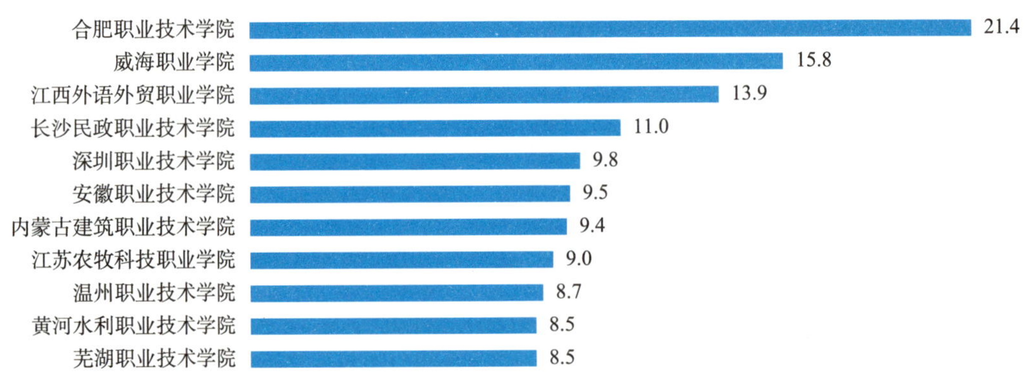

图35　第一轮“双高计划”中预算总经费排名前十的院校及其预算金额（单位：亿元）

9. 学校卫生与健康工作

4月3日，教育部、国家卫生健康委联合召开全国综合防控儿童青少年近视暨推进学校卫生与健康教育工作视频会议。会议旨在推动教育部、国家卫生健康委与各省级人民政府签订全面加强儿童青少年近视综合防控责任书，进一步加强新时代学校卫生与健康教育工作。2019年，教育部等有关部门在学校卫生与健康工作领域发布了多项相关文件，开展了多项相关工作（见表14）。

表14　2019年学校卫生与健康领域的部分工作

日期	相关工作
1月23日	教育部办公厅发布《关于加强流感等传染病防控和学校食品安全工作的通知》
2月20日	教育部、国家市场监管总局、国家卫生健康委发布《学校食品安全与营养健康管理规定》
2月26日	教育部办公厅发布《关于遴选全国儿童青少年近视防控专家宣讲团成员的通知》
3月1日	教育部办公厅发布《关于开展2019年“师生健康中国健康”主题健康教育活动的通知》
3月25日	国家卫生健康委办公厅、教育部办公厅发布《关于开展2019年托幼机构、校外培训机构、学校采光照明“双随机”抽检工作的通知》
5月31日	教育部发布《关于建立全国综合防控儿童青少年近视工作联席会议机制的函》
6月27日	教育部办公厅发布《关于公布全国综合防控儿童青少年近视专家宣讲团组成人员名单的通知》
9月10日	教育部在上海召开全国学校卫生与健康教育工作座谈会
9月27日	全国综合防控儿童青少年近视工作联席会议机制第一次会议在北京召开
11月15日	教育部等五部门发布《关于进一步加强农村义务教育学生营养改善计划有关管理工作的通知》
12月18日	国家卫生健康委等十二部门联合印发《健康中国行动——儿童青少年心理健康行动方案（2019—2022年）》

在学校卫生与健康工作方面，扎实推进综合防控儿童青少年近视工作是2019年的重点。各省级人民政府落实与教育部、国家卫生健康委签订的近视防控责任书，30个省份出台了省级近视防控方案，采取多种措施推进相关工作。

在加强相关装备配备、落实卫生监督层面：江苏省实施教室视觉环境达标工程，三年内逐步更换教室照明灯具，改善照明条件；在新建、改扩建校舍前，由卫生健康部门监督指导校舍选址、设计并参与竣工验收，将视觉环境、课桌椅匹配等纳入卫生监督范围。安徽省开展“智慧照明”试点。海南省启动全面配备可升降课桌椅等工作。河北省、云南省等地升级改造教室采光与照明设施，改善学生学习环境和用眼条件。

在加大财政投入，保障经费落实层面：吉林省投入1380万元为全省中小学和职业学校配备视力检测装备；甘肃省增设近视防控工作经费500万元，用于近视防控改革试验试点、年度近视率核定、视力健康管理等工作；内蒙古自治区投入290万元用于支持近视防控改革试点县、试验区建设；湖北省将学生公用经费中的体检费用与卫生健康部门基本公共卫生服务项目经费捆绑，解决视力检测经费问题；湖南省为近视防控试点县提供专项经费支持。

10.“双万计划”启动实施

4月2日，教育部办公厅发布《关于实施一流本科专业建设“双万计划”的通知》，计划在2019~2021年建设1万个左右国家级一流本科专业点和1万个左右省级一流本科专业点。“双万计划”面向各类高校，在不同类型的普通本科高校建设一流本科专业，鼓励分类发展、特色发展；面向全部专业，覆盖全部92个本科专业类，分年度开展一流本科专业点建设；突出示范领跑，建设新工科、新医科、新农科、新文科示范性本科专业，引领带动高校优化专业结构、促进专业建设质量提升，推动形成高水平人才培养体系；分“赛道”建设，中央部门所属高校、地方高校名额分列，向地方高校倾斜，鼓励支持高校在服务国家和区域经济社会发展中建设一流本科专业；分“两步走”实施，报送的专业第一步被确定为国家级一流本科专业建设点，由教育部组织开展专业认证，通过后再确定为国家级一流本科专业。

12月24日，教育部办公厅发布《关于公布2019年度国家级和省级一流本科专业建设点名单的通知》，认定了首批4054个国家级一流本科专业建设点（中央赛道1691个、地方赛道2363个），确定了6210个省级一流本科专业建设点。

11.“1+X证书”试点

4 月 4 日，教育部、国家发展改革委、财政部、市场监管总局印发《关于在院校实施“学历证书 + 若干职业技能等级证书”制度试点方案》，安排自 2019 年开始，从 10 个左右的领域做起，启动“学历证书 + 若干职业技能等级证书”（简称“1+X 证书”）制度试点工作。11 月 9 日，教育部、国家发展改革委、财政部配套出台《关于推进 1+X 证书制度试点工作的指导意见》，进一步指导相关工作的开展。职业技能等级证书是“1+X 证书”制度设计的重要内容，是一种新型证书，是职业院校毕业生、社会成员职业技能水平的凭证。证书分初、中、高三级，学生自主选择参加证书培训与考核，不作为毕业的限制条件。职业技能等级证书面向社会招募培训评价组织进行开发与实施，实行目录管理，建立退出机制。

“1+X证书”相关工作的开展要求强化基础条件保障，各省（区、市）在政策、资金和项目等方面向参与实施试点的院校倾斜，支持学校教学实训资源与培训考核资源共建共享，推动学校建好用好学校自办、学校间联办、与企业合办、政府开办等各种类型的实训基地；要求吸引社会投资进入职业教育培训领域，通过政府和社会资本合作（PPP模式）等方式，支持社会资本参与实训基地建设和运营。

2019年6月，首批“1+X证书”制度试点院校名单公布，确定建筑信息模型试点校320所、Web前端开发试点校424所、老年照护试点校233所、物流管理试点校354所、汽车运用与维修试点校466所、智能新能源汽车试点校194所。从地区分布来看，试点数量最多的是广东省（191个试点），其次是山东省（156个）和江苏省（144个）。首批职业技能等级证书于11月6日颁发，来自18所职业院校的288名学生获颁“1+X”建筑信息模型职业技能等级证书。

12. 全国教育信息化工作会议

4月11~12日，2019年全国教育信息化工作会议在云南省昆明市举行，教育部副部长钟登华出席会议并讲话。钟登华指出，信息化是社会发展的大势所趋，是历史的必然。教育信息化工作要放眼全局、着眼未来，要做到因事而化、因时而进、因势而新，要充分认识到加快推进教育信息化工作的重要性和紧迫性，坚持长远规划、长期实践、长久研究，切实做好面向智能时代教育的顶层设计、探索应用和理论支撑，落实好《中国教育现代化2035》提出的加快信息化时代教育变革的战略任务。钟登华要求，2019年教育信息化工作要紧密围绕助力教育扶贫和网络扶贫、促进信息技术与教育教学深度融合、扎实推进教育信息化2.0行动计划等三方面重点任务开展。

会议就如何深入推进教育信息化2.0，发展更加公平更有质量的教育进行了交流研讨，云南、江西、海南、广东、宁夏、湖南等省（区）在会上作了典型发言，教育部科技司、基教司、职成司、高教司、教师司负责同志对年度重点工作进行了部署。会议同期还举办了全国电教馆馆长会议和全国教育信息中心主任工作会议。

13. 教育装备相关展会

（1）中国教育装备展示会。第76、77届中国教育装备展示会分别于4月26~28日、10月12~14日在重庆市和山东省青岛市举办（见图36）。展示会期间举行了主题丰富、形式多样的同期活动，包括中国学前教育峰会、2019国际教育信息化大会、第七届全国中小学实验教学说课活动、全国名师名校长峰会、全国学生装设计大赛总决赛、城市教育装备工作创新论坛、中小学教育装备应用创新论坛、教育装备产业金融创新发展高端论坛，等等。

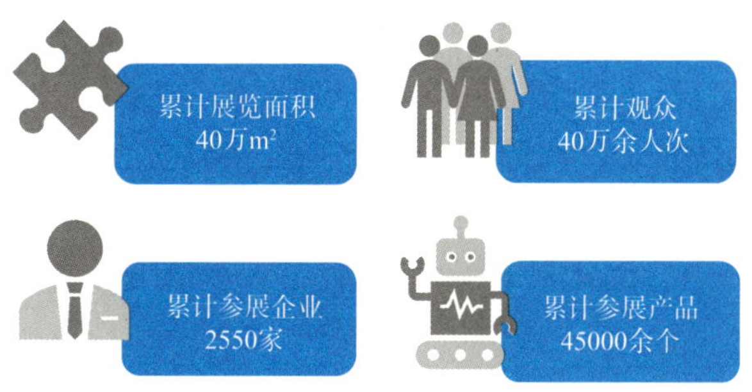

图36 第76、77届中国教育装备展示会部分规模数据

中国教育装备展示会由中国教育装备行业协会主办，每年举办两届，是我国乃至世界教育装备行业规模最大、影响最广、专业性最强的品牌展会，被誉为教育装备市场的风向标。凭借所取得的突出业绩，中国教育装备展示会已六次荣膺“中国行业品牌展会金手指奖”，并被商务部列为重点引导支持展会。

（2）中国国际教育装备（上海）博览会。由中国教育装备行业协会、上海市教育学会主办的2019中国国际教育装备（上海）博览会于9月28～30日在上海市举行，吸引了我国以及英国、美国、德国、马来西亚、泰国等国的企业和嘉宾参观参展。博览会同期举办了国际教育技术装备高峰论坛、长三角部分省市教育装备协作会议、教育技术装备融合运作研究工作坊等多场活动。

（3）全国职业教育现代技术装备及教材展览会。第十七届全国职业教育现代技术装备及教材展览会于11月22~24日在重庆市举办，共有145家企业和出版社参展，展出面积达到25000m²。与往届相比，本届展会展现了职业教育装备领域三大新的发展趋势：一是大型企业纷纷投身职教装备领域，如中国电信带来了职教5G+教学、5G+校园安全，京东带来了智慧物流、无人机、无人车以及电商、供应链和人才培养方案，等等；二是传统职教装备的智能化、数字化水平有了明显的提升；三是虚实结合、智能化、高水平的虚拟仿真系统应用到了更多的专业，大幅提高了仿真度和应用范围。全国职业教育与继续教育脱贫攻坚专项展示交流活动于展会同期举办。

（4）中国高等教育博览会。第53、54届中国高等教育博览会分别于5月26~28日、11月1~3日在福建省福州市和江苏省南京市举办，两届展会累计展览面积130000m²，累计展位5000余个，专业观众累计4万余人次。展会期间举办了高等工程教育研讨会、高校实验室建设与发展论坛、中国高校创新发展论坛、中国高等教育智慧教学与课堂教学改革高峰论坛等品牌学术活动。

14. 职业教育技能竞赛

5月5日，教育部发布《关于举办2019年全国职业院校技能大赛的通知》，第十二届全国职业院校技能大赛拉开序幕。本届大赛在天津主赛区和全国21个分赛区举办，共有17450名选手参加了中、高职组87个项目的比赛，直接参与企业近百家；大赛涉及信息技术、智能制造、新能源等新产业、新业态的赛项35项（占全部赛项的40%），比赛内容突出同步，及时引入企业新技术、新设备、新工艺，使师生直接感知产业发展需求和趋势，使学校教育与行业企业发展同步前行。大赛按照“精彩、专业、安全、廉洁”的办赛原则，持续深化以赛促教学、以赛促合作、以赛促环境，及时将大赛成果转化为职业教育的教学资源，实现大赛对教学改革和专业建设的促进作用。

11月23~25日，2019年全国职业院校技能大赛教学能力比赛现场决赛在湖南省株洲市举办。本届比赛共收到来自地方37个代表队和军事职业组的996件参赛作品，分为网络评审和现场决赛两个环节。教学能力比赛的举办旨在落实中共中央、国务院《关于全面深化新时代教师队伍建设改革的意见》和《国家职业教育改革实施方案》，实施好《全国职业院校教师教学创新团队建设方案》和《教育信息化2.0行动计划》，推进教师、教材、教法改革，加强职业院校“双师型”教师队伍建设，促进教师综合素质、专业化水平和创新能力的全面提升。

15. 国际人工智能与教育大会

5月16~18日，以“规划人工智能时代的教育：引领与跨越”为主题的国际人工智能与教育大会在北京举办。来自全球100多个国家、10余个国际组织的约500位代表参会，共同探讨教育的未来发展之路。此次会议由开幕式、闭幕式、部长论坛、5场全会和12场分会组成，内容涵盖展望未来教育、教育政策制定、教育供给和管理、教学教师、学习评估、课程开发、终身学习、伦理安全、促进教育公平包容等多个方面。中共中央政治局委员、国务院副总理孙春兰出席开幕式并宣读习近平主席贺信。会议通过成果文件《北京共识——人工智能与教育》（以下简称《北京共识》）。

《北京共识》提出，各国要制定相应政策，推动人工智能与教育、教学和学习系统性融合，利用人工智能加快建设开放灵活的教育体系，促进全民享有公平、有质量、适合每个人的终身学习机会。《北京共识》倡议，要支持对与新兴人工智能技术发展相关的前沿问题进行前瞻性研究，探索利用人工智能促进教育创新的有效战略和实践，以期在人工智能与教育领域构建具有共同价值观的国际共同体。

16. 重大科研基础设施和大型科研仪器共享考核

5月21日，科技部、财政部下发《关于开展中央级高等学校和科研院所等单位重大科研基础设施和大型科研仪器开放共享评价考核工作的通知》，对高等学校和科研院所等单位重大科研基础设施和大型科研仪器开放共享进行评价考核，考核评价结果于11月19日公布。此次评价考核共有25个部门344家单位参加，涉及原值50万元以上科研仪器4.2万台（套）。考评结果显示，与2018年相比，参评单位对开放共享更加重视，科研设施与仪器利用率进一步提升。考评过程中也发现了一些问题：部分单位对仪器购置缺乏统筹，仪器重复购置比较严重；部分单位未按要求建立完整规范的仪器使用记录；仍有一些单位对实验技术人员支撑科技创新的作用认识不够，实验技术支撑队伍有待加强，专业化管理能力有待提升。

17. 幼儿园教育装备研究

7月12日，“幼儿园教育装备深化改革规范发展暨幼儿园户外游戏环境建设”研讨会在武汉举办。教育部教育装备研究与发展中心主任曹志祥在会上介绍，随着学前教育的发展，学前教育装备概念的外延在逐步拓展。幼儿园装备配备应依据幼儿的年龄特点、学习特点，着眼于幼儿的可持续全面发展、个性化发展，为幼儿提供丰富、健康、可操作性的物质环境，满足幼儿亲自参与、动手操作、感知体验的需要。本次会议由教育部教育装备研究与发展中心与华中师范大学联合主办，会上发布了《中国幼儿园教育装备发展与研究报告》。

18. 高校校园实体书店建设

7月17日，教育部办公厅发布《关于进一步支持高校校园实体书店发展的指导意见》（以下简称《校园书店指导意见》），在教育领域落实中央宣传部等十一部门联合印发的《关于支持实体书店发展的指导意见》。校园实体书店是高校重要的文化设施和文明载体，在传播先进文化、推动全民阅读、建设书香校园、促进学生全面成长成才等方面具有重要作用。《校园书店指导意见》明确，各高校应至少有一所图书经营品种、规模与本校特点相适应的校园实体书店，没有的应尽快补建。《校园书店指导意见》还提出，积极引导和支持校园实体书店在经营模式、空间布局和环境营造方面科学调整，打造特色鲜明的校园文化空间；鼓励高校图书馆、出版社与校园实体书店信息互通、资源共享，利用图书馆资源优势拓展实体书店经营空间；鼓励高校出版社开办“前店后厂”式的读者服务场所，支持高校出版社的读者服务部、教材代办站拓展经营范围，改善设施环境，提升服务能力；支持校园实体书店与后勤服务实体共建书香餐厅、公寓书屋等，将图书展示、阅读、销售与学生生活服务深度融合，共同打造校园书香生活产品和环境；鼓励实体书店推进数字化、智能化升级改造，增强店面展示功能，力争到2020年年底，在全国范围打造一批具有高校特色的“校园智慧书店”。

19. 全国基础教育工作会议

7月29日，国务院召开全国基础教育工作会议。中共中央政治局委员、国务院副总理孙春兰在会议讲话中强调，要深入贯彻习近平总书记关于教育的重要论述，认真落实李克强总理近期关于义务教育工作的批示要求，把立德树人融入基础教育各环节，在巩固提高普及水平的基础上，实现高质量发展。孙春兰指出，党中央、国务院高度重视基础教育，印发了关于学前教育、义务教育、普通高中改革发展三个文件。要认真抓好贯彻落实，把握定位，坚持社会主义属性、促进教育公平、基础教育优先发展、全面培养全面发展的原则，大力推进素质教育，培养德智体美劳全面发展的社会主义建设者和接班；要树立科学的教育理念，坚持有教无类、因材施教，推动多样化办学，为不同性格禀赋学生提供更加适宜的教育；要加快补齐基础教育短板，多渠道增加学前教育资源供给，着力解决“乡村弱”“城镇挤”“大班额”问题；要深化教育教学改革，提高课堂教学质量，拓宽实践育人渠道；要完善教育评价体系，扭转以升学指标评价学校的办法，树立正确的教育政绩观；要加强教师队伍建设，做好教师编制核定和统筹，认真落实教师各项待遇。

20. 义务教育学校校园安全防范设施建设

9月6日，教育部发布《关于进一步加强义务教育学校校园安全防范设施建设的通知》，要求各地认真对照《中小学、幼儿园安全技术防范系统要求》（GB/T 29315—2012）和《中小学幼儿园安全防范工作规范（试行）》等文件规定，对义务教育阶段学校逐校进行排查，摸清底数。此次排查工作重点针对校园围墙（栏）、校门、教学楼、宿舍、厕所安全隐患，一键式报警装置、硬质防冲撞设施、保安防卫器械、视频监控系统配备和使用情况，找准短板和缺口。该通知强调，各地要以县镇学校、乡村小规模学校和教学点为重点，把安全短板和缺口纳入义务教育薄弱环节改善与能力提升等相关建设规划，重点予以保障；要统筹安排改善义务教育学校办学条件以及学校公用经费等相关资金，加大学校安全防范设施建设投入力度，确保年度工作计划如期完成。

21. 教育装备行业企业信用等级评价

9月23日，中国教育装备行业协会信用评价工作委员会发布《关于公布2019年教育装备行业企业信用等级评价结果的通知》和《关于公布2019年教育装备行业企业信用等级评价复审结果的通知》，发布了2019年教育装备行业企业信用等级评价结果和2019年教育装备行业企业信用等级评价复审结果。经报名、资格审核、初评、公示、终审等环节，共有87家企业获得信用等级，其中AAA等级78家、AA等级8家、A等级1家；共有108家企业通过复审获得信用等级，其中AAA等级99家、AA等级7家、A等级2家。

自2015年以来，中国教育装备行业协会已组织开展四次教育装备行业企业信用等级评价工作，共195家企业获得信用评级（包括AAA级177家、AA级15家、A级3家），对推进行业信用体系建设、营造行业良好诚信氛围、增强企业信用意识发挥了显著作用。

22. 中小学实验教学说课活动

10月12~13日，第七届全国中小学实验教学说课活动现场展示环节在山东省青岛市举办。本届活动于3月29日正式启动，由教育部基础教育司主办，教育部教育装备研究与发展中心、中国教育装备行业协会提供专业支持。

本届活动分地方遴选推荐实验教学说课案例和现场说课展示两个阶段，吸引了来自各省、自治区、直辖市和新疆生产建设兵团的约4万名教师参与。通过遴选推荐活动，各地最终推荐实验教学说课优秀案例463个，其中151个优秀案例经评审委员会专家网络评审和综合评议进入现场说课展示环节，由教育部基础教育司通知公布。在为期两天的现场展示过程中，教师说课精彩纷呈，评委点评细致深入，获得了各方一致好评。据统计，现场展示环节观摩人数约4000人次，期间网络直播点击量近195万次。

截至目前，全国中小学实验教学说课活动已成功举办七届，有效调动了广大教师开展实验教学探究的积极性，形成了一批可共享的优质中小学实验教学资源，取得了良好的社会效益。

23. 中小学图书馆图书审查清理

10月15日，教育部发布《关于开展全国中小学图书馆图书审查清理专项行动的通知》并配发《中小学图书馆图书审查清理标准（试行）》。11月5~6日，全国中小学图书馆图书审查清理专项行动启动工作会召开。会议介绍了推动中小学图书馆建设与应用的总体思路：一是“净存量”，保证中小学图书馆上架图书的基本质量，对非法图书，不适宜图书，外观差、无保存价值的图书按照规定进行分类处理；二是“把入口”，落实2018年修订的《中小学图书馆（室）规程》要求，将教育部编制的《全国中小学图书馆（室）推荐书目》作为馆配图书的主要参考依据，优化馆藏结构，提高馆藏质量；三是“促阅读”，发挥图书馆育人功能，组织开展好阅读活动，开设有针对性的阅读指导课，培养中小学生的阅读兴趣、阅读习惯和阅读能力。会上交流了图书馆馆配图书适宜性评价工作的经验，提出图书审查清理工作应从源头抓起，建立长效机制，做到可操作、可检查、可问责；建立图书清理工作机构和工作责任制，明确学校在图书清理中的主体责任。

24. 网络学习空间应用普及活动

10月21日，教育部办公厅发布《关于开展2019年度网络学习空间应用普及活动的通知》，对2019年度网络学习空间应用普及活动进行了部署。通知提出，2019年度网络学习空间应用普及活动按照“普及应用、融合创新、示范推广”的原则，依托国家数字教育资源公共服务体系，组织师生开通实名制网络学习空间，使师生网络学习空间开通数量新增1000万个，推荐遴选出40个网络学习空间应用优秀区域和200所优秀学校进行展示推广，推动逐步实现“一人一空间、人人用空间”。2019年度活动范围以基础教育、职业教育、高等教育和继续教育网络学习空间普及为主。通知明确，省级教育行政部门制定完善并加快落实网络学习空间应用普及实施方案，根据各地应用基础和条件，采取区域整体推进方式，将本地所有地市或区县分年度纳入实施方案，每年网络学习空间应用普及的区域不少于三个。2019年度活动的工作内容主要包括建设空间、深化应用、优秀推荐、示范推广。

四、行业观察与思考

（一）学前教育装备标准化与内涵质量提升

1. 加快行业标准化进程

加快全国性幼儿园教育装备配置指导性文件出台。全国学前教育经费总投入和幼儿园生均教育经费支出的同比增幅已连续多年排名我国各级各类教育前列。幼教经费的迅速增长体现了国家对学前教育发展的高度重视，也对经费的高效使用和规范管理提出了更高的要求。对保障幼儿园办学条件而言，目前国家已在幼儿园园舍建设方面出台了《幼儿园标准设计样图》《幼儿园建设标准》《托儿所、幼儿园建筑设计规范》等标准，但指导幼儿园装备配备的国家级文件尚未正式发布。调查发现，目前已存在部分幼儿园把经费向基建倾斜而减配玩教具或超前配备小学化教育装备的情况。因此，规范幼儿园装备配备，加速相关指导性文件的出台势在必行。

加强现行标准的宣贯工作。目前，幼儿园装备的需求方对相关标准的整体认知仍较为有限，甚至存在不少幼儿园园长对当地玩教具配备规范缺乏了解的情况。幼教装备品类多样，其配置和应用涉及行业内外的诸多标准且往往与幼儿的安全健康息息相关，各级有关单位应采取多种措施加强相关标准的宣贯工作，比如，对于需要保教人员在工作中执行的各类标准（尤其是强制性国家标准），可引用其中的内容加以解读并编制专门的资料，供学前教育装备需求方参考执行；在标准制定过程中，提升基层幼儿园的参与度，通过定标工作普及对标准的认知。

2. 提升装备内涵质量

幼教装备是幼儿园教育教学的重要支撑，构成了幼儿园可见的物质环境，是幼儿园课程资源的重要组成部分。为实现促进儿童的学习与发展这一目标，幼教装备行业要进一步增强内涵质量意识，寻求供给侧改革。第一，坚守儿童立场，尊重儿童的学习方式。幼教装备的研究应以儿童为中心，遵循儿童身心发展规律，尊重儿童"直接感知、实际操作、亲身体验"的学习方式和特点，在对师幼互动、幼幼互动进行充分观察了解的基础上，着力在装备的安全性、游戏性、教育性方面下功夫深入研究。第二，重新认知幼教装备的概念，用动态生成性的眼光看待装备。随着幼儿园课程改革的推进，教师的教育观、儿童观、课程观发生了转变，生成课程的能力逐步提高。"提供有准备的环境，做有准备的教师"，促使教师不只把装备看作静态的物质资源，而是蕴含着教育智慧的生成性教育资源。因此，幼教装备的研究应放宽视野，不只研究儿童，也要研究教师、研究环境、研究课程。第三，幼教装备既要关注普遍性需求，也要关注个性化需要。幼儿园玩教具的配备，需要标准化、规范化，从而保证安全及教育质量；在此基础上，应关注到不同地区基于本土文化的课程探索，关注到幼儿园课程多样态发展的现实，关注到班本化课程实施中的个性化需求，为幼儿园教育教学提供切合实际的服务。

（二）普通中小学办学条件均衡化

2019年，教育部继续将提高义务教育城乡一体化发展水平、推进高中阶段教育普及攻坚列入年度工作要点，启动实施了义务教育薄弱环节改善与能力提升工作，同时继续实施教育基础薄弱县普通高中建设项目，加大普通高中改造计划实施力度。

上一年度的报告中，我们选取了反映普通中小学基础办学条件的四大类（校舍空间、学科教育装备达标率、信息化装备、教育装备相关固定资产值）13项代表性指标，以2018年城区相应指标统计值为基数，计算了各类学校乡村与城区、镇区与城区之间的统计值差异率，并由此分析了城区、镇区、乡村三级普通中小学基础办学条件的改善成效和存在的差距。本年度，我们继续运用这一框架进行跟踪分析并与上一年的情况进行比较（见图37）。

差异值范围（以城区为基数）：大于5%　±5%之间　小于-5%

指标		小学				初中				普通高中			
		乡村/城区		镇区/城区		乡村/城区		镇区/城区		乡村/城区		镇区/城区	
		2018	2019	2018	2019	2018	2019	2018	2019	2018	2019	2018	2019
校舍空间	生均教学及辅助用房面积								▼0.20%				▼0.75%
	每50名学生拥有教室数												▼1.27%
	体育运动场（馆）面积达标率												
学科教育装备	体育器械配备达标率												
	音乐器材配备达标率												
	美术器材配备达标率												
	数学自然/理科实验仪器达标率												
信息化装备	接入互联网学校占比												
	建立校园网学校占比		5.79%		2.21%		2.98%		1.48%		1.99%		0.76%
	每100名学生拥有教学用计算机数				0.35%				▼1.31%		6.03%		▼0.32%
	每50名学生拥有网络多媒体教室数								0.26%				0.77%
资产	生均教学仪器设备资产值		4.11%		1.07%		▼0.43%		0.82%		9.23%		0.12%
	生均实验设备资产值				0.18%				1.56%				▼1.83%

图37　2018年、2019年城、镇、乡普通中小学基础办学条件相关指标差异及变化情况[①]

与上一年相比，2019年镇区、乡村普通中小学基础办学条件与城市学校的整体差距有所缩小。落后城区5%以上的指标个数由上年的24个减少至22个。具体而言：

（1）校舍空间方面，2019年镇区初中、普通高中的生均教学及辅助用房面积和镇区普通高中的每50名学生拥有教室数，与城区仍有5%以上差距且较上年未能取得改善（与城区的差距分别扩大了0.20、0.75、1.27个百分点）。

（2）学科教育装备方面较上年未发生显著改变，镇区、乡村普通中小学体育、音乐、美术、数学自然/理科相关器械、器材、实验仪器达标率与城区的差距均保持在5%以内。

（3）信息化装备方面，较之2018年，镇区、乡村普通中小学与城区差距大于5%的指标个数虽未减少，但除镇区初中、普通高中每100名学生拥有教学用计算机数与城区差距稍有扩大外（分别扩大1.31、0.32个百分点），其他指标的差距均有所缩小。总体来看，三级普通中小学的互联网接入率差异已基本消除，而镇区和乡村的校园网建网率与城区仍有较大差距；镇区普通中小学的每100名学生拥有教学用计算机数和每50名

① 为便于观察分析，图中仅对2018年乡村、镇区与城区差距大于5%的指标项（黑色）较2019年的增减变化值予以标注。

学生拥有网络多媒体教室数，尚落后城区较多。

（4）教育装备相关固定资产值方面的差距改善最为显著，镇区初中的生均实验设备资产值和乡村普通高中的生均教学仪器设备资产值，与城区的差距均缩小至5%以内；除乡村初中生均教学仪器设备资产值和镇区普通高中生均实验设备资产值外（分别扩大0.43、1.83个百分点），其他上年与城区差距大于5%的指标均有提升。

综合来看，通过“全面改薄”等工程的实施，我国城区、镇区、乡村普通中小学办学条件的整体均衡性已得到大幅改善，薄弱学校数量越来越少，校舍和学科装备配置方面的显著短板已基本补齐，办学条件均衡化工作已进入新的阶段。接下来的工作将“由面到点”，聚焦“最后一公里”，针对前一阶段工作中未能解决的最薄弱环节和在人口流动模式改变等新形势下形成的结构性问题发力。从以上数据可以得知：从生均水平看，镇区办学条件相对城区和乡村的紧张状况仍未得到显著改善；镇区和乡村的信息化装备整体配置水平与城区仍有一定差距（尤其是校园网建设方面）；镇区和乡村的教育装备附加值依然较低，品质内涵仍有较大提升空间。

可以预见，随着义务教育薄弱环节改善与能力提升等工作的开展，我国在上述领域的针对性投入和建设力度将进一步加大，相关问题有望在未来1~2年内得到显著缓解，各级学校的教育装备配置将实现由基本均衡向优质均衡的加速迈进。

（三）新时代职业教育装备建设

对职业教育而言，2019年是不平凡的一年。“职教20条”的出台对深化职业教育改革作出了重要部署，针对多年来困扰职业教育发展的关键性、核心性问题提出了一系列突破性的解决方案，具有划时代的里程碑意义。在“职教20条”的指引下，职业教育装备建设也将翻开新的篇章。

首先，装备建设要以标准为引领。“职教20条”提出“持续更新并推进专业目录、专业教学标准、课程标准、顶岗实习标准、实训条件建设标准（仪器设备配备规范）建设和在职业院校落地实施”。在职业教育全面进入“国家标准”时代的大背景下，职业教育装备建设也应以装备建设标准为依据，用前瞻性思维，根据“新经济、新技术、新职业、新专业”的新形势，对接时代发展，对接数字经济，对接科技进步，对接市场需求，对接新职业岗位。

其次，装备建设要有专业群思维。“双高计划”明确提出要打造高水平专业群，要求“面向区域或行业重点产业，依托优势特色专业，健全对接产业、动态调整、自我完善的专业群建设发展机制，促进专业资源整合和结构优化，发挥专业群的集聚效应和服务功能，实现人才培养供给侧和产业需求侧结构要素全方位融合”。对于培养方向接近、边界清晰的专业群，装备建设可以用“群”的思维建设，以避免重复建设，提高设备的使用效率。

再次，装备建设要注重新技术的融合应用。要运用“互联网+”的新思维，注重数字化和人工智能等新技术在传统实训系统中的应用。实训基地建设应大力推广使用虚实结合、高仿真度的虚拟仿真实训设备，特别是对于物料消耗大的（如机加工、农畜产品加工等）、成本高风险大的（如冶炼、车船驾驶等）以及环境治理成本高的（如焊接、喷漆等），应以虚拟仿真设备为主。建设过程中应避免选用低水平、低仿真度的仿真软件，此类软件虽然成本低、使用简单，但与生产实际差距较大，实训效果差，不利于人才培养。

最后，装备建设要注意做好一次投入和持续投入的平衡。《中国高等职业教育质量年度报告》等研究报告显示，实训基地建设普遍存在持续投入不足的情况。特别是对于物料消耗较大的实训设备，持续投入的不足往往令实训操作难以开展，很多时候不得不改为集体观摩。持续投入的不足不但严重影响设备的使用效率，造成隐形浪费，更会影响到职业教育的人才培养质量，须引起高度重视。

（四）基于人工智能技术的教育装备与高等教育

2019年，国际人工智能与教育大会在我国举办，习近平主席在致大会的贺信中指出，中国高度重视人工智能对教育的深刻影响，积极推动人工智能和教育深度融合，促进教育变革创新。作为人工智能技术与教育融合的主要媒介，基于人工智能技术的教育装备（简称“人工智能教育装备”）将在我国教育现代化进程中扮演重要角色。对于人工智能教育装备的未来发展而言，高等学校具有双重意义。

一方面，高等学校是人工智能教育装备的重要应用空间。与基础教育阶段以行政班为主要教学单位的组织形式不同，高等学校的教学组织形式相对灵活，对学生学习过程的监管相对宽松，对学生的学习能力和学习主动性要求较高。如何打造更具吸引力的学习体验，激发学生自主学习的动力，是高等教育领域的一项重要课题。通过人工智能教育装备，利用自适应算法，为学生提供符合其能力水平和需求的个性化学习体验，或可成为解决上述问题的突破口；与此同时，校方也可利用算法对学生的学习大数据予以分析，加强对学生学习过程的掌控并在必要时及时提供人工指导。《2019年地平线报告（高等教育版）》预测，人工智能是未来2~3年中最有可能在高等教育领域实现主流应用的教育技术之一。

另一方面，高等学校有望成为人工智能教育装备的重要研发阵地。2019年，教育部发布《高等学校人工智能创新行动计划》，为我国新一代人工智能发展提供战略支撑。该行动计划明确提出，高校在开展人工智能教科研的过程中，“要强化与地方政府、企业、科研院所间的合作，加快人工智能领域科技成果在重点行业与区域的转化应用”。研发人工智能教育装备，既要有人工智能领域的技术积累，又要有对教育科学的深入认知，而高等学校（尤其是综合性师范大学）在这两方面具有融合性的优势。在国家政策的支持下，高等学校有望成为人工智能教育装备研发的主力之一，为加快人工智能在各级各类教育中的普及应用贡献力量。

（作者单位：王富，中国教育装备行业协会；王靖，江南大学“互联网+教育”研究中心；纪秀君，中国教育报刊社；李瀛，中国教育装备行业协会高教装备分会；殷常鸿，浙江省教育信息化评价与应用研究中心；盛瑛，教育部教育装备研究与发展中心）

参考文献

[1]国家统计局.年度数据[DB/OL].[2020–07–15].http：//data.stats.gov.cn/easyquery.htm?cn=C01.

[2]国家统计局.中华人民共和国2019年国民经济和社会发展统计公报[EB/OL].（2020–02–28）[2020–05–10].http：//www.stats.gov.cn/tjsj/zxfb/202002/t20200228_1728913.html.

[3]教育部.2019年全国教育经费执行情况统计快报[EB/OL].（2020–06–12）[2020–07–05].http：//www.moe.gov.cn/jyb_xwfb/gzdt_gzdt/s5987/202006/t20200612_465295.html.

[4]教育部.教育部2019年工作要点[EB/OL].（2019–02–22）[2020–02–14].http：//www.moe.gov.cn/jyb_xwfb/gzdt_gzdt/s5987/201902/t20190222_370722.html.

[5]教育部.教育部关于2018年全国教育经费统计快报[EB/OL].（2019–04–30）[2019–07–30].http：//www.moe.gov.cn/jyb_xwfb/gzdt_gzdt/s5987/201904/t20190430_380155.html.

[6]教育部.教育统计数据[DB/OL].（2020–06–10）[2020–07–08].http：//www.moe.gov.cn/s78/A03/moe_560/jytjsj_2019/.

[7]教育部.全国各省（区、市）扎实推进综合防控儿童青少年近视工作[EB/OL].（2019–11–19）[2020–03–01].http：//www.moe.gov.cn/jyb_sjzl/s3165/201911/t20191119_408796.html.

[8]教育部科学技术司.2019年12月教育信息化和网络安全工作月报[EB/OL].（2020–01–22）[2020–08–01].http：//www.moe.gov.cn/s78/A16/s5886/s6381/202001/t20200122_416315.html.

[9]潘月娟，刘焱，杨晓丽.幼儿园玩教具配备规范的内容与实效分析——以积木配备为例[J].学前教育研究，2016（7）：13–21.

[10]中国教育信息化网.2019年教育信息化和网络安全工作进展[EB/OL].（2020–03–04）[2020–05–09].http：//www.ict.edu.cn/news/jrgz/xxhdt/n20200304_66024.shtml.

[11]EDUCAUSE.EDUCAUSE Horizon Report：2019 Higher Education Edition[R/OL].（2019–04–23）[2020–07–09].https：//library.educause.edu/resources/2019/4/2019–horizon–report.

[12]METAARI ADVANCED LEARNING TECHNOLOGY RESEARCH.The 2019 Global Learning Technology Investment Patterns：Another Record Shattering Year[R/OL].（2020–01–07）[2019–08–04].http：//www.metaari.com/whitepapers.html.

[13]QS QUACQUARELLI SYMONDS LIMITED.QS World University Rankings[EB/OL].[2020–07–01].https：//www.topuniversities.com/qs–world–university–rankings.

[14]UNITED NATIONS EDUCATIONAL，SCIENTIFIC AND CULTURAL ORGANIZATION.Beijing Consensus on Artificial Intelligence and Education[R/OL].[2019–12–12].https：//unesdoc.unesco.org/ark：/48223/pf0000368303.

专题报告

教育装备70年：新中国基础教育装备行业发展历程

施建国　程莉莉

70年披荆斩棘，70载波澜壮阔。在中华人民共和国70年的壮丽发展进程中，教育装备作为教育教学的重要组成部分，始终以其不断丰富的内涵与价值伴随和推动中国教育的发展。

一、且行且歌，相随教育发展70载

应用导向，从统购统配逐步走向多元装备。新中国成立初期，百废待兴，教育事业也不例外：全国学龄儿童入学率不到20%，初中入学率仅为6%；中小学校办学条件普遍基础差、底子薄，仪器设备严重短缺。为满足加快恢复教育事业、开足开齐课程的需求，国家力量全面投入办学，以“统一管理、统一目录、统一配备、统一划拨”的集中型方式，逐步构建和形成全国教学仪器生产和供应体系，初步解决了教育装备产品短缺的问题，保障了教育事业发展的基本需求。1952年，新中国首次发布《普通教育教学仪器配备目录》，用于指导全国各地中小学校的教学仪器配备，并逐步由一般理化仪器扩大为各级各类学校使用的教学仪器设备。1964年，教育部成立教学仪器研究室，专门负责教学仪器的研究和设计工作。1980年，随着改革开放和市场经济的发展，教育部生产供应管理局组织召开了第一届全国普教仪器展销订货会（中国教育装备展示会前身），开启了教学仪器供配从完全计划调节向发挥市场作用的转变，实现了供需双方直接见面、择优选购，促进了教学仪器生产更好地为教育教学服务。1997年，原国家教育委员会办公厅发布《教学仪器设备工业“九五”发展规划》，进一步明确“坚持以市场为导向”“以教学仪器生产定点厂为骨干，统筹规划”。随着市场经济的进一步深化，2001年，全国教学仪器定点厂完成历史使命，逐步退出历史舞台，教育装备供配进入公共财政制度下的政府采购阶段。当前，以学校需求为基础，按财政体制开展政府采购是教育装备工作的主要供配方式。

围绕中心，紧密服务师生教育教学需求。满足教学需求是教育装备工作发展始终坚持的原则。1978年，改革开放的春风为经济社会发展带来了无限的生机和活力，全国教育事业进入全面加快发展的新时期。课程改革、普及义务教育等先后成为全国基础教育改革的关键词。为不断提高教育质量，培养学生动手实践能力和创新精神，普及实验教学成为这一时期教育装备的重点工作。1987年，第一次全国中小学实验室及仪器设备工作会议召开，强调“要把加强实验教学研究作为深化教育改革的重要环节来抓，应当重视实验室和仪器设备以及教具的开发研究工作”。1988年，原国家教委印发《关于加强中小学实验室和仪器设备工作的若干意见》等7个文件。全国各地纷纷全面加强加快实验室建设和实验仪器配备。浙江省从1981年开始，在全省范围内分期分批建立农村初中实验中心；四川省全面开展中小学实验教学普及县试点工作。教育装备工作的标准化还对促进教育均衡和现代化发挥了积极的作用。进入21世纪以来，随着课程改革和素质教育的深入推进，为加快教育转型，适应信息社会对创新型人才的需求，教育装备在内容和形态上都不断丰富，支撑研究性学习、跨学科教学和基于真实情境的创新实验室、学科教室、网络学习空间等新型学习空间成为重要的装备内容和趋势。北京市、上海市、浙江省等全面推进创新实验室建设，积极探索课程实施和创新型人才培养的新载体。截至目前，浙江省49%的中小学校建有创新实验室；到2020年，上海市每所中小学校将至少建有一个创新实验室，为选课走班、探究性学习和混合式学习等提供有效支撑。

自主创新，大力鼓励教师自制教具。自制教具是教育装备工作中原始的创新点。为解决教学仪器设备生产和供应不足，从新中国成立初期开始，国家就坚持“自力更生和土洋并举两条腿走路”，鼓励教师发挥自身能动性自制教具，推进教具革新，满足实验教学需要。1950年，教育部配合第一次全国初等教育会议的召开，举办了全国初等教育展览会，其中 1 万余件展览品多是小学教师和学生亲自动手制作出来的。同时，自制教具也是推动教具革新、促进教师改进教学方法的重要路径。河南省全省动员自制教具，从自制教具入手推进实验教学的普及。1986年，原国家教委组织开展第一届全国优秀自制教具评选，并举办展览。1995年，原国家教委时任副主任韦钰强调，“教师制作教具是一种教研活动，自制教具是一项教育科研成果”，对自制教具在教改工作中的重要性作了深刻阐释。近年来，随着信息技术的飞速进步，教育理念、内容、方法、手段和评价日益创新，教师自制教具在技术应用、教学设计、课程融合等方面都进一步深入，呈现出“从以解决器物不足为目的向支撑教学创新的教学设计转变，从破解单一知识教学难点向跨学科融合转变，从辅助学生学习向激发学生学习的内生动力转变，从知识教学工具转变成为个性化成长的有效载体，从废物利用转变为新材料新技术应用”等特点，对教学发挥越来越重要的作用。

技术引领，不断促进教育的变革。技术革命和创新，是教育装备工作一直以来的自觉追随。从电影、录音教学到幻灯、投影，再到计算机、互联网环境下的教育信息化发展，教育装备从传统的教学仪器设备拓展至电化教育和教育信息化。其教育教学价值从展示、演示、验证知识和教学，逐步走向运用技术学的思想、手段、方法来研究和探讨如何有效地分析和解决教育、教学的具体问题。1979 年，国务院批准成立中央电化教育馆；1988 年，原国家教委颁布《学校电化教育工作暂行规程》，要求学校统筹规划好电化教育器材建设。“两机一幕”、音像教材、“农远”工程、“三通两平台”，电化教育和信息技术对教育教学创新注入了不可替代的动力，也实质性地扩展了教育装备工作的内涵和作用。当前，随着互联网、大数据、人工智能等新技术的发展，信息化装备在教育装备中的比例不断加大，并注重技术延伸，拓展教学内容、创新教学方式、变革教学评价、改变教育供给方式。2010 年，《国家中长期教育改革和发展规划纲要（2010—2020 年）》强调，“信息技术对教育改革发展具有革命性影响”。2018 年，教育部启动“教育信息化 2.0 行动计划”，提出“将教育信息化作为教育系统性变革的内生变量”，“通过技术与教育教学的融合创新促进教育的变革”成为教育装备的时代内涵。

标准保障，促进教育装备工作规范科学。标准化工作是教育装备工作的基础性工作。随着经济社会的不断发展，中小学教学仪器的种类不断增加，因缺乏相应标准规范和指导，企业的产品质量参差不齐，极大影响装备绩效。1981年，教育部成立全国教学仪器标准化协作组，后扩充为力学和热学、电学和磁学、光学和原子物理学、生物学四个组；到1988年，共发布教育部标准299项。1987年，经原国家标准局批准，全国教学仪器标准化技术委员会在大连市成立；1988年，设立力学和热学仪器、电学和磁学仪器、光学和原子物理仪器、生物学仪器、化学仪器、小幼教仪器6个分技术委员会。一系列标准的制定和发布，为提高教育装备产品质量、规范行业发展起到了积极的促进作用。截至目前，全国教学仪器标准化技术委员会共发布7项国家标准和301项教育行业标准，覆盖1900余种中小学教学仪器，规范了教学仪器的质量要求。

专业服务，推动行业持续发展。良好的产业发展生态和行业管理是教育装备工作的重要保障。1986年，教学仪器设备行业协会在天津成立，负责教学仪器设备行业的管理，并先后更名为中国教学仪器设备行业协会和中国教育装备行业协会（现名）。30余年来，协会以服务教育为宗旨，致力于开展行业发展调查和研究、开展行业交流和合作、规范行业标准和行为、提高产品质量和服务，为产业和行业发展作出了不可替代的积极贡献。自1980年起至2019年年底目前由协会主办的中国教育装备展示会已连续举办了77届，成为教育行业规模最大、影响最广的装备产品展示和交流合作平台。自2003年以来，每两年组织一次产品推荐，积极推进新技术、新产品的推广应用。自2014年开始，开展专题业务培训活动，至今已培训行业骨干3000多人次。自2016年开始，开展团体标准试点工作，共发布12项教育装备团体标准，参与制定8项行业标准。截至2019年7月，中国教育装备行业协会共有幼儿教育装备分会、高教装备分会、教育信息化装备分会等9个分支机构，会员单位3800多家，覆盖全国31个省（市区），装备品种涵盖传统教学仪器、学校后勤装备和最新的信息技术及人工智能等。中国教育装备行业协会已成为我国教育装备行业最具代表性与影响力的社会团体。

二、坚守初心，技术装备服务教育发展

70年砥砺奋进，70载步履坚实，70载栉风沐雨。教育装备工作经历了从无到有、从配备不足到不断丰富、从辅助教学到引领变革的过程，笃行致远，不负韶华，取得了翻天覆地的成就。截至2018年年底，全国中小学校理科实验仪器配备基本达标，生均仪器设备值小学达1558元，初中达2453元；小学、初中和高中建立校园网的比例分别为67.56%、77.29%和88.05%。移动终端、虚拟现实等信息技术不断融入学习空间和学习内容。教育装备的工作内涵也不断深化，从单纯的器物配备为主转变为支撑课程实施技术环境构建为主，从验证知识的正确性和重现知识发生过程为主转变为服务学生自主学习和探究学习为主，从标准化装备为主转变为以核心素养作为逻辑起点的多样化和特色化装备为主，具备和体现“促进教育理念更新、支撑教育资源链接、提高学生认知效率、推动教育精准管理、增强学生学习内驱力、提高教师专业能力”六大功能。

70年风雨兼程，70载情怀如初。回望教育装备发展的辉煌历程，“立足技术进步，服务教育发展”是我们始终坚守和传承的初心。我们始终围绕改革大局，服务教育发展。70年来，全国教育装备工作始终以服务教育改革发展的大局为中心，站在教育改革发展的历史方位明晰发展方向，丰富工作内涵。从新中国初期的以器物配备为主到着力普及实验教学、推进多媒体技术应用、实施“农远”工程，到当前以促进信息技术和教育教学的深度融合创新为工作核心，每一阶段教育装备工作的定位和方向，都源于该时期教育发展的需求和实际。我们始终紧跟技术进步，推动教育创新。在70年的实践探索中，教育装备工作一直紧跟技术发展前沿，“技术革命、技术革新、技术进步”贯穿于教学仪器、实验教学、教具发展、电化教育和教育信息化发展的始终；一直深入研究技术与教育的关系、探寻技术应用于教育教学的策略和路径、指导技术与教学融合的实践，着力以教育装备创新教育理念，丰富教育内容、教学方法、学习环境和学习方式，为立德树人、培养时代和社会发展所需要的人才不懈努力。应该说，每一个前行的步履，都印记了技术的进步，都焕发着深厚的教育创新禀赋。我们始终传承专业素养，保持开放视野。教育技术装备工作是融技术和教育于一体的专业性工作。70年来，教育部教育装备研究与发展中心与中国教育装备行业协会以专业的素养，指导各地科学开展教育装备工作，推动行业蓬勃发展。《中国教育技术装备》《教育与装备研究》《行业通讯》《中国教育装备行业蓝皮书》、教育装备展示会，都为广大教育

技术学者、师生、管理机构工作者和企业搭建了研究和交流的平台，以专业、开放的视野碰撞思想、合作交流、兼容并蓄，形成多方参与的良性发展机制。

三、勇担使命，技术支撑引领教育现代化

时间是历史的见证者，也是伟大的书写者。70年的光辉岁月，仿佛只在弹指一挥间。过去的道路，我们豪迈走过，硕果累累，用行动诠释了技术的力量；站在新起点，我们紧握时代机遇，勇立潮头，着力发挥技术对教育变革的内生变量作用。

百年大计，教育为本。面对滚滚而来的信息化和智能化科技浪潮，教育现代化肩负更艰巨的时代使命。作为技术在教育应用中的积极促进者和推动者，我们将深入贯彻落实党的十九大和全国教育大会精神，认真实施《中国教育现代化2035》，因势而谋、顺势而为，用“开放、跨界、融合、共享”的互联网思维，从“技术作为内容丰富课程资源、技术作为工具创新教与学的过程、技术作为思维改变教育活动形态”三个方面，准确把握技术和教育的关系；积极促进教育装备的情境化、课程化、多样化，以学为中心，大力推进“支撑知识学习，完成基本教学的装备；支撑深度学习，基于问题探究的装备；支撑创客学习，实现知识创新的装备；支撑个性化学习，促进潜能发展的装备；支撑自适应学习，基于数据分析的装备”五种教育装备的配备和普及，实现技术重构学习环境、丰富学习内容、扩展学习方式、感知学情特征、优化学习评价；通过技术与教育教学的深度融合创新人才培养、教育服务和教育治理模式，实现每个学习者都能通过技术受益，获取人生的成功和发展。

潮平两岸阔，风正一帆悬。站在新时代希望的田野上，教育装备事业风鹏正举，未来可期！

（作者单位：施建国，中国教育装备行业协会教育装备研究院；程莉莉，浙江省教育技术中心）

教育装备70年：新中国高等学校实验室建设与发展

李兴植　李　瀛　张利华

科学实验是科学理论的源泉，是自然科学的根本，是工程技术的基础。实验室是高等学校开展教学、科研的重要基地，在培养学生科学创新精神和分析、解决问题的能力方面发挥着不可替代的作用。实验室、教师、教材是高等学校的三大基础，实验室的建设、使用和管理水平是衡量高等学校综合水平的重要标志。本文回顾了中华人民共和国成立70年来高等学校实验室建设与发展的历程。

一、发展历程与回顾

（一）起步与奠基

新中国成立初期，高等学校教学设施损毁情况严重：1949年全国高等学校校舍面积仅345万平方米，图书馆藏书共790余万册，教学仪器残缺陈旧，实验条件简陋，实验教学环节十分薄弱。

1950年1月，教育部印发《关于教育器材、图书、仪器及旧人员的处理办法》《关于处理接收伪教育部存沪图书仪器的函》等文件。为解决仪器设备供应问题，先后在北京、沈阳、南京、武汉、上海建立了5个教育部直属教学仪器厂和上海医学模型厂等具有一定规模的教学仪器厂，生产大中小学校所需的教学仪器。加上一些地方教学仪器厂的建立，全国初步形成了教学仪器的生产供应体系。

1952年实施的院系调整和学习借鉴苏联教育经验，是我国高等教育发展史上的一个重要阶段。虽然20世纪60年代中苏关系恶化后，苏联模式受到批判，但苏联的教育思想和实践已经深深扎根于我国的高等学校。在加强教学环节方面，学习苏联教育模式的突出特点之一是重视实践性环节。原政务院于1953年就高等学校学生生产实习作出专门决定，要求各学校必须设立实践教学的主管机构、专管人员，生产实习必须按照教学要求进行。

1957年11月，苏联国民教育展览会在北京举办，周恩来同志和陈毅同志观看了教学仪器样品并对我国教育装备的发展方向作出了重要指示，这对20世纪50年代教学仪器设备行业的发展起到了巨大的促进作用。

（二）建设与调整

1961年9月15日，中共中央发布《中共中央 关于讨论和试行教育部直属高等学校暂行工作条例（草案）的指示》，这就是著名的“高校六十条”。实践证明，该条例符合我国当时的国情和高等教育办学规律，为办好社会主义大学制定出了一系列重要的工作方针政策，为高等学校各项工作提供了基本的章法。

“高校六十条”第三十九条明确规定，高等学校实验室建设应该由学校统一规划，有步骤、有重点地进行。应加强实验室的管理工作，建立严格的安全制度；对仪器设备建立严格的科学保管和使用制度，定期做好物资清查和设备维修工作，使仪器设备经常处于完善可用的状态。实验室的仪器设备都必须由专人负责管理，而且要按照精密、贵重、稀缺的程度，由学校、系、教研室三级分别加以掌管，并建立必要的奖惩制度。应该选派有经验的教师担任实验室主任，并选派一些优秀教师去实验室工作，不要轻易调动，使他们逐步成为精通有关实验原理、实验方法和实验技能的专门人才，以便提高实验的科学水平。

根据“高校六十条”的精神，教育部在全面清查仪器设备工作的基础上，拟定了《高等学校实验室仪器设备暂行管理办法（草案）》，于1962年9月颁布。该办法明确，为保证高等学校教学工作的需要，改善科学研究工作的条件，要加强实验室仪器设备管理和提高仪器设备的使用率，防止积压浪费、损坏丢失。该办法规定了实验室的领导制度，即一般实验室由教学研究室负责领导，专项科学研究使用的实验室由主管该项科学研究的系或教学研究室负责领导；为了减少通用型的贵重仪器设备的重复购置而设立的中心实验室由学校直接领导，或委托系或教研室负责领导。高等学校实验室仪器设备的管理，必须建立严格的责任制度。该办法还规范了实验室仪器设备的购置、使用、保管和维修等事项。

1965年1月，高等教育部与财政部联合印发《关于高等教育部直属高等学校固定资产管理办法（草案）》《高等教育部直属高等学校材料、低值易耗品管理办法（草案）》《高等教育部直属高等学校特种资金代管经费及其他款项管理办法（草案）》《高等教育部直属高等学校教学、科研设备器材损坏丢失赔偿处理办法（草案）》四项管理办法。

上述多项管理办法进一步明确了高等学校实验室的规范化、制度化管理，保障了高等学校实验室工作的稳定、健康开展。

（三）恢复与发展

“文化大革命”期间，高等学校实验室受到严重破坏，规章制度被废止，人员思想混乱，实验队伍涣散，教学仪器和图书资料被损毁情况十分严重，损失难以估计。

“文化大革命”结束后，为贯彻“调整、改革、整顿、提高”的方针，加强教育部直属高等院校的财产、物资及实验室仪器设备的管理，做好清产核资工作，教育部、财政部于1979年9月联合颁布《教育部所属高等学校固定资产管理办法（试行草案）》《教育部所属高等学校实验室仪器设备管理办法（试行草案）》《教育部所属高等学校材料、低值易耗品管理办法（草案）》三项管理办法，高校实验室建设逐步进入恢复与发展阶段。

1. 第一次全国高校实验室工作会议

1983年10月25日，教育部召开“第一次全国高等学校实验室工作会议”。会议的主要议题是：进一步明确实验室工作的地位和作用，提高对实验教学和实验室建设工作的认识；确定加强实验室建设的原则措施，部署实验室建设规则；研究制定和修订一批基本的规章制度；交流实验室建设和管理方面的经验。会议为开创实验室工作的新局面奠定了思想基础。

为落实此次会议精神，教育部于1983年12月印发《关于加强领导和加速高等学校实验室建设的意见》和《高等学校实验室工作暂行条例》。该意见要求各高等学校根据教育事业发展规划和科研规划，因校制宜，实事求是地制定“六五”后二年和“七五”期间的实验室规划；该暂行条例规定了高等学校实验室的基本任务、实验室设置、实验室管理与体制等，是高等学校实验室工作的重要文件和基本依据。

2. 世界银行贷款大学发展项目

1981年1月，经国务院批准，第一个“世界银行贷款大学发展项目”正式启动实施。项目贷款额度2.5亿美元，国内配套基建投资1.25亿元，主要支持教育部所属26所重点高等院校教学实验室及计算机训练中心建设和师资培训等，建立了44个学校计算中心、分析测试中心及相关基础课和专业实验室。

1985年1月，原国家计委批复《教育部利用世界银行贷款加强第二个大学发展项目的可行性研究报告》。项目集中用于加强23个部门所属34所高等院校的154个重点学科、专业和2个师资培训中心的建设，投资总额7.1亿元，其中世界银行贷款1.45亿美元，国内配套设备与基建投资3.6亿元。

1981～1991年的10年间，教育部（原国家教委）共组织世界银行贷款高等教育项目7个，支持高等院校412所，较大地改善了这些院校的办学条件，提高了教师及管理人员素质和学校的教学、科研、管理水平，对加快我国高等教育的改革发展发挥了重要作用。

3. 第一次大学实验室和技术管理国际研讨会

1983年11月25～28日，在联合国教科文组织、联合国开发计划署支持下，教育部在上海举办“大学实验室和技术管理国际讨论会”。这是新中国成立以来高等学校实验室领域的第一次国际研讨会。会议集中讨论了高等学校中心实验室（计算中心、现代仪器分析测试中心、材料力学试验中心）的建设和仪器设备的选购、中心实验室的组织结构与领导体制、实验技术与行政管理人员职能、人员的培训和考核晋升等问题，对改进高等学校实验室的建设和管理提供了重要的指导。

4. 发挥精密、贵重仪器设备效益

为进一步推动高等学校实验室建设，更好地发挥精密、贵重仪器设备的效益，1985年1月6～10日，教育部召开了“发挥精密、贵重仪器设备经验交流会”。世界银行贷款第一个大学发展项目院校及有关的36所院校领导、贷款办公室、设备管理部门人员出席会议。

5. 第一次全国高校实验室工作表彰

为肯定成绩、表彰先进、激发广大实验室工作人员为高等教育事业作出更大的贡献。1986年11月24～28日，原国家教委召开“全国高等学校实验室先进集体、先进工作者表彰大会暨全国高等学校实验室管理研究会成立大会”。会议表彰复旦大学表面物理实验室等110个实验室为先进集体，华东化工学院诸葛濂等38人为先进工作者。这是新中国成立以来第一次对全国高等学校实验室工作进行表彰。同期，全国高等学校实验室管理研究会成立，时任教育部副部长黄辛白为第一任理事长。

6. 北京中关村地区联合开放大型分析仪器

为提高大型精密仪器设备的使用效益，1987年原国家教委、中国科学院、北京市科委分别筹集开放基金，联合组织管理机构，在学术、技术力量与大型仪器高度密集的中关村地区，组织建立大型分析测试仪器对外开放的横向联合体——北京中关村地区联合分析测试中心。清华大学、北京大学、北京理工大学3所大学及中科院物理所等12家单位，首批开放了8大类57台件分析测试仪器，仪器总值4000余万元。据统计，1988~1994年，联合分析测试中心共收到基金使用申请26373人次，对外提供服务198740机时，完成课题4953项次。

（四）规范与提高

1. 第二次全国高校实验室工作表彰及第二次全国高校实验室工作会议

1991年10月，原国家教委印发《关于表彰全国高校实验室系统先进集体和先进工作者的决定》，表彰北京大学计算中心等215个先进集体，邵宏翔等303名先进工作者。同年10月22～25日，原国家教委召开“第二次全国高校实验室工作会议”，总结了“七五”期间高等学校实验室工作，对“七五”期间实验室工作方面有突出成绩的先进集体和先进工作者进行表彰；提出和讨论了“八五”期间的工作思路、指导方针和工作目标，总结了高等学校实验室工作经验；研究讨论了有关实验室工作的7个文件。

2.《高等学校实验室工作规程》发布

为加强高等学校实验室建设和管理，保障高等学校教育质量和科研水平，提高办学效益，原国家教委于1992年6月颁布《高等学校实验室工作规程》（国家教育委员会令第20号）。“20号令”是当时高等学校实验室工作的“基本法规”。同年7月，原国家教委印发《关于加强高等学校实验室工作的意见》，我国高等学校实验室工作走上了规范、快速发展的轨道。

3. 高等学校基础课教学实验室评估

为贯彻《中国教育改革和发展纲要》的实施意见，保障高等学校基本办学条件，落实《高等学校实验室工作规程》，加强教学实验室建设与管理，保证基础课教学质量，提高实验室投资效益，原国家教委于1995年7月印发《高等学校基础课教学实验室评估办法》和《高等学校基础课教学实验室评估标准表》。在各级教育行政部门和各高等学校的重视和支持下，在各级实验室管理研究会的积极配合下，高等学校基础课教学实验室评估工作坚持“以评促改、以评促建、以评促管”，取得了显著成绩，我国高等学校基础课教学实验室的建设、管理水平得到了显著提升。截至2002年12月底，全国共有839所高等学校的5393个实验室进行自评，各省级教育行政部门对773所高等学校的4551个实验室进行评估验收。自开展评估验收工作以来，各级政府和高等学校投入实验经费80.8亿元（其中学校投入56.1亿元）。

4. 国家重点实验室建设

国家重点实验室是国家为支持基础研究和应用基础研究，由原国家计委于1984年组织实施的一项建设计划。1994年12月22日，原国家计委、财政部、原国家科委等八部门联合召开“国家重点实验室建设十周年总结表彰大会”。十年的实践表明，在高等学校建设国家重点实验室加强和改善了高等学校的教学、科研条件。国家重点实验室在提高科研水平和能力、吸引和培养高层次专门人才、推动经济建设和社会发展等方面发挥了重要作用。

5. 重要基础建设

1994年8月和1995年12月，原国家教委先后公布《高等学校仪器设备管理基本信息集》和《高等学校实验室管理基本信息集》，明确将两个信息集作为原国家教委数据交换标准颁布实施。1996年高等学校实验室统计报表实现网上可查阅。

1997年1月，原国家教委发布26个《现代分析仪器分析方法通则及计量检定规程》，这是一项填补国家空白的工作。

2001年7月，国家“211工程”建设两大公共服务体系——“中国教育和科研计算机网”地区主干网和重点学科信息服务体系、国内最大的高校图书馆联盟“中国高等教育文献保障系统”——分别通过国家验收，我国高等教育信息基础设施建设取得重大突破。

6.“211工程”和“985工程”有力地推动了高等学校实验室建设

1995年经国务院批准，“211工程”正式启动。“211工程”是我国政府面对世纪之交国内国际形势而做出的发展高等教育的重大决策。我国在“九五”期间共安排重点学科建设项目602个，“十五”期间安排777个，此外还建立了“中国高等教育文献保障系统”“中国教育和科研计算机网”“高等学校仪器设备和优质资源共享系统”。“211工程”一期、二期累计总投入368.26亿元。2005年，高等学校科学仪器设备的总值是1995年的5.4倍。

1998年5月，教育部决定实施《面向21世纪教育振兴行动计划》，重点支持北京大学、清华大学等部分高等学校创建世界先进水平的一流大学，简称“985工程”。通过“985工程”一期、二期、三期建设，中央和地方两级财政共投入资金450多亿元（其中中央财政专项资金264.9亿元）。“985工程”从根本上提高了我国高等学校的整体水平和国际竞争力，缩小了与世界一流大学的差距，有力地推动了科教兴国和人才强国战略的实施。

（五）内涵与提升

1. 国家级实验教学示范中心

国家级实验教学示范中心是高等学校组织高水平实验教学、培养学生实践能力和创新精神的重要教学基地，是教育部依托高等学校建设的国家级实验教学示范平台。2005年启动后的10年间，建成了近900个国家级实验教学示范中心，涉及全部13个学科门类，遍布中央部门所属高校、军队高校、地方普通本科和民办本科高校等不同类型的本科高等学校，覆盖全国31个省、自治区、直辖市。

2. 国家级虚拟仿真实验教学中心

为落实《教育部关于全面提高高等教育质量若干意见》的精神，根据《教育信息化十年发展规划（2011—2020年）》，教育部于2013年8月印发《关于开展国家级虚拟仿真实验教学中心建设工作的通知》，决定在高等院校开展国家级虚拟仿真实验教学中心的建设工作。2014年2月至2016年1月，教育部分三批批准了300个国家级虚拟仿真实验教学中心，并建设了统一的，具有开放性、扩展性、兼容性、前瞻性的虚拟仿真实验教学管理和共享平台。国家虚拟仿真实验教学中心的建设工作，在构建高质量虚拟仿真实验教学资源、开发虚拟仿真实验教学管理平台、培养高素质虚拟仿真实验教学队伍、探索虚拟仿真实验教学中心智能管理体系等方面取得了显著的进展。

3. 国家示范性虚拟仿真实验教学项目

2017年7月，教育部印发《关于2017—2020年开展示范性虚拟仿真实验教学项目建设的通知》，要求推进信息技术与实验教学深度融合，加强高等教育实验教学优质资源建设与应用，提高高等教育实验教学质量和实践育人水平。该通知明确了建设目标、建设内容和建设方式，提出2017~2020年统筹规划建设1000个左右示范性虚拟仿真实验教学项目。截至2019年3月，教育部已认定虚拟仿真实验教学项目401个。

二、实验室工作的成就与经验

（一）实验室建设的成就

经过70年的砥砺奋进，尤其是通过改革开放以来国家对教育的持续投入，我国高等学校实验室经历了从无到有、从辅助教学到引领变革的过程，取得了翻天覆地的变化，创造了辉煌的成就。目前，我国高等学校实验室建设的总体水平已接近国际前列，部分已达到国际先进水平。

据统计，改革开放初期的1981年，全国高等学校共有实验室21936个，实验室面积294万平方米，教学科研仪器设备总值27.1亿元，实验室工作人员9.6万人；20世纪末的1999年，全国高等学校共有实验室27869个，实验室面积777.8万平方米，教学科研仪器设备总值225.7亿元，实验室工作人员10.1万人。近10年，特别是党的十八大以来，我国高等学校实验室建设进入了快车道。截至2018年年底，全国普通本科高校共有实验室36953个，其中教学实验室30539个，实验室总面积3778万平方米，仪器设备总值3781亿元，工作人员总数23.3万人，年开展实验47亿人时。

近10年，我国高等学校实验室建设呈现以下特点。一是实验室总数增长迅速。全国普通本科高校实验室总数从2007年的24731个增长到2018年的36953个，增幅达到49%。在高等学校实验室建设整体呈现集约化、平台化、共享化发展的背景下，仍有近万个新实验室出现。二是实验室硬件条件不断改善。全国普通本科高校实验室总面积从2007年的2285万平方米增长到2018年的3778万平方米，净增长1493万平方米，增幅达到65%；生均实验室面积从1.72平方米增长到了1.95平方米——在普通本科高校学生总数从1328万人增长到1941万人的过程中，实现了生均实验室面积13%的增长。实验室仪器设备总值和生均仪器设备值稳步上升。10年间，普通本科高校仪器设备总值从1081亿元增长到3781亿元；生均仪器设备值从8165元增加到19481元，实现了翻番。三是高等学校贵重仪器设备（单台套40万元以上）台套数和总金额实现大幅增长。2007年贵重仪器设备1.26万台件，总价值124亿元；2018年则达到7.25万台件，总价值767亿元，年平均增速17%左右。特别是随着高精度磁共振成像仪、场发射透射电镜、加速器等尖端仪器投入使用，一些学校的实验室硬件条件已达到或超越发达国家顶尖高等学校的水平。四是实验室软件建设不断增强，各项成果丰硕。

（二）实验室建设的重要经验

1. 建章立制，规范管理

如前文所述，从1962年的《高等学校实验室仪器设备暂行管理办法（草案）》，到改革开放以来教育部（原国家教委）陆续出台的各项管理办法、条例、规程等制度文件，高等教育实验室建设与管理的规范化水平不断提高，逐步形成了涵盖实验技术队伍建设、高校物资、固定资产、大型贵重仪器设备、开放共享实验室、实验室安全及优质资源共享等诸多方面的实验室建设、管理制度体系。行之有效、与时俱进的顶层设计和实施细则，为我国高等学校实验室建设取得辉煌成就提供了基础保障。

2. 开放共享优质资源

高等教育公共服务体系建设方面，自世界银行贷款第一个大学发展项目起，从以分析测试中心、计算中心、材料中心等中心实验室为代表的公共服务体系建设，到国家重点实验室建设、中关村地区联合开放大型分析仪器，再到“高等学校仪器设备和优质资源共享系统”、“十五”建设项目的批准立项，构建功能齐全、开放高效、体系完备的高等教育资源共享系统已成共识并取得了积极的效果。一批研究型高校围绕开放共享建立了管理机构、规章制度和服务体系，数百亿元的大型贵重仪器设备资源对校内外开放服务，共享成果显著。

通过开放共享，充分发挥大型精密贵重仪器设备和有限优质教育资源的影响与作用，在一定程度上弥补了我国高等学校教科研资源不足、不均衡的状况。鼓励并支持高等学校大型贵重精密仪器开放共享，有效减少了重复投资，提高了仪器设备使用效益和利用率，增强了区域间、校际间、院系间的联系与合作，实现了更好地为学科建设、科研发展及高水平人才培养服务。

3. 实验技术队伍建设

稳定、专业、干练的实验室队伍是做好实验室工作的必要条件。为加强直属高校工程技术队伍建设，原国家教委于1985年颁布了《国家教委所属高校实行〈工程技术人员职务试行条例〉的实施细则》，为直属高校实验技术人员评、聘提供了考核依据。为肯定成绩、表彰先进、激发广大实验室工作人员为高等教育事业做出更大贡献，原国家教委于1986年、1991年两次在全国范围表彰高等学校实验系统先进集体和先进工作者。

各高等学校依据国家政策，坚持以人为本，自行制定提高实验室工作人员地位、待遇的相关措施，在实验室建设中形成了一支年龄、学历、职称、专业、专兼职结构比较合理，实验与理论教学队伍互通，教学、科研、技术兼容，核心骨干相对稳定的实验队伍。实验技术队伍整体素质与水平的明显提高，保证了实验教学质量与水平的提高。

三、面向未来的高等学校实验室建设

当前，我国高等教育改革发展已进入“深水区”，某些领域甚至开始进入没有现成经验可供效仿的“无人区”，需要不断推动高等教育的思想创新、理念创新、方法技术创新和模式创新方能继续前行。我国高等学校实验室建设和实验教学改革工作也处在同样的阶段。我们必须在传承以往实验室建设和实验教学改革优势的基础上，锐意改革创新，在体制机制建设上再梳理、再认识、再设计、再深化、再推进、再突破，使我国高等学校实验室的建设、管理水平走在世界前列，成为高素质人才培养的摇篮和先进科技成果的创造基地。

为了实现这个宏伟目标，我们必须做好以下几个方面的工作。一是加强政策引导与体制机制建设。重新梳理高等学校实验室的功能与任务、实验室的设置与建设模式、实验室的保障体制与机制、实验室的队伍建设与发展、实验教学的地位与作用、实验教学的模式与形态等因素，制定适应新时代我国高等学校实验室建设与发展的相关政策，引导各级教育行政部门和高等学校创新体制机制，推进我国高等学校实验室与实验教学的大改革与大建设。二是创新实验技术队伍建设模式。通过调控实验技术队伍的学历结构，调整其工作内容，规划其职称结构，创新其发展的体制机制，使之在立德树人、实验教学组织与管理、实验教学体系和实验室建设中发挥关键作用，保障实验教学与实验室管理的高水平运行。三是构建学生专业实验能力标准，重塑实验教学体系。以提高学生实践能力和创新精神为核心，推进科研和前沿工程资源转化为实验教学项目和教学仪器设备，推进虚拟仿真实验教学项目建设。建立实验教学开放和实验室人才培养能力评价体系。根据《教育部关于加快建设高水平本科教育 全面提高人才培养能力的意见》等文件精神，以"'六卓越一拔尖'计划2.0"等项目的实施为契机，建立学生专业实验能力培养标准。四是推动信息技术与实验教学深度融合。大力推动互联网、大数据、人工智能、虚拟现实、区块链等现代技术在实验室建设与实验教学管理中的应用，推动形成"互联网+实验教育"的新形态。推进实验教学"金课"和虚拟仿真实验建设。规划建设一批高质量的实验教学"金课"，规划建设一批国家虚拟仿真实验教学项目（虚拟仿真"金课"）。五是推动大型仪器设备平台建设与开放共享。进一步通过政策调控和专项引导，推进高等学校在充分利用大型仪器存量资源的基础上，引导高等学校重点建设一批具有国际影响力的重大基础科研设施和引领产业、学科发展方向的公共支撑服务平台，提高我国科技创新能力和公共服务水平。六是强化实验室安全建设。推动高等学校进一步完善分级责任体系、安全定期检查制度、安全风险评估制度、危险源全周期管理制度和实验室安全应急制度，推动高等学校持续开展安全教育，加强知识能力培训，保障机构人员经费，加强基础设施建设，建立安全工作奖惩机制，切实增强高等学校实验室安全管理能力和水平，保障校园安全稳定和师生生命安全。

（作者单位：李兴植，中国教育装备行业协会；李瀛，中国教育装备行业协会高教装备分会；张利华，中国教学仪器设备有限公司）

脱钩背景下教育装备行业社会组织的发展情况

朱俊英　王海明

行业协会商会是我国市场经济建设和社会发展不可或缺的重要力量。改革开放以来，随着社会主义市场经济体制的建立和完善，行业协会商会发展迅速，在为政府提供咨询、服务企业发展、优化资源配置、加强行业自律、创新社会治理、履行社会责任等方面发挥了积极作用。

为进一步提高行业协会商会素质，增强服务能力，加快形成政社分开、权责明确、依法自治的现代社会组织体制，理顺政府与行业协会间的关系，加快促进行业协会商会成为依法设立、自主办会、服务为本、治理规范、行为自律的社会组织，我国自2015年正式启动了行业协会商会与行政机关的脱钩工作。2019年6月，国家发展改革委、民政部等十部门联合发布《关于全面推开行业协会商会与行政机关脱钩改革的实施意见》，明确要求全面实施行业协会商会的脱钩改革，确保省、市、县各级行业协会商会与行政机关脱钩改革在2020年底前基本完成。

本文对我国教育装备行业中的全国性和地方性协会的现状进行了梳理，呈现了各级教育装备行业协会的脱钩情况及其脱钩后的发展情况，就脱钩背景下各级教育装备行业协会的未来发展提出了建议。

一、教育装备行业社会组织的基本建设情况

我国教育装备行业社会组织中共有全国性教育装备行业协会1家（中国教育装备行业协会）和地方性教育装备行业协会26家。

（一）中国教育装备行业协会

中国教育装备行业协会（以下简称“中教协”）成立于1986年8月，当时名为“教学仪器设备行业协会”，1989年更名为“中国教学仪器设备行业协会”，2011年更名为“中国教育装备行业协会”。中教协于2014年和2019年连续两次被民政部评定为“AAAA级全国性社会组织”。

中教协以习近平新时代中国特色社会主义思想为指导，贯彻党的十九大及全国教育大会精神，遵循“为政府和社会服务，为教育服务，为行业发展和会员服务”的宗旨，坚持高质量发展，稳步推进各项工作。

1. 脱钩情况

中教协于2016年7月被民政部列为第二批全国性行业协会商会脱钩试点单位，并于2017年7月正式脱钩，完成了包括机构、职能、资产财务、人员管理、党建外事等事项与政府分离规范的脱钩工作，实现了“五分离、五规范”。脱钩后，中教协既接受民政部的登记管理与中央和国家机关工作委员会的党建领导，同时也接受民政部、中央和国家机关工作委员会、教育部的业务指导和监督管理，与政府管理部门“脱钩不脱管、脱钩不脱家、脱钩不脱扶持、脱钩不脱职能、脱钩不脱服务”。

2. 党组织

自2011年建立党支部以来，中教协坚持以党的建设为核心，全面加强党支部的各项工作，打造了一支信念坚定、高学历、年轻化的党员队伍。截至2019年，中教协党支部的党员中拥有硕士研究生及以上学历的共7人，占党员总数的64%；党员平均年龄48周岁，其中40岁以下的有6人，占党员总数的55%。

3. 监事会

中教协于2016年12月11日在第六次会员代表大会上经会员选举产生了第一届监事会。监事会成立3年多以来，多次召开监事会会议，在参与中服务，在服务中监督，不断探索监事会发挥作用的途径。

4. 分支机构及其他机构

目前，中教协设有高教装备分会、学校体育装备分会、学校图书装备分会、学校后勤装备管理分会、幼儿教育装备分会、创造教育分会、教育信息化装备分会、教育装备产融结合分会、城市教育装备工作委员会共9个分支机构，还设有《中国教育技术装备》杂志社、中国教育装备网和教育装备研究院。

5. 会员发展

中教协的会员单位主要包括生产、经营、管理、研究教育装备的企事业单位。近年来，中教协会员数量快速增长。2010~2019年的十年间，会员单位由1112家增长至3575家，年复合增长率达到13.9%（见图1）。

目前，中教协的会员单位包括腾讯云计算（北京）有限责任公司、联想（北京）有限公司、中国惠普有限公司、宏碁（重庆）有限公司、夏普商贸（中国）有限公司、青岛海尔智能家电科技有限公司、青岛海信商用显示股份有限公司、四川长虹教育科技有限公司、创维光电科技（深圳）有限公司、TCL商用信息科技（惠州）有限责任公司、科大讯飞股份有限公司、杭州海康威视数字技术股份有限公司、鸿合科技股份有限公司、广州视睿电子科技有限公司（希沃）、北京学而思网络科技有限公司

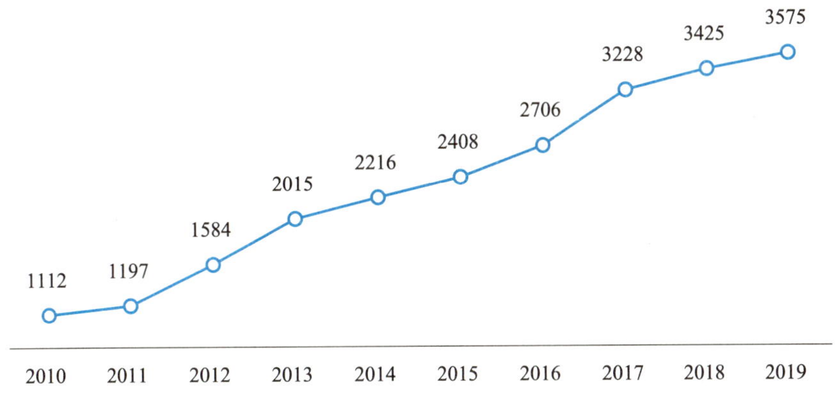

图1　2010~2019年中教协会员单位数量变化情况（单位：家）

（好未来）、卡西欧（中国）贸易有限公司、陶氏化学（中国）投资有限公司、得力集团有限公司、乐高玩具（上海）有限公司、北京京东方能源科技有限公司等国内外知名企业，其中世界500强企业4家，中国500强企业8家，上市公司119家。从地域分布看，会员单位已覆盖全国31个省、自治区、直辖市。

6. 主要业务

（1）举办中国教育装备展示会。中国教育装备展示会自1980年创办至今已成功举办77届（每年分春秋两季举办），具有整合营销、调节供需、技术推广、聚焦联系和交易、“产学研”结合与产业联动等多种功能，目前已发展成为我国乃至全球教育装备行业规模最大、影响最广、专业性最强的品牌展会。

（2）开展行业研究工作。完成全国教育科学“十二五”规划教育部重点课题“中国教育技术装备发展史研究”，鉴定等级为“良好”；打造教育装备行业新型“智库”，为教育装备行业决策提供服务，2016~2019年面向行业设立66项教育装备研究课题；自2012年起按年度组织编撰《中国教育装备行业蓝皮书》；主办我国教育技术装备领域内的专业权威期刊《中国教育技术装备》。

（3）开展行业企业信用等级评价工作。自2015年以来，中教协已组织开展四批次教育装备行业企业信用等级评价工作。截至2019年底，共195家企业获得信用评级（其中，AAA级企业177家、AA级企业15家、A级企业3家）。

（4）开展标准制订工作。中教协承担了10余项教育装备国家标准和行业标准的制订工作。2019年，由全国图书馆标准化技术委员会立项、中教协牵头组织编制的国家标准《中小学图书馆评估指标》已完成意见征集和审定，等待发布。自2016年以来，中教协共组织开展三批次教育装备行业团体标准立项工作，截至2019年底共发布团体标准12项，立项在编标准23项。

（5）承接政府职能。受教育部委托举办全国中小学实验教学说课活动，该活动自

2013年以来已举办七届，有效调动了广大教师开展实验教学探究的积极性，形成了一批可共享的优质中小学实验教学资源，取得了良好的社会效益。

（二）地方教育装备行业协会

根据中教协《我国地方教育装备行业协会调研情况报告》显示，我国31个省、自治区、直辖市中，除天津、山西、黑龙江、安徽、西藏、陕西、青海外，均已成立省级教育装备行业协会，省份覆盖近八成；5个计划单列市中，宁波和深圳成立了市级教育装备行业协会。

1. 成立时间

26家地方行协①的成立时间跨度较大，最早成立的湖北省教育装备行业协会（成立于1984年）与最晚成立的贵州省、深圳市教育装备行业协会（成立于2017年）的成立时间相差33年（见图2）。

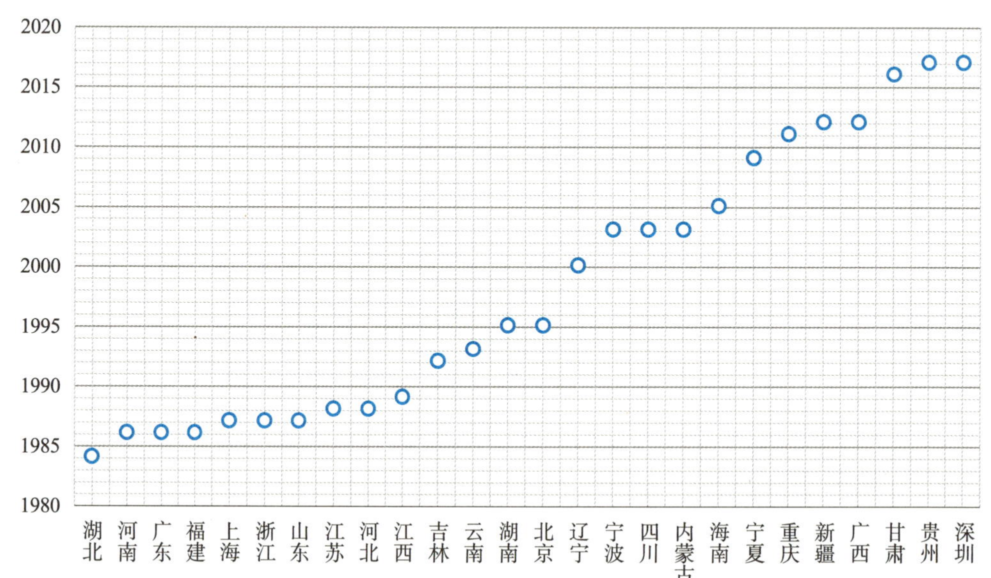

图2　26家地方行协成立时间分布

2. 脱钩情况

调研显示，26家地方行协中已有21家完成了脱钩工作，有3家正在脱钩过程中，还有2家尚未开展脱钩工作，脱钩完成率超80%。

3. 党组织

26家地方行协中已建立党组织的有13家，分别是北京、河北、内蒙古、江苏、福建、山东、湖北、湖南、广西、贵州、云南、宁夏、深圳，占比50%。由图3可知，前述13家地方行协的党员数量占地方行协党员总数的72%。另外，上海、新疆、江西、宁波、海南、甘肃6家地方行协现有党员数量为零。

① 指24家省级教育装备行业协会和2家计划单列市级教育装备行业协会，下同。

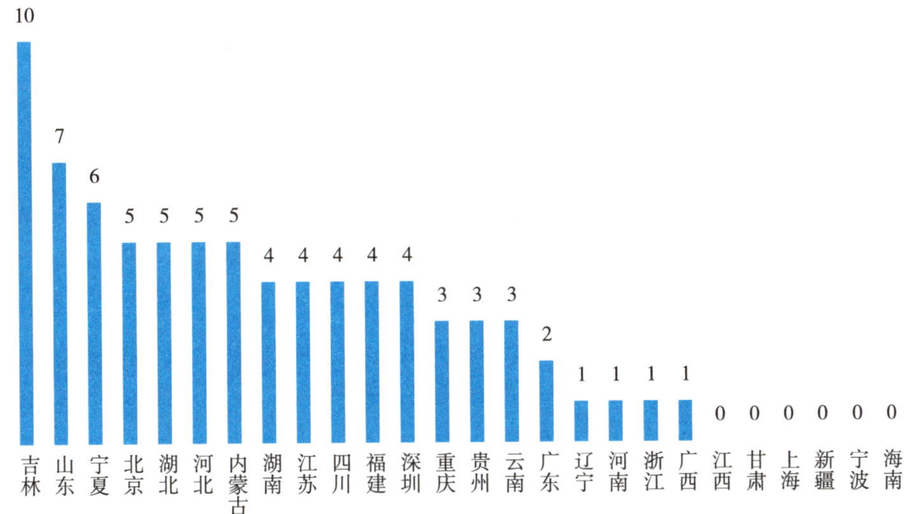

图3　26家地方行协党员数量（单位：人）

4. 监事会与分支机构

为有效履行监事会的监督指导职能，促进协会法人治理结构建设，26家地方行协中已有16家设立了监事会，分别是北京、辽宁、上海、江苏、福建、江西、山东、湖北、广东、广西、重庆、贵州、云南、宁夏、宁波、深圳；另外，10家地方行协设置有分支机构，分别是内蒙古、浙江、福建、山东、河南、广西、四川、贵州、宁夏、新疆。

5. 会员发展

26家地方行协的会员总计4928家。总体而言，先期成立的地方行协由于起步早、发展时间长，在会员数量方面往往更有优势；另外，经济发展水平较好地区的协会会员数量也相对更多（见图4）。比如，深圳市教育装备行业协会尽管成立较晚，却发展迅速，目前会员数量已达到340家，且会员单位的所属行业领域分布广泛。

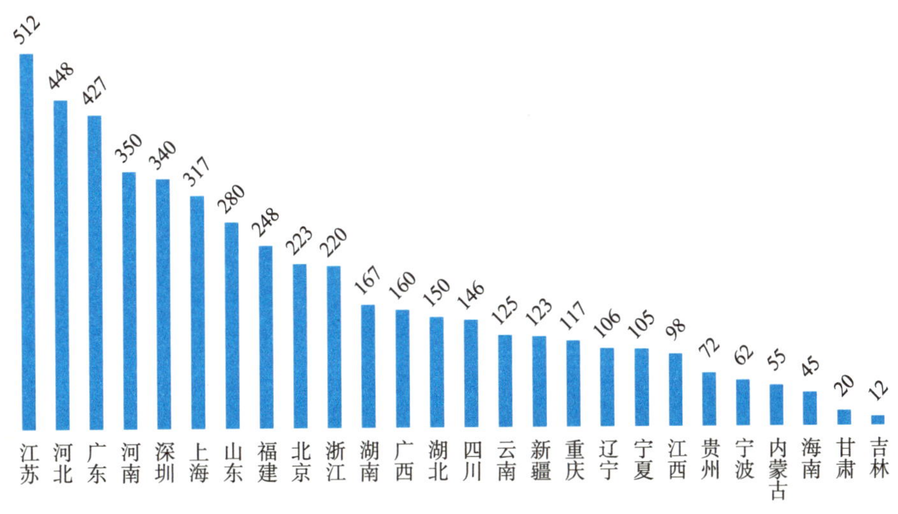

图4　26家地方行协会员数量（单位：家）

二、2019年教育装备行业社会组织的主要工作

（一）坚持党建统领，充分发挥党组织战斗堡垒作用

2019年，中教协党支部在中央和国家机关行业协会商会党委的领导下，不断增强“四个意识”，坚定“四个自信”，做到“两个维护”，以党的政治建设为统领，认真开展“不忘初心、牢记使命”主题教育，巩固“两个全覆盖”工作成果，提升党建工作质量，为协会持续健康发展提供政治保证。

中教协党支部运用“智慧e党建”、宣传画屏、“党建工作”网站栏目等信息化手段，重点宣传党的十九大精神、习近平新时代中国特色社会主义思想、习近平总书记关于教育相关重要论述等，提升党员群众政治素养；制定了《中国教育装备行业协会党支部“三会一课”制度》等10多项规章制度，并认真落实“三会一课”等组织生活制度，定期召开支委会、党员大会，切实抓好组织生活会和民主评议党员，坚持党员领导干部讲党课制度，利用重要时间节点开展主题党日活动；在第一时间成立了主题教育领导小组，制定《“不忘初心、牢记使命”主题教育实施方案》，将学习教育、调查研究、检视问题、整改落实贯穿主题教育全过程。2019年，中教协党支部召开党员大会18次、支委会11次，开展党课4次、主题党日活动4次、专题组织生活会2次。

中教协党支部还组织党员参加了在宁夏举办的“2019教育装备行业弘扬长征精神提升干部综合素质培训班”。2019年，中央和国家机关行业协会商会党委领导多次莅临中教协指导工作，并对中教协党建工作给予了充分肯定。

2019年，各地方行协扎实开展“不忘初心、牢记使命”主题教育活动，通过支部主题党日、三会一课、专题会议等活动，引导全体党员坚定理想信念。例如，云南行协组织党员外出参观学习，利用“学习强国”和“云岭先峰”等App，抓好党员零散时间学习，不断提高思想政治素质；广东行协将党的建设有关内容写入协会章程，并在协会官网新增党建活动栏目，在办公室增添党建宣传标识，为加强党建工作宣传和党的路线方针政策学习传播营造了良好氛围；深圳行协积极开展作风建设年活动，全面贯彻“两学一做”教育实践，牢牢把握服务中心、建设队伍两大任务，内强素质、外塑形象，探索创新党建工作方式方法，不断提升工作效能。

（二）加强协会组织与制度建设，提升规范化管理水平

为进一步规范管理、加强内部治理，中教协于2018年10月再次报名参加民政部组织开展的全国性社会组织评估工作，成立了以会长为组长的专项工作组，经民政部社会组织服务中心审核获得参评资格。本轮评估结束后，全国性社会组织评估委员会评定中教协为AAAA等级。2019年，中教协监事会召开了10多次会议，探索监事会发挥作用的定位和实施途径。研究修订了《中国教育装备行业协会监事会制度》，制定了《中国教育装备行业协会监事会履行监督指导职能的办法（试行）》《中国教育装备

行业协会监事会2019年工作要点》，从制度上保证监督指导职能的履行。中教协还加强了分支机构的印章管理工作，严格落实分支机构业务活动事项审批备案制度。

各地方行协通过优化组织结构、加强队伍建设、建立健全制度、加强行业宣传、定期召开理事会等模式提升内部规范化管理水平。例如，深圳行协根据工作需要，增设内部机构，广泛引进人才，队伍不断壮大；重庆行协有效利用重庆市教育装备网站和重庆市教学仪器设备协会微信公众号，及时传递协会通知信息，通过“会员风采”和“产品展示”等栏目，宣传企业会员单位的管理经验和研发产品，为企业及学校提供了良好的沟通平台；四川行协2019年先后召开四次常务理事会，通报协会日常工作情况，研究讨论会员发展、设立分支机构、筹办装备博览会等事关协会发展重大事项，共商行业发展。

（三）丰富展示会内涵，打造行业品牌盛会

2019年4月26~28日，中教协在重庆举办第76届中国教育装备展示会。展示会有展位1万余个，参展企业1450余家，展出面积达18万平方米，展示覆盖全学段的教育装备产品和服务25000余件，展会期间共吸引9万余人到会，20万余人次观展，是历届展示会中展位数量最多、参展企业最多、参观观众最多、展示产品覆盖面最广的一届展示会。展示会期间还举办了校长峰会、学前教育峰会等20多场学术研讨和交流活动，既丰富展示会的内涵，又提升展示会的层次，扩大展示会的影响力、创造力，持续输出品牌价值。

2019 年 10 月 12~14 日，中教协在青岛举办第 77 届中国教育装备展示会。展示会展览总面积为 15 万平方米，吸引了 1040 余家参展商展出 8200 多个展位，展会期间到场观众 9 万多人，进场参观超过 20 万人次。为庆祝中华人民共和国成立 70 周年，结合“不忘初心、牢记使命”主题教育，此届展示会精心筹划了系列特色活动，将主题教育融入品牌活动，组织 800 余人集体唱响《歌唱祖国》，用“快闪”和无人机表演《我和我的祖国》，激发参展商、参会者的爱国主义情怀，增强行业凝聚力和自豪感。展示会期间还举办了“第八届全国名师名校长峰会”“第七届全国中小学实验教学说课活动”“2019 国际教育信息化大会”“新产品、新技术、新成果发布会”等一系列活动，深入探讨行业热点话题，分享装备工作经验，促进教育技术应用与创新，推动教育装备更好地为教育服务。

各地方行协踊跃组织会员参加第76、77届中国教育装备展示会，充分利用全国展会舞台，展示各地教育装备企业风貌和优秀产品。开展省内参展企业联谊会，为参展企业创造了良好的沟通交流机会，帮助其互相加深了解，增进友谊，互通有无，取得了很好的效果。

此外，部分地方行协也精心打造了具有社会影响力的省级展示会，为宣传、推广教育装备行业优质产品搭建了展示平台。例如，北京行协举办第30届北京教育装备展

示会，参展面积22000余平方米，参展企业143家，观众近4万余人次；广东行协举办第18届广东教育装备展览会，展位数量达450个，场馆面积10000余平方米，吸引了省内外近百家优秀企业参展，展品基本涵盖了教育装备的全部领域；云南行协举办第2届云南教育装备展示会，共有来自全国多地的124家教育装备生产、经营以及为教育服务的企业参展，展区面积19000余平方米，参观人数达6.5万人次；四川行协举办首届四川教育装备博览会，展区面积30000平方米，205家企业参展，展位1200余个，展场规模刷新省级同类型展会纪录。

（四）以团体标准和信用等级评价工作为抓手，促进教育装备质量提升

中教协于2019年1月启动第三批团体标准立项申报，并同期征集《中小学智慧书法教室装备规范》等2项团体标准意见；3月底组织标准审定及立项评审，会议审定通过《中小学智慧书法教室装备规范》等6项团体标准，确定了《中小学食堂装备规范》等12个团体标准立项，同时还审定通过了《中国教育装备行业团体标准管理规定（V2.0）》；4月中旬组织召开了2019年立项标准编制工作会议。

此外，2019年中教协的教育装备行业团体标准工作取得了两项突破性进展。一是《中小学教室照明技术规范》入选2019年工信部“团体标准应用示范项目”名单；二是《中小学教室照明技术规范》和《中小学学生作业本基本要求》两项团体标准的主要编制成员被国家卫生标准委员会学校卫生标准专业委员会邀请参与国家强制标准《儿童青少年学习用品近视防控卫生要求》的编制工作。

在教育装备行业标准化建设方面，地方行协也积极行动起来，注重开展标准化建设工作，引领产品质量升级。例如，河北行协举办了河北省教育装备标准化工作培训班，聘请国家标准化委员会的知名专家进行讲座，同时鼓励省内优秀生产企业参与团体标准制订工作；深圳行协牵头制订《深圳市中小学照明技术规范》并于7月24日举办第一次研讨会，十余家业内知名企业参加会议，积极响应参与规范的编制工作；四川行协协助省技装中心完成“四川省教育技术装备地方标准宣贯”培训工作，协助参与了《中学历史教室建设规范》《中学地理教室建设规范》《幼儿园装备规范》等标准研制工作。

2019年，中教协组织开展了第四次教育装备行业企业信用等级评价工作，共有87家企业获得信用等级（含2019年新参评企业和2016年已获评信用等级企业），其中AAA级企业78家、AA级企业8家、A级企业1家；教育装备行业企业信用等级评价复审（2017和2018年获评信用等级企业）获得信用等级的企业共108家，其中AAA级企业99家、AA级企业7家、A级企业2家。

（五）开展教育装备研究，提高行业理论水平

开展课题立项与研究工作。中教协教育装备研究院于2019年初发布2019年度课题申报通知，明确2019年课题申报相关事项及课题指南。经申报、评审、终审，共立项

课题17个。

组织编写行业蓝皮书并出版《中国教育装备行业蓝皮书（2019版）》。2019版蓝皮书主要聚焦内容质量提升和呈现形式优化，加强了相关内容的原创性，提升了信息传递的效率。

出版发行《中国教育技术装备》24期，不断提高出版质量，坚持把社会效益放在首位，促进期刊健康发展，服务教育改革发展。

开展行业大调研。为深入了解地方教育装备行业协会与会员企业发展现状、困境及存在的问题，从宏观上整体把握行业全局，为中教协相关服务提供决策依据，中教协于2019年9月开展大规模教育装备行业调研。围绕地方教育装备行业协会发展、传统教育装备企业转型发展、教育装备企业融资上市、教育装备企业创新驱动发展四个专题展开，最终形成7.5万字的调研报告。

地方行协开展的教育装备行业理论研究工作。例如，广东行协通过调查问卷、组织召开座谈会和实地走访会员企业等方式，协助中教协完成对省内企业的调研活动，为今后行业的发展决策取得了参考依据；浙江行协在3月召开浙江省教育装备行业协会综合实践教育分会一届二次理事会议，布置了2019年重点研究课题并组织申报课题的子课题。

（六）开展教育装备培训活动，提高从业人员业务技能

为更好地服务会员企业，提升会员企业业务水平，中教协在2019年组织开展了一系列专项培训活动。4月与山东省教育装备技术服务中心共同举办“山东省小学科学技术装备应用培训活动”，共计390余人参加；7月在宁夏举办了“2019教育装备行业弘扬长征精神　提升干部综合素质培训班”，各省市教育装备部门负责人及协会会员单位代表200余人参加了培训；11月受长春教育学院、长春市教育装备中心委托，举办“2019年长春市教育技术装备管理干部培训活动”；12月与湖北省教育技术装备处共同举办“打造健康照明环境加强学校近视防控”业务培训活动，参与人数近400人。

各地方行协在强化会员服务意识、规范会员管理、提升服务质量等方面开展了大量工作，以提高从业人员业务技能。例如，北京行协定期开展会员单位考察工作，坚持入会会员现场考察机制，实地了解入会企业实际运行状况，确保信息真实，保证会员质量；广东行协通过官网升级改版，新增会员业务网上查办系统，为会员查询服务提供便利；四川行协为加强对会员企业的管理，开展会员年检工作，对会员企业进行综合审查；浙江行协组织部分会员单位赴上海市中小学校参观考察创新实验室建设，促进了企业之间、企业与地方教育之间、市内外企业之间的沟通与交流；深圳行协先后与河南、湖南、内蒙古等教育装备行业协会建立战略合作关系，促进教育装备行业交流，为会员单位营造有利的合作环境，创造更多的发展机遇。

（七）发挥分支机构专业优势，举办专题特色活动

2019年中教协各分支机构充分发挥专业优势，组织开展了各类专题特色活动。5

月，城市教育装备工作委员会在苏州举办“2019城市教育装备工作委员会年会暨书香校园建设及新技术应用报告会”；创造教育分会作为技术支持单位，与科技日报社联合设计中小学科普实验室，在“全国科技活动周”期间向北京市委书记蔡奇、科技部部长王志刚等汇报中小学创新创造教育工作，现场展示人工智能、智能制造、现代农业技术等课程和教育装备产品；8月，学校图书装备分会受中国期刊协会委托，组织评选《2019年中小学图书馆馆配期刊目录》；12月，幼儿教育装备分会在南京举办第四届中国学前教育高峰论坛暨“两寻找三研究”成果汇报会，并同期举办了全国幼教优质资源二十强展示会。

组织承办中国教育装备展示会期间的高水平论坛活动。例如，第76届中国教育装备展示会期间，城市教育装备工作委员会承办“第二届城市教育装备工作创新论坛暨中小学教育装备新技术应用交流活动”；第77届中国教育装备展示会期间，教育信息化装备分会承办“2019国际教育信息化大会”，教育装备产融结合分会承办“教育装备产业金融创新发展高端论坛”。

发挥专家作用，参与行业标准制订工作。学校后勤装备管理分会除致力于校服、作业本等团体标准建设工作外，还参与了国家强制性标准《儿童青少年学习用品近视防控卫生要求》的编制、起草和技术参数验证工作。6月，由学校后勤装备管理分会牵头起草的《中小学生冬季校服技术规范》和由学校体育装备分会牵头编制的中国教育装备行业协会团体标准《学校人造草运动场地》正式发布实施。高教装备分会配合教育部高教司、财务司组织和参与了教育行业标准《高等学校固定资产分类与代码》的研制及宣传推广培训系列活动。

地方行协分支机构在提高分会会员的职业素养和业务水平以及加强分会凝聚力方面积极开展各项活动。例如，山东行协学校后勤装备管理分会于6月在济南举办交际礼仪培训班，来自80家会员单位的100余人参加了培训；四川行协学校体育与近视防控专业委员会于12月在自贡市南湖体育场主办了幼儿足球嘉年华活动，自贡市檀木林幼儿园、自贡市自流井区第一幼儿园等8所幼儿园的近300名儿童及家长参与了本次活动。

（八）践行社会责任，积极开展社会公益活动

2019年，中教协开展的主要社会公益活动包括：通过中国教师发展基金会向“乡村优秀青年教师培养奖励计划”2018年度、2019年度600位获奖教师所在学校捐赠《第六届全国中小学实验教学说课活动作品集》及光盘共计3000套，公允价值合计63.6万元；向甘肃临夏回族自治州、四川凉山彝族自治州、云南怒江傈僳族自治州、西藏山南市、新疆伊犁哈萨克自治州教育局各捐赠《第六届全国中小学实验教学说课活动作品集》及光盘共计1500套，公允价值33.1万元；组织会员企业向新疆伊犁哈萨克自治州察布查尔锡伯自治县、昭苏县中小学生捐赠2万件学生棉服和2万件棉背心，公允价值340余万元。

2019 年，中教协指导各分支机构开展的主要社会公益活动包括：学校体育装备分

会组织会员单位向四川凉山彝族自治州布拖县石咀小学捐建运动场地；教育装备产融结合分会联合贵州省教育装备行业协会发起教育扶贫倡议，向贵州省黔西南布依苗族自治州望谟县新屯街道捐赠物理实验室、HP 数学实验室等教育装备设备、培训课程等合计金额 75.6 万元；学校后勤装备管理分会动员会员单位在贫困地区兴办扶贫工厂、扶贫车间，解决当地就业问题，安置贫困户逾千人；创造分会相继参与“全国青少年科技素养教育提升计划”“村暖花开乡村扶贫扶智典型人物——乡村科技好校长、乡村科技好教师评选活动”“三星探知未来科技女性培训计划”等公益活动。

2019 年，各地方行协开展的主要公益活动包括：广东行协向韶关南雄市黄坑镇黄坑中学捐赠人民币 38000 元，专项用于学校购买图书和书架，改善办学条件；河北行协共有 50 多家会员单位踊跃参加行协组织的捐资助教活动，分别在保定市涞源县、承德市围场满族蒙古族自治县、张家口市阳原县等贫困地区农村学校开展捐赠活动，捐助总金额达 118 万元；四川行协向凉山彝族自治州美姑县腾地村小学捐赠价值 27650 元的体育器材，并组织 4 家爱心企业向贫困地区 46 所中小学捐赠适读图书共计 21 万余册，码洋总计 460 万元。

2019年中教协开展的主要工作如图5所示。

行业理论研究

- 行业蓝皮书编撰
  出版《中国教育装备行业蓝皮书（2019版）》
- 行业课题研究
  17个新课题立项，累计立项课题66个
- 大规模行业调研
  开展4项专题调研，发布调研报告

行业标准建设

- 团体标准研制、宣贯培训
  发布6项团体标准，组织多场标准宣贯、培训活动

信用体系建设

- 开展年度教育装备行业企业信用等级评价及复审工作

政府活动承接

- 承办第七届全国中小学实验教学说课等活动
- 编辑出版说课活动优秀作品集

行业展会组织

- 主办第76、77届中国教育装备展示会

国际交流合作

- 引进来、走出去
  与联合国科文组织中国办事处等建立业务联系
  2次国际参展考察组团，加强会员企业“出海”指导

专业领域服务

- 首次开展中国专利奖推荐申报
- 各分会开展专业领域理论研究与标准化工作
  举办多项专题学术研讨、论坛活动

行业人员培训

- 举办装备行业弘扬长征精神、提升干部综合素质培训班
- 与山东、湖北等省市联合举办装备相关专项业务培训

扶贫公益实践

- 参与三区三州、国家级贫困县扶贫等公益活动
  年内直接或牵头捐款捐物价值逾500万元
- 引导会员企业以建厂等形式缓解贫困地区就业问题

内部管理

- 党建工作
  - 突出政治引领，营造良好政治生态
  - 严肃政治生活，落实组织生活制度
  - 提升政治素养，开展主题教育活动
- 内部治理
  - 积极参与民政部社会组织评估，提升规范化管理
  - 完善协会监督机构制度建设，健全法人治理体系
  - 加强分支机构管理指导，严格执行活动审批制度

图5　2019年中教协开展的主要工作

三、脱钩背景下教育装备行业社会组织发展建议

（一）教育装备行业协会的发展需要政策上的支持

中教协对地方行协工作开展情况的调查显示，近四分之一的地方行协认为脱钩不利于协会发展。脱钩后，一些地方行协开展工作时遇到的主要问题是失去了行政部门政策上的支持。例如，以前行业协会的会员证书可作为招投标的主要资质使用，成为企业招投标的加分项，因此在一定程度上调动了企业加入行业协会的积极性。脱钩后，在国家“放管服”政策的驱动下，相关资质限制取消，协会对行业企业的管理力度也随之降低。然而，由于缺少了资质限制，一些原本没有教育装备行业从业经验的企业，通过疏通关系注册公司即可参与招投标，为后续产品质量和售后服务方面埋下了隐患，不利于教育装备行业的健康发展。

我们建议国家尽快制定出台扶持行业协会商会的政策文件，明确行业协会的性质、职能、责权、内部治理机制等要素，推动行业协会实现内部治理体系和治理能力现代化，用规则和自律形成准则来理顺行业协会与会员及政府之间的权责关系，实现依法设立、民主管理、行为规范、自律发展。同时，建议国家通过制定相关政策，充分利用协会组织在协调企业和服务政府部门方面的优势作用，由政府部门把项目实施的方案策划、论证、检查、验收、培训、售后、维护等适合行业协会组织实施的工作，以购买服务的方式委托给行业协会执行。这样不仅能确保项目操作的科学严谨，也能更好地发挥脱钩后行业协会的桥梁纽带作用。

（二）教育装备行业协会的发展需要管理部门的支持

中教协在地方行协调研过程中发现，脱钩后行业协会开展的一些工作很难继续得到行政管理部门的支持，对工作的实施产生了一定的影响。例如，一些省市的行业协会在举办教育装备展时，以主办方名义发文邀请各级中小学校和相关教育行政部门人员参观展览，学校校长和教师去当地教育局申请时，教育局对协会的通知和邀请不予认可，导致无法观摩展览。还有一些省市的民政部门规定，教育装备管理部门人员（非负责人）不能在行业协会任职，导致了行业协会与装备管理部门之间沟通不畅，对行业协会的发展产生了一定的影响。此外，还有一些地方行协反映，脱钩后变更了主管部门，但在“脱钩不脱管、脱钩不脱责”的影响下，行业协会在开展相关工作时仍需要得到原主管部门的审批，但原主管部门因已脱钩不便审批，造成“两张皮”现象，导致行业协会开展工作时遇到阻碍。

行业协会的建立与发展是市场经济和市场竞争发展到一定阶段时的必然产物，也是维护开放、竞争、有序市场运行的重要的经济社会组织形式，是整个社会经济系统中不可或缺的中间环节。一方面，行业协会比政府更接近企业（尤其是广大的中小微

企业），更清楚企业出现的问题和面临的困难，更能代表广泛分散的市场主体利益，因而能够在政府目标与企业利益诉求之间作出平衡或协调；另一方面，行业协会不是政府的下属行政机构，而是社会团体，代表企业群体的利益，因此能更加灵活地作出有利于企业群体的决策，为中小微企业提供及时的帮助。

在发达完善的市场经济体制下，行业协会组织在“政企”沟通中具有较大的作用空间和优势，建立稳定有效的沟通协调机制是解决目前问题的有利途径。

（三）加强教育装备行业协会自身建设，努力开创工作新局面

第一，要具有高的政治站位。以务实的作风、奋进的状态、学习的自觉、研判的习惯和法制的精神，以时不我待的紧迫感及舍我其谁的使命感，狠抓落实，为教育装备事业新发展新跨越开好局、起好步、奠好基。

第二，要激发活力，把握机遇。贯彻落实中央经济工作会议上提出的“坚持稳中求进的工作总基调”，积极推动教育装备行业由高数量增长向高质量增长转变。

第三，要用更规范的科学管理、更健全的体制机制来加强协会自身建设，强化服务意识，提高业务素质。党的十八大报告提出加快形成政社分开、权责明确、依法自治的现代社会组织体制，十九大报告突出强调要发挥好社会组织在决胜全面建成小康社会、开启全面建设社会主义现代化国家新征程中的作用。

第四，要充分利用信息化手段创新服务平台。行业协会应重视和加快建设集服务、联系、工作功能于一体的，以网站、微信和抖音等为载体的信息化平台，整合系统资源，形成互联互通、广泛覆盖会员企业的信息化服务体系，丰富行业协会的服务载体和手段。

第五，要大兴调查研究之风。统筹安排不同装备领域的调研，及时了解会员企业发展面临的困难、问题，收集意见诉求。对发现的问题，有针对性地组织专门委员会、会员企业和有关研究机构开展课题研究，研究成果作为引领行业、引领企业发展的重要依据。

第六，要加强对会员的教育培训工作。深入开展理想信念教育实践活动，开展主题教育活动，引导会员单位自觉做优秀的中国特色社会主义事业建设者。邀请政府部门、研究机构有关领导、专家，向会员企业定期宣讲经济发展、企业服务等方针政策和法律法规，帮助会员企业及时了解中央精神和经济社会发展趋势，激发会员企业干事创业的热情和激情。

第七，要帮助解决企业困难。引入法律服务，帮助企业协调法律关系、解决法律纠纷，指导企业依法维权。引入金融服务企业加入协会，推动银企合作。企业在发展中遇到困难时，行业协会要积极帮助协调解决。会员企业反映的情况，行业协会应认真受理，登记核实，及时转送相关部门处理，同时做好跟踪协调，提升服务质量。

第八，要做好宣传工作，营造良好氛围。行业协会应协调媒体大力宣传会员企业中的优秀典型，举办会员企业论坛，展示企业发展成果及企业家的良好形象，激发和保护企业家精神和工匠精神，鼓励更多社会主体投身创新创业。

（作者单位：中国教育装备行业协会）

2019年教育信息化发展分析

刘雍潜　杨现民　殷常鸿　蒋　宇　李　新　张　瑶

2019年是我国教育信息化发展的一个重要年份。这一年，中共中央、国务院印发《中国教育现代化2035》，将加快信息化时代教育变革列入教育现代化的十大战略任务；《教育信息化2.0行动计划》进入全面实施阶段，教育信息化转段升级，从关注“量”的发展到“质”的发展转变；以人工智能技术、大数据技术、移动互联技术为代表的各项新技术、新应用在教育领域取得了不俗业绩。以信息技术为支撑、以人为主的教育新生态正在形成。

本文以2019年度教育信息化2.0行动计划（以下简称“2.0行动计划”）各项任务的贯彻落实为引线，从2.0行动计划的实施数据解读，教育信息化年度热点事件梳理，教育信息化政策速描，教育信息化研究新课题、新理论及新成果，教育信息化装备新进展，教育信息化发展建言六个方面，对2019年度教育信息化的发展情况进行评述分析。

一、教育信息化2.0实施数据解读

本部分以图表的方式，从数字校园建设与发展、数字资源开发与应用、教育资源公共服务平台发展、网络学习空间建设与发展、教育信息化经费保障以及教育信息化市场规模六个方面呈现2019年度教育信息化2.0的实施情况。

（一）数字校园建设与发展

1. 网络接入

2015年以来，我国中小学互联网接入率呈现逐年上升的趋势，2017年后增速尤其明显。截至2019年底，我国中小学（含教学点）互联网接入率已达到98.4%，相比2018年增加1.7个百分点，具体情况如图1所示。

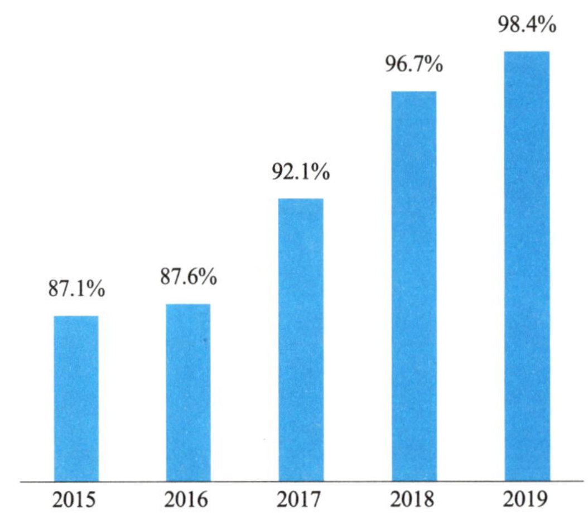

图1　2015~2019年我国中小学实现互联网接入的学校比例

从各地区学校互联网接入率来看，截至2019年底，我国31个省（自治区、直辖市）和新疆生产建设兵团（以下简称“兵团”）中小学互联网接入率均超过80%，其中天津、江苏、陕西、宁夏、兵团实现中小学互联网接入率100%，绝大多数省份的互联网接入率超过90%。此外，从带宽达到100Mbit/s以上的学校比例来看，宁夏、陕西、江苏中小学校出口带宽超过100Mbit/s的学校比例达到了100%，所有地区中小学校出口带宽超过100Mbit/s的学校比例均超过70%，具体情况如表1所示。

表1　2019年各地区学校接入互联网比例及出口带宽100Mbit/s及以上的学校比例

地区	中小学（含教学点）总数/所	互联网接入率	带宽达到100Mbit/s以上的学校数/所	带宽达到100Mbit/s以上的学校比例
北京	1530	99.67%	1497	97.84%
天津	1357	100.00%	1347	99.26%
河北	20477	95.76%	17945	87.63%
山西	9190	96.55%	7623	82.95%
内蒙古	3189	99.97%	3089	96.86%
辽宁	5256	97.55%	4348	82.72%
吉林	4763	96.56%	3472	72.90%
黑龙江	3769	99.23%	3677	97.56%
上海	1517	97.63%	1454	95.85%
江苏	7346	100.00%	7346	100.00%
浙江	5639	92.27%	5174	91.75%
安徽	14140	97.90%	13742	97.19%
福建	8228	99.17%	7226	87.82%
江西	17289	99.60%	16365	94.66%

续表

地区	中小学（含教学点）总数/所	互联网接入率	带宽达到100Mbit/s以上的学校数/所	带宽达到100Mbit/s以上的学校比例
山东	14729	86.87%	12426	84.36%
河南	35404	86.08%	26171	73.92%
湖北	9766	96.83%	7965	81.56%
湖南	17471	99.70%	16710	95.64%
广东	20750	80.63%	16221	78.17%
广西	19610	99.40%	18668	95.20%
海南	2386	94.47%	1763	73.89%
重庆	4879	99.89%	4877	99.96%
四川	15852	99.36%	15181	95.77%
贵州	12142	96.41%	9746	80.27%
云南	15380	97.28%	13727	89.25%
西藏	991	91.52%	727	73.36%
陕西	8219	100.00%	8219	100.00%
甘肃	11518	98.20%	9463	82.16%
青海	1854	98.44%	1806	97.41%
宁夏	1737	100.00%	1737	100.00%
新疆	5040	99.94%	4727	93.79%
兵团	279	100.00%	275	98.57%

2. 多媒体教室

2015年以来，我国中小学多媒体教室配备比例呈现逐年上升趋势。截至2019年底，我国中小学校多媒体教室配备比例为90.1%，数量达到374万间，具体情况如图2所示。

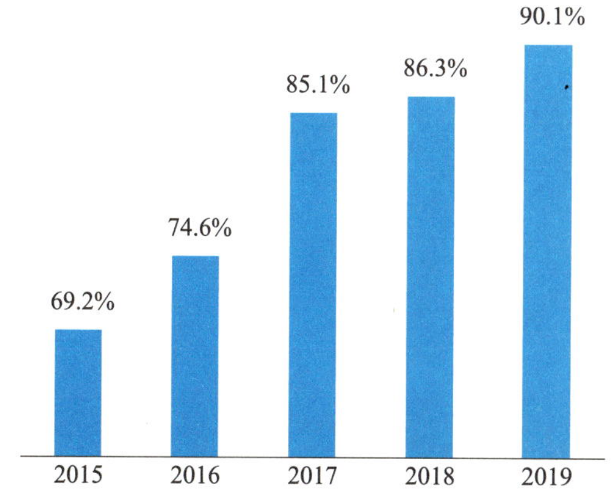

图2　2015~2019年我国中小学校多媒体教室比例

（二）数字资源开发与应用

1. 基础教育课程资源建设——“一师一优课、一课一名师”

教育部于2014年在教育信息化工作部署中提出开展“一师一优课、一课一名师”活动，旨在推进信息技术与教学深度融合，进一步扩大优质教育资源覆盖面。教育部《教育信息化和网络安全工作月报》显示，该活动自2015年实施以来，遴选部级优课数量逐年累积，为基础教育发展提供了大量优质的教育资源。虽然优课每年的遴选数量呈下降趋势，但是截至2019年累积优课数量已达67075节，具体情况如图3所示。

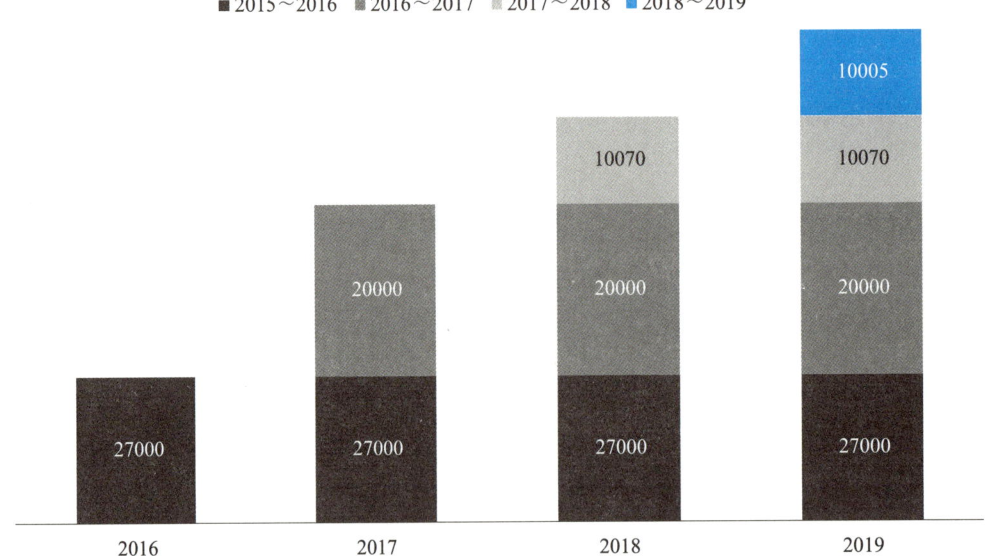

图3 2015~2019年“一师一优课、一课一名师”遴选部级优课数量（单位：节）

2. 高等教育资源建设——“爱课程”网

“爱课程”网是教育部、财政部“十二五”期间启动建设的高等教育课程资源共享平台，集中展示“中国大学视频公开课”和“中国大学资源共享课”。教育部《教育信息化和网络安全工作月报》显示，自2016年以来，“爱课程”网新增注册用户呈现逐年上升趋势，2019年新增111.1万人次，具体情况如图4a所示；“爱课程”网新增客户端用户数逐年累积，于2019年达到108.9万人次，但是增长趋势先增后减，其中2019年新增12.7万人次，具体情况如图4b所示；“爱课程”网中国大学MOOC移动终端累计下载安装数呈现逐年上升趋势，2019年达到3505万次，具体情况如图4c所示；“爱课程”网平台在授课程数呈现逐年上升趋势，2019年达到1.5万门，具体情况如图4d所示；“爱课程”网新增素材数呈现逐年上升趋势，2019年新增幅度最大为85.9万条，具体情况如图4e所示；“爱课程”网新增报名数呈现逐年上升趋势，2019年新增幅度最大为5571万人次，具体情况如图4f所示。整体来看，“爱课程”网建设取得了可喜的成果，为高等教育提供了大量优质教育资源。

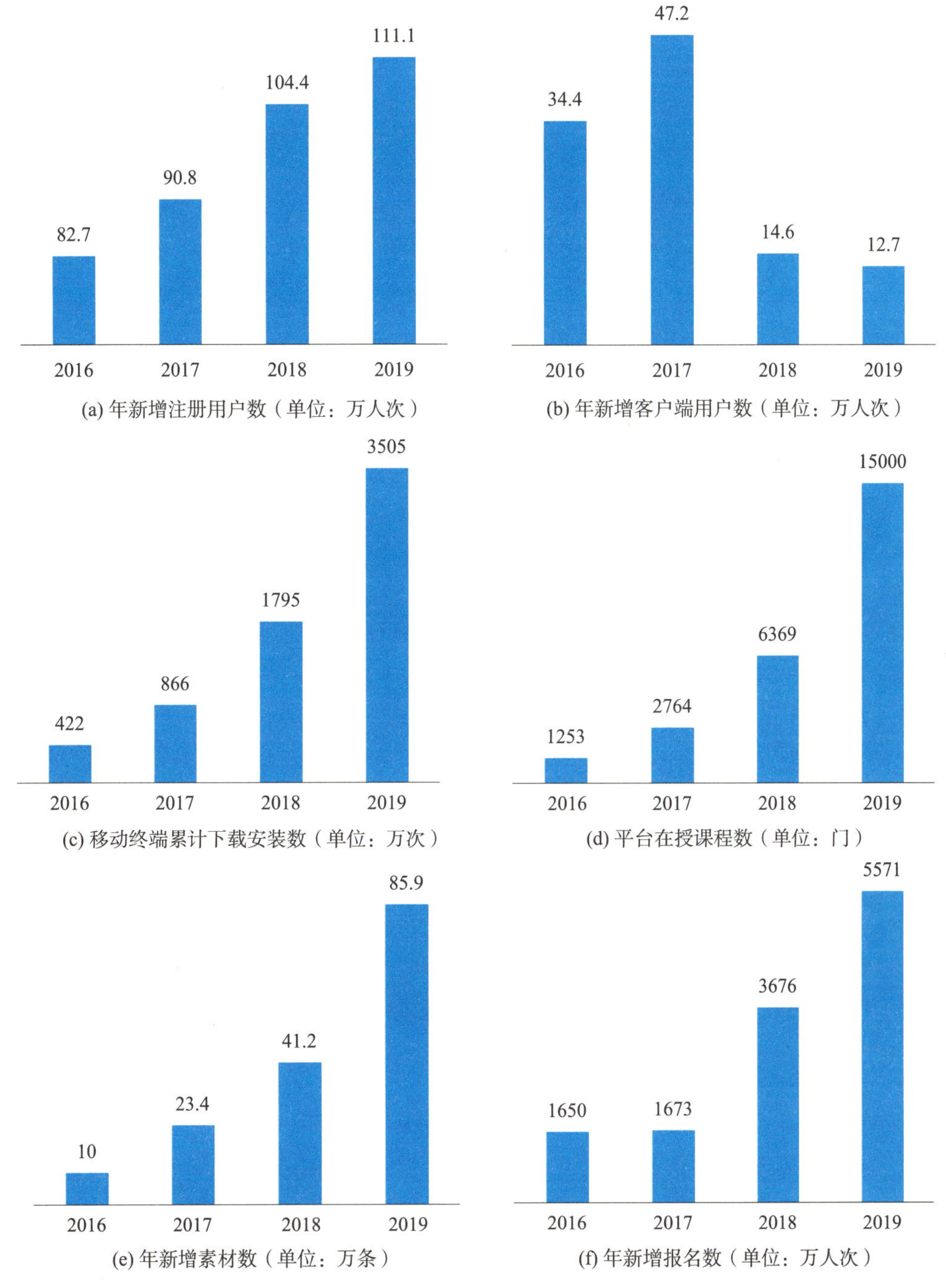

图4　2016~2019年“爱课程”网相关数据

3. 职业教育资源建设

教育部网络安全和信息化领导小组办公室印发的《2019年教育信息化和网络安全工作总结》显示，2019年教育部持续推进职业教育资源建设，主要取得了两方面的进展：一是推进职业教育专业教学资源库建设，分两批共立项91个资源库新申报项目和

11个升级改进项目，20个资源库建设项目和7个升级改进支持项目通过验收；二是将“职业岗位核心能力精品课”纳入“全国教育教学信息化交流展示活动”进行整体组织和推进，2019年共有18个省份43所职业院校提交的514件作品参加评选，内容涉及16个高职专业大类和9个中职专业大类。

（三）教育资源公共服务平台发展

国家教育资源公共服务平台依托现有公共基础设施，逐步推动与区域教育资源平台和企业资源服务平台的互联互通，共同服务于各级各类教育活动的开展。教育部《教育信息化和网络安全工作月报》显示，2015年以来，国家教育资源公共服务平台建设取得了可喜的成果，教师空间数、学生空间数、家长空间数呈现逐年上升趋势，其中教师空间数量最多、上升幅度最大，2019年达到1339万个，与2015年相比增加871万个；此外，学生空间和家长空间分别达到630万个和589万个，具体情况如图5所示。

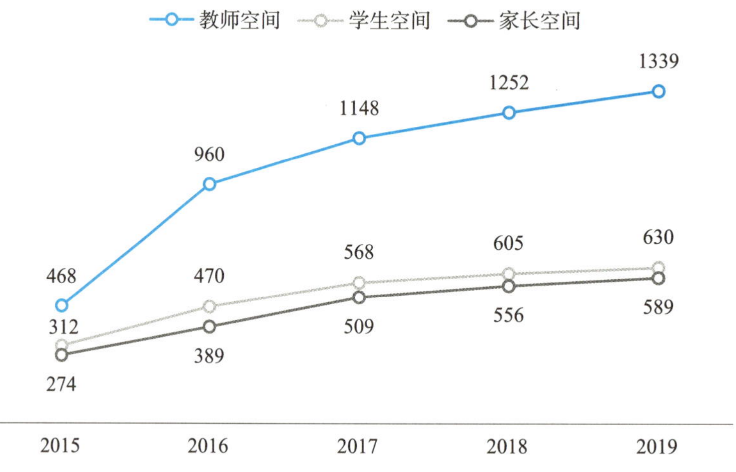

图5 2015~2019年教育资源公共服务平台发展情况（单位：万个）

（四）网络学习空间建设与发展

教育部网络安全和信息化领导小组办公室印发的《2019年教育信息化和网络安全工作总结》显示，截至2019年年底，我国各级各类教育师生网络学习空间开通数量已达10397万个，其中学生空间和教师空间数量分别达到9643万个和754万个，遴选产生40个优秀区域和198所优秀学校。同时，教育部在中国电信和中国移动的支持下，继续开展中小学校长和骨干教师“网络学习空间人人通”专项培训，遴选确定了26所基地学校，举办了27期培训班，共培训校长2000名、骨干教师4000名。

（五）教育信息化经费保障

智研咨询发布的《2019~2025年中国教育信息化行业市场竞争格局及未来发展趋势

报告》显示，2015年以来，教育信息化经费预算呈现“增—减—增”的变化趋势，其中2018年最低（2132亿元），2019年为3381亿元，具体情况如图6所示。

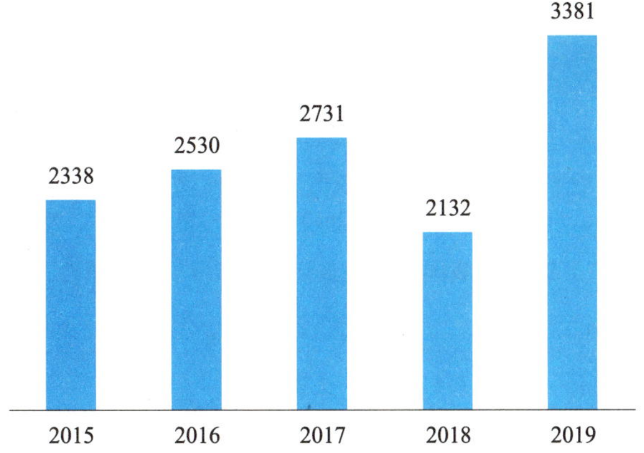

图6　2015~2019年教育信息化经费预算（单位：亿元）

亿欧智库发布的《2019年中小学教育信息化软件市场研究报告》显示，2015年以来，我国中小学教育信息化经费规模呈现逐年上升趋势，其中2019年市场规模达到705.77亿元，2020和2021年预计将持续增长，具体情况如图7所示。

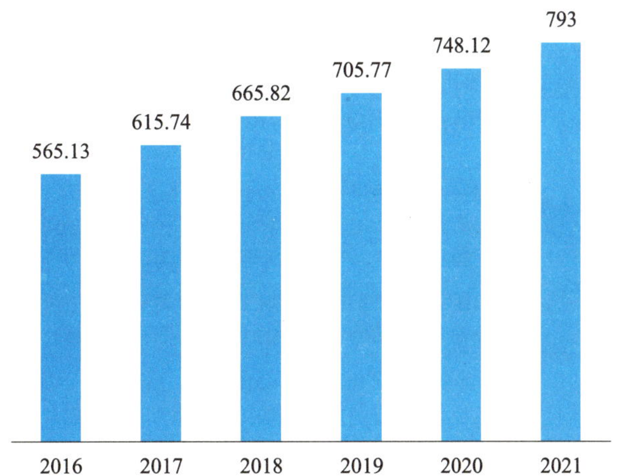

图7　2016~2021年中小学教育信息化经费规模（单位：亿元）

（六）教育信息化市场规模

艾瑞咨询发布的《2019年中国教育信息化行业研究报告》显示，2015年以来，我国教育信息化整体市场规模呈现逐年上升趋势，其中2019年市场规模突破4300亿元，具体情况如图8所示。

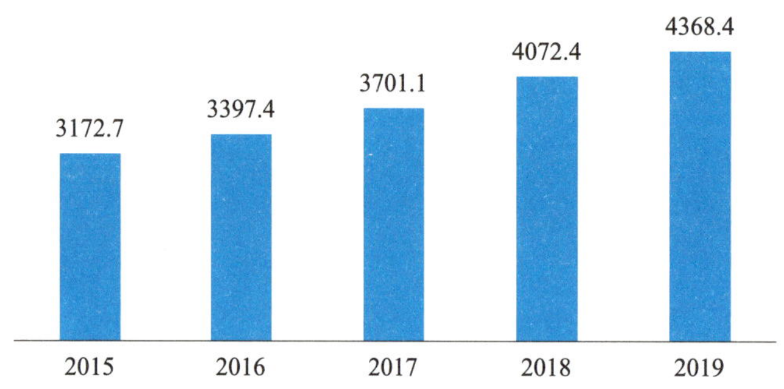

图8　2015~2019年我国教育信息化整体市场规模（单位：亿元）

二、教育信息化年度热点事件梳理

2019年，各级政府、高校、企业、科研机构等在教育信息化领域开展了一系列活动，包括颁布政策文件、组织高水平会议、开展系列培训等，助推教育信息化向教育现代化迈进。本部分从政策文件、会议信息、动态信息、培训实践的视角，对教育信息化2019年度热点事件进行了梳理（见表2~表5）。

表2　教育信息化年度热点事件——政策文件类

时间	印发部门	文件名称	主要内容
2019.2	中共中央、国务院	《中国教育现代化2035》	重点部署了面向教育现代化的十大战略任务，“加快信息化时代教育变革”位列第八
2019.2	中共中央办公厅、国务院办公厅	《加快推进教育现代化实施方案（2018—2022年）》	将教育现代化远景目标和战略任务细化为未来五年的具体目标和任务，提出2018～2022年推进教育现代化的十项重点任务，“大力推进教育信息化”位列第六
2019.2	教育部办公厅	《2019年教育信息化和网络安全工作要点》	明确了2019年教育信息化和网络安全工作的思路和要实现的十大核心目标，规划了十一类三十五项重点任务
2019.2	天津市教委	《天津教育信息化2.0行动计划》	从总体要求、目标任务、实施行动、保障措施四方面描绘了天津市未来三年教育信息化的发展路线图
2019.3	教育部	《关于实施全国中小学教师信息技术应用能力提升工程2.0的意见》	要求到2022年基本实现“三提升一全面”的目标，即校长信息化领导力、教师信息化教学能力、培训团队信息化指导能力显著提升，全面促进信息技术与教育教学融合创新发展
2019.3	广西壮族自治区教育厅	《广西“互联网+教育”行动计划（2018—2022年）》	明确到2020年基本实现全自治区中小学宽带网络全覆盖和信息化教学环境全面普及
2019.3	重庆市人民政府	《重庆市智慧教育五年工作方案（2018—2022年）》	要求各区县以大数据智能化为引领，加快推动新一代智能技术与教育领域全面融合，推动教育变革和创新，逐步缩小区域、城乡数字差距，大力促进教育公平
2019.3	安徽省人民政府办公厅	《安徽省智慧学校建设总体规划（2018—2022年）》	从建设基础、建设思路、建设内容、重点工程、保障措施等方面明确了智慧学校建设的总体规划

续表

时间	印发部门	文件名称	主要内容
2019.6	中共中央、国务院	《关于深化教育教学改革全面提高义务教育质量的意见》	提出六大方面二十六条意见，其中“促进信息技术与教育教学融合应用”位列其中
2019.8	教育部等八部门	《关于引导规范教育移动互联网应用有序健康发展的意见》	从五方面提出了二十条工作措施，着力治理教育移动应用乱象，促进教育移动应用有序健康发展，为广大师生营造健康、有序、安全的网络空间和学习环境
2019.8	山东省教育厅	《山东省教育信息化2.0行动计划（2019—2022）》	从指导思想、主要任务、保障措施等方面明确了山东省教育信息化2.0行动方案
2019.8	教育部科技司、工业和信息化部信息通信发展司	《关于进一步推进学校联网攻坚工作的通知》	进一步推动学校宽带接入和提速降费工作
2019.9	教育部等十一部门	《关于促进在线教育健康发展的指导意见》	从总体要求、扩大优质资源供给、构建扶持政策体系、形成多元管理服务格局四个方面明确了十七条指导意见，进一步促进在线教育健康、规范、有序发展
2019.10	青海省教育厅	《青海省教育信息化创新应用行动计划（2019—2022年）》	以基本实现“三全两高一大”为总目标，紧紧围绕推动数字化、智能化基础环境建设等四项重点任务，提出八大行动
2019.11	教育部网络安全和信息化领导小组办公室	《高等院校管理服务类教育移动互联网应用专项治理行动方案》	旨在促进“互联网+教育”健康发展，切实整治高等院校因形式主义导致管理服务类教育移动互联网应用程序泛滥问题

表3　教育信息化年度热点事件——会议信息类

时间	主办单位	会议名称	会议内容
2019.4.9	教育部高等学校教学指导委员会	中国慕课大会	发布《中国慕课行动宣言》，开启中国慕课发展的新阶段
2019.4.11	教育部	2019年全国教育信息化工作会议	明确2019年教育信息化工作将围绕助力教育扶贫和网络扶贫、促进信息技术与教育教学深度融合、扎实推进教育信息化2.0行动计划三个方面重点任务展开
2019.5.16	教育部、联合国教科文组织等	国际人工智能与教育大会	审议并通过成果文件《北京共识》
2019.5.22	腾讯教育	2019腾讯全球数字生态大会智慧教育分论坛	腾讯教育正式发布腾讯教育完整业务版图，宣布将搭建智慧教育技术平台，并推出腾讯首个教育行业实验室“智能教育联合实验室”
2019.5.23	全球华人计算机教育应用学会	第23届全球华人计算机教育应用大会	透过前瞻科技与创意智慧，让科技与人文更完美的结合，从而推动教育信息化的发展，促进教育创新
2019.8.1	北京师范大学、科大讯飞	人工智能与教育大数据峰会	围绕人工智能、教育大数据与教育教学的深度融合展开讨论，探讨人工智能时代教育创新发展的新思路

续表

时间	主办单位	会议名称	会议内容
2019.8.20	中国科学技术协会、工业和信息化部等	世界机器人大会	发布《2019全球教育机器人发展白皮书》
2019.8.29	国家发展和改革委员会、科学技术部等	世界人工智能大会教育行业主题论坛“人工智能助力教育现代化”	教育主题首次亮相世界人工智能大会，与会专家围绕“人工智能+教育”进行热烈讨论，发布《人工智能助力教育健康发展倡议书》
2019.10.12	中国教育装备行业协会	国际教育信息化大会	探讨教育事业发展和信息技术应用的热点问题
2019.11.1	教育部高等学校教育技术专业教学指导委员会	第十八届教育技术国际论坛	以“智能时代的教育、技术与文化”为主题，分设八个专题分论坛、一个博士和媒体论坛
2019.11.20	北京市人民政府、国家发展和改革委员会等	世界5G大会——5G+智慧教育高峰论坛	围绕如何牢牢把握5G优势特点，为智慧教育创新发展赋能，支撑和引领教育信息化等热点话题进行了讨论
2019.11.25	中国发展研究基金会、北京师范大学等	GES 2019未来教育大会	围绕面向共同未来的探索、教育与科技、学校与社会、全球教育可持续发展等议题进行了研讨
2019.11.25	芥末堆	GET 2019教育科技大会	促进教育知识的更新迭代，为教育品牌树立口碑，为交流合作打开通道
2019.12.4	腾讯教育	MEET教育科技创新峰会	腾讯教育宣布牵手数十家合作伙伴发起智能教育“光合计划”，致力于推动“百千万”三大目标（助力100个贫困县教育扶贫、打造1000所标杆智慧校园、培养10000名校园CIO）落地
2019.12.5	中国教育技术协会	2019教育信息化大会暨国际智慧教育展览会	重点向国内外展示教育信息化创新产品、优秀教学和管理应用案例等，为推进信息技术、智能技术在教育教学全过程的深度融合提供交流学习平台
2019.12.7	全国信息技术标准化技术委员会教育技术分技术委员会等	2019教育信息化产学研协同创新论坛	研讨当前智慧教学环境建设中的师生视听健康保护和标准规范研制问题

表4　教育信息化年度热点事件——动态信息类

时间	重要事件
2019.1	江西省教育网络安全应急中心成立，负责牵头开展全省教育网络安全应急相关工作
2019.3	福建省省属中小学智慧校园试点建设项目获省发改委正式立项，总投资概算6544.77万元
2019.3	江西省教育厅与省联通公司、联通大数据公司共建教育大数据实验室，确定抚州市作为教育大数据示范区
2019.3	腾讯公司以9236万元中标深圳罗湖区智慧城市建设中心中小学校智慧校园项目，探索区域级精品教育，融通校园生态、升级教育信息化，打造智慧教育生态圈

续表

时间	重要事件
2019.4	中国移动发布《5G+智慧教育白皮书》
2019.5	教育部办公厅公布2019年度“智慧教育示范区”创建项目名单，北京市东城区、山西省运城市、上海市闵行区、湖北省武汉市、湖南省长沙市、广东省广州市、四川省成都市武侯区、河北省雄安新区为创建区域，江苏省苏州市、山东省青岛市为培育区域
2019.5	湖南省发布《湖南省基础教育信息化发展报告（2018）》
2019.5	苏州大学与苏州电信就共建5G校园进行签约，同时正式揭牌并投入使用基于5G及VR/AR技术打造的“360智慧校园”
2019.6	北京师范大学完成《雄安新区智慧教育发展战略研究报告》编制工作，为雄安新区智慧教育发展提供政策参考
2019.6	云南省成立“智慧教育”建设工作领导小组，负责推进“智慧教育”建设等日常工作
2019.6	陕西省发布《陕西省教育信息化年度发展报告（2018）》
2019.8	第二届中国国际智能产业博览会上，重庆市二十九中集中展示了“腾讯智慧校园”项目，包括“互动教学”“智慧食堂”“大数据云图”“智笔课堂”“智慧安防”等应用，描绘出一幅未来校园的“智慧”蓝图
2019.8	科大讯飞发布《智能教育发展蓝皮书（2019）》，在对智能教育进行内涵界定的基础上，对智能教育体系架构、关键技术、环境建设、应用场景及行业趋势进行了探讨和实例分析，为智能技术与教育的融合应用提供理论与实践参考，为我国推进智能教育创新发展提供对策建议
2019.8	吉林省电教馆举办了“小空间、大作为”网络学习空间主题创建活动，共3200余所学校、33.5万人次参与，上传作品近300万份
2019.8	中国移动以5055万元中标珠海市教育局中小学校智慧校园建设项目，建设华中师范大学珠海附属中学智慧校园，构建综合性支撑与应用服务平台
2019.8	“2019世界人工智能大会”上亿欧颁发了“2019中国AI+教育企业20强”奖项
2019.8	2019年度国家自然科学基金项目评审结果公布，“F0701教育信息科学与技术”方向70项（含面上项目44项、青年项目26项）课题获批
2019.9	艾瑞咨询发布《2019年中国教育信息化行业研究报告》，指出2019年教育信息化市场规模预计突破4300亿元
2019.9	教育部加快推进一流网络安全学院建设示范项目，2019年新增北京邮电大学、华中科技大学、上海交通大学、山东大学4所高校，总入选高校达到11所
2019.9	兵团教育局下拨4510万元，推动各师建设“数字校园”应用中心，实现100所中小学校“教学考评管”五个内容的示范应用
2019.11	天津市教委与科大讯飞签署战略合作协议，共同构建网络化、智能化、个性化的精准学习体系
2019.12	国家数字教育资源公共服务体系联盟在北京正式成立
2019.12	中央电教馆在深圳召开了2019职业教育信息化建设与应用交流会，发布了《职业教育信息化发展案例报告（2019）》，研讨了进一步推进职业院校信息化发展的目标和任务
2019.12	上海市教委启动上海教育信息化项目图谱建设

续表

时间	重要事件
2019.12	教育部公布首批教育App备案白名单，共有152款App通过了核验
2019.12	科大讯飞以15.86亿元中标安徽蚌埠中小学校智慧校园项目，旨在通过智慧校园达标工程、因材施教提升工程，全面提升区域教育智能水平
2019.12	科大讯飞以8.59亿元中标青岛市黄岛区教育和体育局中小学校智慧校园项目，旨在依托AI打造因材施教个性教学，建设大数据、生涯规划、智能管理应用服务

表5　教育信息化年度热点事件——培训实践类

时间	重要活动
2019.1	四川省举办省中小学创客骨干教师培训，共培训创客教师170多名
2019.4	中央电教馆举办“中国梦——行动有我：2019年全国中小学校本德育课程和教育案例评选展播活动”培训班，全国31个省（自治区、直辖市）的电教部门负责人、德育工作负责人、中小学校长、学科教师等300余人参训
2019.4	湖北省举办2019年湖北省创客教育导师实训班，参训学员270余人
2019.5	青海省电教馆组织开展“互联网+教育”送教下乡活动，共培训教师2075人次
2019.6	中央电教馆在山东省组织开展了3期创客教育专题培训班，培训山东、河南、黑龙江、湖北、江西、贵州、内蒙古、广东等地创客教师1600余名
2019.8	中央电教馆在承德、南京先后举办两场2019年度“职业院校学生教育信息化职业能力提升和认证”项目院校教师ICDL课程培训，共86所职业院校、249位教师参加
2019.10	河南省举办基础教育网络学习空间应用培训班，培训市县两级电教馆长、校长和骨干教师660多人
2019.10	由教育部教育管理信息中心主办、江苏省教育厅和华为技术有限公司共同协办的“2019年教育网络安全保障工作专题研修班”在南京举办，来自全国各地方教育行政部门、高校网络安全和信息化建设技术支撑部门的600余名主要负责同志参加
2019.11	黑龙江省教育厅组织开展“全国教育信息化工作管理信息系统”专题培训，260余人参加
2019.12	天津市教委采取网络培训的方式，依托天津市基础教育资源公共服务平台开展了2019年天津市中小学校长信息化领导力培训，共1371人参训

三、教育信息化政策速描

2018年4月，教育部发布《教育信息化2.0行动计划》，随后又发布了《中小学数字校园建设规范（试行）》和《网络学习空间建设与应用指南》两个文件，加上2017年底发布的《关于数字教育资源公共服务体系建设与应用的指导意见》，形成了“1+3”的政策格局，反映了教育部推动教育信息化工作的决心。2019年中共中央、国务院发布《中国教育现代化2035》，作为支撑和引领教育现代化的教育信息化备受关注，教育部也出台了多个政策文件进行贯彻部署。可以说，2019年既是贯彻2.0行动计划的开局之年，又是实现教育现代化的政策谋篇之年。据统计，2019年教育部全年出台教育信息化相关政策近20个，除了落实2.0行动计划中提出的任务以外，还为创新教育服务业态，联合多个部委围绕在线教育出台了多项重要政策，进一步规范、引导并鼓励在线教育服务的发展。在推进信息化工作过程中，教育部继续坚持“机制创新”，在政府引导的同时，在调动信息化应用内驱力方面做出了新的探索，取得了阶段性成效。

我国基础教育信息化建设与应用是由国家政策引导、理论研究指导、解决教育社会问题驱动、教育系统实践等多重力量下发展起来的。作为公共政策、教育政策的下位概念，教育信息化政策的研究对于理解国家重要战略、认识实践层面的重要事件，从而推动教育信息化的深入应用具有重要意义。教育信息化政策包括国家政策中有关教育信息化的描述、教育部门及其联合其他部委出台的教育信息化的专门政策等。本部分采用政策文本分析的方法，对2019年中央和部分省份发布的政策文本进行研究，重点分析其主题、主要内容及影响。

（一）加快信息化时代的教育变革成为教育现代化2035的战略任务

以教育信息化支撑与引领教育现代化成为国家教育的战略选择。2019年2月，中共中央、国务院发布了《中国教育现代化2035》，聚焦教育发展的突出问题和薄弱环节，立足当前，着眼长远，重点部署了面向教育现代化的十大战略任务。“建设智能化校园”“推动人才培养模式改革”“创新教育服务业态”“推进教育治理方式变革”是“加快信息化时代的教育变革”战略任务的主要内容。中共中央办公厅、国务院办公厅配套出台了《加快推进教育现代化实施方案（2018—2022年）》，在“大力推进教育信息化”任务中，指出要“着力构建基于信息技术的新型教育教学模式、教育服务供给方式以及教育治理新模式”。《加快推进教育现代化实施方案（2018—2022年）》与《教育信息化2.0行动计划》都是新时代教育信息化的先导计划，与2.0行动计划相比，对“教育服务业态（供给）”的强调是现代化方案与2.0行动计划的重要区别。教育服务业态涉及知识产权、市场监管、服务模式等多个领域，已经超出教育部发文所涉及的范围。当以互联网技术为主的信息技术被强调为教育系统变革的“内生变量”的同时，其对教育服务行业的影响亦不可忽视，“互联网+”是创新教育服务供给的必然选择。

（二）2.0行动计划部分任务启动（见表6）

表6　教育部落实2.0行动计划任务的相关文件

2.0行动计划	文件名称
数字资源服务普及行动	• 教育部办公厅《关于开展2019年“一师一优课、一课一名师”活动的通知》 • 教育部办公厅《关于开展2019年线下、线上线下混合式、社会实践国家级一流本科课程认定工作的通知》

续表

2.0行动计划	文件名称
网络学习空间覆盖行动	• 教育部办公厅《关于公布2018年度网络学习空间应用普及活动优秀区域和优秀学校名单的通知》 • 教育部办公厅《关于开展2019年度网络学习空间应用普及活动的通知》
网络扶智工程攻坚行动	• 教育部办公厅发布《关于举办2019年教育厅局长教育信息化专题培训班的通知》 • 教育部科技司、工业和信息化部信息通信发展司《关于进一步推进学校联网攻坚工作的通知》
教育治理能力优化行动	• 教育部办公厅《关于印发〈教育移动互联网应用程序备案管理办法〉的通知》 • 教育部网络安全和信息化领导小组办公室《关于印发〈高等院校管理服务类教育移动互联网应用专项治理行动方案〉的通知》 • 教育部办公厅《关于全面启用全国中小学生学籍信息管理系统跨省业务统一办理平台的通知》 • 教育部办公厅《关于服务全民终身学习　促进现代远程教育试点高校网络教育高质量发展有关工作的通知》
百区千校万课引领行动	• 教育部基础教育司《关于公布2018—2019年度基础教育信息化应用典型案例名单的通知》
智慧教育创新发展行动	• 教育部办公厅《关于“智慧教育示范区”建设项目推荐遴选工作的通知》 • 教育部办公厅《公布2019年度“智慧教育示范区”创建项目名单》
信息素养全面提升行动	• 教育部《关于实施全国中小学教师信息技术应用能力提升工程2.0的意见》

1. 教师信息技术应用能力提升工程2.0

3月，教育部发布《教育部关于实施全国中小学教师信息技术应用能力提升工程2.0的意见》，提出信息技术应用能力是新时代高素质教师的核心素养，并以“三提升一全面”（校长信息化领导力、教师信息化教学能力、培训团队信息化指导能力显著提升，全面促进信息技术与教育教学融合创新发展）为总体发展目标。该意见主要包括九项措施、四项任务。一是围绕整校推进，包括开展学校管理团队信息化领导力培训、围绕学校信息化教学创新推动教师研训两项措施，帮助学校管理团队制订学校信息化教育教学发展规划和相应的教师培训计划，支持教师有针对性地参训，学科联动，整校开展，实现“所学为所用”。二是着力缩小差距，通过实施创新培训平台“三区三州”对口帮扶项目、推进中西部地区“双师教学”模式培训改革两项措施，定向帮扶乡村教师提高专业水平与信息技术应用能力。三是打造信息化教学创新团队，包括促进教师跨学科教学能力提升、加强智能化教育领航名校长名师培养两项措施，充分利用互联网、大数据、人工智能等新技术成果助推教师专业发展。四是升级服务体系，包括提升培训团队信息技术应用指导能力、创新信息素养培训资源建设机制、构建成果导向全程监测评价体系三项措施，分别从提高培训指导的针对性、研修资源的适用性以及测评助学的精准性等方面保障工程实施。教师信息技术应用能力提升工程2.0任务与措施如表7所示。

表7　教师信息技术应用能力提升工程2.0任务与措施

四大任务	九条措施
整校推进教师应用能力培训	• 开展学校管理团队信息化领导力培训 • 围绕学校信息化教学创新推动教师研训
缩小城乡教师应用能力差距	• 实施创新培训平台“三区三州”对口帮扶项目 • 推进中西部地区“双师教学”模式培训改革
打造信息化教学创新团队	• 促进教师跨学科教学能力提升 • 加强智能化教育领航名校长名师培养
全方位升级支持服务体系	• 提升培训团队信息技术应用指导能力 • 创新信息素养培训资源建设机制 • 构建成果导向全程监测评价体系

2. 数字资源服务普及行动

在基础教育领域，教育部继续实施“一师一优课”活动。前文已介绍过该活动2019年取得的成果，在此不再赘述。

11月，教育部办公厅发布《关于开展2019年线下、线上线下混合式、社会实践国家级一流本科课程认定工作的通知》。至此，我国在高等教育领域形成了国家级五类一流本科课程的认定格局。根据线上、线下融合的程度，五类一流课程的关系如图9所示。2017年起，国家启动了虚拟仿真实验教学一流课程和精品在线开放课程的认定，这两类课程基本是在线的。2019年起，教育部加大了对混合式课程及线下课程的重视程度。该通知指出，2019年五类国家级一流本科课程认定结果将一并公布。

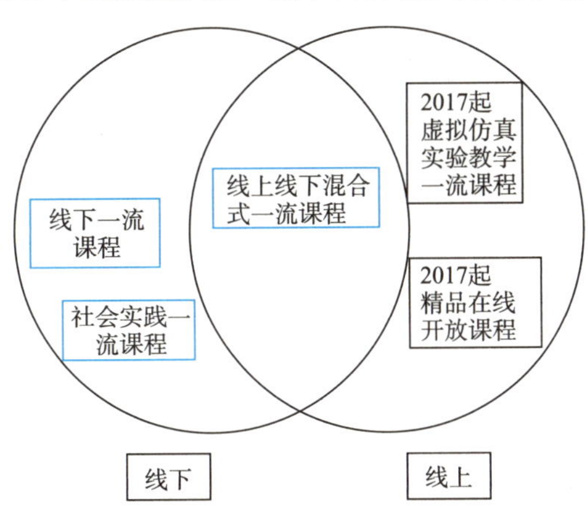

图9　高等教育五类一流课程

3. 智慧教育创新发展行动

1月，教育部办公厅发布《关于“智慧教育示范区”建设项目推荐遴选工作的通知》，正式部署了2.0行动计划中的“智慧教育示范区”创建工作。该通知明确“智慧教育示范区”要创新区域教育发展机制，打造纵向衔接、横向贯通，全方位、多层次、立体化的教育新格局，构建网络化、数字化、智能化、个性化、终身化的教育体系，建立健全教育信息化可持续发展机制。5月5日，教育部公布了创建名单（北京市东城区、山西省运城市、上海市闵行区、湖北省武汉市、湖南省长沙市、广东省广州市、四川省成都市武侯区、河北省雄安新区）和培育名单（江苏省苏州市、山东省青岛市）。

10月下旬，教育部办公厅发布《关于推荐遴选“基于教学改革、融合信息技术的新型教与学模式”实验区的通知》。该实验区工作由教育部基础教育司主导。与“智慧教育示范区”整体推进不同，该实验区“不追求‘大而全’，要在‘精准有效可持续’上下功夫”，必须包含教和学两个环节，强调了“以教育教学改革为基，融入信息技术为辅”的逻辑起点。

4. 网络学习空间应用普及活动

为落实2.0行动计划的相关要求，教育部于2018年启动了网络学习空间应用普及活动，并于2019年3月发布了《关于公布2018年度网络学习空间应用普及活动优秀区域和优秀学校名单的通知》。经自主申报、地方审核推荐、教育部专家材料评审和视频答辩等环节，活动确定了优秀区域和学校名单，其中，优秀区域共40个地市/区县，分布在全国23个省；优秀学校198所（含职业学校和中小学校），分布在全国26个省。推进网络学习空间在网络教学、资源共享、教育管理、综合素质评价等方面的应用是2.0行动计划的具体要求，而通过应用普及活动，这些优秀区域和学校将为学习空间应用提供好的案例，发挥示范带动作用。

10月，教育部办公厅发布了《关于开展2019年度网络学习空间应用普及活动的通知》，明确2019年度活动的工作内容主要包括建设空间、深化应用、优秀推荐、示范推广，以基础教育、职业教育、高等教育和继续教育的网络学习空间普及为主。从这两年的政策文件来看，教育部推进网络学习空间的思路越来越明确，对于网络学习空间所依赖的平台、利用网络学习空间来做什么、如何采用“示范引领”的机制更大范围地普及网络学习空间应用做出了重要探索。这可以说是网络学习空间人人通工作的一大突破。

案例：东莞慧教育移动网络学习空间的实施路径

因应社会需要和技术趋势，立项开发家校互联教育移动互联网应用“微课掌上通”。2014年初，为满足社会公众对更好的家校沟通服务期待，东莞市教育局决定设立专项经费，打造全市规模化应用的公益性家校沟通平台“微课掌上通”（移动端为主、网页端为辅），免费提供给全市家长和师生使用，特别是让随迁子女家长因此受益。依托“东莞市教育信息化推进工程”，“微课掌上通”于2014年9月正式推出。通过走访调研后，东莞市教育局加大了面向社会的宣传推广，专门召开了新闻发布会，向每位家长印发了“致家长的一封信”，又制作了精美的简易使用教程宣传册提供给家长，并要求学校在显眼的地方粘贴宣传海报，同时将宣传材料通过电视、报纸、网站、微信等媒体广泛传播，还通过全市巡回培训的方式解除疑惑。

根据国家要求，发挥自身能动性，将有较好应用基础的“微课掌上通”与市级教育资源平台打通。在东莞成为国家教育资源公共服务平台规模化试点单位以后，使用了一年多的“微课掌上通”已积累了大量的用户和微课资源，家长和师生都离不开这个架起家校沟通桥梁的App。因此，东莞市教育局将市教育资源公共服务平台与家校沟通平台“微课掌上通”进行联通，让优质数字资源的供给服务延伸到移动端，让师生通过App就能便捷获取优质资源。

在体系技术规范的指引下，通过“微课掌上通”融合提供功能服务，并开放“微课掌上通”接口，方便更多应用接入。在实施“互联网+教育”战略后，东莞市依托慕课教育信息化工程的推进，为全市师生建立了网页版的慧教育统一登录门户。通过统一认证、统一授权、统一交换平台，实现数据的横向和纵向互联互通，实现全市师生家长“一人一号一网”登录使用各类教育管理、教育教学的信息系统。东莞市将慧教育统一登录门户中与师生日常学习息息相关的功能服务（包括在线作业、英语口语训练、项目式探究学习、教师培训等）进行改造后，汇聚到“微课掌上通”的学习栏目中。同时开放接口方便后续更多应用接入，让师生真正实现学习掌上通。

到2019年，经过五年左右的推广应用，全市师生家长在掌上网络学习空间中共开通了310万个账号，其中包括65%的民办教育薄弱校。

——内容改编自《家校互联，掌上学习——东莞慧教育移动网络学习空间的实施路径》

5. 网络扶智工程攻坚行动

8月中旬，教育部科技司、工业和信息化部信息通信发展司发布《关于进一步推进学校联网攻坚工作的通知》，要求各地教育行政部门精准建立未连入宽带的中小学（含教学点）和带宽不足100Mbit/s中小学（含教学点）台账，通信部门组织电信企业加快推动剩余中小学（含教学点）宽带网络建设工程。通知发布时，全国未联网中小学（含教学点）比例为4.81%，带宽不足100Mbit/s的中小学（含教学点）比例为43.47%。

5月，教育部办公厅发布《关于举办2019年教育厅局长教育信息化专题培训班的通知》，部署了2019年5月~10月举办9期教育厅局长教育信息化专题培训班，其中第1~5期培训班主要面向以“三区三州”为重点的深度贫困地区开展教育信息化“送培到家”活动，占到全部培训班的半数以上。

6. 教育治理能力优化行动

3月，教育部办公厅发布《关于全面启用全国中小学生学籍信息管理系统跨省业务统一办理平台的通知》，指出全国学籍系统将从2019年春季学期启用跨省转学统一办理平台。全国中小学生学籍信息管理系统于2014年试运行，是国家教育管理平台的重要组成部分。统一办理平台取消了小学毕业后的“毕业后跨省就学”，将义务教育阶段内的跨省流动全部归并为“跨省转学”；取消了“调档”流程，转出学校和转出学校所在区县教育局核办通过后，学籍档案将自动调转到转入省份。

在教育治理能力优化行动方面，还针对在线教育出台了系列政策，具体内容将在下一节进行单独分析。

（三）“创新教育服务业态”实质推进

如前文所述，以国家为发文主体的教育现代化政策中，教育服务业态的创新是一项重点关注内容。2019年9月，教育部等十一个部门发布《关于促进在线教育健康发展的指导意见》。这是我国首个以“在线教育”为名的指导性文件，发文主体之多也创教育信息化政策性文件的新高。该意见将在线教育定义为“运用互联网、人工智能等现代信息技术进行教与学互动的新型教育方式，是教育服务的重要组成部分”，并明确了在线教育在教育体系内的地位，指出发展在线教育将“有利于构建网络化、数字化、个性化、终身化的教育体系，有利于建设‘人人皆学、处处能学、时时可学’的学习型社会”。该意见要求扩大优质在线教育资源供给，构建扶持在线教育发展的政策体系，形成多元的在线教育管理服务格局。

2019年底，我国有2.6亿名网民接受在线教育，覆盖从幼儿到成人的所有群体。在线教育已经和学校教育并肩成为信息时代最重要的两种教育服务形式。然而，在线教育在快速发展的过程中也出现了准入门槛低、激烈无序竞争带来的行业规范性缺失、非理智性的运营行为等诸多问题。为规范引导在线教育行业的发展，2019年8月教育部等八部门发布《关于引导规范教育移动互联网应用有序健康发展的意见》。文件指出，教育移动互联网应用（以下简称“教育App”）是“互联网+教育”的重要载体，规范教育App管理是促进“互联网+教育”发展的重要内容，要从提高供给质量、规范应用管理、健全监管体系、加强支撑保障等方面，对教育App“实施包容审慎监管”。这是专门针对在线教育产品的第一个国家级文件。为落实该意见的相关要求，2019年11月，教育部办公厅出台了《教育移动互联网应用程序备案管理办法》。教育App的备案分为提供者备案和使用者备案，提供者备案按照“全国统一标准、各省分头实施、单位属地备案”的原则开展，使用者备案根据隶属关系向主管教育行政部门备案。提供者备案实行“一省备案，全国有效”，在申请备案前，须进行ICP备案和等级保护备案；使用者备案时，必须从已经通过备案的教育App中进行选择（自研自用的App除外）。

案例：广东省教育App备案管理工作

广东省是我国最早发布并实施教育App相关管理规定的省份。《广东省面向中小学生校园学习类App管理暂行办法》（以下简称《管理暂行办法》）在2019年3月发布征求意见稿，5月底正式发布，发布单位为中共广东省委教育工作委员会（广东省教育厅）、中共广东省委网络安全和信息化委员会办公室、广东省“扫黄打非”工作领导小组办公室、广东省公安厅、广东省通信管理局、广东省市场监督管理局六个部门。

《管理暂行办法》共十五条，对校园学习类App实行黑灰白名单和红黄牌动态管理制度。审查通过的App列入白名单，列入白名单后被举报投诉查证属实的，予以黄牌警告并列入灰名单。对于申报时对资料主观恶意弄虚作假或同一个App被黄牌警告后且在灰名单续存期间再次出现违反《管理暂行办法》的，予以红牌警告并列入黑名单。所有批次的黑白名单同步实时更新，接受公众浏览、查询和监督。《管理暂行办法》发布的同时发布了两个配套文本，一个文本对管理办法中的个别概念、操作程序进行了权威解读；另一个文本从工作的角度，为管理者、提交备案者提供了参考模板，具有较强的可操作性。

2019年6月1~20日，广东省教育厅在完成省内校园学习类App内容审查的基础上，公布了首批通过审查的App白名单。

11 月，教育部网络安全与信息化领导小组办公室发布了《高等院校管理服务类教育移动互联网应用专项治理行动方案》，专门对高等院校服务于学校教育教学和广大师生工作生活的管理服务类教育移动应用（包括学校自主开发、自主选用和上级部门要求使用的教育移动应用）进行治理，从“统筹协调”“管理”“决策机制”“整合共享”“网络安全”等几个方面进行了规定。与 2018 年启动的中小学进校园 App 整治工作的要求不同，高等学校服务类移动互联网应用的整治工作更多是针对管理、协调、信息整合等方面的要求，以期能切实保障广大师生、家长的合法权益。

（四）政策指引机制创新取得突破

“机制创新”是我国教育信息化取得成就的重要经验。机制主要体现在“试点先行、典型引路”的工作机制，以及“政府引导、社会参与”的协同机制。2019 年的重要工作，如“智慧教育示范区”、“基于教学改革、融合信息技术的新型教与学模式”实验区建设、网络学习空间应用普及活动都反映了“试点先行、典型引路”的机制。12 月下旬，教育部基础教育司发布了《关于公布 2018~2019 年度基础教育信息化应用典型案例名单的通知》。该项目是教育部于 2016 年立项的“信息技术与教育教学深度融合示范培育推广计划”的工作成果，共有 29 个区域、59 所学校获得“全国基础教育信息化应用典型案例”称号。12 月下旬，“信息技术与教育教学深度融合示范培育推广计划”项目总结交流会在北京举办。

2019年在继续实施“试点示范”的基础上，加强了对试点内容更加细致的引导，比如智慧教育示范区和教学改革实验区的内容都是十分具体的，对实验的时间也有明确的要求，体现了政策“自上而下”的指导功能。由“从公布的多个选题中自选主题试点（如教育部教育信息化试点）”到“单一选题规定具体内容试点”，是教育信息化2.0时代试点工作的一个显著变化。国家政策对于教育信息化的指导功能强化，也反映了政策制定者对教育信息化推进工作的信心。

在机制创新方面，2019年的一项重要政策便是“教育信息化教学应用实践共同体”的开展。教育信息化教学应用实践共同体的含义是“在教育行政部门的支持下，围绕某一信息化教学应用模式，区域、学校等不同成员单位组织起来，共同开展研究和实践，共同推动该模式的发展。”与以区域和学校为单位的试点不同，实践共同体更像是一个以兴趣为导向的行动联盟。一个单位作为牵头单位，几个单位作为成员单位，而单位可以是区域，也可以是学校。以实践共同体的组织形式协同推进信息化教学应用，与以行政为主导的区域或学校推进教学应用形成补充，是一种推进机制的创新。

案例：微课程教学法实践共同体

微课程教学法实践共同体是根据教育部要求，由江苏省木渎高级中学牵头，联合山东省青岛第一中学、苏州新草桥中学等学校合作申报，经教育部确认，接受中央电教馆业务指导的创新型翻转课堂校际协作共同体。该实践共同体成立了校长联席议，协调校际之间的工作；召开了培训活动和汇课活动，交流成员校的实践成果。随着实践影响力的不断提升，共同体还吸纳了新成员学校主动加入，达到了预期目标。该实践共同体已经通过验收。

（五）地方主要政策特点

1. 落实国家教育信息化2.0行动计划的部分省级行动（任务）

据统计，以教育部《教育信息化2.0行动计划》的出台时间（2018年4月）为节点，至2019年12月底，全国共有12个省（自治区、直辖市）出台了地方级别的2.0行动计划；其他省份或仍在研究制定，或已于2018年4月前出台了相关规划。下文将重点以教育部2.0行动计划发布后出台的省级行动计划为对象进行分析。

2018年4月至2019年底出台的12份相关省级政策文件的简要信息如表8所示。从文件发布时间看，2018年、2019年各有6份发布。从文件发布主体看，以教育厅（教委）名义发布的文件有9个，其中：宁夏是国家“互联网+教育”示范区，湖南省是教育部首个国家教育信息化2.0试点省，这两个省级行政区的教育信息化规划是以自治区政府和省政府名义发布的，重庆市的文件也是以市政府办公厅名义发布的。12份省级规划的时间跨度有所不同，起始时间为2018年或2019年，结束时间为2020~2022年不等。

表8　12个省级教育信息化2.0行动计划

省份	政策文本名称	颁布年份	颁布单位
北京	北京市教育信息化三年行动计划（2018—2020）	2018	市教委
上海	上海市教育信息化2.0行动计划（2018—2022）	2018	市教委
浙江	浙江省教育信息化三年行动计划（2018—2020年）	2018	省教育厅
湖南	湖南省“互联网+教育”行动计划（2019—2022年）	2018	省政府
宁夏	宁夏回族自治区“互联网+教育”示范区建设规划（2018年—2022年）	2018	自治区政府
新疆	新疆维吾尔自治区教育信息化“十三五”发展规划	2018	自治区教育厅
天津	天津教育信息化2.0行动计划	2019	市教委
江苏	江苏教育信息化2.0 行动计划	2019	省教育厅
山东	山东省教育信息化2.0行动计划（2019—2022）	2019	省教育厅
广西	广西“互联网+教育”行动计划（2018—2022年）	2019	自治区教育厅
重庆	重庆市智慧教育五年工作方案（2018—2022年）	2019	市政府办公厅
青海	青海省教育信息化创新应用行动计划（2019—2022年）	2019	省教育厅

初步分析发现，12个省级计划共提出94项具体任务（行动），内容覆盖了教育部《教育信息化2.0行动计划》提出的八大行动。具体而言，如图10所示，涉及“教育治理能力优化行动”和“信息素养全面提升行动”的最多（12个计划均有涉及），涉及“智慧教育创新发展行动”的省份最少（3个）。需要指出的是，对于教育部文件提出的“网络扶智工程攻坚行动”和“智慧教育创新发展行动”，虽然省级文件里没有与之直接对应的任务（行动），但往往在其他任务（行动）中包含了相关的内容，比如多个省份在关于“基础环境”的任务部署均体现了网络扶智方面的要求。

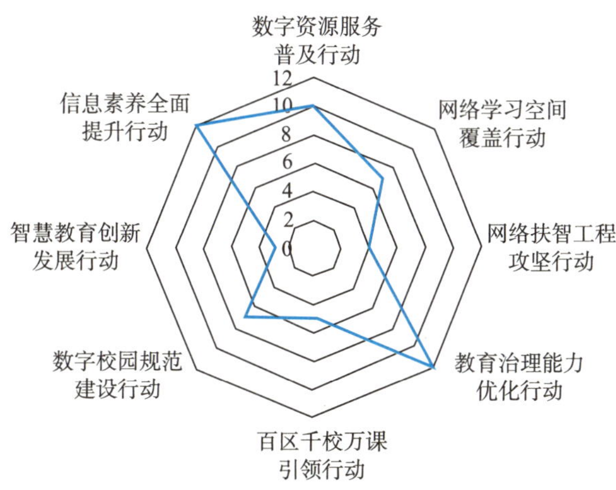

图10　省级计划涉及教育部《教育信息化2.0行动计划》八大行动的情况

2. 各省出台的其他教育信息化重点政策分析

根据可获得的政策文本信息，现将部分省级行政区教育信息化政策亮点归纳如下。

围绕《宁夏回族自治区“互联网+教育”示范区建设规划（2018年—2022年）》部署的任务，宁夏回族自治区在2019年出台了多项政策和措施，包括成立“互联网+教育”专家组、建立“互联网+教育”月报制度和专项督导方案、制定人工智能助推教师队伍建设行动试点方案（含成立领导小组和专家组）、开展民族教育信息化优秀案例遴选工作、召开全区“互联网+教育”示范区建设现场推进会及首届“互联网+教育”装备展览会等。

浙江省政府将“全面推进‘互联网+义务教育’，推进1000所中小学校结对帮扶，让城乡孩子共享优质教育资源”作为2019年民生实事项目。3月中旬，浙江省教育厅办公室印发关于《“互联网+义务教育1000所中小学校结对帮扶”民生实事工作方案》的通知，采用县域内城乡学校结对、设区市域内城乡学校结对、省域内城乡学校结对三种结对形式，形成城乡义务教育学校结对帮扶1000所（500对），通过城乡同步课堂、远程专递课堂、教师网络研修、名师网络课堂等形式进行帮扶。

天津市委教育工委、市教委发布了《关于天津市中小学数字校园建设与应用的指导意见》，具体落实教育部《中小学数字校园建设规范（试行）》，明确了“实现信息系统互联互通”“实现校园环境数字化”“实现师生信息素养提升、学生学习方式转变和教育教学模式创新”的基本内涵，提出了“数字校园环境建设提升工程”“应用体系建设工程”“信息素养提升工程”三项任务。

安徽省政府办公厅发布了《安徽省智慧学校建设总体规划（2018—2022年）》，总结了安徽省近年来的教育信息化成就，提出了“以推进智慧教学、智慧学习、智慧管理、智慧生活、智慧文化为主要内容，以人才队伍和基础环境建设为支撑，构建‘5项基本功能+2项支撑条件’的智慧学校结构”，要求“到2022年，实现教学点智慧课堂全覆盖，乡村普通中小学全部达到智慧学校建设要求，城镇中小学基本建成智慧学校”。

江西教育网络安全和信息化领导小组发布了《关于规范全省区域性教育信息化建设工作的通知》。该通知是2019年能够公开检索到的唯一一个关于区域教育信息化工作规范的文件。该通知针对江西省部分地区开展教育信息化工作时出现的“建设思路不清晰、重复投入、贪大求全等问题”，在建设模式上要求“由传统的‘按需建设’模式向‘按需购买’模式转变，鼓励各地采取购买服务、集中托管或购买运维服务的方式进行教育信息化建设”。通知强调信息化建设不是买硬件，而是要“落实好国家关于财政教育经费可用于购买信息化资源和服务的政策”。这份省级政策文件对其他省份的教育信息化工作具有较高的参考价值。文件很好地诠释了发挥好政府和市场两只手的作用，在“政府规范引导、企业参与建设、学校购买服务”的建设思想指引下，使信息化事业投入获得可持续发展的正确做法。

四、教育信息化研究新课题、新理论及新成果

（一）教育信息化研究概览

2019年，我国教育信息化文献数量达到一个新高度，教育信息化研究新课题、新理论及新成果精彩纷呈。回顾2019年度教育信息化相关研究，可归纳出以下特征：一是技术赋能教育成为教育信息化转型发展的主要动力和重要支撑，其中人工智能、大数据尤可显示技术与教育的深度融合；二是教育信息化理论与实践研究紧密结合、同步推进，带来了物质化产出与社会性效益；三是“政产学研”合作拓宽了研究形式，进一步丰富了教育信息化研究成果。

1. 技术赋能教育成为教育信息化转型发展的主要动力和重要支撑

纵观2019年度教育信息化研究新课题、新理论与新成果，“人工智能”“大数据”“互联网+”“网络学习空间”“虚拟现实”“教育机器人”等关键词彰显了浓厚的技术特征，对教育环境、教学方式、教学过程及教学内容等多个方面的改造升级起到了强有力的推动作用。其中，人工智能、大数据占据着教育信息化研究的“半壁江山”。在研究课题方面，人工智能与大数据相关研究获批多个国家级重大项目与重点课题；在研究理论与成果方面，人工智能与大数据的教育应用路径得到广泛探索，个性化育人助理系统、动态生成性数据可视化分析系统等研究成果不断落地。

2. 教育信息化理论与实践研究紧密结合、同步推进

当前，我国教育信息化理论与实践研究并重，取得了实在的物质化产出与社会性效益。在理论研究层面，研究者聚焦“人工智能+教师”、精准教学、教育测评、智慧课堂架构等，提出了具有实效性的教育信息化建设构想；在实践研究层面，研究者借助技术手段物化了理论研究成果，人工智能教师系统、自适应学习平台、基于大数据的测评系统、智能学习环境关键技术等实践产物层出不穷，为教育发展过程中的痛难点问题提供了切实的解决方案。

3. “政产学研”合作形式进一步丰富教育信息化研究成果

教育信息化研究已不再是研究者的特权，越来越多政府人员、企业机构和一线教师加入其中，丰富了教育信息化研究的路径和成果。政府力量领导教育信息化发展方向、规划教育信息化发展蓝图，教育科研人员研究教育信息化理论、创新突破教育发展难题，教育科技企业支持教育发展实践，将教育理论化虚为实，学校师生实践应用教育信息化发展理论，彰显信息技术的教育价值。基于“政产学研”合作形式，2019年度教育信息化研究成果丰富，涵盖系统平台、软件应用、书籍著作及标准规范等多种形式。

（二）教育信息化研究年度新课题

2019年的国家社会科学基金项目、国家自然科学基金项目及全国教育科学“十三五”规划课题中，与教育信息化相关的课题共17项，其中国家级课题15项，部级课题2项，如表9所示。

表9 教育信息化研究年度新课题①

<table>
<tr><th>研究主题</th><th>课题类别</th><th>课题名称</th><th>单位</th><th>负责人</th></tr>
<tr><td rowspan="5">人工智能</td><td>国家社会科学基金重大项目</td><td>人工智能促进未来教育发展研究</td><td>华东师范大学</td><td>顾小清</td></tr>
<tr><td>国家自然科学基金重点项目</td><td>多空间融合下的大学生个性化学习与智能教育服务关键技术研究</td><td>华中师范大学</td><td>杨宗凯</td></tr>
<tr><td>全国教育科学“十三五”规划国家重点课题</td><td>人工智能与未来教育发展研究</td><td>北京师范大学</td><td>黄荣怀</td></tr>
<tr><td rowspan="2">全国教育科学“十三五”规划国家一般课题</td><td>人工智能背景下教育的技术逻辑研究</td><td>淮阴师范学院</td><td>伍红林</td></tr>
<tr><td>多维视角下人工智能教育应用的理论框架和实践路径研究</td><td>淮北师范大学</td><td>李福华</td></tr>
<tr><td rowspan="5">教育大数据</td><td>国家社会科学基金重大项目</td><td>基于大数据的科教评价信息云平台构建和智能服务研究</td><td>武汉大学、杭州电子科技大学</td><td>唐晓波、邱均平</td></tr>
<tr><td rowspan="3">全国教育科学“十三五”规划国家一般课题</td><td>在线学习分析支持自我调节学习的效能评价与优化机制研究</td><td>东北师范大学</td><td>赵蔚</td></tr>
<tr><td>大数据驱动的初中生学业发展监控与精准干预研究</td><td>温州大学</td><td>叶新东</td></tr>
<tr><td>从大数据到境脉感知：个性化学习实现机理研究</td><td>东北师范大学</td><td>郑燕林</td></tr>
<tr><td>全国教育科学“十三五”规划教育部重点课题</td><td>“互联网+”环境下基于大数据分析的大学生健康管理与监测体系研究</td><td>首都师范大学</td><td>彭岩</td></tr>
<tr><td rowspan="5">网络学习空间</td><td rowspan="4">全国教育科学“十三五”规划国家一般课题</td><td>适应性学习空间支持下的学习范式研究</td><td>南京师范大学</td><td>沈书生</td></tr>
<tr><td>指数思维引领下的智慧学习空间构建与应用研究</td><td>安徽师范大学</td><td>杨滨</td></tr>
<tr><td>教育虚拟社区助学者伦理规范构建与评价研究</td><td>曲阜师范大学</td><td>胡凡刚</td></tr>
<tr><td>大学生在线同伴互评效果改进研究</td><td>南京师范大学</td><td>柏宏权</td></tr>
<tr><td>全国教育科学“十三五”规划教育部重点课题</td><td>基于国家数字教育资源公共服务体系的教师网络学习空间应用研究</td><td>沈阳师范大学</td><td>寇海莲</td></tr>
<tr><td>STEM教育</td><td>全国教育科学“十三五”规划国家一般课题</td><td>中小学机器人教育中的配对学习模式研究</td><td>华南师范大学</td><td>钟柏昌</td></tr>
<tr><td>虚拟现实</td><td>全国教育科学“十三五”规划国家一般课题</td><td>基于虚拟现实技术的儿童交通安全教育</td><td>华中师范大学</td><td>罗恒</td></tr>
</table>

从研究主题来看，人工智能、教育大数据与网络学习空间成为教育信息化研究的热门选题，其中人工智能主题备受瞩目（见图11）；从课题类别看，多位研究者

① 本文所收录的课题来源于国家自然科学基金委员会网站公开的项目综合查询平台、国家哲学社会科学工作办公室网站公开的国家社科基金项目数据库，以及全国教育科学规划领导小组办公室网站公开的“全国教育科学‘十三五’规划2019年度立项课题名单”。

成功获批国家级重大项目、重点课题；从课题申请者背景看，76%研究者来自教育技术学专业，少部分研究者来自教育学或计算机科学与技术等专业（见图12）。总体而言，2019年度我国教育信息化课题主题突出、水平较高、专业特色明显。

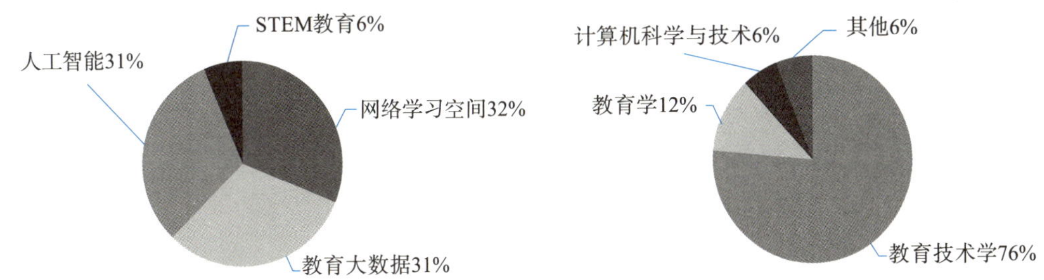

图11　2019年度教育信息化研究课题

图12　2019年度教育信息化研究课题申请者专业背景

（三）教育信息化研究年度新理论

人工智能、大数据、移动互联网等技术的迅猛发展将深刻变革教育形态、创新教学模式、优化教育服务。新技术支持下，教育何去何从的问题引发了学术界的广泛探讨，催生了新理论与新思想的诞生。

1. 新一代智慧课堂教学体系总体框架

刘邦奇等人认为，智慧课堂的新型课堂形态体现在智能技术的应用和技术支持下的课堂教学变革与创新。智慧课堂实际上是由智能系统（智能化平台和工具）、人（教师和学生）及其活动（课前、课中、课后教学环节）等组成的新型智能化课堂教学体系。该教学体系由智能资源服务、智能评测服务、智能终端服务和智能教学应用构成，总体框架如图13所示。

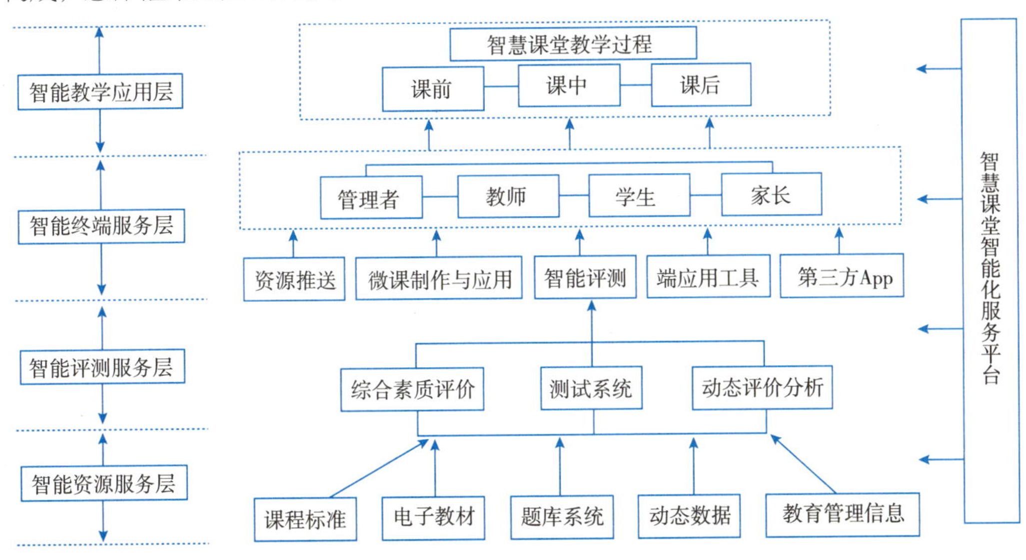

图13　智慧课堂教学体系的总体框架

2. 智慧课堂智能化服务平台的“云—台—端”总体架构

吴晓如、刘邦奇等人提出了智慧课堂智能化服务平台的“云—台—端”总体架构。“云”即智能云服务，“台”即教室智能平台，“端”即智能端应用工具。其架构旨在打通智能云服务、教室智能平台和智能终端的数据传输和交流通道，提供资源服务、互动服务和教学工具，构建基于智能信息技术的一体化、智能化学习环境，为未来智慧教学实践应用奠定基础。总体架构如图14所示。

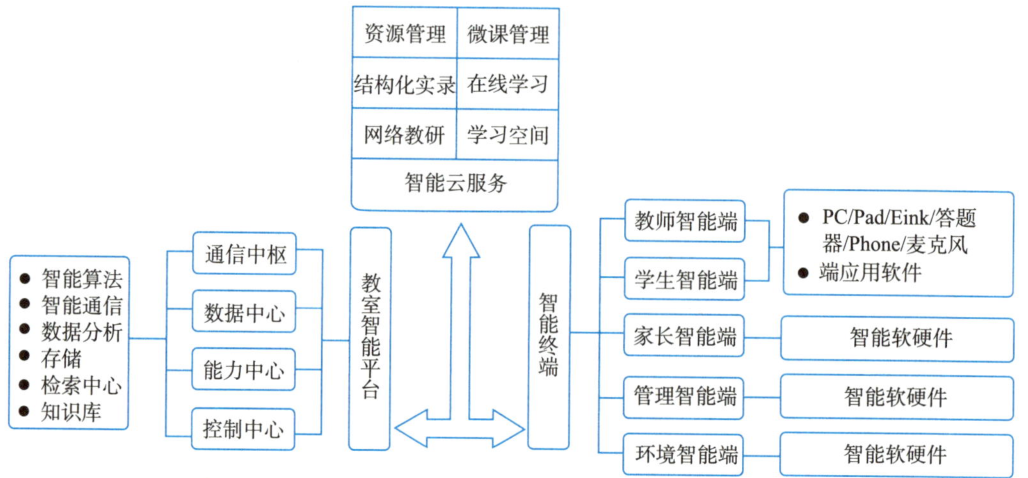

图14　智慧课堂智能化服务平台总体框架

3. 智慧课堂中技术激活身体图式的途径

沈夏林等人认为，智慧课堂中技术激活身体图式的途径有真实情境、模拟情境、观察学习和语言描述四类。真实情境指在与教学内容相关的自然或社会环境中开展学习所带给学习者的体验感知。模拟情境指在课堂模拟的自然或社会情境中学习所带来的体验。观察学习指通过观察事物或他人经历获得替代性的经验。语言描述指通过恰当的语言和文字描述，唤起学生的经验，引发体验活动。

4. “人工智能+教师”的协作路径

“互联网+”背景下，信息体量呈现指数型增长趋势。教师要想适应如此巨大的变化，要借人工智能之力实现知识存储与认知加工外包。余胜泉等人认为，“人工智能+教师”的认知外包将成为未来教育常态，同时也是人工智能时代人机协同的主要形式。“人工智能+教师”将不断学习用户的社会交往意识、情感体验和社会交往能力，实现主动沟通、主动信息捕获和全方位渗透育人，还将作为课堂中的另一名“教师”角色，促成新的人机协同“双师课堂”教学形态。

5. “互联网+教师教研”模式的结构要素及特征

胡小勇等人从角色、内容、资源、环境及评价等方面出发，剖析了“互联网+教研”模式的结构要素，如图15所示。随着“互联网+”的融入，教师教研呈现出新的特征：教研角色定位重塑，共同体意识逐步凸显；教研资源多样化，符合教师个性化需求；教研环境网络化，趋向智能技术支持；教研评价精准化，数据支持高效诊断。

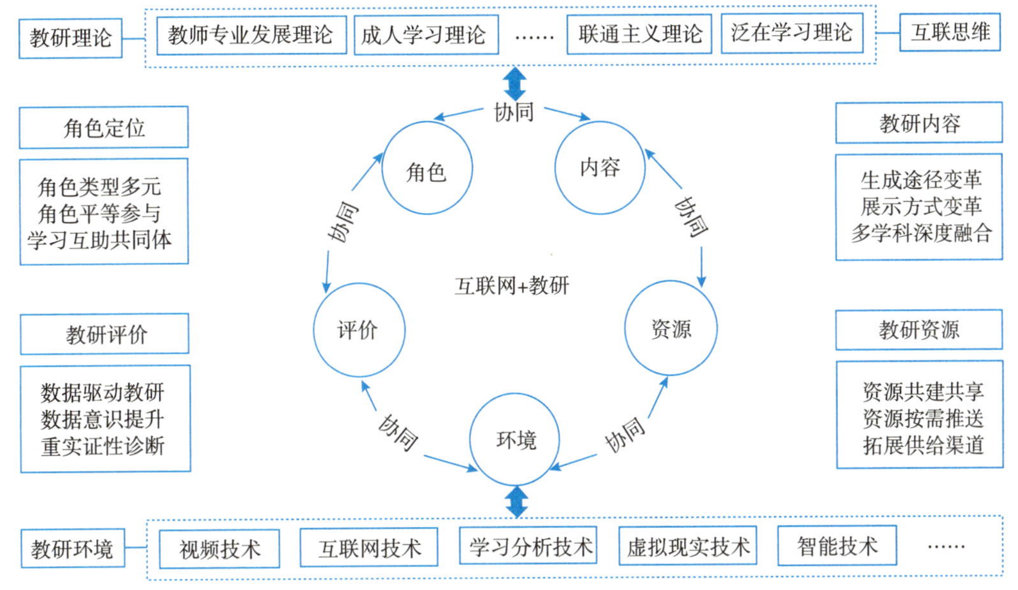

图15 “互联网+教研”模式的结构要素分析

6. 互联网教育智能技术的发展方向

黄荣怀、陈丽等人认为，未来互联网教育智能技术及实现路径包含：以5G为支点的远程教学交互系统的研发路径、以知识服务平台建设为重点的知识建模与分析路径、以数据模型研发为核心的学习者建模与学习分析技术路径、以学习空间优化为核心的学习环境设计与测评研发路径及以动态监测和宏观决策为目标的系统化教育治理支持技术路径。

7. 在线学习危机精准预警与干预模型

舒莹、姜强等人采用朴素贝叶斯网络算法，通过整合学习状态、学习交互、学业水平的14个结构化数据以及自我反思日志与学习评论的非结构化数据，构建了在线学习精准预警模型，如图16所示。结合预警模型，该团队设计了邮件通知和在线学习支持两种在线学习精准干预策略，同时通过信誉积分和预警指标干预制度加以保障。

8. 中小学机器人教育教学新模式

配对学习模式与逆向工程教学模式为应对机器人教育中存在的教学模式单一问题提供了新思路。钟柏昌等人通过教学实验发现，配对学习（尤其是软硬配对学习模式，一人负责硬件操作，一人负责软件操作）在机器人教育中具有重要意义，可以促进学生制作更优秀的作品。唐斯雅、钟柏昌等人从复原实验和重构实验两个层面提出了解构复原型、纠错复原型、要素增减型、结构创新型四种机器人教育中的逆向工程教学模式。四种机器人教育中逆向工程教学模式的基本特征如表10所示，其实施过程如图17所示。

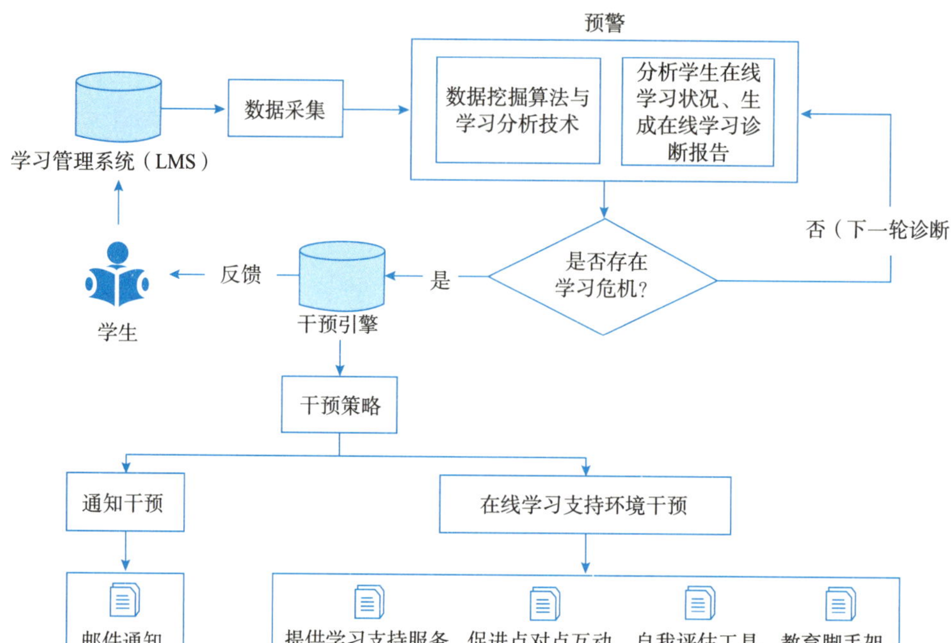

图16　在线学习危机精准预警与干预模型

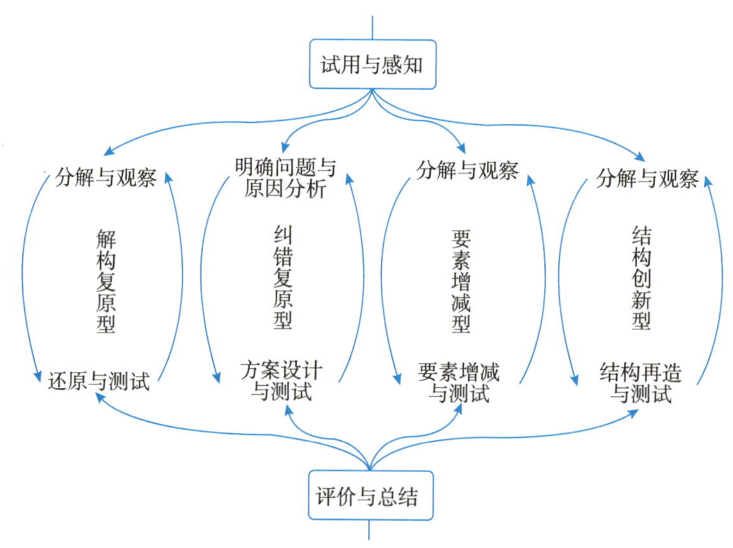

图17　四种机器人教育中逆向工程教学模式的实施过程

表10　四种机器人教育中逆向工程教学模式的基本特征

维度	解构复原型	纠错复原型	要素增减型	结构创新型
教育目标	重在基础知识与基本技能（“双基”）的掌握	“双基”与应用并重	“双基”与应用并重	重在知识应用与创新实践
学习任务	拆分与还原产品原型	纠错与还原产品原型	产品要素的重新构建	产品结构或功能的重新构建
物化成果	与原型相符的机器人	与原型相符的机器人	与原型存在差异的机器人	与原型存在较大差异的机器人

9. 支持自适应的情感导学模型

龚礼林、赵蔚等人在社会认知理论和学习风格理论的指导下，构建了基于学习者情感、学习兴趣和学习风格的导学模型，如图18所示。该模型通过融合面部表情、语音会话、肢体动作、生理信号等数据把握学习者情感状态，通过知识水平评估测试、历史学业成绩、学习风格自测与学习兴趣自测等方式确定学习者认知水平、学习风格与学习兴趣，并通过导学系统模拟人类教师进行智能化辅导。未来，情感导学系统将从多模态技术融合、智能化情感反馈、深度人机交互、具身认知理念、伦理道德等方面形成突破。

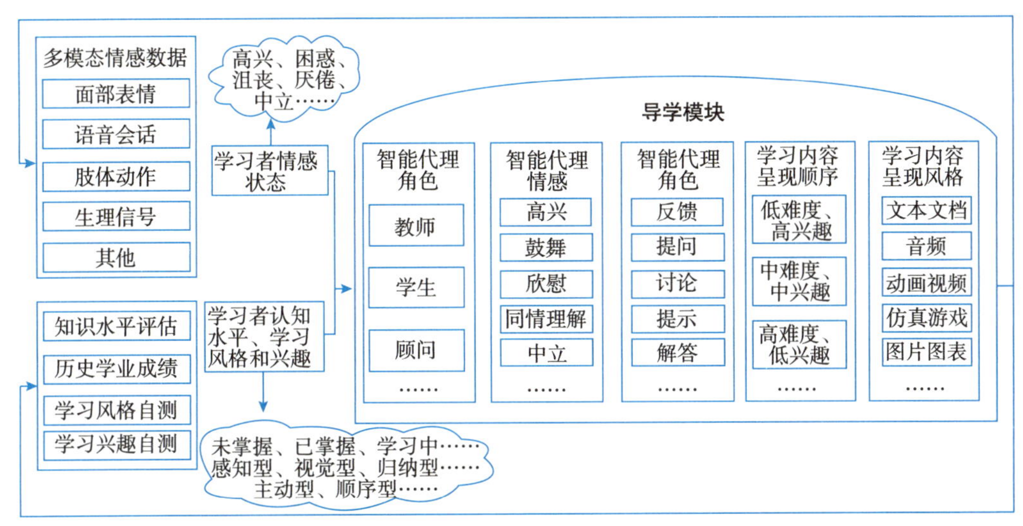

图18　基于学习者情感、认知水平、学习风格和兴趣的导学模型

10. 虚拟现实技术支持的学习者动觉学习机制

华子荀认为，虚拟现实技术通过同化、顺应、机械学习与意义学习四个要素影响学习者认知，由此建立了虚拟现实环境支持的动觉学习机制，如图19所示。在使用虚拟现实技术的“任务设计—交互模块—肢体互动—动作捕捉—系统处理—任务完成—促进认知”七个学习步骤中，各流程对学生认知发展的影响如图20所示。

（四）教育信息化研究年度新成果

1. 智能云端一体化学习关键技术

华中师范大学联合中央电化教育馆等单位共同完成了“智能云端一体化学习关键技术与应用”项目，攻克了云端一体化学习环境智能构建、多空间学习智能感知与计算、多空间融合情境个性化学习智能服务等一系列关键技术。相关研究成果在国家教育云平台、高校云端一体化学习平台、“和教育”云平台等国家重点工程中被应用。

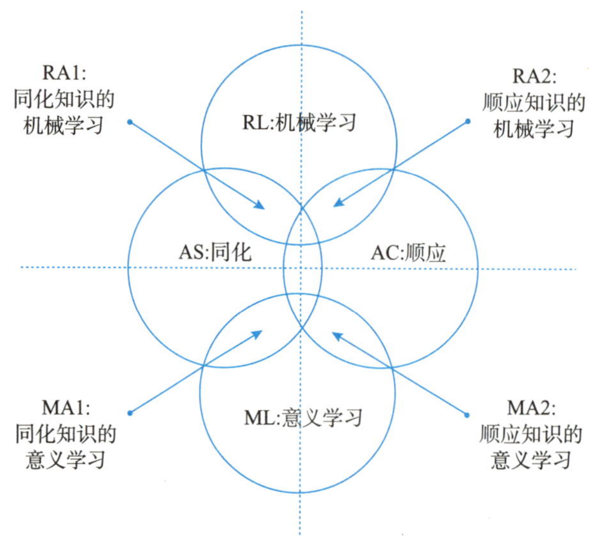

图19　虚拟现实环境支持的动觉学习机制

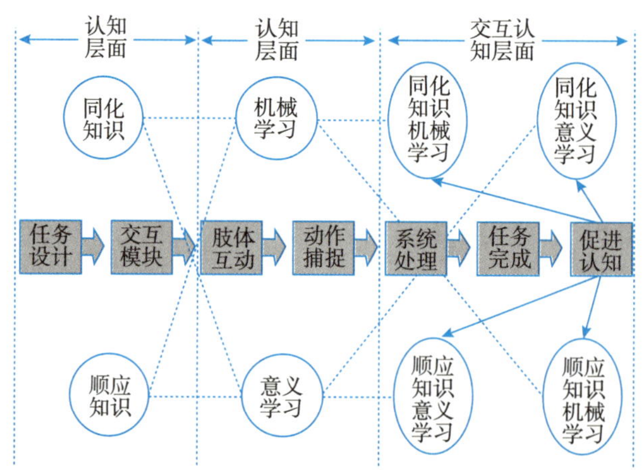

图20　虚拟现实技术使用流程促进学习认知过程

2. 智慧教学动态生成性数据可视化分析系统

华南师范大学王冬青教授团队基于智慧课堂动态生成性数据可视化分析框架，搭建了数据采集、分析与可视化（交互式视觉表现）原型系统，依托珠海“粤教云”试验区智慧课堂教学试点项目，研发了智慧教学动态生成性数据分析系统。该系统汇聚了珠海市智慧教学试点校应用智慧教学支撑系统的3000多节课的数据，涉及93所学校、233个班级、622名教师用户，实现了课堂活动再现、教学序列分析、SP表分析、教师风格聚类等教学行为数据与表现数据的分析、挖掘与可视化呈现。

3. 个性化育人助理系统——“AI好老师”

北京师范大学未来教育高精尖创新中心构建了基于人工智能的育人助理系统——

AI好老师。该系统在心理学、教育学等理论指导下，利用人工智能领域的任务导向型对话系统技术和基于知识图谱的推理技术，旨在解决实际教育过程中存在的育人意识薄弱、育人知识匮乏、个性化辅导答疑缺失等问题。该系统具有育人问题情境化解决、育人知识个性化辅导、育人知识结构化组织、育人知识协同进化、育人案例智能化推理等特征，有助于实现育人的自动化与智能化。

4. 中小学课堂突发安全事件处理虚拟仿真实验

江苏师范大学依托江苏省教育学优势学科、江苏省教育信息化工程技术研究中心以及江苏省哲学社科重点研究基地（智慧教育研究中心）三大省级学科平台的科研优势和人才团队，自主研发了国内首个“中小学课堂突发安全事件处理虚拟仿真实验”项目，构建了“一核三法六景”的实验教学框架，以提升师范生的应急素养为核心，实施虚实结合、问题引导、智能适应三种实验教学方法，通过心肺复苏、骨折固定、烫伤处理、出血处置、地震躲避、火灾逃生六大典型课堂突发安全事件情景，帮助师生开展高质量的虚拟仿真实验教学。

5. 青少年编程技术与机器人技术等级教育规范

由中国国际科技促进会提出并发布的《青少年编程技术等级教育规范》与《青少年机器人技术等级教育规范》，规定了青少年编程技术以及机器人技术的等级和要求、从事编程教育以及机器人教育的教师能力、青少年编程教育及机器人教育的检测和评价，以及相关教育设施和设备要求。两份规范的编制为青少年编程教育和机器人教育提供了等级与测评的基本框架。

6. 中小学校及职业学校教育装备配备标准

由刘雍潜、杨现民、殷常鸿等人组成的教育装备配备标准研究团队分别与深圳、青岛两市教育局合作，修订了《深圳市义务教育学校设备设施配备标准指引》和《深圳市普通高中学校设备设施配备标准指引》，制定了《青岛市普通中小学教育装备配备标准（2020版）》和《青岛市职业教育特色专业装备配备标准（2020版）》，融合了物理环境与数字环境、传统装备与现代信息技术，提升了两市学校教育装备建设与配置水平。

7.《中国教育改革40年：教育信息化》

黄荣怀、王运武等人通过回顾与剖析中国教育信息化改革与发展40的年历程，将教育信息化发展划分为计算机教学起步阶段、计算机教育发展阶段、基础设施建设大发展阶段、教育信息化应用水平大力提升阶段、特色教育信息化发展阶段五个阶段。该书预测并展望了我国教育信息化的未来趋势，认为教育机器人、教育大数据、人工智能技术、物联网技术、学习分析技术、区块链技术等新兴技术的发展，将为教育信息化的发展带来新的机遇。

8.《数字校园综合解决方案2019》

该书由中央电化教育馆组织编写，主要从中小学数字校园建设规范、信息时代的课程重构、信息化课堂环境重构、基于信息技术的教与学方式重构、信息技术赋能教师专业能力发展、信息技术赋能家校共育、信息技术赋能学校管理与服务等多个方面，对数字校园进行了解读，紧紧围绕数字校园的应用开展，强调符合新时代教育转型的发展需求。同时，该书还从实践和产品角度介绍了数字校园建设解决方案与主要产品，满足了电教馆、装备中心、信息中心、学校、教育局及集团采购单位等相关负责人员在工作过程中对硬软件配置的实际需求。

9.《互联网+教育：未来学校》

余胜泉认为，以互联网为代表的新一代信息技术在学校各种主流业务中的扩散应用，将实现信息共享、数据融合、业务协同、智能服务，推动教育服务业态转型升级，变革整个学校的业务运作流程，创造新的教学方式、教育模式和教育服务新业务，从而构建灵活、开放、终身、泛在的个性化教育新生态体系。该书分析了互联网变革未来教育的认知基础，系统阐述了互联网时代未来学校的八个核心领域及其形态：智慧化学习环境、多元立体的整合性课程、建构性的教学新范式、泛在的体验性学习方式、数据驱动的教育评价、人机结合的数字化教师、数据支撑的科学管理、没有围墙的学校组织。通过结合理论与实践，该书围绕未来学校的核心领域，分析与展望了关键业务的形态与创新方向，提供了各具特色的案例。

10.《中国基础教育大数据（2016—2017）：走向数据驱动的精准教学》

杨现民、田雪松等人认为，数据驱动下的精准教学涵盖教学范式转型、互动课堂数据体系构建、在线教学行为数据分析、学校大数据项目导入、相关技术新发展五个方面：一是通过三代教学范式发展历程的梳理，提出数据驱动教学范式，并构建数据驱动教学的系统框架；二是基于大数据技术构建了高效互动课堂的5J模型，提出了文理科两种高效互动课堂教学模式，梳理了互动课堂的数据体系；三是构建了在线教学行为的数据体系，设计了教学平台六大通用功能模块的数据采集项目及其分析指标，介绍了四种教学行为数据分析框架及其适应性学习平台的系统框架与技术原理；四是提出了学校导入教育大数据的四种项目导入模式、五大实施路径和六大实施策略；五是介绍了学习分析技术的国际新进展，探讨了多种典型的数据挖掘技术在教育教学中的应用框架、应用过程与实践案例。

五、教育信息化装备新进展

教育信息化所取得的成就离不开教育装备的发展；同时，教育信息化的浪潮也推动着教育装备更新升级，尤其是大数据、云计算、物联网、人工智能等新一代信息技术与教育教学的深度融合，为教育装备产业带来了巨大的发展空间。在调研2019年度全国各大教育装备展会产品的基础上，本部分主要从智慧校园、智慧教室和智慧实验室三个方面论述教育信息化装备的新发展。

（一）智慧校园

1. 校园安防系统

为解决校园安全教育流于形式、技防设备数据隔离、校园安全工作缺少管理等问题，智慧校园安全综合防控系统围绕安全教育、安全管理、安全应急三大校园安全核心任务，充分将学校原有安全设施设备和互联网、物联网、云计算、大数据等新技术进行融合，智能联动校领导、班主任、保卫处、家长以及学生群体，形成物防、技防、人防三防一体的新型校园安全防控体系（见图21）。基于新型校园安控系统，校领导可实时查看学校视频监控、远程应急指挥突发事件、实时查看电子化安全报告、掌握安全教育全过程；班主任可快捷处理学生日常安全工作、便利安排安全教育班课等多样化活动；安保人员可进行在线智能巡防及隐患排查、实现危机情况一键报警；家长可实时接收学生进出学校动态信息和365天实时有效的安全知识；学生可报名丰富的安全教育活动。

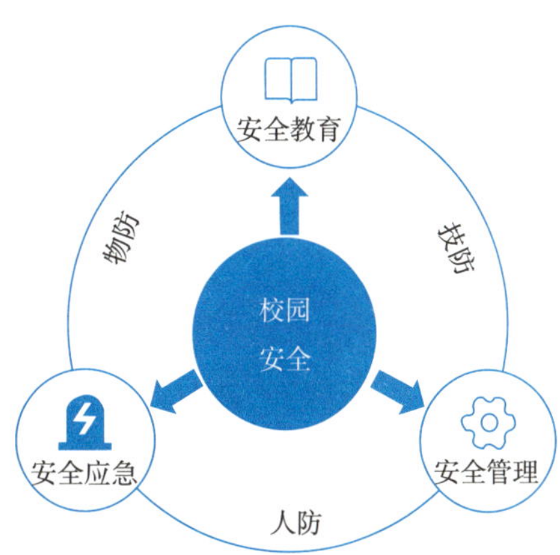

图21　三防一体的校园安全防控体系

2. 未来图书馆

在科技赋能教育的今日，传统图书馆已经升级亮相为知识更加专业、服务更加智能、信息更能共享的“5A”（Anyone、Anytime、Anywhere、Anyway、Anything）未来图书馆，成为教育信息化建设的又一重大成果。未来图书馆依托云计算、大数据及人工智能技术，集教育阅读平台、数字图书馆、墨水屏阅读器、图书馆人工智能服务型机器人等软硬件设备为一体，实现了纸电资源一体化、电子资源数字化，信息资源映射融合，成为学校教育资源协调中心、管控中心和检索中心。在课堂教学、学科教研和校园阅读推广等教育场景下，学生、教师、家长、教育管理者等多角色用户通过线上、线下两种方式来获取未来图书馆中的资源（电子图书、期刊文献、知识经验、信息资讯、多媒体影音等），以获得精准、无缝的知识服务（见图22）。

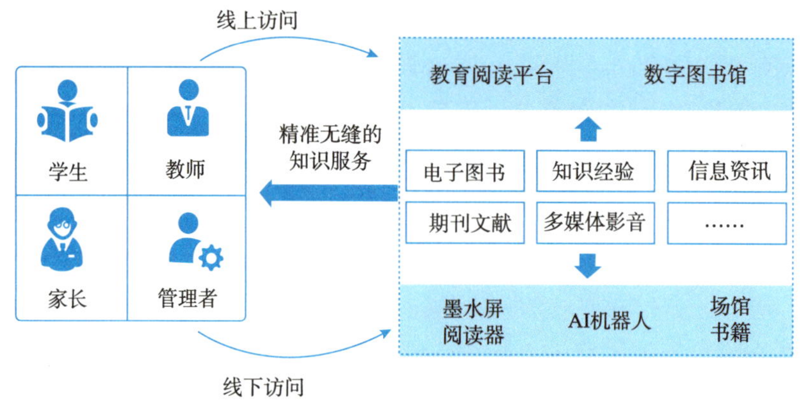

图22　未来图书馆服务模式

3. 校园足球智能训练系统

当前，我国校园缺乏先进的足球训练设施，足球教学和训练内容也比较单一，难以有效调动学生对足球训练的积极性，阻碍了校园足球的发展。校园足球智能训练系统主要包含足球智能训练控制中心、信息管理子系统、智能教学子系统、赛事管理子系统、球员数据库及全套训练设施（见图23）。利用人工智能、大数据、物联网等技术，系统设计了个人突破与防守、阵型进攻与防守、传接配合与防守、传球与拦截、射门与封堵及守门员扑救等多个智能化足球场景教学模块。在每一个模块中，系统能自动识别训练项目、球员身份，并全程记录训练过程，最终生成可视化、数据化的反馈报告。通过校园足球智能训练系统，教练和学生能快速找到训练过程中的薄弱环节，使得校园足球教学更具针对性和科学性。

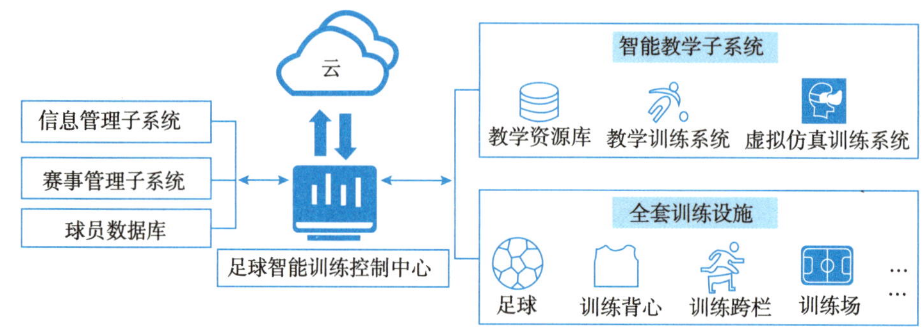

图23　校园足球智能训练系统

（二）智慧教室

1. “人工智能+录播”技术

无线便携录播、“人工智能+录播”等新型录播系统在简易性、智能性、灵敏度等方面都超越了传统录播系统。无线便携录播系统主要由导播台、4K高清摄像机和无线图传盒构成，支持视音频信号远距离无线传输，让课堂录播不再受既定场所制约（见

图24）。“人工智能+录播”系统采用图像识别技术，智能捕捉跟踪师生人脸和肢体行动，在不影响课堂教学的情况下对教学过程性数据进行即时采集与分析，并导出课堂数据分析报告，帮助教师正确决策和高效教研。同时，内嵌的人工智能自动导播模块能依据实际需求，实现教师全景、教师特写、学生全景、学生特写画面的流畅切换，提升了录播视频质量。

图24　无线便携录播系统

2. 自适应学习技术

近年来，人工智能的蓬勃发展使得自适应学习技术不断成熟，为实现个性化学习创造了有效途径，具体体现在学习起点的自适应诊断、学习策略的自主选择和学习内容的动态确定三个关键环节（见图25）。一是依据学生对特定问题的回答情况，为学习者提供某一具体知识的独特提示、反馈和学习资源；二是根据学习者前一个问题的回答表现，动态调整后一个题目的难度；三是通过持续收集和分析学习者学习数据，以学科知识图谱为参考，自动改变学习者接下来的学习内容和类型。当前基于自适应学习技术研发的智能学习机、人工智能教学系统等装备不断发布，为师生的教与学打造了一套科学有效的智慧学习方案，真正实现了因材施教、精准学习的目标。

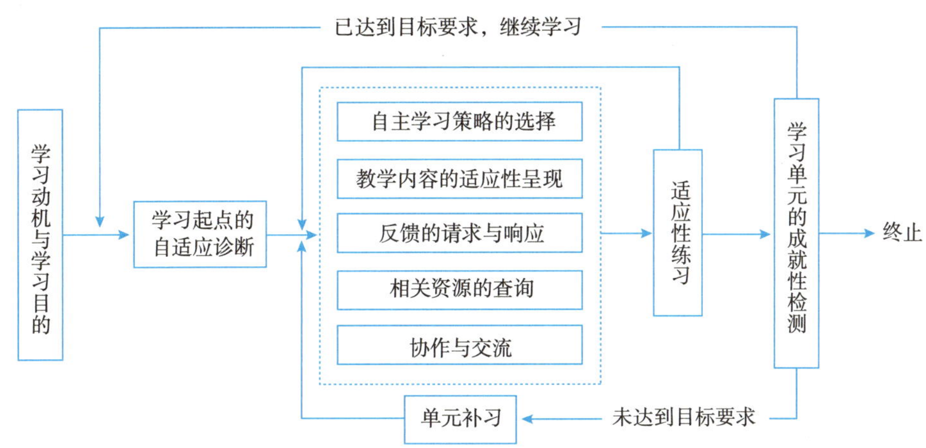

图25　自适应学习模式

3. 设备集中管控技术

智慧教室在建设过程中普遍存在布置烦琐、管理杂乱、应用低效等突出问题。针对这些突出问题而研发的设备集中控制终端，通过搭配智慧教室的环境设施、硬件装备及软件系统，实现了教室内设备的集中管控、系统数据的伴随式记录以及教育资源的高效流转（见图26）。例如，北京师范大学未来教育高精尖创新中心基于“云蝶盒子”设备集中管控终端部署智慧教室，构建了“物理空间+资源空间+线上空间”三位一体的良好生态。

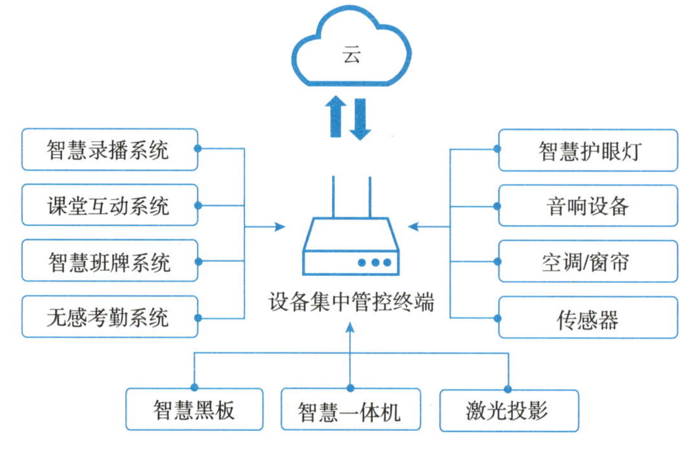

图26　设备集中管控系统

4. 纸笔数字书写技术

纸笔数字书写技术是在保留真实书写体验的基础上，对书写内容进行数字化处理的技术，主要包括电磁感应技术和光学点阵技术两种。基于电磁感应技术的数字书写通过笔端与电磁垫板接触产生的电磁信号记录笔触运动轨迹；基于光学点阵技术的数字书写通过笔端高速摄像头和压力传感器实现书写信息的精准还原。当前，纸笔数字书写技术已经在多类教育信息化装备中发挥作用，如智能书法教学系统、智能学习电子纸、点阵数码笔等。纸笔数字书写技术在课堂中的应用，既保留了学习者原有的书写习惯，又实现了大量书写数据的采集，有助于为教师提供精准教学支持，实现个性化教学（见图27）。

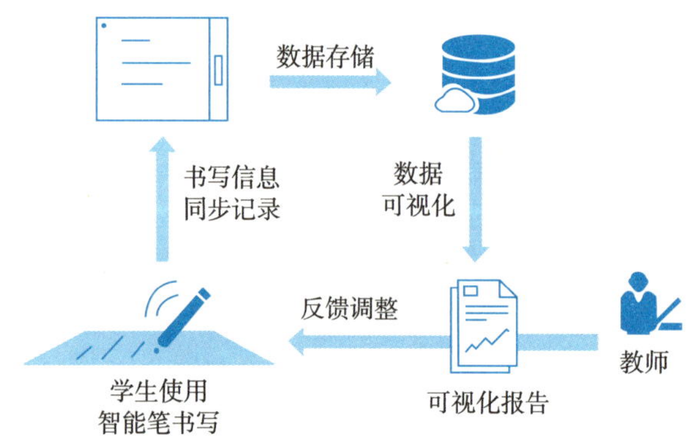

图27　纸笔数字书写技术

5. 绿色护眼技术

自2018年《综合防控儿童青少年近视实施方案》落地以来，绿色护眼技术发展迅速。2019年，光能黑板、量子点舒眼平板等多款产品被列为中国教育装备展示会推荐展品。光能黑板运用柔性液晶的压力传感技术，依靠书写压力改变液晶分子排布，使之在自然光照射下反射固定波段的光源以显示字迹，避免了电磁辐射对师生视力的影响。量子点舒眼平板利用量子点光谱可调性，定制出更符合青少年儿童眼球结构和生理特性的光谱能量与光强分布，能将屏幕光对眼睛产生的刺激降低30%。此外，绿色护眼技术还见于电子阅读器、智慧照明等设备设施中，对保护青少年视力产生了积极影响。

（三）智慧实验室

1. 虚拟仿真实验室

随着虚拟实验技术的成熟，虚拟仿真实验室在教育领域的应用价值日益凸显。虚拟仿真实验模拟了真实的实验操作，不仅支持学生演练常规化实验，还允许学生对危险性、不可逆性、宏观或微观实验进行试误操作，为学生提供了身临其境的学习体验。当前，虚拟仿真实验室大体分为桌面虚拟仿真实验室、沉浸式虚拟仿真实验室、增强型虚拟仿真实验室等类型。桌面虚拟仿真实验室将屏幕作为观察感受虚拟世界的唯一窗口，通过建造尽可能真实的虚拟实验器材来营造实验环境，如NOBOOK虚拟实验系统、国家虚拟仿真实验教学项目共享平台等。沉浸式虚拟仿真实验室由高性能视景计算机、多通道沉浸式投影显示系统、沉浸式显示屏、3D眼镜、数字手套、位置跟踪器等装备构成，让学习者置身于虚拟环境的同时，获得沉浸式的三维交互体验。增强型虚拟仿真实验室借助显示设备，将虚拟对象与真实环境融为一体，迎合学习者对学习场景的应用需求，如zSpace XR笔记本通过追踪用户手持激光笔和头戴眼镜的位置，动态更新屏幕内视图，既给学习者提供了身临其境的观察视角，又保证了正常的实验室秩序。

2. 人工智能实验室

人工智能实验室是人工智能科学研究的基地、人工智能科技发展的源泉和人工智能人才培养的重要载体，对人工智能教育的发展起着非常重要的作用。人工智能实验室利用自然语言处理、语音识别、语音合成、人脸识别、手势识别、情感识别等技术，满足人工智能基础教学需求、提升人工智能应用实践能力、培养人工智能领域专门人才和创新团队。例如，苏州工业园区独墅湖学校的人工智能实验室，通过智能机器人、虚拟仿真系统、智能小车、语言翻译器、人工智能开发套件、四旋翼无人机等，让中小学学生在体验、实践中掌握人工智能相关知识。除单纯的人工智能实验室建设外，“通信+”人工智能、“机器人+”人工智能、“大数据+”人工智能等人工智能联合实验室数量也逐渐增加。例如，西安交通大学与企业共建人工智能联合实验室，重点在人工智能、集成电路和电子芯片设计等领域展开合作以培养人工智能科研人才。

3. 智慧实验室管理系统

传统实验室管理工作面临人员协调管理难、设备监管难度大、实验室环境要求高等难题，迫切需要实现管理信息化。智慧实验室管理平台采用先进的云计算技术、互联网技术、人体感应技术和生物识别技术等，在门禁出入、开放预约、设备管理、环境监测、安全巡防等方面设计出了针对性解决方案（见图28）。师生可事先在实验室自助机、手机应用、信息门户上预约实验室，并在规定时间以指纹、声控、扫码、远程、校园卡等方式出入。教室内设的物联网传感器与管理系统实现数据对接，对实验室物理环境进行实时全方位监控和调节，并及时通过系统向实验室管理员反馈危急情况。实验室管理员通过系统能更便捷地控制实验室状态、管理检修设备及上报实验室数据，实现更全面的管控一体化、智能化。

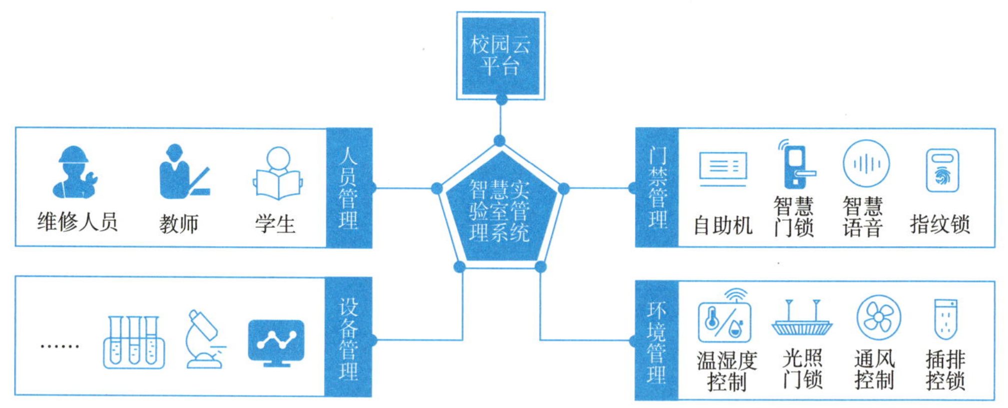

图28　智慧实验室管理系统

4. 实验操作智能考评系统

为顺应国家教育改革发展及初中理化生实验操作纳入中考学业水平考试的政策要求，实验操作智能考评系统迅速发展。实验操作智能考评系统由学生考评采集、考试管理中心、教师评分管理系统三大模块组成（见图29），实现了视频存档、视频监考、电子巡查、信息化智能评分和实验数据智能分析等功能。学生考评采集系统在由高清摄像头、电脑、高清显示屏等设备组成的分布式采集终端的帮助下，实现考前身份确认、考中“一位两机”录制以及考后显示终端确认；考试管理中心通过考试系统各考点的服务器和录入系统等批量收集、上传及存储学生实验操作的全过程数据；教师评分管理系统通过电脑、平板等硬件设备，采用双向盲阅、多人批阅、仲裁审核等阅卷方式，提升阅卷公信力。

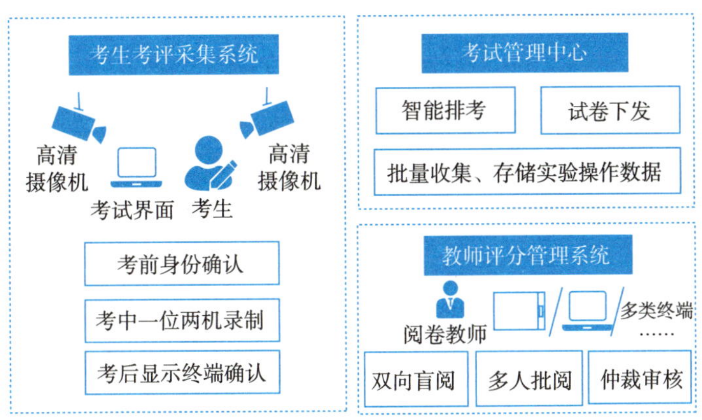

图29 实验操作智能考评系统

六、教育信息化发展建言

（一）紧扣时代脉搏，抓住工作中心

回顾中国教育信息化近20年的发展历程，2018~2019年是顶层设计的高峰期，政策制定的高潮期，国字头文件颁发的密集期，相关工作为今后相当长一个时期的教育信息化发展道路指明了方向。当然，今后还会制定新的行动计划，但从融合向创新发展，走世界教育信息化共同的发展道路，使我国教育立于世界先进教育之林的方向不会改变。教育信息化事业有建设与应用之分，今后一个时期会继续坚持建设与应用并重，以应用为主的方针。教育信息化正在经历从数量级的发展到质量级的提升的转变过程。新的教育教学环境、新的教育教学模式、新的以学习者为中心的现代教育生态正在孕育中，教育的均衡发展和教育质量的显著提升是我们必须达到的目标。为此我们要坚定信心，紧扣时代脉搏，抓住工作中心，努力前行。

（二）坚持教育均衡，推进区域发展

均衡发展重点解决的是城乡教育差异，这一点国家在“薄改”和“改薄”中给予了高度关注。农村地区和边远地区的教育信息技术装备得到了大力的投入；通过培训，农村地区教师水平也得到了很大提升。对教育信息化而言，均衡发展还有另一层含义，就是如何使一个较大区域内的不同地区的信息化发展也有一个均衡。过去因条件限制，对于教育信息化区域发展主要关注县域发展；但从2019年安徽省蚌埠市等地的案例经验看，未来还要重视区县以上的地区（市）一级的发展。这是由于信息化建设中，无论从集中财力、技术力、统筹规划力，还是从符合“互联网+教育”自身所具有的集约发展要求、提高绩效的特点，提倡“市域发展”无疑都是好的选择，其结果将使不同发展水平的县区实现更高水平的均衡。这样一来，在进一步加快推进教育信息化发展的进程中，区域发展就有了县域与市域两个选项。借鉴这一经验，我们可以针对本地的具体情况开展更多的实践。

（三）创新服务业态，构建供给方式

中共中央办公厅、国务院办公厅在《加快推进教育现代化实施方案（2018—2022年）》中指出，要着力构建基于信息技术的新型教育教学模式、教育服务供给方式以及教育治理新模式。通过多年实践，我们在教育教学模式与教育治理模式改革方面已颇有心得，但在教育服务供给方式方面还在试水。教育服务供给方式单一，教育单位自给自足，没有发挥市场在教育资源配置中的积极作用，是我们工作中的一块短板，在下一步工作中应大力提倡新的服务供给方式。要通过购买服务或租用方式引进先进装备、先进技术、先进资源和必要服务，推进教育信息化的市场化。从教育资源的供求关系上，我们可将学校和企业分为产品的应用方和供给服务方。要采用市场化的做法，用无形的手调节资源供需关系。教育信息化未来的长期发展不能只依靠中央和地方财政支持，要逐步在财政正常拨款的情况下通过市场运作实现可持续发展。

（四）发展在线教育，促进模式变革

2019年我国在线教育快速发展。在线教育已经走出成人教育、社会教育的领域，正在成为高等教育、职业教育、基础教育的重要组成部分，发展前景广阔。未来在线教育的发展关键是进一步转变思想观念，从终生教育、泛在教育的角度建立大教育观，提倡在线教育的普及与应用，使之从学校教育、班级教学补充的地位得到进一步发展。高校的慕课与中小学在线教育在世界范围内已经成为一股不可抗拒的潮流，我们应顺应潮流，积极发展在线教育，将其视为对现代学校教育改革的推动力。在线教育有多种方式，在体制内，我们要努力尝试的是在现有中小学校教育体制框架下，使班级面对面教学与在家在线教学两种形式都成为基本教学形式，二者互为补充，共同完成教学目标和创新型人才的培养。在教育市场环境下，则鼓励企业遵守规则展开竞争，满足社会不同群体对教育的不同需求。体制内外的在线教育也不是截然分开的，要鼓励人员的交流，鼓励资源的流动，采用市场的机制和购买服务的方法，最大限度地满足人才培养对在线教育的需求。

（五）融入信息化要素，革新装备标准

2019年深圳市教育局发布《深圳市义务教育学校设备设施配备标准指引》和《深圳市普通高中学校设备设施配备标准指引》。随后，青岛市教育局发布了《青岛市普通中小学教育装备配备标准》及《青岛市职业教育特色专业装备配备标准》。两地新标准最大的特点是顺应了教育信息化的时代潮流和教育改革的基本要求，将信息技术与传统教育装备有机融合，形成新一代装备标准，从而指导了中小学校（包括中等职业教育学校）基本教学环境的建设。回顾多年来学校教育装备标准的建设历程，装备标准大体是按照装备行业的职能分工撰写，装备部门制定的标准基本不涉及电化教育（教育信息化）内容，这在很大程度上局限了标准的全局性和环境全覆盖，影响了现代教育装备在学校的布设和教学应用。如今深圳、青岛两项标准的制定，可以说是在教育信息化2.0思想指导下，地区性教育装备标准制定工作的革新。展望未来，在信息技术全方位融入学校基本环境，数字化软硬件业已成为装备不可分割的一部分的情况下，各地教育局对更新旧标准、建设新标准是可以有新思路的。

（作者单位：刘雍潜，中国教育技术协会；杨现民、张瑶，江苏师范大学；殷常鸿，浙江省教育信息化评价与应用研究中心；蒋宇，中央电化教育馆；李新，北京师范大学）

参考文献

[1]教育部.教育信息化和网络安全工作月报[EB/OL].[2020-06-16].http：//www.moe.gov.cn/jyb_xxgk/zdgk_sxml/sxml_jyxxh/jyxxh_xxh/xxh_gzyb/.

[2]腾讯网.2019教育信息化十大热门聚焦点[EB/OL].（2019-12-28）[2020-06-16].https：//new.qq.com/omn/20191228/20191228A031SZ00.html.

[3]宋述强，钟晓流，焦丽珍，李海霞，杨智芳.中国教育信息化领域热点盘点与趋势展望——兼论《现代教育技术》杂志2020年选题策划[J].现代教育技术，2019，29（12）：122-126.

[4]智研咨询.2019~2025年中国教育信息化行业市场竞争格局及未来发展趋势报告[R/OL].[2020-06-16].http：//www.chyxx.com/research/201808/664402.html.

[5]亿欧智库.2019年中小学教育信息化软件市场研究报告[R/OL].（2019-08）[2020-06-16].https：//www.iyiou.com/intelligence/reportPreview?id=114269&&did=649.

[6]艾瑞咨询.2019年中国教育信息化行业研究报告[R/OL].（2019-09-23）[2020-06-16].http：//report.iresearch.cn/report/201909/3440.shtml.

[7]教育部管理信息中心，等.中国互联网学习白皮书[M].北京：清华大学出版社，2018.

[8]万昆，任友群.技术赋能：教育信息化2.0时代基础教育信息化转型发展方向[J].电化教育研究，2020，41（6）：98-104.

[9]刘邦奇，李新义，袁婷婷，董晶晶.基于智慧课堂的学科教学模式创新与应用研究[J].电化教育研究，2019，40（4）：85-91.

[10]吴晓如，刘邦奇，袁婷婷.新一代智慧课堂：概念、平台及体系架构[J].中国电化教育，2019（3）：81-88.

[11]沈夏林，邓倩，刘勉.智慧课堂学习体验：技术赋能身体图式的唤起[J].电化教育研究，2019，40（9）：75-82.

[12]余胜泉，王琦."AI+教师"的协作路径发展分析[J].电化教育研究，2019，40（4）：14-22

[13]余胜泉，彭燕，卢宇.基于人工智能的育人助理系统——"AI好老师"的体系结构与功能[J].开放教育研究，2019，25（1）：25-36.

[14]胡小勇，曹宇星.面向“互联网+”的教研模式与发展路径研究[J].中国电化教育，2019（6）：80-85.

[15]黄荣怀，陈丽，田阳，陆晓静，郑勤华，曾海军.互联网教育智能技术的发展方向与研发路径[J].电化教育研究，2020，41（1）：10-18.

[16]舒莹，姜强，赵蔚.在线学习危机精准预警及干预：模型与实证研究[J].中国远程教育，2019（8）：27-34.

[17]钟柏昌，王艳霞.配对学习模式在机器人教育中的有效性[J].现代远程教育研究，2018（3）：66-74.

[18]康斯雅，钟柏昌.机器人教育中的逆向工程教学模式构建[J].现代远程教育研究，2019，31（4）：56-64.

[19]司秋菊，钟柏昌.纠错教学方法在机器人教育中的有效性探索[J].现代远距离教育，2019（5）：67-76.

[20]龚礼林，刘红霞，赵蔚，刘阳.情感导学系统（ATS）的关键技术及其导学模型研究——论智能导学系统走向情感导学系统之意蕴[J].远程教育杂志，2019，37（5）：45-55.

[21]华子荀.虚拟现实技术支持的学习者动觉学习机制研究[J].中国电化教育，2019（12）：16-23.

[22]王俊.我校获2019年度高等学校科学研究优秀成果奖（科学技术）科技进步奖一等奖[EB/OL].（2019-12-19）[2020-06-28].http：//nercel.ccnu.edu.cn/info/1009/5447.htm.

[23]王冬青，韩后，邱美玲，凌海燕，刘欢.基于智慧课堂动态生成性数据的交互可视化分析机制研究[J].电化教育研究，2019，40（5）：90-97.

[24]陈鹏鹤，彭燕，余胜泉.“AI好老师”智能育人助理系统关键技术[J].开放教育研究，2019，25（2）：12-22.

[25]姜强，李月，孙洁，赵蔚，刘红霞.自适应混合MOOC模式：MOOC设计新范式[J].中国电化教育，2019（9）：82-90.

[26]黄荣怀，王运武等.中国教育改革40年：教育信息化[M].北京：科学出版社，2019.

[27]刘雍潜，孙默，张生，李丹.数字校园综合解决方案[M].北京：国家开放大学出版社，2019.

[28]余胜泉.互联网+教育：未来学校[M].北京：电子工业出版社，2019.

[29]杨现民，田雪松.中国基础教育大数据（2016—2017）走向数据驱动的精准教学[M].北京：科学出版社，2018.

[30]深圳市教育信息技术中心.深圳市教育信息技术中心关于征求《深圳市义务教育学校设备设施配备标准指引》和《深圳市普通高中学校设备设施配备标准指引》意见的公告[EB/OL].（2019-12-26）[2020-07-30].http：//www.szdj.edu.cn/xxgk/ggtz/201912/t20191226_18952599.htm.

[31]青岛市教育局.关于印发《青岛市教育装备配备标准（2020版）》的通知[EB/OL].（2020-01-09）[2020-06-30].http：//edu.qingdao.gov.cn/n32561912/n32561915/200109181618415247.html.

[32]余胜泉.适应性学习——远程教育发展的趋势[J].开放教育研究，2000（3）：12-15.

[33]张晓梅，胡钦太，田雪松，刘思琪.智慧课堂教学新形态：纸笔数字书写技术教学应用[J].现代远程教育研究，2020，32（1）：77-83.

教育装备的内涵提升和发展趋势

施建国　程莉莉

以昨天预设的课程，教育今天的学生，应对未来的世界——这是当前教育发展面临的主要困境。

随着人类社会加速从工业社会向智能时代迈进，“互联网+”和人工智能正逐渐成为世界各国发展战略的重心，将推动生产生活方式发生深刻变革。作为人才培养的活动，教育也由此面临社会发展和技术进步的双重呼唤。当前，技术赋能已成为教育发展的重要特征，也是新时代教育装备创新的重要命题。

一、教育装备面临新的发展形势

教育装备作为实现教育教学目的的各种物质条件和手段的总和，是教育教学的有机组成部分，在一定程度上体现了社会和教育发展水平。教育装备不仅是直接服务于教育教学的“物”，而且包含了对“物”的配备、管理、使用和研究的行为和过程，是应用技术创设学习情境、呈现课程内容、用媒介语言表达教学过程，让学生完整地经历“了解与认识、理解与探究、操作与体验、感悟与创新”，以提高学习绩效、促进学生发展的过程。随着教育现代化的深入推进和技术的迭代更新，教育装备工作在不同时期被赋予不同的内涵和使命，呈现出历史性、动态性和发展性的特征。

（一）教育改革呼唤新的教育装备

自党的十九大以来，中国特色社会主义进入了新时代。实现中华民族伟大复兴，对多元化、创新型、复合型人才提出了愈加迫切的需求，教育改革发展站在了新的历史方位。近年来，国家召开了全国教育大会，明确了《中国教育现代化 2035》战略部署，印发了《国务院办公厅关于新时代推进普通高中育人方式改革的指导意见》《中共中央 国务院关于深化教育教学改革全面提高义务教育质量的意见》，对教育现代化发展路径、基础教育育人方式、教学方式转变等提出了明确的要求。教育部对“教育信息化2.0”“互联网 + 教育”“中小学实验教学”“网络学习空间”等建设做出了具体的推进指导工作。以人为本、尊重规律、因材施教、技术赋能，教育改革发展的这些新理念、新部署、新要求，都对教育装备工作提出了新的要求。

（二）技术进步呼唤新的教育装备

从技术进步角度看，近年来，移动通信、大数据、人工智能等技术的飞速发展，极大地改变了人类的生产和生活方式，并引发了教育人对智慧教育、精准教学、精准治理等的思考、研究和探索，推动了教育生态和形态的重构。5G技术、人工智能、移动互联网等正成为教育发展的“新基建”。技术赋能之下，教育变革的浪潮正在不断走向个性化、多样化。在教育信息化从应用融合走向创新融合的政策指导下，教育装备作为重要的条件支撑，其内涵、形态、作用都需要我们重新定位和理解。

（三）教育科研呼唤新的教育装备

教育事业的科学发展，离不开高质量的教育科学研究。特别是对于脑科学、神经科学和心理学的研究和应用，将有助于教育工作者更好地理解和把握人才成长规律，为认识、理解学习机制和过程提供重要的科学手段和支撑，进而为改进和完善教育方式、教育体制提供有力依据。2018年，国家自然科学基金委员会新增“教育信息科学与技术项目”（F0701），以促进教育科学研究的跨学科交叉融合，促进教育研究从经验判断向科学方法转变。教育科学研究范式的转变，促进了大量关于教育认知工具、教学知识可视化、虚拟与增强现实学习环境、在线与移动交互学习环境、教育机器人、教育大数据分析与应用、学习分析与评测、自适应学习等的新的研究成果。促进这些成果的“产学研”转化，为教育装备提供了新的机遇和方向。

（四）教育实践呼唤新的教育装备

当前，基于项目的主动学习、基于真实的深度学习、基于数据的自适应学习、基于融合的跨学科学习、基于问题解决的“创客”学习等新的教与学方式受到了广泛的重视并得到了积极的实践。《中共中央 国务院关于深化教育教学改革全面提高义务教育质量的意见》明确要求，强调启发式、互动式、探究式教学，融合应用传统与现代技术手段，探索基于学科和课程综合化教学，开展研究型、项目化、合作式学习，精准分析学情，重视差异化教学和个别化指导。从国际上看，美国的STEM教育①、德国

① 在开展STEM和STEAM课程中，美国中小学校充分利用现有教室资源，开辟出不同类型的教室，开展必修课程、选修课程与职业课程等。如美国纽约斯卡斯代尔高中的生物实验室通过虚拟情境构建模拟垃圾生态处理系统，综合利用文字、动画、技术等多种形式来设置情境刺激学生视觉及听觉，让教材更加生动有趣，逐步培养学生的环保创新意识；美国华盛顿托马斯杰斐逊理科高中的生物课程对生物、英语、设计和技术课程进行综合，实验室以生物学科的问题为研究主题，通过设计和技术课程的内容使学生掌握相应技能，并借助英语学习进行研究交流；美国伊利诺伊州理科高中以学生为中心的独立学习项目，学生围绕项目可获得来自校内外的多种支持，学校提供信息资料、实验设备和资金，校外国家级实验室、动物园、大学、技术学院等150多个机构提供相关咨询服务。

中学阶段的创新教育①、西班牙的全球学习者社区②、韩国的高中学科教室制③等先行的教育实践，已经在创设教育教学情境、丰富教育供给、变革教与学的方式等方面对教育装备的新使命和内涵进行了探索。

二、教育装备呈现新的内涵和特征

综合以上发展形势分析，我们需要重新审视技术和教育的关系，重新定位教育装备的时代内涵和特征。

（一）技术与教育教学关系的认识

技术始终伴随教育的发展。技术之于教育，有工具论、媒介论、方法论等不同的作用说，体现了不同时期技术的进步，以及人们对技术和教育关系的认识。随着技术对人类基本认知方式、生存方式和思维方式的不断深刻改变，技术和教育的关系越来越紧密，内涵越来越丰富。教育部在《教育信息化2.0行动计划》中提出，要“将教育信息化作为教育系统性变革的内生变量，支撑引领教育现代化发展”。综观技术对人类社会的发展，笔者认为，需要从三个方面对技术和教育的关系进行再认识。

一是技术作为内容丰富教育资源。每一次技术进步本身都是对人类知识的更新，将技术知识和技能作为学习内容，是人类认识技术、应用技术的前提，是培养适应时代和社会发展需求的人才的内在需求。用发展和动态的观念丰富学习内容，为培养符合时代发展需求的人才夯实基础。

二是技术作为工具创新教与学的过程。技术的工具作用是其成为生产力的重要特征。技术能够延伸人类的器官，使人有更强大的控制物质世界、探究精神世界的能力。作为工具，应用技术能够重构学习空间、丰富教学手段、改变教学方式和评价管理方式，提高学生的认知水平和学习内驱力，创新教与学的过程。

三是技术作为思维改变教育形态。技术对人类思维会发生构造作用。技术所带来

---

① 在德国，创新教育遵守着把学习本身转化为一种创新过程的理念，充分考虑学生的个性与潜能，为学生营造一种有活力、易操作的创新教育环境。在教学方式上，教师的主要任务在于激发学生兴趣，如德国中学要求学生平均每人每学期制定4~6个课堂报告，自主选题、收集资料、讨论制作等；在课程设置上，重视实践性、通用性和技能性，在中小学中有计划地渗透新技术；在环境设置上，学校在极可能还原现实情境的课堂中开展教学活动，3D打印、虚拟技术、多媒体、平板电脑等多种技术被运用在教室设计中，开放式的教学贯穿整个学习过程。

② 西班牙国际教育与资源网络（iEARN）是一个成立于1988年的非营利组织，与140多个国家的3万多所学校及一些青年组织合作，创建了一个全球学习者社区，让学生通过网络参与跨文化交流，并合作开展社会学习项目。学生可以选择加入一个“学习循环”，6~8个班级有3~4个月的时间一起学习；学生也可以通过每年两次的虚拟项目展览呈现自己的发现和成果。

③ 为加强创新教育，韩国在全国高中普遍实施学科教室制，学生可以按照自己的个人兴趣和实际能力来安排课表，根据自己安排的课表在各个教室间流动，接受不同科目和学习进度的教育。

的思维方式将赋予教育信息化新的使命和内涵，促进教育理念的更新和教育形态的改变。如移动互联网、大数据、人工智能等技术所带来的以人为本、极致体验和开放民主思维，将为教育带来新理念、新场景、新要素、新关系和新形态。以学为中心、促进个性化发展、构建开放生态、汇聚多元供给等成为教育改革发展中的重要思维。

（二）教育装备的时代内涵和特征

教育装备与教学活动相辅相成的关系在不同的历史阶段呈现不同的特点。早期的教学仪器多被用作进行知识教学的工具；20世纪70年代，幻灯与电影播放设备被应用于教学活动，体现了仪器设备媒介工具的作用；当前，云计算、大数据、虚拟现实、人工智能等技术在教学活动中被广泛应用，体现了技术对学习和教学过程及资源的策略设计、管理和实施，以增强知识、促进和提高学习的绩效，促进学生的全面发展和人人发展。智能时代教育装备被赋予新的内涵和特征，主要表现为以下五个方面。

（1）从传统仪器走向现代技术。传统的教育装备产品主要为普教仪器、计算机、班级多媒体等。随着现代信息技术的迅猛发展，教育装备的形态呈现出多元化倾向，移动终端、传感器、3D打印机、AR/VR等新型技术产品和网络学习空间、数字教育资源、教育大数据等软件、资源、数据，都成为重要的教育装备。

（2）从器物配备走向融合应用。技术和教育的关系启迪我们，教育装备作为教育设备设施，其价值挖掘不仅限于器物和工具层面，更可作为一种课程资源、学习环境、学习方式。教育装备将作为重要的教育教学活动要素，融入教学、管理的各个环节，成为促进教育公平、提高教育质量、创新教育供给的内在变量，成为学校发展的一个文化要素。

（3）从单一设备走向整体方案。在传统教育中，教育装备多为支持某一知识点或者教学目标的单一设备设施，如生物挂图、电压表、电流表等。随着课程综合化、学习情境化等教育改革理念的不断落地，教育装备设计和应用的情境性特征越来越突显。学习环境的整体设计、教学活动整体解决方案的形成，将成为教育装备工作的新方向。功能定位逐步从以标准化装备为主，转变为以核心素养作为逻辑起点的多样化和特色化装备为主。

（4）从知识验证走向支持探究。人才培养目标的转变，让我们越来越深刻地感受到学校教育不应该是单纯的知识传授，而是促进人的潜能发展，实现人的全面发展和个性化发展。因此，教育装备要从以应用技术装备帮助获取知识、验证知识的正确性和重现知识发生过程为主，转向使用技术创设学习情境、掌握学情特征、开展自主探究、支持个性学习等，要求更加体现教育规律和人才成长规律。

（5）从标准化走向多样化和特色化。在传统规模化教育中，对教学内容、教育装备、教学评价等都强调统一性、标准化。教育装备的配备往往体现为标准化特征。进入新时代，尊重学生的个性特点，促进每一位学生在共同基础上的个性化发展成为人才培养和教育发展的基本理念，教学活动、教育装备、教学方法等也都要随之转变，为多样化、个性化服务。教育装备承载了“促进教育理念的更新、支撑教育资源的链接、提高学生认识效率、推动教育的精准管理、增强学生内生驱动力、提高教师的专业能力”六大任务。

三、教育装备创新的十大趋势

世界经济论坛（World Economic Forum）在2020年1月发布的《未来学校：定义第四次工业革命时代的新教育模式》白皮书中提出了“教育4.0全球框架”，强调学习内容要实现“聚焦全球公民技能培养”“重视创新与创造力技能培养”“重视技术技能培养”“强调人际交往技能培养”四大转变，教与学的方式要体现“个性化与自定步调的学习”“容易获得并具有包容性的渠道”“基于问题与合作的学习”“终身且由学生驱动的学习”四大关键特征。对此，从技术赋能教育教学的视角去探究，教育装备将呈现十大发展趋势。

一是支撑课程实施，提高认知和动手能力的装备。新一轮基础教育课程改革在课程理念、课程结构、课程评价方面做出了重大转变。课程多样化、综合化、生活化成为主要特征，启发式、建构式学习被积极倡导；综合实践活动成为必修课程；学生动手实践和创新能力被高度关注。以上课程价值和功能的实现，必须深入应用教育装备。如国家将实验教学作为课程体系的重要内容纳入学科教学的基本规范，中小学校将根据不同学段教学要求精心设计实验教学内容，结合各地出台的“中小学教育装备标准”建设与配备中小学学科教学实验室。新一轮学科实验室装备建设特别强调遵循学科特点，按照学科观念与学科思想去构建，要同时满足基础性实验和拓展性实验两种要求。基础性实验的主要方式是综合运用观察、观测、模拟、体验、设计、编程、制作、加工、饲养、种植、参观等多种方式，重现知识的发生过程和验证知识的正确性，通过学生动手与动脑相结合，提高学生的认知水平；拓展性实验包含了探究性实验、创新性实验、综合性实验等，要积极鼓励学生开展研究型、任务型、项目式、问题式和合作学习等。围绕提升学生认知水平和动手能力，教育装备面临三个方面的创新。第一，信息技术融入实验教学。传统仪器设备与信息技术的融合成为教育装备创新的重要方向。传感器能够将力、温度、光、声、化学等非电学量按照一定的规律转换成电压和电流等物理量，将许多“不可见”变成“可见”，从根本上改变了认知方式，提高了认知水平。第二，人工智能等新技术在教育领域的应用。图像识别、语音识别、机器翻译、人机交互等人工智能技术在教育教学领域的应用，让教师从繁重的作业批改中解放出来，让学生的英语学习、学业测评、个性化学习和教学反馈等更加智能化；第三，围绕“音体美”的装备创新。音乐是一种表现艺术，学生通过对音乐的表现，能够充分展示自我；作为视觉艺术的美术则离不开具体的、可视的形象。在传统的教学过程中，学生几乎没有自主学习的机会，容易存在胆怯心理，信息技术为学生提供了更为广阔的表演和创造空间。

二是支撑教学变革，提高课堂教学效率的装备。课堂应该成为学生生命成长的精神家园，也是教育装备融入教学活动的主要实践场域。传统的课堂是在夸美纽斯提出并组织实施班级授课制后才出现的，其主要元素是黑板、课桌椅、纸质教材、作业本等，空间和功能的局限性很大，比较适合以教师为主导的灌输式教学。教育部提出“课堂革命”号召，旨在遵循学生身心发展规律，创新教与学的方式，促进学生高级思维发展，改变过分注重知识学习、轻视实践体验的不足，增加学生动手实践和体验感悟的机会，让学生完整地经历“了解与认识、理解与探究、操作与体验、感悟与创新”的过程，培养创新型人才。围绕课堂教学变革，教育装备创新主要体现在三个方面。一是智能教室的构建。智能教室包含新一代多媒体投影系统和基础录播系统。第三代班级多媒体应该具有舒适的大屏投影、健康的视觉环境、简单易用的操作方式、连接互联网络、完美的外观造型等特点；课堂中的录播系统应该具备自动记录课堂教学过程、支持在线教研活动、实现远程网络课堂、记录微格教学过程的功能，同时还要有适合普及的价格定位。二是未来课堂的色彩设计和空间布置要能够营造浸润式学习的氛围，具备良好的学习带入性，总体上应呈现出情境化、跨学科、研究性教与学、社会资源整合等特点。例如，学科教室是一种新型的学科教学场所，是在选课走班制度下，以服务师生学科教与学为宗旨，促进学生在内生动力驱使下主动学习的学科环境和学科资源的有效配置。学科教室的装备一般应包括教师办公区、教学区、实验（体验）区、成果展示区等。作为学科教学的基本阵地，学科教室应具有以下基本特征：专业的学科情境、选课走班的功能定位、多维度的认知设计、师生主导的设计与建设、信息技术的深度融合、动态建设的过程、常态化的教学应用、非标准化的技术装备。三是课堂装备体现多样性的组合，为教师和学生创设舒适、实用的教学活动空间，教室内的温度、自然采光和空气质量等都能满足促进学生身心健康的需求。例如，教室照明的装备不仅要满足亮度的需求，还要满足光线均匀度和光线频谱的要求；又如，班级多媒体不仅需要满足改变知识呈现的要求，还需要满足用眼卫生、操作方便、互联互通的要求。四是移动终端设备的常态化应用，为课堂教学组织方式的转变、师生互动和及时反馈的增强、学生认知水平的提升创设条件，为教师精准把握学情、实施因材施教提供技术支撑。

三是支撑个性学习，促进潜能发展的装备。教育现代化进程中，育人的思路在不断变革：从工具主义目标转变为以人为本；从升学教育、应试教育转变为培养合格公民、全球公民，实行生活教育；从学科中心、知识本位转变为能力本位；从教什么、如何教转变为学会学习、学会生存。教育的重要任务之一是挖掘隐藏在人口中的智慧资源，努力转化为巨大的人才资源优势，服务于实现中华民族伟大复兴的目标。未来教育一定是尊重学生个体差异、强调以学习者的经验、个体生活和核心素养为基础的教育；是打破固有的学科分类，以解决真实问题为核心进行课程重组，通过多元的课程资源提供来满足学生的个性化发展需求的教育。顺应教育变革的需要，教育装备将面临三个维度的创新：一是应用信息技术装备建立起学习者与社会的广泛联系，汇聚优质教育资源，供师生按需选择使用；二是应用技术装备保障学生的选择权，全面推进选课走班的个性化教学方式，服务学校的教学组织和管理形态的根本变革（要求学校传统教室的样态随之而变）；三是应用技术装备支撑学有所长和学有兴趣的学生开展研究性和探究性学习，促进潜能发展。例如，上海市市西中学为满足学生个性化发展需求，装备互联网实验室和人工智能实验室等，且学校根据学生需求变化与技术创新两个维度不断地更新实验室的名称和内容。

四是支撑深度学习，基于问题探究的装备。不同的学生个体在品性特点、认知风格、思维方式、学习基础和接受程度等方面存在很大的差异，传统的教学方式很难兼顾到每一个学生的个性化学习需求。新时代的教育改革，要基于对具身认知、建构主义等认知和学习理论的深刻理解，在教学方法上必须充分强调依托已有经验来建构意义，作为掌握知识和技能的基础，引导学生开展基于兴趣导向的学习、基于现象的学习、基于个性特长的学习和基于问题探究的学习，在实践中应用知识，从而更好地认识世界，更好地适应未来社会。新一代信息技术装备可以精准获取感知数据，通过数据分析为学生开辟新的认知新维度；同时也可以缩小宏观放大微观，实现虚拟现实，改变认知方式，让学习者通过分层认知实现深度学习，形成有序组织的知识获得，并随时通过知识迁移解决新的问题。例如，法拉第电磁感应定律是比较抽象的概念，采用传统的教学方法，学生很难掌握。通过应用电磁传感器获取数据、改变认知方式，学生就能比较容易地突破这一难点问题。又如，人类听觉的频率范围为20~20000Hz。随着年龄的增长，人耳所能听到的声波频率范围会变小。如何让学生形象地认知这个变化规律呢？浙江诸暨的一名中学教师应用掌控板采集测试者的年龄、性别，利用对分查找算法快速获得被测者能听到的最大声音频率数据。通过构建人工神经网络，对采集到的用户数据进行网络训练，使机器学习到最大听觉频率与年龄、性别之间的规律。随着训练样本的增加，神经网络模型会越来越精准。该实验装备改变了传统的简单传递知识的教学方式，让学生在实际生活中通过探究来建构意义，有助于培养学生基于大数据、算法和神经网络的创新思维方式。

五是支撑“创客”学习，实现知识创新的装备。未来学校会重新审视传统学科分类，改变单纯以学科逻辑组织课程内容的做法。“创客”教育旨在培养学生的创新精神和能力，符合信息时代人才培养的基本需求。“创客”教育与STEAM教育具有一定的共性，都是让学生面对真实情境中的问题，通过科学探究、工程设计、数学方法和技术制作的有机统一，让学生用积极主动的行为来感受知识的发生过程，从而增强对知识的理解。同时，通过跨学科对话、互动与融合，使不同学科的知识由分散、封闭、单一走向融合、开放、多元，改变单纯的以学科逻辑组织课堂教学的做法，强调学习者基于现象、基于经验和生活打破学科界限，以真实问题为核心进行课程重构，发展学生的核心素养。围绕“创客”教育和STEAM教育，教育装备创新主要体现在创意编程、创意电路、创意模型（3D打印）、人工智能（开源硬件）这四个方面。这类教育装备的构建要定位成活动型、生成型，突出真实问题的解决和问题设计的开放性，遵循学生的认知规律、学习特点，使学生在实践中学习和在活动中学习。例如，浙江省温州实验中学装备了一个音乐创意实验室，学生可以根据音乐创意灵感，应用MIDI技术创建一个工程文件，并通过电声乐队形成一个音乐作品。该实验室深受学生喜爱，让有音乐创意的学生学有所长。

六是支撑专业发展，赋能教师成长的装备。《教育部关于实施全国中小学教师信息技术应用能力提升工程 2.0 的意见》指出，“信息技术应用能力是新时代高素质教师的核心素养”。《教育部关于加强和改进中小学实验教学的意见》强调，要“拓展创新，不断将科技前沿知识和最新技术成果融入实验教学，丰富内容，改进方式；注重实效，强化学生实践操作、情境体验、探索求知、亲身感悟和创新创造，着力提升学生的观察能力、动手实践能力、创造性思维能力和团队合作能力，培育学生的兴趣爱好、创新精神、科学素养和意志品质。”新时代技术装备赋能教师专业成长具有丰富的内容，突出表现为：一是应用信息技术装备构建网络研修共同体，通过网络空间获取优质教育资源，传播教学经验，从个体优秀走向群体智慧；二是应用录播教室，积累教学资源，进行自诊式的教学反思和开展网络教研活动；三是应用信息技术参与建设“三个课堂”（专递课堂、名师课堂、名校课堂），促进优质教育资源广泛传播，推动教育均衡；四是组织设计与应用学科教室、实验室建设，创新教学活动空间；五是基于技术开展教学设计，自制教具，实现技术与教育教学的深度融合。

七是支撑劳动教育，服务劳动综合育人的装备。《中共中央 国务院关于全面加强新时代大中小学劳动教育的意见》强调“劳动教育是中国特色社会主义教育制度的重要内容，直接决定社会主义建设者和接班人的劳动精神面貌、劳动价值取向和劳动技能水平”；提出在各学段设立劳动教育必修课程，其中中小学劳动教育课每周不少于一课时，劳动素养将纳入学生综合素质评价体系。劳动教育给教育装备提出了一个全新的课题，将成为教育装备的新增长点。教育装备支撑劳动教育可以从三个方面发挥作用：第一，围绕“思想认识、情感态度、能力习惯”三个方面构建劳动教育情境，通过教育让学生感悟劳动不分贵贱，培养勤俭、奋斗、创新、奉献的劳动精神；第二，为劳动教育课程提升与实施提供合适的劳动教育载体和工具装备；第三，应用技术装备开展劳动教育评价，把学生劳动素养作为衡量学生全面发展的基本内容，让学校与教育管理部门将评价结果在评优、升学就业中进行应用。

八是支撑智能校园，探索“互联网+教育”的装备。全国教育大会提出“互联网+教育”的建设任务。智能校园是基于物联网、移动互联、云计算、大数据、人工智能等现代信息技术，以网络化、数据化、协作化、融合化、智能化等为主要特征，促进信息技术与环境、教学、管理、文化等教育教学深度融合创新，通过技术赋能提高学与教的绩效，实现面向人人、人人发展的现代化校园形态。围绕智能校园建设，教育装备发展主要体现在五个方面。一是基础环境装备。提供教育教学信息化的硬件物理条件，主要包含校园网络环境、数字终端、班级多媒体、校园环境感知设备、网络与数字中心等。二是数字教学资源。随着技术与教育教学的深度融合，数字教学资源将成为教育装备的重要内容之一。立足教育教学实际，利用知识图谱和用户画像，提升资源搜索、检索能力，资源智能汇集能力和资源遴选整合能力。逐步构建资源审核与资源评价的科学流程和机制，初步实现“资源找人”。技术装备要能够满足区域和学校对上级优质资源引入、本地特色资源汇聚、第三方应用资源接入的需求，实现各级各类资源平台的融通共享。三是关键应用。技术装备赋能教育教学创新是“互联网+教育”的重要特征之一。学校特色构建主要体现在学科教学的特色化，技术装备应用于学科教学创新的实践路径将是应用技术改变认知方式、提高学生学习的内生动力等。四是师生信息素养。构建有效的信息技术装备，支撑培育师生对信息技术的情感、学习掌握信息技术的基础知识与基本技能、应用信息技术创新教育教学活动方式和遵守技术的伦理。五是政策机制。广义上讲，政策与制度建设是智能校园建设的重要组成部分，优良的装备与恰当的环境赋能教育教学创新需要评价导向与制度激励，这样才能确保装备作用的有效发挥。随着技术的发展和应用实践，未来的智能校园装备将重点围绕“学校大脑（数据中心）+云+端+资源”的智能校园基本架构展开建设。此外，围绕教育的优质与均衡，在线教学和线上线下融合的混合式教学将成为新常态，迫切需要新装备来支撑大规模在线教学、实施教育部提出的“三个课堂”建设。

九是支撑精准教学，基于数据驱动的装备。数据和数据分析与应用将是未来学校的枢纽和核心。智能时代，要求学校能够实时、动态采集和挖掘学校管理、教师教学、学生学习、教育评价等全领域、全过程数据，并通过算法支撑和数据分析为师生精准画像，感知学习和管理状态，优化教育教学和管理评价的路径支持，实现资源的自动调配和精准供给。对此，技术装备支撑教学创新的趋势有以下体现。第一，以学科知识图谱为基石，分解知识内容，找到知识关系，为自适应学习找准路径。第二，通过学习行为与学业水平测试，了解学习者的认知水平和知识掌握程度，同时通过与学习者有关的其他因素进行关联性分析，找出影响学习效率的原因。第三，根据艾宾浩斯记忆和学习曲线模型等算法，通过数据分析，确定学生的学习内容与方式，强化实现长期记忆，以提高学习者水平。第四，制定自适应学习策略。如通过分析，根据所罗门学习风格类型分类，确定基于认知能力和学习风格的学习策略设计。

十是支撑治理创新，实现数字化转型的装备。形成以数据为驱动力的教育治理模式是教育现代化的标志，是全面深化教育领域综合改革、促进政府职能转变、实现教学改革和管理模式创新的有效途径。教育管理的数字化转型，就是聚焦利用多媒体和信息技术实现教育领域中各类条块管理的现代化，具体表现在政务管理和教学管理的数字化转型。前者指各级教育部门和学校利用信息技术对学校日常事务实现信息化管理；后者指教师利用信息技术对学生学习过程等进行督促、协调和管理，侧重学生学习过程的信息化管理。建设数据标准、数据集成和数据可视化的教育装备，主要包含构建教育用户入口端、各类应用平台、业务严台和数据平台、大数据仓、云计算等。教育业务的数字化转型实质就是通过教育业务信息化流程再造，实现“组织在线、业务在线、沟通在线、协同在线、服务在线”，让数据多跑路，让师生少跑路。例如，浙江大学构建了“三单一网一厅”的校务服务体系，厘清责任清单、审批清单、服务清单，通过“网上浙大”，创办校园办事大厅，让职工、师生、学校和社会公众轻松地办理各种事务。

草木蔓发，春山可望。站在社会发展的新时点，教育装备肩负新的时代使命，承载新的发展内涵，呈现新的发展趋势。教育装备当以积极的姿态融入教育教学，成为教育变革的“先手棋”。

（作者单位：施建国，中国教育装备行业协会教育装备研究院；程莉莉，浙江省教育技术中心）

2019年学校体育装备发展分析

李小伟

2019年是中华人民共和国成立70周年，是全面建成小康社会、实现第一个百年目标的关键之年。在这样的大背景下，学校体育用工作实绩展示了改革开放的成就，切实提升了人民群众的获得感。

2019年全国教育工作会议上，教育部党组书记、部长陈宝生指出，从薄弱处着手落实立德树人根本任务，对体育美育要有刚性要求；对于体育设施设备，要重新厘定标准，逐步配齐。为贯彻落实会议精神，2019年各地区各部门以完善体育治理体系、提高体育治理能力为着眼点，推动学校体育设施建设再上新台阶。

一、多部门出台政策助力学校体育装备工作

2019年3月，教育部办公厅发布《关于开展足球特色幼儿园试点工作的通知》，要求“幼儿园要创建激发幼儿探究足球兴趣、强健体魄、自主游戏的教育环境，调整幼儿园活动区域设置，合理利用室内外环境，创设开放的、多样的区域活动空间，为幼儿提供有利于激发学习探索、安全、丰富、适宜的足球游戏材料和玩教具”“幼儿园要充分利用本地足球资源，遴选、开发、设计一批符合幼儿身心特点的足球游戏活动，丰富游戏资源，满足幼儿开展足球游戏活动的基本需要”。

2019年3月，教育部发布《全国青少年校园足球工作领导小组关于做好2019年校园足球工作的通知》，提出“各地要按照《关于印发全国足球场地设施建设规划（2016—2020年）的通知》要求，把校园足球活动场地建设纳入本行政区域足球场地建设规划，纳入城镇化和新农村建设总体规划，按照因地制宜、逐步改善的原则，加大场地设施建设力度，创造条件满足校园足球活动要求。鼓励建设小型多样化足球场地设施。在现有青少年培养、实践基地建设中规划和建设足球场地设施”，要求各地“统筹体育场地设施资源投入、建设、管理和使用，鼓励各地依托学区建立青少年足球活动中心，同步推进学校足球场地向社会开放和社会体育场地设施向学校开放，形成教育与体育、学校与社会、学区与社区共建共享场地设施的有效机制”。

2019年4月，教育部办公厅发布《关于开展2019年全国青少年校园足球特色学校、试点县（区）和“满天星”训练营创建工作的通知》，提出要“引导地方和学校广泛开展校园足球教学、训练和竞赛活动，加强体育师资和场地设施建设，确保学生每天一小时校园体育活动时间”，明确“要对区域内已有的存量学校进行评估，不断加大建设、投入力度，要侧重于校园足球的师资、场地、经费、政策扶持、人才培养通道建设等关键环节，不断鼓励有条件的学校进行创建申报”。

2019 年 8 月，国务院办公厅印发《体育强国建设纲要》，部署推动体育强国建设，充分发挥体育在建设社会主义现代化强国新征程中的重要作用。该纲要提出，“到 2020 年，建立与全面建成小康社会相适应的体育发展新机制”；到 2035 年，“体育治理体系和治理能力实现现代化。全民健身更亲民、更便利、更普及，经常参加体育锻炼人数达到 45% 以上，人均体育场地面积达到 2.5 平方米，城乡居民达到《国民体质测定标准》合格以上的人数比例超过 92%。”该纲要还明确了体育场地设施建设、全民健身活动普及等九大工程。在体育场地设施建设方面，要求建设一批小型足球篮球场地，提高学校足球、篮球场地利用率；科学规划布局和建设一批室内外公共滑冰、滑雪场地，推广使用可移动式冰场和仿真冰场；推动建设公共体育场地设施管理服务网络平台；研究制定、完善社会力量参与体育场地设施建设及运营管理的扶持政策。

二、学校体育装备事业发展情况

（一）中小学体育设施与装备配置水平

《2019年全国教育事业发展统计公报》显示，在学校体育设施设备达标方面，普通小学（含教学点）的情况是：体育运动场（馆）面积达标学校90.22%，体育器械配备达标学校95.38%；初中阶段学校的情况是：体育运动场（馆）面积达标学校93.54%，体育器械配备达标学校96.56%；普通高中学校的情况是：体育运动场（馆）面积达标学校91.62%，体育器械配备达标学校94.20%（见表1）。

表1　2016~2019年我国普通中小学学校体育设施与装备达标情况

层次	项目	2016	2017	2018	2019
小学	体育运动场（馆）面积达标学校占比	75.00%	84.77%	88.47%	90.22%
	体育器械配备达标学校占比	80.18%	89.99%	94.23%	95.38%
初中	体育运动场（馆）面积达标学校占比	85.36%	90.35%	92.58%	93.54%
	体育器械配备达标学校占比	89.60%	93.97%	95.91%	96.56%
普通高中	体育运动场（馆）面积达标学校占比	89.28%	91.14%	91.77%	91.62%
	体育器械配备达标学校占比	91.17%	92.97%	93.84%	94.20%

由表1数据可知，通过相关建设力度的不断加强，我国中小学校体育设施和装备配备情况持续得到改善。2019年，小学、初中和普通高中的体育运动场（馆）面积达标学校和体育器械配备达标学校占比首次全部超过90%，这充分体现了国家对中小学校体育基础设施建设的大力支持和对学校体育工作的高度重视。

（二）学校体育装备交流活动

（1）2019 中部体育产业创新发展论坛举行。2019 年 1 月 12 日，“2019 中部体育产业创新发展论坛”暨校园体育设施健康铺装交流会在长沙举行。该论坛以“新时代、新体育、新动能”为主题，旨在促进各项体育设施设备行业标准的规范实施，维护校园体育设施设备健康安全，进一步助推体育制造业健康快速发展。

（2）2019北京校园智慧体育专题研讨会。2019年3月23日，由中国体育用品业联合会学校体育工作委员会、北京大学体育科学研究所共同主办，中国教育装备采购网、首都高校体育场馆建设研究会联合承办的“2019北京校园智慧体育专题研讨会”在北京举行。该活动以“打造智慧体育新校园”为主题，从北京院校应用需求出发，针对学校体育软硬件建设、体育场馆规划，以及体育教学领域的热点、焦点及难点，对教师进行问卷调查，根据调查结果精选出体育器材配备服务、运动能力评估与康复训练、校园共享篮球、学生体质健康检测领域的四个优秀技术案例，多维度、全面系统地展示了学校体育设备器材的发展现状和体育教育改革的发展趋势。

（三）冰雪运动进校园

伴随着2022年北京冬奥会的临近，我国校园冰雪运动步入发展快车道。

2019年1月，教育部办公厅印发《关于做好全国青少年校园冰雪运动特色学校及北京2022年冬奥会和冬残奥会奥林匹克教育示范学校遴选工作的通知》，提出“通过特色学校和示范学校遴选，树立一批校园冰雪运动教育教学工作的先进典型，推动广大青少年普及校园冰雪运动，促进青少年对冬奥会和冬残奥会项目知识的了解和兴趣的培养，不断丰富体育教学活动内容，构建具有中国特色的冰雪运动教学、训练、竞赛和条件保障体系，传播积极健康的生活方式和包容性发展理念，夯实冬季运动青少年基础，增强青少年体质。到2020年，计划遴选出2000所特色学校，到2025年计划遴选出5000所特色学校和700余所示范学校。”

2019年3月，中共中央办公厅、国务院办公厅印发了《关于以2022年北京冬奥会为契机大力发展冰雪运动的意见》，明确提出要广泛开展青少年冰雪运动，大举发展校园冰雪运动。推动全国中小学校将冰雪运动知识教育纳入学校体育课教学内容，制定并实施冰雪运动教学计划。鼓励中小学校采购使用安全系数高、训练效果好的普及型冰雪装备，与冰雪场馆或冰雪俱乐部合作，促进青少年冰雪运动普及发展。鼓励高等学校组建高水平冰雪运动队，构建“冰雪运动特色学校+冬季奥林匹克教育示范学校+高等学校高水平冰雪运动队+冰雪运动试点县（区）”协同推进的校园冰雪运动新格局。制定冰雪运动后备人才培养计划，积极引导学校、企业、社会组织共同参与冰雪运动后备人才队伍建设，形成多元化培养模式。

2019年5月，教育部等四部门发布《关于加快推进全国青少年冰雪运动进校园的指导意见》，要求“整合社会资源，统筹现有投入渠道，积极支持校园冰雪运动，开展课程建设、教学改革、师资队伍建设、场地建设、训练竞赛和国内外交往等。教育部门要优化教育经费支出结构，有条件的省份可加强对冰雪运动的倾斜支持，并将运动器材纳入中小学体育器材设施配备标准目录。有条件的学校要注重安排经费改造，建设冰雪运动教学、科研、训练、竞赛场地，切实保障冰雪师资、场地、器材经费投入，也可通过社会公益力量的参与充实经费的来源渠道。”

针对国家冰雪运动“南展西扩东进”的战略布局，不少地区抢抓机遇，因地制宜发展冰雪运动，积极推进冰雪运动进校园，为实现全国冰雪运动发展目标贡献力量。

2019 年 6 月，北京市启动中小学奥林匹克教育及冰雪进校园活动。北京市教委发布《关于开展 2019 年北京市中小学生奥林匹克教育及冰雪进校园系列活动的通知》，活动方案包括 7 项奥林匹克教育主题系列活动、3 项冰雪进校园推广普及系列活动，以及 4 项奥林匹克教育和校园冰雪项目成果创编及展示活动。2019 年的系列活动，除原有的知识宣讲、知识竞赛、冬令营、夏令营、冰雪运动进校园、冬奥主题文化艺术作品征集外，还增加了“我心中的冬奥”演讲比赛、冬奥体验日、“模拟冬奥会”、冬奥小记者站建设、冰雪优质课程征集等内容。

2019年12月，天津市体育局、天津市发展和改革委员会、天津市教育委员会等七部门联合印发《关于以2022年北京冬奥会为契机加快天津冰雪运动发展的实施意见》，提出将冰雪运动进校园纳入“8421青少年体育训练体系工程”，鼓励支持市中小学校申报创建青少年校园冰雪运动特色学校和北京2022年冬奥会、冬残奥会奥林匹克教育示范学校，逐步构建起市校园冰雪运动普及发展体系。到2021年底，创建不少于100所前述特色学校和示范学校，统筹现有财政资金渠道给予资金支持，不断推进校园冰雪运动的普及发展。

2019年6月，张家口市人民政府办公室印发《张家口市冰雪产业发展规划（2019—2025年）》，要求推动青少年冰雪运动普及。该规划提出，要全面开展“奥运知识进课堂”“冰雪运动进校园”活动，建设一批冰雪特色学校，逐步将冰雪运动项目列入中小学冬季体育课教学内容，广泛普及奥林匹克知识和冰雪体育运动；要推行“阳光冰雪计划”“百千万冰雪工程”，优化特色学校冰雪体育课堂教学内容，促进学生熟练掌握滑冰、滑雪运动技能；要采取政府购买服务方式，支持学校与社会培训机构合作开展冰雪运动教学活动，促进青少年冰雪运动普及发展；要鼓励引导社会力量创建青少年冰雪运动俱乐部、培训基地和课外活动中心，有计划地培养一批青少年冰雪专业人才。

（四）校园篮球与校园网球

2019年2月，教育部办公厅发布《关于继续做好2019年全国青少年校园篮球特色学校遴选等有关工作的通知》，提出北京市、河北省、山西省、辽宁省、上海市、江苏省、安徽省、山东省、河南省、广东省、四川省、贵州省、云南省、陕西省、甘肃省等15个省（市）2019年特色学校新增遴选的名额为30所，其中小学10所、初中10所、高中10所；其他省份遴选的名额各为100所，其中小学40所、初中40所、高中20所。为更好地推进校园篮球试点工作，该通知要求各省份特色学校应主要集中布局在2~3个城市，各地要以校园篮球教学训练竞赛的改革发展为契机，进一步加强校园篮球师资队伍建设，不断提高校园篮球有关从业人员工作能力和综合素养，提升骨干教师的教学、训练、研究和管理水平，打造一支师德高尚、业务精良、专兼结合的专业化校园篮球师资队伍，为校园篮球的持续健康发展奠定扎实基础。

2019年3月，教育部办公厅印发《关于开展2019年全国青少年校园网球特色学校遴选工作的通知》，要求通过遴选特色学校，进一步推动校园网球运动普及，帮助学生在体育锻炼中享受乐趣、增强体质、健全人格、锤炼意志。该通知提出，到2021年，要实现全国青少年校园网球项目扎实推进，网球运动基本技能和体质健康水平明显提升，学生体育锻炼习惯基本养成，规则意识、合作精神和意志品质显著增强等目标。

三、学校体育装备重点工作述评

（一）校园足球装备发展情况与存在问题

校园足球工作是习近平总书记高度关注的一项事关教育改革发展和体育改革发展的重要任务。自青少年校园足球工作启动以来，中央和地方高度重视，多策并举，大力推进，取得了显著的成绩，目前相关工作已迈入新的发展阶段。

1. 发展情况

2019年7月，教育部正式发布《全国青少年校园足球工作报告（2015—2019）》，提出校园足球改革发展的“四梁八柱”已经基本建成，“内部装修”已全面开启。目前，教育部已在全国38万所中小学中遴选认定校园足球特色学校24126所，设立校园足球改革试验区38个，遴选校园足球试点县（区）135个，在全国布局建设“满天星”训练营47个，足球项目高水平运动队招生高校181所。截至2018年9月，全国各级各类学校共有校园足球场地120960块；2015~2018年全国教育系统共新建改扩建校园足球场地32432块，完成了《全国足球场地设施建设规划》80%以上的工作任务；到2020年还将新建改扩建28545块，总数将超过6万块，超额完成工作任务的50%。此外，教育部还与国家体育总局联合印发《关于推进学校体育场馆向社会开放的实施意见》，引导各地积极推进校园足球场地等体育场地向社会开放。

2019年，各省（区、市）不断强化保障措施，加大经费投入力度，完善场地设施建设，确保校园足球健康发展。

浙江省发布《浙江省青少年校园足球改革发展实施方案》，要求进一步下移普及重心，积极将足球运动向幼儿园延伸，夯实校园足球发展根基。该实施方案提出了省内50%的学校全面开展足球运动的目标，要求到2022年，建设青少年校园足球试点县（市、区）达到20个，足球特色学校2000所，高校高水平足球运动队9支，高校学生足球俱乐部100个。在场地设施建设方面，该实施方案提出，根据浙江省足球场地设施建设中长期规划，督促各县（市、区）把足球场地、场馆设施规范化建设纳入学校全面发展的重点工作予以实施，要求到2022年，每所足球特色学校至少有一块5人制及以上的比赛场地，至少有一处足球活动场地。

江西省印发了《江西省社会足球场地设施建设攻坚行动计划（2019—2020）》，提出到2020年10月底，全省每万人应拥有足球场地设施不少于0.5块，其中每万人社会足球场地不少于0.167块，且县级行政区域至少建有两块11人制标准社会足球场。在校园足球场地设施建设中，江西省开展了社会足球场地与校园体育设施、社区融合建设的探索。以赣州市为例，该市南康区将南水新区城南社区等5块足球场地布局在校园临近位置，委托校园管理运营，实现学校和社会共享；将东山街道益民社区等3块足球场布局在社区内，把足球场地设施建设在群众身边。

广东省2019年安排校园足球工作经费1.5亿元，包括达标奖励、竞赛经费、人员培训、对外交流、复核与检查、科研及宣传等项目。

江苏省南京市加大经费投入力度，2019年市级财政投入2400万元，用于足球特色学校的师资培训、教学、训练、竞赛等。在强化安全风险防范方面，南京市将全市特色学校师生纳入足球专项保险保障，并开展体育教师救护员培训。这是继南京市校园足球专项保险招标成功后，该市在校园足球安全保障机制上的又一探索。

河北省沧州市印发《关于加快推进足球场地设施建设实施方案（2019—2020年）》，规定按照《河北省足球场地设施建设规划（2016—2020年）》，以2020年每万人拥有足球场地0.5块以上为目标，全市需新建改造足球场地380块（其中，新建改造校园足球场地269块，社会足球场地111块）。该实施方案要求新建中小学校根据学校规模配套建设足球场地，现有学校可根据实际改造建设足球场地；建立校园与社会、社区与学区共建共享的良性机制，不断提高校园足球场地综合利用率。该实施方案提出，对学校新建改造的足球场地，在满足对外开放条件并承诺向社会开放的，可根据有关规定认定为社会足球场地，并可按社会足球场地申请中央预算内投资支持。

2. 存在问题

（1）校园足球硬件设施配备不足，场地器材配备不达标。足球活动场地是开展校园足球的基本保证。足球是一项需要大面积、大范围场地的运动，只有在运动空间充足的情况下，才能保证教学质量。目前，大部分中小学普遍存在场地稀缺和场地面积偏小的问题，学生参与足球活动的空间明显不足，而且很多学校仍存在足球场地器材设施不达标的情况，严重制约了校园足球的正常开展。面对足球场地的匮乏，学校应充分发挥主观能动性，有条件的学校可积极探索利用校园周边的社会体育资源来弥补短板。

（2）校园足球专业师资力量匮乏，师资培训有待加强。师资队伍是发展校园足球的关键，建设一支优秀的足球师资队伍是发展校园足球的重要保障。现阶段，中小学体育教师存在普遍缺额的情况。学校往往会通过聘请兼职体育教师来补充在编教师的不足，但这通常仅限维持正常的体育教学。很多学校的足球教学是由体育教师担任，足球教学的质量和时间难以保证。此外，体育教师的足球教学培训存在次数少、效率低的问题。足球教学培训以短期培训为主，有部分学校甚至从未组织教师开展足球教学培训。

（3）校园足球专项经费落实不到位，各学校开展程度差距较大。资金是维持校园足球发展的基础保障，资金不足会导致足球器材和基础设施无法配置到位。目前，很多地区校园足球工作的专项经费来源较为单一，主要来自体育彩票公益金并由体育局（教体局）拨款到学校。很多偏远学校常出现足球经费拨款延缓的情况，部分地区甚至已停止拨发足球经费。此外，虽然每年国家会投入校园足球专项经费，但各地区各学校在经费方面存在较大差异，这就造成各学校各地区校园足球工作的开展水平不一。有的学校因为资金充足，可以开展多元的校园足球活动，而有的学校因为经费短缺，仅能维持最基本的校园足球活动，有的学校甚至无法正常开展。

（4）场地器材训练成人化现象凸显，危害青少年身心健康发展。长期以来，受竞技体育思维的影响，我国学校配备的多为竞技体育所用的标准场地器材，很少有为中小学生（尤其是小学生）量身定做的适宜器材。广大中小学校配备器材目录的竞技化，导致学校的场地器材常常既不符合学生的身心发展规律，又挫伤其体育锻炼的积极性，享受体育运动的乐趣更无从谈起。在校园足球活动中，场地器材训练成人化现象也较为明显。比如，在小学生足球比赛中经常使用七人制甚至十一人制的场地比赛；小学生经常使用成人比赛用的5号球（4号球的使用甚至都相对有限），而一般情况下小学低龄段用球宜在3号及以下；为取得成绩，一些小学存在每周训练6次、每次时长超3小时的情况。类似的幼儿园小学化、小学初高中化、早期专项化等问题，违背了教育和体育规律，严重影响青少年身心的健康发展，亟待整顿。

（二）学校体育场地建设与管理

学校体育场地是开展学校体育工作的物质保障。虽然我国学校体育场地的建设数量和场地核心指标（场地面积、用地面积和建筑面积）均呈现增长态势，但在建设和发展过程中仍存在人均体育面积不足、体育场地分布不均、体育场地利用率不高、体育场地投资形式单一、场地建设品质有待提高等问题，尚难以满足《“健康中国2030”规划纲要》《体育强国建设纲要》等战略规划对学校体育发展提出的新要求。为实现学校体育场地的可持续发展，我国可以借鉴发达国家学校体育场地建设与管理的成功经验，探索出适合自身发展的建管模式。以下对美、英、德三国的学校体育场地建设与管理模式予以简述。

（1）“高度自治、俱乐部管理”的美国模式。美国政府对体育的间接管理主要体现在制定公共体育服务的发展计划、修建体育设施和开发体育资源；同时由成熟发达的社会组织具体实施、负责和管理体育。在学校体育场馆方面，体育协会、俱乐部和学校是体育场地管理的主体，地方政府的职责主要是制定相关政策。在正常教学时间段，学校体育场地服务于体育教学需要，一般不对外开放；在课余或教学空闲期间，学校通过与各类俱乐部建立稳固的租约关系，由俱乐部进行经营和管理，以俱乐部会员形式使用体育场地。学校室内体育场馆一般不对个人开放；与社区公园连为一体的学校室外体育场地免费向社区居民开放，居民在教学空闲时间段免费使用。对我国而言，在体育场地的物质条件、养护资金和体育人力方面拥有充裕资源且具备独立规划、建设、管理和运营条件的学校，可探索采用“校营校治、高度自治”的学校体育场地建管模式。

（2）“分权管理、多组织管理”的英国模式。英国采用“一臂之距”的体育事业分权管理体制，中央和地方政府在体育事业管理方面不存在上下级隶属关系，地方政府具有高度的独立性和自主权。英国采取政府间接管理体育的形式，政府的主要精力用于制定体育政策和进行财政预算。在学校体育场地建设方面，英国主要通过国家彩票公益金、政府财政拨款、捐赠赞助（企业、非政府组织和个人）、激励性政策（配套投入制政策、激励性体育设施计划、体育场地保护基金、社区体育启动基金等）等形成灵活多样的资金来源，提供经费保障。体育俱乐部、体育志愿者和体育社团等多种组织共同参与学校体育场地的管理工作。对我国而言，在体育场地物质条件方面相对充裕、但体育场地运营管理的人力资源和场地养护资金方面存在不足的学校，可探索采用“校建官助、民营民治”的学校体育场地建管模式。

（3）“分层管理、俱乐部自治、政府帮扶”的德国模式。德国各类体育场地设施的建设、维修、养护和翻新均由政府财政拨款进行保障，各级政府管理体育的主要任务是出资修建体育场地、发展学校体育设施等。德国公立和私立学校所拥有的体育场地设施在课余时间均向俱乐部开放（德国地方政府的强制性规定），俱乐部是管理德国学校体育场地设施的主要形式。另外，在德国业已形成体育是提高生活质量和健康水平重要组成部分的体育价值观，这为德国学校体育场地的管理和使用提供了良好的外部环境。在体育场地建设方面，德国出台了“黄金计划”“人人受益计划”等系列、系统、长效且与时俱进的发展规划和具体实施方案，根本性地改善了学校体育场地状况。对我国而言，大部分地处贫困落后地区且在体育人力资源、体育场地条件和场地养护资金方面匮乏的学校，可探索采用“官办官营、政府帮扶”的学校体育场地建管模式。

四、学校体育装备发展建言

（一）加快推进校园足球场地设施建设，多措并举夯实条件保障

作为校园足球发展的基本条件之一，足球场地是学校开展足球活动必不可少的物质保障。地方政府应充分认识足球场地设施建设的重要性和紧迫性，加大对各级各类学校足球场地建设的投入力度，强化学校体育设施建设，配齐各级各类学校足球场地设施、器材，将校园足球活动场地建设纳入本地区国民经济和社会发展规划，统筹协调各部门各单位共同推动足球场地设施建设。学校应积极寻求周边的可用资源，加强校际合作，探索与体育俱乐部等的校企合作，共同促进校园足球发展。

（二）吸引社会力量参与足球场地建设，推动公共体育场馆设施为学校体育提供服务

地方政府应充分激发社会力量参与足球场地建设的积极性，鼓励社会资本参与投资建设、运营足球场地设施，通过与社会资本合作，充分提升足球场地数量、利用率；应实现学校体育场地设施和公共体育场地设施的科学规划和统筹建设，实现共建共享；应进一步完善制度，积极向学生免费或优惠开放公共运动场所，通过购买服务等方式，鼓励体育社会组织为学生提供高质量体育服务。

（三）加大校园足球投入力度，拓宽经费来源渠道

经费是开展校园足球教学、训练、比赛的重要保证。国家层面应继续加大校园足球的资金投入；各地方应确保按时发放专项资金；学校应充分利用社会资源，努力拓宽校园足球经费来源的渠道。通过建立校园足球经费保障机制，多渠道吸收社会资金，鼓励团体和个人通过各种方式资助、支持校园足球发展。

（四）拓展小场地，大力发展小篮球、小足球等项目

近年来，为让小学生感受体育乐趣，北京市在小学大力推广“小球”运动，甚至推出了“小球计划”推广比赛。以篮球为例，中国篮球协会主席姚明对小篮球运动给予了充分肯定并建议在全社会推广。小篮球运动不仅使用更小的球场、更矮的篮筐、更小的篮球，而且在规则设计上回归了游戏本质，以适应12岁及以下（3~6岁及6~12岁）少年儿童身心发育特征。

小球运动的核心目标是将体育运动融入学校和少年儿童的生活场景，鼓励和吸引少年儿童走出教室、走出家门，走进体育馆（场），走向户外和大自然，以符合其

生理、心理特征的技能训练、团队活动和比赛等形式，培养其参与兴趣，发展其领导力、执行力、团队协作和沟通交流技巧，通过体验“成就”和“挫折”培育健全人格。我们希望教育、体育部门尽快达成共识，积极制定符合中小学生身心发展规律的运动标准，推出更多基于“小”器材、“小”场地的小球运动，让少年儿童从兴趣出发，从小形成体育锻炼的习惯。

（五）修订中小学体育器材配备目录，适应新时代学校体育发展

2019年，河南省郑州市经开区向全国校园足球采访团的记者展示了该区利用智能腕表、脉搏仪器等设备监控学生运动量、心率并开展科学训练的成果。近年来，全国各地的智慧体育课堂建设方兴未艾，但相关装备配置依据的缺失常成为制约其发展的瓶颈，不少学校因为体育器材配备目录中未涉及相关条目而无法申请到经费，不得不放弃建设。郑州市经开区的案例中，当地教育局也是通过从信息化建设中申请经费的方式来为智慧体育课堂建设提供支持。信息化时代，教育装备管理部门应与时俱进，加快中小学体育器材配备目录更新修订的步伐，以满足新时代学校体育发展的需要。

（六）加快标准制订，保障冰雪项目可持续性发展

2018年，被称为史上最严的“新国标”《中小学合成材料面层运动场地》（GB 36246—2018）正式实施，为根除校园有毒跑道问题提供了重要保障。随着北京2022年冬奥会的临近，奥林匹克教育、奥林匹克运动进校园活动正如火如荼地进行。2019年6月，教育部等四部门印发《关于加快推进全国青少年冰雪运动进校园的指导意见》，要求建设冰雪运动教学、科研、训练、竞赛场地。受场地、经费等制约，我国目前主要以旱地冰雪项目（如旱地冰球、旱地滑雪、旱地速滑、花滑等）推广为主，采用国外引进或我国自主研制的仿真冰代替真冰。与塑胶跑道原料一样，仿真冰（雪）也可能存在安全隐患，一些地区甚至已经出现有毒的仿真冰（雪）。因此，有关部门应尽快出台相关标准，保障青少年冰雪运动进校园工作的安全开展。

（作者单位：中国教育报刊社）

2019年学校图书装备发展述评

曹　青　庞振华　王海明

2019年是教育部发布新修订的《中小学图书馆（室）规程》（以下简称《新规程》）的第二年。伴随着学习落实《新规程》，各相关单位在学校图书装备方面采取了系列行动，有效推进了学校图书馆事业的发展；社会各界对学校图书装备领域更为关注，各种创新性活动、新技术、新产品及特色研究成果不断涌现。本文从学校图书装备年度大事回顾分析、学校图书装备年度数据统计分析、学校图书装备年度成绩与问题分析、学校图书装备领域年度研究成果综述四个方面对2019年的学校图书装备发展情况进行了分析评述，并对2020年度的相关工作进行了展望。

一、学校图书装备年度大事回顾分析

（一）学校图书馆标准规范方面

1. 教育部研制并印发《2019年全国中小学图书馆（室）推荐书目》

为进一步提高中小学图书馆（室）藏书质量、推动中小学生阅读活动深入开展，教育部基础教育司、教育部基础教育课程教材发展中心组织力量研制了《2019年全国中小学图书馆（室）推荐书目》（以下简称《推荐书目》）。《推荐书目》共推荐了6905种书，内容涉及五个大类：第一大类为马克思主义、列宁主义、毛泽东思想、邓小平理论，共推荐26种；第二大类为宗教、哲学，共推荐213种；第三大类包括社会科学总论、军事、经济、文学、艺术、历史、地理等，共推荐5048种；第四大类包括自然科学总论、数理、化学、天文、生物、医药、环境、航空等，共推荐1412种；第五大类为综合性图书，共推荐206种。教育部要求各地要重视图书配备与馆藏文献信息建设，以师生需求为导向制定馆藏文献建设发展规划；学校要将《推荐书目》作为馆藏建设的主要参考依据，合理配置纸质图书。

2. 教育部组织开展全国中小学图书馆图书审查清理专项行动

“全国中小学图书馆图书审查清理专项行动启动工作会”11月5~6日在安徽省合

肥市举行。教育部基础教育司于10月发布《关于开展全国中小学图书馆图书审查清理专项行动的通知》（以下简称《通知》），指出此次中小学图书馆图书审查清理专项行动由教育部基础教育司组织，教育装备研究与发展中心参与实施，各省（区、市）教育行政部门负责本地图书（包括图书、期刊、电子读物）审查清理工作，科学编制工作方案，指导市、县教育行政部门和中小学校开展图书审查清理工作，及时汇总分析有关结果。根据部署，本次专项行动力求做到在学生、教师选书之前把好关口，以品质优良的图书满足师生的精神需求。《通知》指出，中小学校园图书资源的改善须建立和完善长效机制：一方面，各级教育主管部门要从制度要求、财力支持上，确保所辖中小学校图书馆能够定期补充图书资源；另一方面，教育主管部门应与相关中小学校齐心协力，以规范的馆藏图书质量标准、严格的图书剔旧举措，使中小学图书馆藏书把关常态化，使校园书香更为醇厚、教育之美愈益彰显。按照计划，教育部门将定期开展图书剔旧更新，确保中小学图书馆每年生均新增（更新）纸质图书不少于一本，建立图书采购责任机制，把好新增图书入口关。

3. 国家标准《中小学图书馆评估指标》通过全国图书馆标准化技术委员会审查

由中国教育装备行业协会牵头，北京市教育技术设备中心、上海市教委教育技术设备中心、北京师范大学、北京教育学院、首都师范大学等单位的管理和专业技术人员参与编制的我国学校图书馆领域首个国家标准《中小学图书馆评估指标》，于2019年8月通过全国图书馆标准化技术委员会中期审查。经过对征求意见稿的反复修改，该标准送审稿于12月通过了全国图书馆标准化技术委员会专家组的集中审查，进一步完善后将进入国家标准发布报批程序。

（二）学校图书装备建设

1.“京津冀中小学图书馆建设、合作与发展论坛”举办

3月29日，“京津冀中小学图书馆建设、合作与发展论坛暨京津冀阅读指导课教学风采展示交流活动”在河北省唐山市召开。本次论坛由北京市教育技术设备中心、天津市教育委员会教育技术装备中心、河北省教育技术装备管理中心共同主办，由唐山市教育局承办。本次论坛以“展示、交流、共进”为主题，包含五个环节，围绕阅读指导、阅读课程、阅读教学经验分享与展示进行。本次论坛的举办对推进京津冀三地基础教育图书装备的协同发展具有十分积极的影响。

2. 推进书香校园建设——“中国图书馆学会中小学图书馆分会 2019 年工作会议”召开

6月16日，“中国图书馆学会中小学图书馆分会2019年工作会议”在湖北省武汉市召开。会议部署了2019年的重点任务：学会要继续专项资助“中小学图书馆评估定级标准研究”工作，尽快开展中小学图书馆评估工作，以评估助推图书馆良好发展；学会在2019年将组织图书馆工作者研修班，召开“云图书馆助推OTO阅读论坛暨云图书

馆建设与发展工作会议”，筹建“学前教育图书配备研究会”。

3. 朱永新提出将农家书屋与乡村中小学图书馆建设合二为一

7月23日，全国政协“加强农村基本公共文化服务建设”专题协商会上，全国政协常委、副秘书长、民进中央副主席朱永新提出，由于我国城乡发展差异巨大，乡村文化基础设施总体落后，广大农民群众整体文化水平有限、阅读习惯还未普遍养成，在乡村巩固宣传思想文化阵地、建设先进文化、培育文明风尚、提升农民精神追求的任务还较重，农家书屋工程的实效性还有待提高，可将农家书屋与乡村中小学图书馆建设合二为一，着力解决学校图书配备品质较低、图书馆利用率低、对阅读重视不够、缺乏阅读课程和活动等问题。朱永新建议将农家书屋和基层图书馆的互联互通进行制度化设计，通过两个体系的资源整合，提升基层公共文化服务效能。

4.《爱阅小学图书馆基本配备书目（2018版）》发布

8月20日，由爱阅公益基金会组建专家团队研发的《爱阅小学图书馆基本配备书目（2018版）》在国家图书馆正式发布。该书目包含三个部分：“学生书目”4000本，按小学低、中、高三个学段列出；“班级书目”600本，按小学1~6年级每个年级列出；“教师书目”200本。《爱阅小学图书馆基本配备书目》每两年更新一次。据统计，2018版书目增加了400册2017~2018年新出版的图书，较2016版书目更新幅度达30%。此次入选图书中，低年级图书有1400本、中年级图书有1300本、高年级图书有1300本；文学、人文、科学的童书数量分别占比63%、21%、16%；涵盖中国、美国、英国、日本、法国、德国等47个国家的出版物，其中中国原创图书占比40%。

5. 首届“全国中小学智慧图书馆建设与发展论坛”举办

11月16日，由中国信息协会教育分会、中国图书馆学会中小学图书馆分会共同主办的首届“全国中小学智慧图书馆建设与发展论坛”在江苏省南京市举办。此次论坛旨在贯彻落实《教育部关于印发〈中小学图书馆（室）规程〉的通知》精神，深入探讨中小学智慧图书馆建设的理论与实践问题，引领和推动全国中小学智慧图书馆建设，促进信息技术与教育教学教科研实现充分融合应用。

6.“河北省中小学馆配图书服务中心”成立

11月28日，“河北省中小学馆配图书服务中心”授牌仪式在河北数字印刷产业园举行。河北省中小学馆配图书服务中心的成立，对于进一步提高河北省中小学图书馆（室）馆藏质量，推进基础教育改革，避免不合理的低价中标采购，杜绝劣质、侵权、不适宜的图书进入中小学，让真正的经典好书进入河北省中小学校园等工作具有重要意义。

7. 首届福建省中小学图书馆家具设计大赛落幕

由福建省教育学会中小学图书馆专业委员会、福建省少年儿童图书馆主办的首届福建省中小学图书馆家具设计大赛于12月10日落下帷幕。此次大赛旨在加强中小学对图书馆阅读环境建设的重视、提高师生的阅读兴趣、助力全民阅读活动蓬勃发展。赛事分图书馆系列化家具设计、符合阅读需求的图书馆单品家具设计两个类别，大赛选手围绕图书馆空间载体，从儿童生理、心理角度出发剖析当代图书馆设计潮流趋势，以板式家具为主、软体家具为辅进行图书馆家具设计。

8. 地方学校图书馆建设

江西省九江市双峰小学建成智能图书室，每个智能图书室有8个橱窗，可容纳200多册图书。智能图书室不需要人员值守，全天候24小时运行，突破了学校传统图书室开放时间的限制，学生可通过人脸识别或刷卡自助借书、还书，借阅体验显著提升。

北京景山学校图书馆历时近三年的改造工程竣工，于4月2日复馆。改造后的图书馆空间结构、整体布局更趋合理，既是学校的文献和信息资源中心，又提供了多功能、多用途、开放式的新型教学空间，更好地满足了师生阅读、交流展示、小组讨论、学生社团活动等多样化需求。

天津市第二新华中学智慧校园图书馆建设完成，于5月开放。该智慧图书馆顺应校园信息化的发展，自助借还书机、RFID安全通道门、阅览设备一应俱全，阅览环境宽敞、优雅、舒适，实现了现代化、自助化、人性化。

（三）学校图书馆工作要闻

1.“上海市中小学图书馆建设与应用年度工作推进会”召开

1 月 22 日，“上海市中小学图书馆建设与应用年度工作推进会”在上海市宜川中学召开，来自 16 个区教育局图书馆工作委员会的负责人员以及上海市中小学校长、中小学图书馆馆长代表约 150 人出席会议。会议对 2018 年上海市中小学图书馆的工作情况做了系统回顾，对于上海市中小学图书馆在建设与应用、拓展图书馆功能、积极加强数字文献资源建设等方面予以肯定，同时提出 2019 年图书馆工作的展望，指出今后在进一步优化图书馆工作委员会工作机制同时，上海市将扎实推进“城乡义务教育一体化”工程，加强图书馆资源建设，实时开展中小学图书馆建设与运行分级评估，加强图书馆队伍建设，整合资源，提升工作能效，促进中小学图书馆规范化、科学化、现代化建设和全面发展。

2. 浙江省杭州市滨江区中小学图书馆免费向市民开放

3月11日起，浙江省杭州市滨江区教育局率先在6所中小学试点，学生家长凭借学生市民卡就可以到学校图书馆借阅图书。4月起，该政策覆盖了该区的公办中小学。9月1日起，滨江区中小学学校图书馆的67.3万册馆藏图书向全体市民开放。借阅图书者首次进入学校时须通过身份证和人脸识别的双重认证。学校图书馆的借阅规则和时间“因校制宜”，多数学校规定每人每卡可借2本图书，10天为一个借阅周期。

3.“第四批全国中小学科普共享图书馆授牌仪式”举行

10月10日，由中国关心下一代工作委员会、中国科普作家协会、中国古动物馆等单位主办的“第四批全国中小学科普共享图书馆授牌仪式暨科学家作家进校园系列公益活动”在新疆伊宁市举行。这次活动向伊宁市第三小学、第十九小学、第二十三小学等六所中小学校颁发了全国中小学科普共享图书馆证书。据了解，全国中小学科普共享图书馆及全国青少年共享中心公益项目计划在全国创建3000所科普共享图书馆，服务中小学校、青少年科技中心、社区等，在新疆拟创建300所。项目还将定期举办科学家、作家与学生面对面交流活动。

4. 江苏省苏州市姑苏区首创“公共馆+校园馆”图书馆服务体系

12月11日，姑苏区教育图书馆项目合作签约仪式在苏州市举行，在全国教育系统内率先启动“公共馆+校园馆”图书馆服务体系建设。该图书馆不仅对市民全面开放，还将承担全区校园中心馆职能，以“中心馆+服务点”作为运行模式，实现与全区40多个校园服务点通借通还，使姑苏区小学生不出校门就能借阅到区内任何一所小学图书馆的可借阅图书。

（四）学校图书馆员队伍建设

1. 2019年江西省中小学图书馆骨干管理人员培训班举行

8月8~11日，江西省中小学图书馆骨干管理人员培训班举行。此次培训的主题是宣传贯彻教育部颁布的《新规程》，提升全省中小学图书馆管理人员的专业素养和业务能力，推进阅读推广，建设书香校园。培训班共安排两场专家讲座、六个优秀案例经验分享，来自省内教育技术装备部门分管图书业务工作的同志及中小学图书馆骨干管理人员共200余人参加了培训。

2. 安徽省教育厅组织2019年中小学图书馆管理人员培训

为进一步做好中小学图书馆（室）馆配图书适宜性评价工作，提升中小学图书馆管理人员的业务能力和综合素养，2019年安徽省中小学图书馆管理人员培训分别于9月20日、27日在淮南市、黄山市举行。全省教育装备部门相关同志和中小学图书馆工作人员共450余人参加了培训。本次培训以文献信息资源建设为切入点，重点解读了中小学图书馆在图书剔旧工作中应掌握的原则与方法，有助于参会人员系统、全面、准确地学习、理解适宜性评价工作。

3. 2019年上海市中小学图书馆新任馆员培训活动举行

2019年上海市中小学图书馆新任馆员培训活动在9月17日至11月14日举行。培训活动由上海市教育委员会中小学图书馆工作委员会、上海市教育委员会教育技术装备中心、上海市教育学会中小学图书馆专业委员会联合举办。培训过程中，学员走进上海交大附中图书馆，对图书馆整体布置和环境设计，多媒体、新媒体在图书管理中的应用与拓展，图书编目方法的实践操作等进行了详细的学习和操作实践。据悉，上海市中小学图书馆新任馆员培训已经连续举办23年，旨在切实提升新任馆员的专业素质能力，搭建交流分享的高效畅通平台。

4. 北京市2019年中小学图书管理员培训班举办

北京市教育技术设备中心于 11 月 7 日举办 2019 年北京市中小学图书管理员培训班。

培训班旨在进一步加强北京市中小学图书管理员工作能力和管理水平，提升图书馆教师专业素养和业务知识，打造一支专业化、现代化的馆员队伍，来自全市中小学图书馆的350多名图书馆教师参加了培训。本次培训的主题包括“中小学图书馆员信息化建设与管理”“中小学图书馆员如何应对信息素养教育”“如何落实图书清理审查标准”等。

二、学校图书装备年度数据统计分析

（一）全国中小学图书馆馆舍面积情况

1. 小学图书馆馆舍面积

根据教育部教育统计数据，2019年全国小学图书馆馆舍总面积2410.13万平方米，较2018年增加97.34万平方米，增幅4.21%；校均面积150.45平方米，比2018年增加7.51平方米。城区小学馆舍面积693.90万平方米，镇区小学馆舍面积767.69万平方米，乡村小学馆舍面积948.54万平方米（见表1）。

表1　小学图书馆馆舍面积

区域	馆舍面积/万平方米
城区	693.90
其中：城乡结合区	135.59
镇区	767.69
其中：镇乡结合区	247.32
乡村	948.54
合计	2410.13

与2018年相比，增幅最大的是城区馆舍面积，增加56.95万平方米，增幅8.94%；镇区和乡村馆舍面积增幅分别为3.54%和1.51%。2017~2019年小学图书馆馆舍面积情况如图1所示。

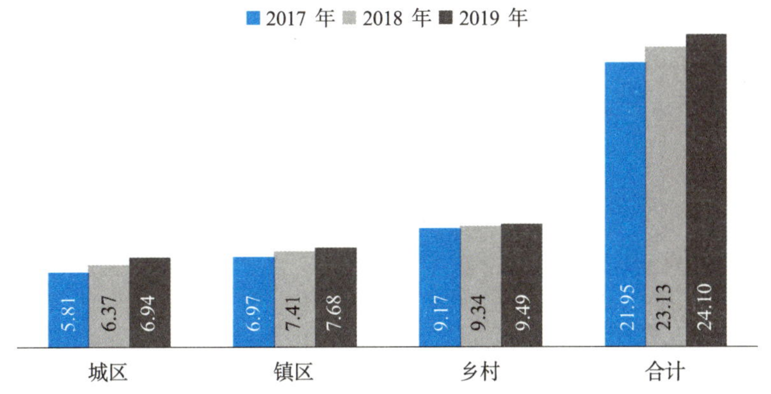

图1　2017~2019年全国小学图书馆馆舍面积（单位：百万平方米）

2. 中学图书馆馆舍面积

根据教育部教育统计数据，2019年全国中学（高中及初中）图书馆馆舍总面积3593.84万平方米，较2018年增加165.76万平方米，增幅4.84%；校均面积541.24平方米，比2018年增加19.46平方米。城区中学馆舍面积1712.29万平方米，镇区中学馆舍面积1536.38万平方米，乡村中学馆舍面积345.18万平方米（见表2）。

表2 中学图书馆馆舍面积

区域	馆舍面积/万平方米
城区	1712.29
其中：城乡结合区	299.23
镇区	1536.38
其中：镇乡结合区	393.40
乡村	345.18
合计	3593.85

与2018年相比，增幅最大的是城区馆舍面积，增加95.10万平方米，增幅5.88%；镇区馆舍增加60.10万平方米，乡村馆舍增加10.58万平方米，增幅分别为4.07%和3.16%。2017~2019年中学图书馆馆舍面积情况如图2所示。

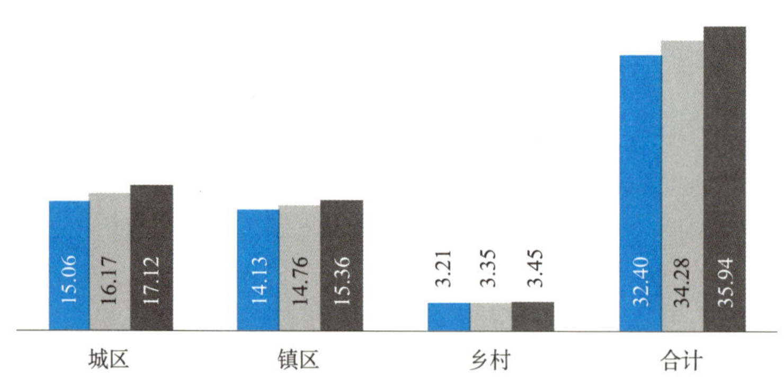

图2 2017~2019年中学图书馆馆舍面积（单位：百万平方米）

（3）2017~2019年各省（区、市）中小学图书馆馆舍面积

2017~2019年，全国31个省（区、市）小学、中学图书馆馆舍面积统计情况如表3、表4所示。

表3 2017~2019年各省（区、市）小学图书馆馆舍面积

地区	馆舍面积/m²		
	2019年	2018年	2017年
北京	189044.23	187010.04	181499.62

续表

地区	馆舍面积/m²		
	2019年	2018年	2017年
天津	138025.07	126732.52	122534.15
河北	1562390.24	1519925.78	1449891.51
山西	535956.32	523374.00	512711.67
内蒙古	310683.04	306149.29	306793.58
辽宁	364757.78	358068.27	351878.40
吉林	319225.57	327667.74	341767.78
黑龙江	178100.27	189978.96	206286.80
上海	251000.36	235105.61	203307.05
江苏	1698659.15	1525586.70	1411144.47
浙江	1010536.10	941408.64	870394.49
安徽	1178304.61	1169896.83	1108247.36
福建	782629.84	745882.79	698585.54
江西	896162.41	877573.37	826142.79
山东	1866883.26	1825822.00	1710474.56
河南	2067117.85	2055343.73	1917230.96
湖北	845662.45	815759.40	808987.45
湖南	1051458.55	1008745.91	979425.28
广东	1970927.80	1895004.43	1852201.80
广西	1088433.25	1065490.56	990368.36
海南	173318.81	162218.77	149494.74
重庆	411973.20	402999.97	383251.69
四川	1145217.94	1022986.24	966504.62
贵州	726935.26	704234.25	682401.84
云南	1088997.13	1055704.46	958919.53
西藏	74852.21	66495.93	70929.37
陕西	719325.59	693748.24	662402.04
甘肃	548638.78	519350.82	497742.06
青海	130946.39	129296.64	137227.54
宁夏	148392.86	149273.99	138812.87
新疆	626736.59	521067.44	457034.70

表4　2017~2019年各省（区、市）中学图书馆馆舍面积

地区	馆舍面积/m²		
	2019年	2018年	2017年
北京	417886.25	407784.66	385915.81
天津	260884.27	256132.74	248650.22
河北	1803763.89	1706999.92	1622183.90
山西	1025328.34	976989.79	966013.24
内蒙古	593137.54	593076.46	581710.16
辽宁	777807.87	754923.23	739032.83
吉林	396046.07	405556.46	408595.84
黑龙江	482290.64	456741.75	439175.95
上海	617367.56	592339.84	547485.03
江苏	3265090.64	3165091.57	2990967.65
浙江	2168240.72	2045399.47	1898059.72
安徽	1703298.69	1619859.88	1475561.96
福建	1403415.67	1351403.69	1293561.65
江西	1343416.54	1245624.35	1145457.91
山东	2797120.59	2719848.27	2567941.59
河南	2060235.59	1927340.50	1795461.71
湖北	1102385.84	1050173.41	1010397.59
湖南	1785969.22	1692006.90	1589059.02
广东	3157998.67	2962877.94	2839255.19
广西	1148281.3	1099821.33	972251.53
海南	279897.73	272317.71	259422.36
重庆	621916.96	601305.97	562701.04
四川	1781018.31	1659350.22	1567091.66
贵州	1052692.92	988661.18	951100.52
云南	1127056.56	1093798.25	1036400.06
西藏	74760.47	90503.80	65637.64
陕西	897376.38	830438.50	811511.85
甘肃	642668.04	615199.00	578531.69
青海	201763.1	192286.71	180233.99
宁夏	208083.17	195191.10	191476.48
新疆	741203.39	711742.31	687440.13

从各省（区、市）中小学图书馆馆舍面积统计数据来看，2019年小学馆舍面积排名前五位的分别为河南、广东、山东、江苏和河北；除黑龙江、吉林和宁夏外，各省（区、市）小学馆舍面积均较2018年有所增长，增长量排名前五位的分别为江苏、四川、新疆、广东和浙江，增长幅度列前五位的分别为新疆（20.28%）、西藏（12.57%）、四川（11.95%）、江苏（11.34%）和天津（8.91%）。2019年中学馆舍面积排名前五位的分别为江苏、广东、山东、浙江和河南；与2018年相比，中学馆舍面积增长幅度列前五位的分别为陕西（8.06%）、江西（7.85%）、四川（7.33%）、河南（6.90%）和宁夏（6.60%），西藏、吉林的中学馆舍面积有所减少，西藏的减幅达到了17.40%。

（三）中小学图书馆馆藏图书情况

1. 小学图书馆图书藏书数量

2019年，全国小学图书馆馆藏图书（含期刊）总量249247.52万册，其中城区小学馆藏总量89239.73万册（含城乡结合区小学馆藏15666.18万册），镇区小学馆藏总量90291.45万册（含镇乡结合区小学馆藏25800.02万册），乡村小学馆藏总量69716.34万册（见表5）。

表5　小学图书馆馆藏图书数量

区域	馆藏图书/万册
城区	89239.73
其中：城乡结合区	15666.18
镇区	90291.45
其中：镇乡结合区	25800.02
乡村	69716.34
合计	249247.52

2017~2019年，小学图书馆馆藏图书情况如表6所示。

表6　2017~2019年小学图书馆馆藏图书数量

年份	馆藏图书/万册			
	城区	镇区	乡村	合计
2019年	89239.73	90291.45	69716.34	249247.52
2018年	83965.24	87145.43	69183.43	240294.10
2017年	77927.41	82728.80	68198.80	228855.02

与2018年相比，2019年小学图书馆总藏书量增长8953.42万册，增幅3.73%，比2018年的增幅下降1.27个百分点。其中，城区小学图书馆总藏书量增幅6.28%，镇区小学图书馆总藏书量增幅3.61%，乡村小学图书馆总藏书量增幅0.77%。虽然2019年城区、镇区、乡村小学图书馆总藏书量均有所增长，但增长速度均比2018年有所放缓。

2. 中学图书馆图书藏书数量

2019年，全国中学图书馆馆藏图书（含期刊）总量272806.93万册，其中城区中学馆藏总量115508.25万册（含城乡结合区中学馆藏20135.67万册），镇区中学馆藏总量125395.90万册（含镇乡结合区中学馆藏30844.70万册），乡村中学馆藏总量31902.78万册（见表7）。

表7　中学图书馆馆藏图书数量

区域	馆藏图书/万册
城区	115508.25
其中：城乡结合区	20135.67
镇区	125395.90
其中：镇乡结合区	30844.70
乡村	31902.78
合计	272806.93

2017~2019年，中学图书馆馆藏图书情况如表8所示。

表8　2017~2019年中学图书馆馆藏图书数量

年份	馆藏图书/万册			
	城区	镇区	乡村	合计
2019年	115508.25	125395.90	31902.78	272806.93
2018年	109523.57	122028.43	31465.68	263017.67
2017年	102641.59	117046.24	30900.55	250588.36

与2018年相比，2019年中学图书馆总藏书量增长9789.26万册，增幅3.72%，比2018年增幅下降了1.24个百分点。其中，城区中学图书馆总藏书量增加5984.68万册，增幅5.46%，镇区中学图书馆总藏书量增加3367.47万册，增幅2.76%，乡村中学图书馆总藏书量增长437.10万册，增幅1.39%。需要指出的是，乡村中学图书馆的总藏书量自2012年起至2017年均呈逐年减少趋势，2018年才重新实现增长。

3. 2017~2019年各省（区、市）中小学图书馆馆藏图书情况

全国31个省（区、市）2017~2019年小学、中学图书馆馆藏图书总量如表9、表10。

表9　2017~2019年各省（区、市）小学图书馆馆藏图书数量

地区	馆藏图书/万册		
	2019年	2018年	2017年
北京	2769.57	2775.75	2794.99
天津	2277.57	2187.35	2081.01

续表

地区	馆藏图书/万册		
	2019年	2018年	2017年
河北	18695.40	18044.89	17074.58
山西	4781.03	4726.05	4655.78
内蒙古	2800.02	2695.51	2603.01
辽宁	5800.78	5791.97	5593.83
吉林	3429.68	3424.55	3508.89
黑龙江	2270.43	2294.77	2297.23
上海	2697.77	2665.74	2641.53
江苏	14930.00	14106.59	13206.31
浙江	11913.58	11257.65	10573.44
安徽	8834.11	8400.50	7738.47
福建	8703.39	8309.06	7824.99
江西	7171.22	7009.14	6707.23
山东	20418.85	20109.15	19637.90
河南	20186.29	19716.63	18586.90
湖北	9818.90	9599.97	9437.00
湖南	11553.30	10987.27	10483.59
广东	21759.25	21144.65	20400.90
广西	15207.30	14432.33	12862.29
海南	1523.44	1463.39	1396.78
重庆	3488.04	3379.03	3300.86
四川	9054.90	8794.87	8553.40
贵州	9039.88	8722.50	8327.50
云南	9635.46	9389.94	8839.63
西藏	596.24	566.18	525.46
陕西	8831.13	8465.88	7967.82
甘肃	4065.48	3881.85	3769.48
青海	1232.15	1180.68	1111.00
宁夏	1304.27	1293.32	1217.92
新疆	4458.10	3476.94	3135.30

表10　2017~2019年各省（区、市）中学图书馆馆藏图书数量

地区	馆藏图书/万册		
	2019年	2018年	2017年
北京	3115.71	3072.81	3008.08
天津	2374.49	2334.90	2236.35
河北	16436.69	15837.44	14535.82
山西	5981.01	5903.83	5796.51
内蒙古	3547.54	3553.05	3379.01
辽宁	7086.46	7047.16	6831.27
吉林	3951.89	3937.11	3845.35
黑龙江	3951.66	3935.63	3764.67
上海	4162.04	4132.61	4052.69
江苏	15728.30	14933.05	14200.69
浙江	13428.23	12626.99	11886.22
安徽	10379.96	9836.26	9353.81
福建	8440.84	8027.79	7671.48
江西	9982.36	9295.24	8541.56
山东	22087.61	21185.21	20357.91
河南	17604.00	16966.01	15909.19
湖北	8837.58	8565.51	8392.82
湖南	12444.59	11778.20	10762.79
广东	26192.60	25733.93	25225.60
广西	12237.63	11734.44	10520.17
海南	1933.27	1834.53	1753.31
重庆	4349.45	4120.26	3919.57
四川	15313.01	14867.94	14436.79
贵州	10800.05	10478.90	10329.00
云南	9522.34	9324.53	8472.18
西藏	531.46	501.03	484.81
陕西	8971.12	8680.33	8506.22
甘肃	5157.28	5008.40	4822.22
青海	1648.34	1602.89	1498.29
宁夏	1528.92	1489.43	1441.92
新疆	5080.49	4672.27	4652.07

统计数据来看，2019年小学图书馆馆藏图书总量超过1亿册的依次为广东（2.18亿册）、山东（2.04亿册）、河南（2.02亿册）、河北（1.87亿册）、广西（1.52亿册）、江苏（1.49亿册）、浙江（1.19亿册）和湖南（1.16亿册）；不足3000万册的有9个，依次为内蒙古、北京、上海、天津、黑龙江、海南、宁夏、青海、西藏；馆藏总量增幅最大的是新疆（28.22%），增幅排在后四位的分别是江苏（5.84%）、浙江（5.83%）、广西（5.37%）、西藏（5.31%）；馆藏总量下降的有黑龙江（-1.06%）和北京（-0.22%）。

2019年中学图书馆馆藏图书总量超过1亿册的依次为广东（2.62亿册）、山东（2.21亿册）、河南（1.76亿册）、江苏（1.57亿册）、四川（1.53亿册）、浙江（1.34亿册）、湖南（1.24亿册）、广西（1.22亿册）、安徽（1.04亿册）和贵州（1.08亿册）；不足3000万册的有5个，依次为天津、海南、青海、宁夏、西藏；馆藏总量增幅最大的是新疆（8.74%），增幅排在后四位的分别是江西（7.39%）、浙江（6.35%）、西藏（6.07%）和湖南（5.66%）；馆藏总量下降的是内蒙古，减少了5.51万册。

（四）馆藏图书生均册数情况

1. 小学图书馆馆藏图书生均册数及变化

2019年，全国小学图书馆生均册数为23.60册，较2018年略有增长（增幅1.55%），但仍未达到《新规程》所规定的小学生均藏书册数标准（生均25册）。2016~2019年小学图书馆馆藏图书生均册数变化情况如图3所示。

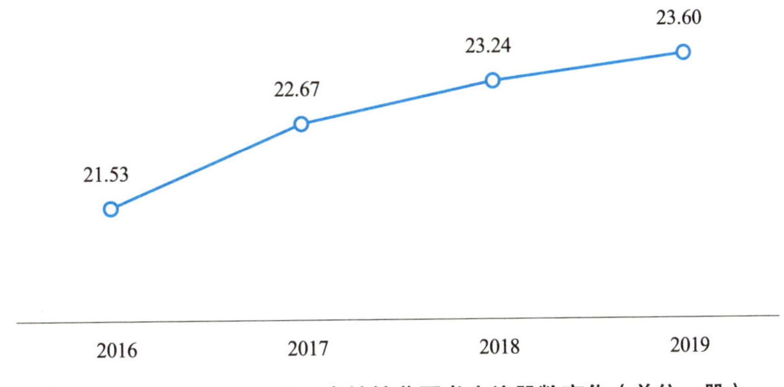

图3　2016~2019年小学图书馆馆藏图书生均册数变化（单位：册）

2. 中学图书馆馆藏图书生均册数及变化

2019年，全国中学图书馆生均册数为37.67册，较2018年增长0.25册（增幅0.67%）。与《新规程》规定的生均藏书册数标准（初中35册、高中45册、完全中学40册）相比，中学图书馆生均藏书册数仍然不足。2016~2019年中学图书馆馆藏图书生均册数变化情况如图4所示。

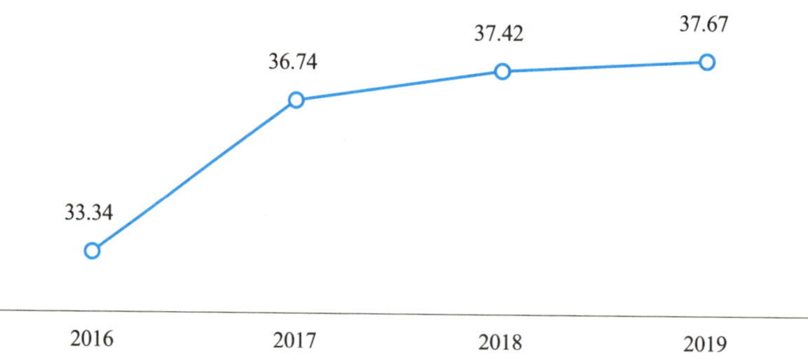

图4　2016~2019年中学图书馆馆藏图书生均册数变化（单位：册）

3. 2017~2019年各省（区、市）小学图书馆馆藏图书生均册数

2017~2019年各省（区、市）小学图书馆馆藏图书生均册数如表11所示。

表11　2017~2019年各省（区、市）小学图书馆生均馆藏图书数量

地区	生均馆藏图书/册			
	2019年	2018年	2017年	2019年增加
北京	29.41	30.40	31.91	-0.99
天津	32.44	32.49	32.11	-0.05
河北	27.53	27.39	26.80	0.14
山西	20.85	20.68	20.41	0.17
内蒙古	20.54	20.09	19.64	0.45
辽宁	29.74	29.63	28.75	0.11
吉林	28.93	28.49	28.57	0.44
黑龙江	17.76	17.40	16.69	0.36
上海	32.65	33.31	33.65	-0.66
江苏	26.07	25.17	24.45	0.9
浙江	32.45	31.22	29.87	1.23
安徽	19.12	18.39	17.57	0.73
福建	26.03	25.85	25.48	0.18
江西	17.43	16.64	15.86	0.79
山东	27.65	27.70	27.72	-0.05
河南	19.94	19.82	18.93	0.12
湖北	26.08	26.19	26.62	-0.11
湖南	21.85	21.05	20.49	0.8
广东	21.06	21.39	21.66	-0.33
广西	30.72	30.27	27.74	0.45
海南	17.86	17.59	17.26	0.27
重庆	16.91	16.13	15.72	0.78

续表

地区	生均馆藏图书/册			
	2019年	2018年	2017年	2019年增加
四川	16.29	15.83	15.50	0.46
贵州	23.28	23.46	23.00	-0.18
云南	25.02	24.74	23.56	0.28
西藏	17.49	17.35	16.67	0.14
陕西	31.81	31.87	31.58	-0.06
甘肃	20.94	20.47	20.31	0.47
青海	24.72	24.29	23.89	0.43
宁夏	22.33	22.24	20.95	0.09
新疆	17.10	14.33	13.71	2.77

由数据可知，2019年，各省（区、市）小学图书馆馆藏图书生均册数比2018年下降的有8个，分别为北京、天津、上海、山东、湖北、广东、贵州和陕西，减少册数最多的为北京（0.99册），其次为上海（0.66册）、广东（0.33册）。2019年，部分地区的生均藏书册数超过了《新规程》规定的25册/人，其中天津、上海、浙江、广西和陕西生均藏书册数超过30册。

（4）2017~2019年各省（区、市）中学图书馆馆藏图书生均册数

2017~2019年各省（区、市）中学图书馆馆藏图书生均册数如表12所示。

表12　2017~2019年各省（区、市）中学图书馆生均馆藏图书数量

地区	生均馆藏图书/册			
	2019年	2018年	2017年	2019年增加
北京	67.54	70.73	69.89	-3.19
天津	51.40	53.05	52.52	-1.65
河北	37.48	38.01	37.35	-0.53
山西	33.19	32.49	32.17	0.7
内蒙古	33.17	33.58	32.04	-0.41
辽宁	43.85	44.21	42.88	-0.36
吉林	36.83	36.83	37.24	0
黑龙江	26.96	26.57	25.78	0.39
上海	68.19	69.96	71.02	-1.77
江苏	45.26	46.11	46.86	-0.85
浙江	55.46	52.97	50.97	2.49
安徽	31.68	31.06	30.11	0.62

续表

地区	生均馆藏图书/册			
	2019年	2018年	2017年	2019年增加
福建	42.12	41.79	41.40	0.33
江西	30.66	30.20	29.69	0.46
山东	41.82	41.55	41.14	0.27
河南	25.72	25.63	25.07	0.09
湖北	35.27	35.52	36.39	-0.25
湖南	33.60	32.90	31.26	0.7
广东	45.73	46.27	46.25	-0.54
广西	37.13	37.11	34.96	0.02
海南	35.70	35.09	34.76	0.61
重庆	25.11	24.92	24.62	0.19
四川	37.03	37.10	36.98	-0.07
贵州	38.78	37.21	36.36	1.57
云南	34.57	34.20	31.30	0.37
西藏	25.89	26.22	26.44	-0.33
陕西	49.64	48.01	47.09	1.63
甘肃	36.63	35.29	33.64	1.34
青海	46.88	45.86	45.45	1.02
宁夏	33.81	34.00	33.69	-0.19
新疆	33.74	31.69	46.28	2.05

由数据可知，2019年，各省（区、市）中学图书馆馆藏图书生均册数均比2018年下降的有12个，分别为北京、天津、河北、内蒙古、辽宁、上海、江苏、湖北、广东、四川、西藏和宁夏，减少册数最多的是北京（3.19册），其次是上海（1.77册）和天津（1.65册）。

三、学校图书装备年度成绩与问题分析

（一）落实《新规程》，教育部部署的全国性学校图书馆工作卓有成效

2019年，教育部所属相关单位在教育部基础教育司领导下，在全国范围内推进学校图书馆工作，在《新规程》指导思想的宣传、具体条款的落地，突破制约学校图书馆建设与发展的瓶颈方面统筹推进，取得了显著成效。

1.《推荐书目》在书目建设领域发挥权威统领作用

近年来，针对中小学图书馆、中小学生的各种推荐书目的编制和发布比较活跃，

从一定程度上反映了各界对中小学生阅读、馆藏资源建设的关注。然而，各类书目的编制质量和适用范围参差不齐，缺少与《新规程》相匹配的全国统一的官方指导性书目。2019年，教育部组织开展“向全国中小学图书馆（室）推荐优秀图书的活动”并列入了教育部年度重点工作。经出版社申报、专家审读、结果公示以及中央宣传部推荐等环节，在教育部基础教育司领导下，由教育部基础教育课程教材发展中心在往年工作的基础上研制了《推荐书目》，由教育部办公厅发布。推荐书目将作为中小学图书馆馆配图书的重要参考依据，在把住图书馆馆藏建设第一关方面具有重要作用。

2. 全国中小学图书馆图书审查清理专项行动为优化馆藏结构做实基础工作

2019年教育部部署开展全国中小学图书馆图书审理清理专项行动，明确了审查清理的标准和自查、清理、抽查的实施程序，给出了具体的工作要求和可操作性强的统计报表。各省（区、市）在全国启动会召开后，相继召开启动会动员部署专项工作。此项工作还得到了新闻出版部门和企业的配合，中宣部出版物数据中心（中国版本图书馆）依托其权威数据和优势资源，与企业合作开发了“中小学图书馆复选与剔除工具”，以微信小程序形式授权广大中小学图书馆注册使用。此次图书审查清理活动的开展，有助于摸清中小学图书馆的馆藏家底，在使现有馆藏更加纯净的同时，发现馆藏缺口，为下一步补充馆藏、建立合理的馆藏结构做好前期基础工作。

（二）未成年人阅读率、阅读量增加，有声阅读受到欢迎，书香校园建设取得成效

中国新闻出版研究院第十七次全民阅读调查报告显示，2019年我国0~17周岁未成年人的人均图书阅读量为10.36本，比2018年增加了1.45本。14~17周岁青少年课外图书的阅读量最大，为12.79本，较2018年增加了1.23本。0~17周岁未成年人图书阅读率、阅读量均有所增长。

2019年，我国有三成以上（31.2%）的国民有听书习惯，其中0~17周岁未成年人的听书率为34.7%，较2018年的平均水平提高了8.5个百分点。具体来看，0~8周岁儿童的听书率为36.5%，9~13周岁少年儿童的听书率为30.5%，14~17周岁青少年的听书率为35.8%。

未成年人阅读情况的变化，反映了2019年我国书香校园建设取得的成绩。同时，未成年人课外阅读量的增加和听书习惯的形成也向社会各界提出了更高的要求，如何更好地满足其阅读需求，在阅读内容方面如何加以引导，值得进一步思考。

（三）管理和业务工作的规范性有待提升

随着学校图书馆采编业务外包的出现，在馆配图书、编目数据、图书加工与排架的规范性方面，有些图书馆存在校审不及时或图书馆员因缺少专业训练校审不到位的现象，导致书目数据库规范性不足、错架、书标粘贴有误、图书验收登录账目不够完备和清晰等问题频发。总体来看，我国区域之间、校际之间的图书馆管理和业务工作水平差距依然较大，学校图书馆各项工作的规范化仍应长抓不懈。

（四）学校图书馆参与学生信息素养教育空间很大

信息素养已成为21世纪每个公民的必备素养，信息素养教育是图书馆职业提升社会影响力最有力的手段之一。为推动中国公民信息素养教育的普及与发展，进一步扩大图书情报学和图书情报事业的社会影响，中国图书馆学会和武汉大学信息管理学院等单位在“2019年中国图书馆年会”期间，联合全体图书情报学界与业界同人共同发起《中国公民信息素养教育提升行动倡议》。倡议提出：面向国家信息化战略需求，构建中国公民信息素养培养体系；面向国家教育创新战略需求，推动优质信息素养教育资源建设与共享；面向国际信息素养教育新环境，建立中国信息素养教育论坛；面向国家文化走出去战略需求，传播信息素养教育的中国声音。中小学生的信息素养教育也不只是信息技术教师的职责，中小学图书馆应积极参与其中，与高校图书馆、公共图书馆协作，与信息技术教师协作，从新生入馆教育、文献检索课等系列图书馆课程体系、课程标准的构建入手，找到学校图书馆参与其中的切入点。

（五）PISA2018测试结果显示推广阅读刻不容缓

2019年12月，经济合作与发展组织公布了2018年国际学生评估项目（PISA2018）的测试结果。我国以北京、上海、江苏、浙江四省市作为整体参与此次测试，在全部79个参测国家（地区）对15岁学生的抽样测试中取得了全部3项科目（阅读、数学、科学）排名第一的成绩。阅读科目的测试结果显示：阅读素养方面，所有参测国家（地区）达到高水平的学生中有13.4%来自我国，排名第二；阅读兴趣方面，我国学生在参测国家（地区）中排名第一，阅读兴趣指数达0.97；阅读范围方面，我国学生阅读范围较广，24.8%的学生每月多次阅读两种类型的读物，19.2%的学生每月多次阅读三种类型的读物；阅读科目的学习时间方面，我国学生平均每周4.6小时，在参测国家（地区）中排第七位。以家庭藏书量作为衡量学生阅读习惯的一项指标来看，北京、上海、江苏、浙江学生的家庭藏书数量在100本以上的比例为36%，与其他亚洲国家（地区）相差不大，但低于一些高学业表现的西方国家（40%~43%）。PISA数据印证了国家推动广泛阅读的重要性，利用校内图书馆借阅图书等方法补充家庭藏书的不足，增加学生阅读量的举措值得大力推广。

四、学校图书馆领域年度研究成果综述

（一）成果数量及类型

以中国知网为检索工具，检索发表年为2019年（学位论文授予年度为2019年）且篇名包含“中学图书馆”、“小学图书馆”或“中小学图书馆”的文献，共有146篇，其中中文文献83篇；关键词包含“中学图书馆”、“小学图书馆”或“中小学图书馆”的文献，共有126篇。两项检索结果汇总去除重复后，共得到196篇。从数量

看，2019年与2018年、2017年基本持平。文献作者所属的机构包括民进中央委员会、中小学图书馆相关主管教育机构（含教育部教育装备与研究发展中心、教育部课程教材研究所、北京市教育技术设备中心）、高等院校（含北京师范大学、福建教育学院、广西师范大学、南京艺术学院、黑龙江大学等），但大部作者所属机构为中小学（含中等职业教育学校）。文献中除3篇硕士论文外，其余大部分为期刊和报纸上发表的论文，另有少量新闻报道。在国家图书馆、中国版本图书馆检索系统，以“中小学图书馆”为题名检索中文馆藏，未查到2019年有匹配的图书、音像出版物、电子出版物出版。

（二）受关注的热点问题

对研究主题进行分析发现，除阅读指导、馆员培训、图书馆管理、区域调研报告等常规选题外，2019年度受到关注的热点难点问题呈现较明显的时代特点，研究深度和角度较以往有所突破，如对《新规程》的解析、馆藏评价、信息资源配置、农村中小学图书馆、图书馆环境、读者健康、学科服务，等等。一些文章关注社会热点问题，研究视角特色鲜明，如朱永新的《重视农村孩子的“精神正餐”》、王德如的《基于教育新样态视阈下中小学图书馆创新发展的逻辑路径》、张楠的《面向大数据思维的中学图书馆学科服务研究》等。

许多论文基于委托课题项目、科研基金或课程建设基金项目，表明中小学图书馆领域的选题正在逐步引起科研管理部门的重视，如张文彦的《2003与2018年版〈中小学图书馆（室）规程〉比较研究》，岳盼、杜艳的《构建完善中小学图书馆信息资源配备与服务的路径》，张东娇、卢正天的《我国中小学图书馆服务评价指数的建构》，刘翠青的《澳大利亚中小学校图书馆教师馆员专业卓越标准探析及启示》等。

另外，通过对某一区域中小学图书馆存在的共性问题进行调研分析并得出解决方案类的研究，依然占有一定比重，北京、上海、福建、广州、安徽等地均有比较有价值的成果出现。

五、2020年学校图书装备工作展望与实施建议

（一）进一步落实《新规程》，巩固2019年度工作成果

《新规程》的学习和宣讲仍要继续，做到让每所学校图书馆、每位图书馆员充分理解《新规程》并能结合实际工作加以落实。全国中小学图书馆审查清理行动完成后，对取得的各项数据进行整理，形成全国中小学图书馆馆藏基本情况数据库，以《推荐书目》为年度藏书补充的主要依据，以《新规程》规定的生均藏书量为标准，科学规范地开展馆配图书工作。如前文所述，目前我国部分省（区、市）小学、中学生均藏书量仍未达到《新规程》规定的标准，部分地区生均藏书量有负增长的现象，表明图书馆藏书保障工作仍需加强。

（二）完善应急管理、安全管理和规范管理的各项制度

突如其来的新冠疫情对校园安全工作提出了新的挑战，作为室内公共活动场所的学校图书馆也同时受到了考验。制定和完善相应的突发事件应急管理规章，在保障图书馆藏书安全的同时，保护未成年人的生命健康和安全应成为一项重点工作。图书馆（室）不管规模大小，都应严格按照图书馆专业要求和学校管理的总体要求，加快相关制度的完善。

（三）读者服务在线化，为线上学习提供支持

学校图书馆可通过信息化建设提供在线的新型读者服务，以适应特殊时期线上教学的新要求。例如，通过微信公众号、微信群、QQ群、视频在线教学平台等渠道开展图书馆员与读者的互动；推送以入馆教育、阅读辅导、文献信息检索知识与技能为主要内容的读者教育课程；加强图书馆的数字资源建设与相关服务，协助学科教师做好学生在线学习的辅导，助力学生自主学习能力的提升。

（四）学生参与图书馆建设与管理

发挥学生读者在图书馆建设与管理中的积极作用。通过学生社团、学生志愿者等方式，招募学生参与图书馆书籍采购、阅读推广、服务管理等工作。学生参与图书馆的建设与管理工作，不仅有助于图书馆业务的开展，还有益于学生的全面发展。对图书馆员工作的体验，一方面可以滋养学生的爱书情怀，提高其利用图书馆的能力，另一方面可以培养其合作精神、规则意识，并提升其信息、人文素养，促进其科学严谨习惯的养成。

（五）培养并稳定工作和研究队伍

稳定的团队是图书馆开展服务、正常运转的基本条件，也是图书馆事业发展的关键因素。近些年，不少中小学图书馆员队伍得到了年轻化和专业化的改善，使学校图书馆的工作面貌得到了一定程度的改观，也推动了领域内研究与成果的产出。下一步工作中，相关单位可加强培训，通过挖掘榜样人物等形式，使工作有传承、学问有传承，进一步提升学校图书馆员的业务水平、服务能力和科研能力，建设一支稳定的工作和研究队伍。

（作者单位：曹青，北京教育学院；庞振华，北京四中；王海明，中国教育装备行业协会）

参考文献

[1]教育部. 2019年全国教育事业发展统计公报[EB/OL].（2020-05-20）. http：//paper.jyb.cn/zgjyb/html/2020-05/21/content_580165.htm?div=-1.

[2]教育部. 教育统计数据[DB/OL].（2020-06-10）. http：//www.moe.gov.cn/s78/A03/moe_560/jytjsj_2019/.

[3]侯杰泰. 教育体检PISA的启示：成绩卓越但仍需努力[EB/OL].（2019-12-04）. http：//www.moe.gov.cn/jyb_xwfb/moe_2082/zl_2019n/2019_zl94/201912/t20191204_410710.html.

[4]中国全民阅读网. 第十七次全国国民阅读调查成果发布[EB/OL].（2020-04-20）. http：//www.nationalreading.gov.cn/ReadBook/contents/6271/414891.shtml.

[5]赵实. 全国政协常委朱永新：农家书屋与乡村中小学图书馆可合二为一[EB/OL].（2019-07-24）. https：//www.thepaper.cn/newsDetail_forward_3992156.

2019年教育装备行业投融资发展分析

彭锦环　王乐京　甄栩栩

2019年，教育产业内交叉合作、组团竞争深化，线上线下融合加速。受全球经济大环境影响，资本向后期项目倾斜，一级市场持续遇冷，二级市场IPO热度依旧，并购重组频发。万亿市场吸引着产业内教育公司、互联网巨头、科技企业加速布局与落地。智慧教育呈现井喷发展态势。通信网络基础设施的普及，5G的应用，AI、大数据技术、边缘计算的发展，为教育信息化2.0打下牢固了基础。国家支持智能硬件行业面向教育需求，在远程教育、智能教室、虚拟课堂、在线学习等领域应用智能硬件技术，提升教育智能化水平。

一、教育装备投融资环境

（一）国家推动教育信息化发展

1. 政策引导

2018年4月，教育部印发《教育信息化2.0行动计划》，强调以信息化全面推动教育现代化，到2022年基本实现“三全两高一大”发展目标（教学应用覆盖全体教师、学习应用覆盖全体适龄学生、数字校园建设覆盖全体学校，信息化应用水平和师生信息素养普遍提高，建成“互联网+教育”大平台）。时至2019年2月，中共中央、国务院印发《中国教育现代化2035》，继续强调教育信息化在推动教育现代化过程中的地位和作用，与《教育信息化2.0行动计划》共同引导产业升级，推动市场规模扩大。纵观近年来出台的相关政策法规，培养和提升师生信息素养，推动大数据、虚拟现实、人工智能等新技术在教育教学中的深入应用，以科技促进教育的普惠公平发展是一项重点工作；另外，监管与合规也是相关政策的高频词之一。我国在推进和规范教育信息化发展方面出台的主要文件如表1所示。

表1　我国推进和规范教育信息化发展的主要政府文件

出台时间	文件名称	主要相关内容
2018年12月	《关于严禁有害App进入中小学校园的通知》	学习App审查 •针对进入中小学校的学习类App，立即开展全面排查，各地要建立学习类App进校园备案审查制度 •各地教育行政部门和中小学校要建立健全日常监管制度，明确监管责任和办法，探索学习类App管理使用的长效机制
2019年2月	《中国教育现代化2035》	加快信息化时代教育变革 •建设智能化校园，统筹建设一体化智能化教学、管理与服务平台 •利用现代技术加快推动人才培养模式改革，实现规模化教育与个性化培养的有机结合 •创新教育服务业态，建立数字教育资源共享机制，完善利益分配机制、知识产权保护制度和新型教育服务监管制度 •推进教育治理方式变革，加快形成现代化教育管理与监测体系，推进管理精准化和决策科学化
2019年2月	《加快推进教育现代化实施方案（2018—2022年）》	大力推进教育信息化 •加快推进智慧教育创新发展，设立"智慧教育示范区"，开展国家虚拟仿真实验教学项目等建设，实施人工智能助推教师队伍建设行动 •构建"互联网+教育"支撑服务平台，深入推进"三通两平台"建设
2019年2月	《2019年教育信息化和网络安全工作要点》	全面落实教育领域网络安全和信息化的战略部署 •推动数字资源服务普及，不断扩大优质教育资源覆盖面，提升教育服务供给能力 •出台百区千校万课引领行动实施方案，统筹教育信息化各类试点和培育计划的实施，启动认定第一批20个典型区域、200所标杆学校、2000堂示范课例 •数字校园建设与应用加快推进
2019年7月	《教育部等六部门关于规范校外线上培训的实施意见》	从培训内容、时长、师资、收费和信息安全五个方面，面向所有学科类校外线上培训机构提出要求： •培训内容不得超标超纲；培训时长每节课不得超过40分钟，直播类培训结束不得晚于21时；不得聘用中小学在职教师；每科不得一次性收取超过60课时的费用 •2019年12月底前完成对全国校外线上培训机构的备案排查；2020年12月底前基本建立全国统一、部门协同、上下联动的监管体系，基本形成政府科学监管、培训有序开展、学生自主选择的格局的工作目标
2019年9月	《教育部等十一部门关于促进在线教育健康发展的指导意见》	•到2020年，在线教育的基础设施建设水平大幅提升，互联网、大数据、人工智能等现代信息技术在教育领域的应用更加广泛，资源和服务更加丰富，在线教育模式更加完善 •到2022年，现代信息技术与教育实现深度融合，在线教育质量不断提升，资源和服务标准体系全面建立，发展环境明显改善，治理体系更加健全，网络化、数字化、个性化、终身化的教育体系初步构建，学习型社会建设取得重要进展

2. 财政支持

教育是提升国家人力资源生产要素竞争力的主要途径。教育产业涉及国计民生，是国家重点发展的领域之一。数据显示，国家财政性教育经费（主要包括一般公共预算安排的教育经费、政府性基金预算安排的教育经费、国有及国有控股企业办学中的企业拨款、校办产业和社会服务收入用于教育的经费等）逐年增长。2019年我国教育支出40049亿元，同比增长8.3%。《中国教育现代化2035》再次明确提出，确保财政一般预算教育经费支出逐年只增不减，确保按在校学生人数平均的一般公共预算教育支出逐年只增不减，保证国家财政性教育经费支出占国内生产总值比例不低于4%。近5年国家财政性教育经费支出的相关情况见表2。

表2 2015~2019年国家财政性教育经费和教育信息化经费的相关情况

年度	国家财政性教育经费			教育信息化经费	
	投入/亿元	同比增长	占GDP比重	投入/亿元	占国家财政性教育经费比重
2015	29222	10.1%	4.2%	2338	8.0%
2016	31396	7.4%	4.2%	2512	8.0%
2017	34208	9.0%	4.1%	2737	8.0%
2018	36996	8.2%	4.0%	2949	8.0%
2019	40049	8.3%	4.0%	3381	8.4%

教育信息化经费方面，国家财政拨款仍是推进教育信息化发展的重要动力。有研究显示，2019年我国教育信息化市场规模突破4300亿元。按此计算，财政性教育经费大约贡献了近80%的份额，可见体制外的教育信息化资金（如C端用户付费等）占比较少。

（二）智慧教育成为行业风口

1. 智慧教育风口成型

智慧教育兼具教育和信息化属性，其本质是通过教育信息化手段，实现教育信息和知识的共享。智慧教育是由政府主导、学校与企业共同参与构建的现代教育信息化服务体系，主要包括教育信息化板块（指学校实施的智慧校园等建设工程）和在线教育板块（指校外机构提供的在线教育）两大部分。统计数据显示，2018年我国教育信息化市场规模为4072亿元、在线教育市场规模为2518亿元，智慧教育行业市场总规模约6590亿元。2019年，智慧教育行业市场规模持续扩大发展，达到7594亿元，其中教育信息化市场规模约4368亿元、在线教育市场规模为3226亿元（见图1）。

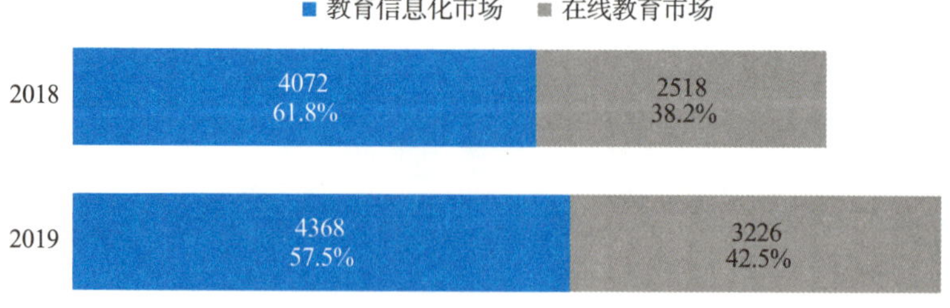

图1 2018年、2019年我国智慧教育市场规模及构成占比（单位：亿元）

2. 智慧教育发展趋势

目前，我国智慧教育行业发展迅猛，整体市场竞争较为激烈，部分细分领域已经进入优胜劣汰的洗牌阶段。其中，在线教育板块并购潮起，线上线下融合加速，信息技术与教育的深度融合使数据迅猛增长，形成万亿红海，吸引了国内互联网巨头的加速布局。教育信息化板块则上演着跨赛道竞争、组团竞争等“跑马圈地”现象。整个教育信息化市场呈现出市场空间广、体量大、高度分散、地域性强等特点，尚未出现垄断型公司。目前，各领域企业纷纷切入这一市场并开始圈地，市场整体开始从平稳增长期向加速洗牌期发展。

（三）教育信息化进入应用与融合阶段

1. 教育信息化深度发展

我国的教育信息化发展已经渡过了“起步”阶段，进入到“应用”与“融合”阶段。教育资源的数字化、网络化、智能化和多媒体化，教育系统的开放性、共享性、交互性、协作性需求，对应用于教育信息化的硬件设备、软件及后续服务、云技术和数据服务及增值服务等，提出进一步的需求与挑战。

在大数据的影响下，科技产业正从信息技术（IT）时代走向数据技术（DT）时代，教育产业也将迎来深度变革。教育信息化1.0时代主要以“教师”为核心，线上线下机构以“时间”收费；2.0时代，将以“学生”为核心、基于大数据，以“效果和效率”考量标准，为学生提供个性化的服务，做到真正的“因材施教”。

2. 人工智能（AI）赋能教育全场景

近年来，人工智能在许多学科和产业领域被广泛推广和使用，在全球竞争中成为新的焦点。2017年，我国政府在《新一代人工智能发展规划》中提出要在小学阶段设置人工智能相关课程，推广编程教育，设立人工智能学科，培养复合型人才，形成人工智能人才高地。

“AI+教育”的本质是基于教育场景的人工智能应用路径，旨在通过人工智能与教育的深度融合，促进教育公平，提升教育质量，以大规模、批量化、低成本的方式实现个性化教育。

“AI+教育”是教育信息化发展的新阶段，目前正以应用为核心，强化服务职能，构建网络化、数字化、个性化、智能化的现代教育体系。已有多项人工智能技术被应用到教学和辅助教学环节（见图2），人工智能与教育的结合正大幅加速信息技术与教育的深度融合。

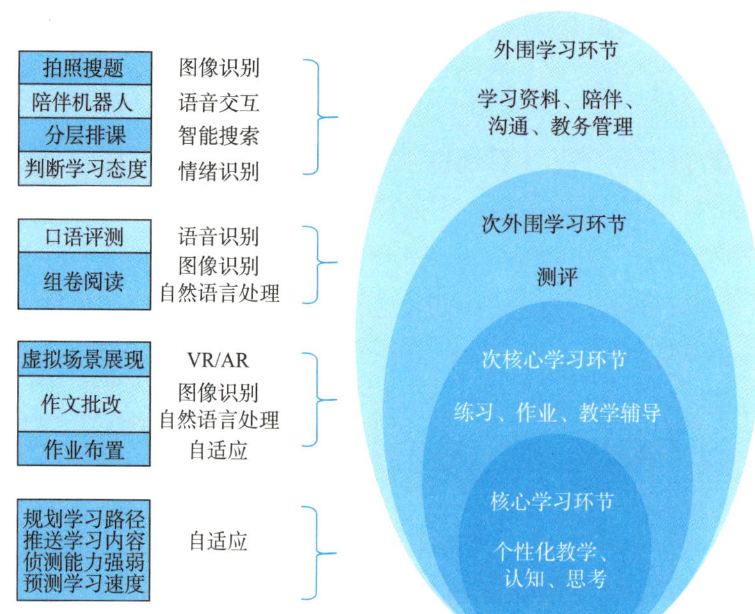

图2 人工智能在教育领域的典型应用

3. 教育信息化产业发展现状

整体来看，教育产业始终是朝着提升知识传递效率、促进教育公平的方向发展。教育信息化时代，这一发展脉络更加显著。教育信息化2.0时代，教育信息化产业的上中下游三端发展特点鲜明，市场竞争也正从以渠道为王向以公司综合实力为主过渡，具体分析如表3~表7所示。

表3 教育信息化2.0时代教育信息化产业链上游（底层支持服务）分析

<table>
<tr><td>特点</td><td colspan="5">重资产</td></tr>
<tr><td>类型</td><td>电信运营商</td><td>网络基础设施与服务器</td><td>云服务</td><td>大数据服务</td><td>人工智能</td></tr>
<tr><td>代表企业</td><td>移动
联通
电信</td><td>中兴
联想
戴尔</td><td>阿里云
腾讯云
华为</td><td>海天瑞声
数据堂
南大通用</td><td>科大讯飞
云知声
百度智能云</td></tr>
<tr><td rowspan="2">发展态势</td><td>• 高度垄断
• 渠道优势
• 拥有大量终端用户信息，分成合作是主要合作模式</td><td colspan="2">• 重资产、重运营
• 市场集中度高，议价能力强，门槛高、渠道优势强
• 除为中下游提供存储、计算等服务外，也通过投资或与中下游公司进行战略合作来延展自身服务广度</td><td colspan="2">• 技术密集型
• 通过硬件积累数据，通过分析、机器学习等方法，分析学情、规划学习路径
• 对数据高度依赖，与教育的结合还在不断探索中</td></tr>
<tr><td colspan="5">• 细分赛道竞争激烈，整体在全产业链中话语权大，市场议价能力高</td></tr>
</table>

表4　教育信息化2.0时代教育信息化产业链中游（硬件产品）分析

特点	重渠道与合作							
类型	云计算 云桌面	投影仪	直播 录播设备	智慧黑板	智能平板	电子白板	实验室 建设	其他
代表企业	惠普 戴尔 联想	鸿合 库帕	希沃 锐取 中庆	希沃 欧帝	希沃 长虹	鸿合 普乐士	广视通 国泰安	优学派 谦润 金三惠
发展态势	• 优势：采购政策自上而下，2G/2B营利模式清晰；技术推动硬件品类和应用范围不断扩大；信息化1.0时代累积了一定的客户资源和渠道 • 不足：应用水平有限，用户依赖度差；已有硬件品类普及基本完成，市场增量空间有限，未来市场红利将出现在与技术升级相关的新硬件品类；渠道依赖性强，难以全国扩张 • 趋势：品类从办公管理向教学活动发展；市场离散度高，但部分细分品类已出现龙头公司；走向垂直细分；“技术+”与软件/集成商合作，是硬件增长红利的关键							

表5　教育信息化2.0时代教育信息化产业链中游（软件服务）分析

特点	重渠道与体验						
类型	教研管理	教学活动			教务管理		办公管理
		教学系统	学习资源中心	测试阅卷系统	走班排课系统	招生管理 家校互动 系统	
代表企业	正方 中科曙光	学点云	洋葱数学 一起作业 猿题库	智课 科大讯飞	希悦 校宝在线	校宝在线 智慧树	正方 神州浩天
发展态势	• 整体表现：重视用户体验，易垂直细分、聚集流量、规模经济 • 教学软件：基本覆盖“教、学、练、测、评、管”等环节，但目前集中在外围辅助教学（如题库、测评等），教学质量、效果提升的核心层（如甄别知识薄弱点、规划学习路径等）有待突破 • 垂直软件系统：主要用于引流，易发展成标准化产品，未来将依托大企业提供整体解决方案或并入集成商（如组卷阅卷、走班排课等）；服务形式多变、应用场景多、适用范围广、用户体验受技术影响大（如教学系统） • C端付费的思考与探索						

表6　教育信息化2.0时代教育信息化产业链中游（综合服务供应商）分析

特点	重渠道与体验			
类型	综合类服务供应商	内容类服务供应商		
		传统教育公司	新兴创业公司	出版商
代表企业	天喻信息 立思辰 三盛教育 佳发教育 新开普 腾讯教育 颂大教育	新东方 好未来	洋葱数学 高思教育	凤凰传媒 中文在线

续表

发展态势	·服务全面，客户决策周期长，难以被替换，积累用户资源多 ·部分企业正向系统集成商发展过渡，具有渠道、产品、服务、客户等优势，成功概率高 ·大部分企业深耕教育行业多年，积累了丰富的渠道资源 ·少部分新兴企业侧重产业链上下游合作与打通，丰富数据维度和数据标签，延长服务链条	·教研体系成熟，教学内容丰富，渠道更易打通	·市场敏锐度高，与市场热点需求、热点技术密切结合，有效补充校内外课程内容、师资资源等方面不足	·拥有大量的客户和渠道优势，提供内容服务，参与教育资源公共服务平台建设

表7 教育信息化2.0时代教育信息化产业链下游（学校与培训机构）分析

类型	体制内公立学校	体制外培训机构
特点	重渠道	重产品，重服务
信息化需求	集权属性强，重视整个教育体系的管控和监管	以营利为导向，重视招生转化和降低成本
发展态势	·部分或全部业务布局到云端，是下游实现信息化的共同方式 ·与教育信息化市场存在一定脱节，但具有高话语权，需要教育信息化公司提供“一站式”“管家式”的服务	

二、2019年教育产业一级市场投融资表现

（一）一级市场整体表现

2019年，受全球经济环境波动影响，资本寒冬持续冲击一级市场投融资，投资机构融资难，大批创业项目难以为继，一级市场募资及投资数额均有下降。对教育赛道而言，年内《中国教育现代化2035》等一系列重磅文件的出台，给教育产业带来了新一波政策红利，在一定程度上对冲了市场的整体疲软。

2017年至2018年上半年，国内教育产业一级市场投融资活跃度达到高峰，之后开始持续下降。根据已披露信息，2019年全年融资425起（同比下降40%），融资总金额约516亿元（同比下降30.74%）。具体包括：

- 种子、天使、Pre-A、A轮融资205起，占比超过48%，投资金额以千万元级为主、人民币基金为主，其中2019年投融资事件数占比最大的素质教育赛道融资项目多为早期；
- B轮至E轮融资63起，占比约为15%，以K12和教育信息化赛道项目为主；大额融资事件向K12、语言培训及素质教育赛道的中后期头部项目集中，整体复投率提升，美元基金与战略投资方在中后期项目中表现活跃；
- 战略投资愈受资本青睐，融资42起，占比10%，大部分来自美股、A股、新三板

挂牌教育公司等产业资本，投资目的从财务投资向业务协同延展，上市公司加速通过一级市场投资谋求教育业务协同发展及资源整合。

整体来看，2019年教育产业单笔融资金额逐渐增长。千万元级人民币融资134起，占比32%；亿元及以上人民币融资项目46起，占比11%。纵观各细分赛道，民办学校和泛教育赛道融资金额有所上升，其他细分赛道融资金额均呈现下降趋势，其中素质教育赛道以122起融资事件数位居第一。2019年教育产业各细分赛道融资事件数如图3所示，融资金额详情如图4所示，重大融资案例如表8所示。

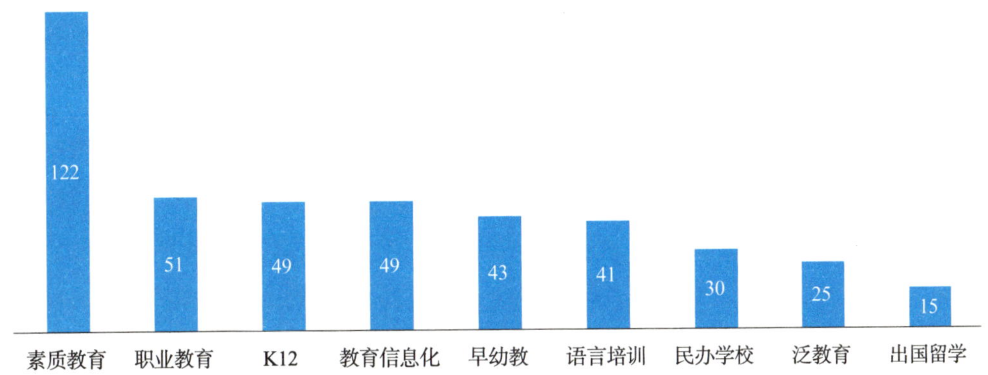

图3　2019年教育产业一级市场各细分赛道融资事件数（单位：起）

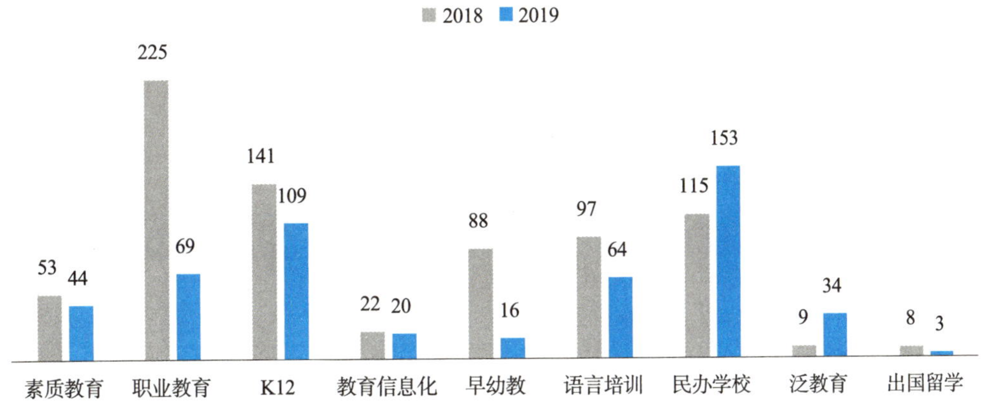

图4　2018年、2019年教育产业一级市场各细分赛道融资金额（单位：亿元）

表8　2019年教育产业一级市场重大融资案例

时间	项目	细分领域	轮次	融资金额
2019.01.02	美联英语	语言培训	战略投资	超3亿元
2019.01.16	DaDa英语	语言培训	D轮	2.55亿美元
2019.02.18	掌门1对1	K12	E轮	3.5亿美元
2019.04.18	高思教育	K12	D轮	1.4亿美元
2019.05.30	作业盒子	K12	D轮	1.5亿美元
2019.07.12	iTutoreGroup	语言培训	战略投资	未透露

续表

时间	项目	细分领域	轮次	融资金额
2019.07.22	凯叔讲故事	早幼教	C轮	5000万美元
2019.08.26	火花思维	素质教育	D轮	8500万美元
2019.09.19	VIPKID	语言培训	战略投资	1.5亿美元
2019.10.23	核桃编程	素质教育	B轮	5000万美元
2019.11.04	编程猫	素质教育	C轮	4亿元
2019.11.14	华立大学	职业教育	Pre-IPO	4.38亿元
2019.11.26	高思教育	K12	D+轮	未透露

（二）教育信息化投融资风向

近年来，得益于人工智能技术的快速发展，以及国家政策与财政经费的驱动，教育信息化领域备受资本关注。随着教育信息化2.0的持续推进，政策规划的焦点指向提升师生信息化素养和优质资源的共享。目前，面向公立校的定制化软件开发市场已初具规模，各类教学云平台产品进校通道顺畅，以智慧校园建设为发展突破口的教育信息化2.0存在跨区整合的机遇。当期，智能硬件终端公司的商业模式相对比较清晰，盈利途径多元化，整体发展相对稳定，进入了相对安全的投资阶段。

相比2018年的70起融资事件数，2019年教育信息化一级赛道融资事件数下降到49起，其中Pre-A/A/A+轮融资事件数占比约50%，中后期项目融资事件数占比超过30%，入校产品及服务项目企业略高于校外2B项目企业，稳占上下半年细分赛道前三，在各教育赛道中脱颖而出。2019年教育信息化重大融资案例如表9所示。

表9 2019年教育信息化细分赛道重大融资案例

时间	项目	细分品类	融资	融资金额	投资方
2019.11.11	网龙网络	校外2B	战略投资	1.5亿美元	上达资本
2019.01.08	完美数联	入校产品/服务	战略投资	2.5亿元	上海云鑫
2019.03.28	晓羊教育	入校产品/服务	B轮	1.5亿元	华创资本 新东方教育 云启资本 阿米巴资本
2019.11.13	优必杰	入校产品/服务	B轮	过亿元	启明创投 源星资本 亚昌富
2019.01.11	云朵课堂	校外2B	B轮	1亿元	东方富海 头头是道 飞图创投
2019.12.21	小鹅通	校外2B	B轮	1亿元	好未来
2019.06.24	壹点壹滴	入校产品/服务	A轮	6000万元	方正和生

（三）活跃投资方

纵观2019年全年教育赛道一级市场投融资表现，排名前十的投资机构全部集中在C轮及以后轮次。2019年教育赛道各阶段活跃投资方（含财务投资、产业投资）名单如表10所示。

表10　2019年教育赛道各阶段活跃投资方（排名不分先后）

种子/天使/Pre-A	A、B轮	C轮及以后	战略投资
北塔资本、蓝象资本、青松基金、好未来、险峰长青、真格基金、英诺天使基金、德迅投资、清科集团、东方富海、正念资本、启赋资本	新东方、好未来、创新工场、经纬中国、高思教育、涌铧投资、红杉资本、BAI、广发信德、华创资本、启明创投、高瓴资本、DCM、红点创投、顺为资本、鼎晖投资、金沙江创投、元璟资本、纪源资本、双湖资本、慕华教育	腾讯、华平投资、龙湖资本、高瓴资本、KKR、百度、春华、纪源资本、IDG、阿里巴巴、深圳创新投资、中金资本	喜马拉雅、新东方、好未来、58产业基金、科大讯飞、字节跳动、中国平安、阿里巴巴、宝宝树、高思教育、百度、腾讯

1. 投资方类型1：互联网巨头

国内互联网巨头百度、阿里巴巴、腾讯根据自身平台的优势在教育赛道进行布局和扩张，采取“投资+自建”的方式，正逐步形成教育产业闭环。作为大流量入口的字节跳动认识到教育并非流量游戏，需要靠产品取胜，从2018年开始瞄准教育风口，从知识付费开始逐步向教育赛道铺开。字节跳动拥有强算法及产品孵化能力，至今已经布局了11家项目公司，其中过半项目为头条内部孵化。2019年百度、阿里巴巴、腾讯和字节跳动布局与投资项目如表11所示。

表11　2019年百度、阿里巴巴、腾讯、字节跳动布局与投资项目分析

分析维度	企业			
	百度	阿里巴巴	腾讯	字节跳动
布局核心	人工智能业务	钉钉	工具和助手	流量聚集入口
发展动态	取消百度教育事业部；对C端仍聚焦内容，对B端聚焦智能化优势；百度智慧课堂划分至百度智能云事业群，以“AI+教育”提供整体解决方案或产品	助力“中小学校园教育数字化管理平台+校园智能硬件”；钉钉成为对外教育合作、教育服务的核心，是其未来数字化校园的统一入口；阿里云占据了国内教育云服务85%的份额	推出面向智慧教育领域的教育品牌“腾讯教育”，以QQ和微信为基础，提供智慧校园服务；通过“线上+线下”的方式向学校、教育机构、个人等，提供智能教育解决方案	亿级流量；从知识付费向教育领域扩张，在线少儿英语推出AIKID，在线直播互动辅导推出大力课堂；在软硬件结合层面打磨，收购锤子科技部分专利用于教育硬件开发；通过投资补充教育赛道布局
投资侧重	技术导向 素质教育 K12	学前教育 教育信息化	K12 少儿英语 美术教育	教育信息化 学前教育
投资案例	Proud Kids 久趣英语 凯叔讲故事	小盒科技	高思教育 爱作业 VIPKID 美术宝	华罗庚网校 Minerva Project（美） HnR新升力 极课大数据

2. 投资方类型2：教育巨头

作为国内两大教育巨头的好未来和新东方，利用其在教育内生系统的优势横向集合各类资源，向B端布局，输出教育资源和技术服务，朝横向纵向一体化的方向发展。与百度、阿里巴巴、腾讯一样，好未来、新东方也通过“自建+投资”的方式在教育信息化方向进行强化。2019年好未来、新东方的布局与投资项目分析如表12所示。

表12　2019年好未来和新东方布局与投资项目分析

分析维度	企业	
	好未来	新东方
发展逻辑	纵向教育内生系统优势：品牌、销售、教学教研、服务、技术等；横向服务体系打造：通过合作、投资、并购等方式拓展业务广度、类型；横纵向一体化发展	
发展优势	已具有教育场景数据、技术、标准化教学教研体系和资源，搭建B端赋能体系，向学校和教育机构输出优势资源，通过投资并购完善技术能力和资源，完成教育生态闭环	考虑被投公司业务和自己主营业务的互补性，通过投资布局完善业务版图，并拓展主营业务外的新业务
投资次数	12	16
投资动态	出手次数减少、速度放缓；多元化投资，涉及大语文、体育培训、教育综合体等新兴赛道；海外布局	出手次数相对稳定，偏向中后期项目；多元化投资，涉及早幼教、K12辅导和素质教育等各个领域
投资并购	小鹅通、Vedantu（印）、河小象、那镁克科技、Minerva Project（美）、爱博物文化、腾跃校长在线、Ready4（英）、DaDa英语、凯叔讲故事、锐学堂、赫石少儿体能	微语言、MarcoPolo Learning（英）、豌豆思维、西瓜创客、多乐小熊、联培教育、晓羊教育、天利教育、星极学堂、凯叔讲故事、家有学霸、东方优播、科学队长、视知TV
目标	促进优质教学资源均衡分布、个性化发展	为不同年龄阶段的孩子们寻找到最适合他们成长和教育的方式

3. 投资方类型3：活跃投资机构

资本寒冬时期，多数机构存在募资困难问题，加之教育监管整体趋严，机构出手更加谨慎。2018年教育赛道的活跃投资机构到2019年出手次数大幅下降，投资项目分析如表13所示。

表13　2019年活跃投资机构投资项目分析

投资机构	专注轮次	投资次数	投资项目
北塔资本	早期	11	独立说、永晟教育、猴有戏、Dr.S赛先生、小伯虎写字课堂、优贝甜、领带、力德有威、儿童周末
红杉中国	早中期	7	西瓜创客、火花思维、因爱科技、迈思星球、Doubtnut（印）、童行学院
纪源资本	早中期	6	Ruangguru、Unacademy、火花思维、因爱科技、Lambda School
高瓴资本	头部	6	编程猫、核桃编程、云舒写、好未来
经纬中国	早中期	5	画啦啦、众智新育、西瓜创客、菠萝在线
真格资金	偏A轮	5	叫叫阅读课、一笑而过、画啦啦、西安嗨小蜗、魅栃教育
创新工场	头部	4	豌豆思维、河小象、第壹街舞

三、2019年教育产业二级市场投融资表现

（一）二级市场整体动态

1. 二级市场逆风上扬

与一级市场的持续遇冷不同，2019年教育产业二级市场在严监管常态化背景下，逆风上扬，全年共计16起IPO事件（含借壳上市），大幅超越2017年的10起和2018年的12起。然而，受《中华人民共和国民办教育促进法实施条例》修订与监管政策等的影响，2019年全年暂无民办K12学校上市，与2016～2018年形成鲜明对比。2019年教育产业主要上市公司业务分布如表14所示。

表14　教育产业主要上市公司分布（部分为跨年龄段服务）

服务年龄段	业务方向			
	培训	学校	在线教育	教育信息化
早幼教	美吉姆	威创股份	宝宝树集团	
K12	新东方 好未来 精锐教育 朴新教育 卓越教育 学大教育 新南洋/昂立教育 立思辰/中文未来 瑞思学科英语 科斯伍德/龙门教育 四季教育 盛通股份/乐博教育	博实乐 枫叶教育 睿见教育 成实外教育 海亮教育 宇华教育 凯文教育 天立教育 博骏教育 21世纪教育	新东方在线 跟谁学 51talk 沪江教育科技	视源科技 鸿合科技 科大讯飞 网龙 立思辰/康邦科技 三盛教育 全通教育 佳发教育 颂大教育 威科姆 清睿教育 华腾教育
成人教育	中公教育 中国东方教育 华图教育 达内科技 白洋股份/火星时代 开元股份/恒企教育 文化长城/翡翠教育	中教控股 希望教育 新高教集团 民生教育 中国新华教育	尚德机构 正保远程教育	全美在线 新开普 金智教育 新道科技

2. A股回暖，龙头表现强势

A股上市的纯教育公司数量较少，除极少数教育产业龙头（如中公教育）外，其他多为转型的教育公司，业务能力尚属一般，截至2019年年底CS教育指数上涨超过10%，略低于沪深300走势。2019年A股教育板块涨幅靠前的上市公司有：职业教育龙头中公教育、开元股份，教育信息化龙头视源股份、佳发教育，K12课外辅导龙头立思辰，早教龙头美吉姆。A股主要教育公司2019年估值与跌涨幅如表15所示。

表15　2019年A股重要上市公司估值与涨跌幅情况

公司	总市值/亿元	PE（TTM）	PE（2019E）	跌涨幅	主营业务
中公教育	1114.4	53.8	64.7	169%	公职类招聘培训 考研培训
视源股份	550.8	35.1	34.5	49%	教育信息化
立思辰	89.2	—	34.7	41%	K12课外辅导
鸿合科技	76.6	26.4	19.3	-27%	教育信息化
佳发教育	72.8	36.0	35.2	51%	教育信息化
美吉姆	67.7	66.6	41.2	15%	早教
昂立教育	50.1	—	35.9	-11%	K12课外辅导
开元股份	40.4	92.6	61.2	70%	职业技能教育 职称考试培训
凯文教育	32.7	—	133.4	-22%	K12教育
三盛教育	29.5	30.4	19.5	-2%	教育信息化

3. 港股美股，培训类估值高

港股上市公司以学历教育为主，包括K12学历教育、高等学历教育，以及职业技能教育、K12课外辅导。回顾2019年，港股市场的教育产业上市公司整体表现最佳，多数上市公司涨幅在50%以上，涨幅前五名的分别是：思考乐（175%）、天立教育（125%）、新东方在线（86%）、宇华教育（80%）、希望教育（72%）。

美股上市公司以K12教培为主，整体跌涨幅呈两极分化。2019年全年涨幅前五名分别是：新东方（128%）、跟谁学（110%）、好未来（82%）、朴新教育（56%）、51talk（35%）。

（二）IPO情况

2019年全年共16家教育公司成功登陆资本市场（包括中公教育借壳亚夏汽车、ACG借壳ATA），其中10家在港股上市、4家在美股上市、2家在A股上市，总募资额超过137亿元。港交所以其相对完善且灵活的上市机制和通道，成为众多公司IPO首选。2019年新增教育类上市公司如表16所示。

表16　2019年新增教育类上市公司

上市时间	公司	所属细分领域	上市地点	市值/亿元
2019.01.18	银杏教育	民办高校	香港	8.5
2019.01.25	科培教育	民办高校	香港	67.4
2019.02.21	中公教育	职业教育	深圳	1411
2019.03.28	新东方在线	职业教育	香港	156.4
2019.04.30	华富教育	职业教育	美国	0.5

续表

上市时间	公司	所属细分领域	上市地点	市值/亿元
2019.05.23	鸿合科技	教育信息化	深圳	82.8
2019.06.06	跟谁学	K12	美国	358.3
2019.06.12	中国东方教育	职业教育	香港	320.3
2019.06.18	嘉宏教育	民办高校	香港	22.1
2019.06.21	思考乐教育	K12	香港	53.2
2019.07.16	中汇集团	民办高校	香港	38.8
2019.10.17	ACG	国际教育	美国	2.3
2019.10.24	向中国际	职业教育	香港	1.6
2019.10.25	网易有道	教育综合服务	美国	109.8
2019.11.25	华立大学	民办高校	香港	27.9
2019.12.13	辰林教育	民办高校	香港	19.5

（三）二级市场并购热度

观察2014~2019年A股教育板块情况可知，A股教育类上市公司并购活动于2016年达到高峰后持续下降，2019年全年一直处于趋冷状态，并购事件数仅为个位数，已披露的并购总额为8.14亿元，平均单笔并购金额约1.63亿元，最高单笔金额2.50亿元（中科金财并购志东方）。A股较活跃的并购方有：昂立教育、三盛教育、中国出版集团公司、中科金财。

境外上市公司方面，随着教育公司（尤其高估值的培训类公司）集中在港股美股上市，从2018年起并购活动开始升温，2019年全年热度不减。全年披露的并购事件数26起，与2018年基本持平。2019年披露的境外上市公司并购总金额约100亿元（平均单笔并购金额4.8亿元），其中港股上市公司已披露并购总金额84亿元。港股上市公司中，希望教育并购事件4起，中教控股、民生教育、新华教育、宇华教育、21世纪教育并购事件各有2起及以上，整体在实体学校并购方面表现积极，亦开始布局海外学校并购（如中教控股、宇华教育、澳洲成峰高教、绿城服务）。美股上市公司中，博实乐并购事件3起，其中2起为海外学校并购。美股活跃并购方有：博实乐、精锐、好未来、红黄蓝。

2019年A股、港股、美股教育类上市公司主要并购事件如表17所示。

表17　2019年A股、港股、美股教育类上市公司主要并购事件

并购方	并购标的	收购比例	并购标的赛道
复星集团	小小运动馆	/	学前教育
中教控股	大众文化	100%	高等教育
	重庆南方翻译学院	100%	高等教育
枫叶教育	七中佳德教育	75%	国际教育

续表

并购方	并购标的	收购比例	并购标的赛道
希望教育	捷星慧旅	/	职业教育
	鹤壁汽车工程职业学院	95%	高等教育
精锐教育	DIBEE蒂比	/	素质教育
昂立教育	凯顿儿童英语	90%	素质教育
	昂立优培	10%	K12
	育伦教育	51%	国际教育
今日头条	清北网校	/	K12
开元股份	中大英才	30%	职业教育
ATA全美在线	ACG国际艺术教育	100%	国际教育
宇华教育	山东英才学院	90%	国际教育
中国春来	天平学院	/	高等教育
红黄蓝	又又国学堂	/	素质教育
三盛教育	中育贝拉	51%	国际教育

（四）教育信息化上市公司

1. A股教育信息化公司

教育信息化是A股教育板块上市公司的聚焦领域，截至2019年共有14家A股上市公司涉及教育信息化业务。

经过信息化1.0时代政府、学校、企业的大力建设，教育信息化基础已日渐完善，纯硬件进校模式的空间将愈发有限，商业模式的可持续性将受到挑战。A股教育信息化上市公司多为跨界进入教育产业的公司，单一服务类型的公司较少，企业营收高但教育业务占比低。这些企业因为进入市场较早而积累了足够的渠道和客户资源，为其向系统集成商的角色过渡提供了支持。A股重点教育信息化公司如表18所示。

表18　A股重点教育信息化公司主营业务

公司	上市时间	主营业务
科大讯飞	2008.05	软件+系统集成商
视源股份	2017.01	硬件（主）+软件
鸿合科技	2019.05	硬件（主）+软件
华宇软件	2011.10	软件
立思辰	2009.10	软件+系统集成商+内容提供商
佳发教育	2016.11	硬件+软件
拓维信息	2008.07	软件+系统集成商
全通教育	2014.01	软件+系统集成商
天喻信息	2011.04	系统集成商

续表

公司	上市时间	主营业务
新开普	2011.07	硬件+软件
三盛教育	2011.12	硬件+软件+系统集成商
文化长城	2010.06	软件
华平股份	2010.04	硬件+软件
方直科技	2011.06	软件（主）+内容提供商

2. 新三板教育信息化公司

与A股教育信息化公司以硬件和集成方案为主要业务不同，新三板教育信息化公司以软件服务商为主，部分搭载了硬件产品，仅少数公司提供系统集成服务。新三板重点教育信息化公司如表19所示。

表19 新三板重点教育信息化公司主营业务

公司	上市时间	主营业务
龙门教育	2016.08	软件
睿易教育	2016.01	软件+硬件
新道教育	2015.10	软件
颂大教育	2013.07	软件
金智教育	2015.06	软件+系统集成商
恒谦教育	2016.05	软件+硬件
校宝在线	2017.02	软件
威科姆	2015.01	软件+硬件+系统集成商
明博教育	2016.05	软件
华发教育	2015.10	软件+硬件
开维教育	2015.12	软件+系统集成商
星立方	2014.01	软件+硬件

四、教育装备行业发展与投融资趋势

（一）教育信息化行业趋势

1. 竞争与合作同步深化

教育信息化行业企业的产品与服务划分界限较为明晰，主要分为软件、硬件、综合解决方案等；但从公司业务层面来看，赛道划分逐渐模糊。行业开始通过互通与共享资源、共同占领市场等方式开展合作与竞争。由此，教育信息化行业将呈现以下两种发展路径。

（1）不同环节/类型的公司交叉合作：部分企业将从原来的“单打独斗”向“组团作战”发展。对这些企业而言，着力放大自身优势、与头部企业合作以成为其渠道或客户，对其未来存续和发展至关重要。教育信息化行业可能的交叉合作方式如图5所示。

图5 教育信息化行业交叉合作组合

（2）投资与布局组团：从资本市场行为与区域合作趋势看，头部项目资方重合度增加，其中较大比例来自教育产业资金与互联网巨头投资；在国内教育重点省市，互联网巨头纷纷通过与当地教育部门、出版商等合作，开展进校业务，业务布局重合度增加。阿里巴巴与好未来、腾讯与新东方两大“组团”成型，寻求技术、渠道、客户、内容等资源的互通和共享，快速“跑马圈地”，占领市场。

2. 部分企业向集成商发展

A股的教育信息化企业中，提供系统集成方案服务的超过半数；新三板中约25%的教育信息化企业也延展出系统集成服务。终端市场的系统升级迭代需求，给系统集成商提供了较大的市场空间，市场扁平化程度不断提高。渠道、客户资源、口碑、管理、服务、技术和整合能力等是系统集成商的核心，能够提供全面、优质的产品与服务的企业更具优势。行业企业可通过补充硬件设备、内容、流量入口等方式，拓展服务类别与范围，丰富产品体系、维护客户资源，以提高抗风险能力和竞争力。

（二）智慧教育时代来临

教育信息化1.0时代，教育信息化装备，尤其是应用于课堂场景的围绕教师教学需求的硬件、软件、系统及其组合方案，得到自上而下的推广和使用。教育信息化2.0时代以学生需求为核心，随着人工智能、5G、AR、VR等技术在教育领域的深化应用，传统硬件的升级迭代、覆盖教育全环节的系统以及C端付费场景的增加，将给教育信息化行业带来新的增长点。

1. 关注学生学习自驱动性

以学习者为中心是智慧教育的重要特征。教育技术与装备将从外围学习环节（学习资料提供、机器人陪伴、家校沟通、教务管理等），向次核心学习环节（个性化作业、精准练习、针对性教学辅导等）和核心学习环节（个性化教学、认知、思考）发展，从边缘型技术辅助向内核型技术渗透，从教学环境智能化向教育过程智能化转变。

2. 智适应教育系统

智适应教育系统是基于人工智能的自适应技术驱动的学习系统，可为学生创设符合其多样化学习需求的学习环境，给学生推荐个性化的学习内容、独特的学习路径、有效的学习策略，满足个性化的学习需求。未来的智适应教育系统的四大组成部分如表20所示。

表20　智适应教育系统的四大组成部分

教育内容 ——知识领域板块	教育工具 ——教学板块	教育服务 ——学习者板块	教育平台 ——自适应技术引擎
·学习内容 ·规划 ·问题知识领域模块	·诊断 ·学习内容推荐 ·监管 ·学习行为推荐 ·学习计划	·个人信息 ·学习行为 ·学习日志 ·测验	·大数据采集系统：实时采集每位学生行为数据 ·大数据分析系统：分析处理学习数据 ·个性化推荐引擎：个性化学习和练测内容推送，个性化学习路径规划与引导

3. 科技助力普惠教育

传统的教育模式带有工业时代特色，要求教师统一教授内容、学生统一学习进度，难以全面激发学习动力；另外，我国地域发展差异大、资源分布不均，优质教育资源难以实现普及应用。目前，教育公平、教育创新、个性化教育已成为全球教育发展的共同主题。随着互联网的普及和人工智能、大数据、云计算、物联网、5G通信技术的应用，打造大规模、批量化、个性化的智慧教育新模式，推进教育普惠发展，已成为全球共同的趋势。

（三）教育智能终端升级迭代

应用于教育场景的智能硬件终端主要分为校内固定场景硬件（教室多媒体设备）、便携型智能硬件（学习机、电子书包、点阵笔等）、解决特定需求的工具（错题打印机、阅卷扫描仪等）、搭载教育内容的小型家电（故事机、智能音箱等）四大类。目前，教育智能终端2B和2C市场的竞争态势呈现显著差异。

1. 校内市场

教育信息化2.0时代，校内的传统硬件已无法满足智慧教育的需求。人工智能、边缘计算、5G等相关技术和新材料的普及，为新型教育智能硬件带来了发展契机。一方面，为占据数据和流量入口，涉及相关教育环节和场景的各大教育公司正纷纷推出智能教育硬件产品。另一方面，随着2018年以来一系列学生近视防控政策的出台，基于液晶屏幕的传统智能硬件（电子书包、学生平板等）的入校使用受阻，相关企业已开始积极开展护眼型教育智能硬件（如基于电子墨水屏的平板电脑等）业务，产业集成商和校方也对此类新型终端表现出浓厚的兴趣。

2. 校外市场

随着早教机、翻译笔、学习机、编程机器人等常见教育智能硬件市场规模的扩大，产品的同质化和智能性不足等问题日益显著，智能硬件和场景、内容的结合仍有巨大的发展和优化空间，每一个细分场景都存在大量未被满足的需求，受庞大的C端市场吸引的传统B端科技公司、有教育和互联网巨头背书的新兴科技公司以及在线教育第一级梯队企业等纷纷入局。在学前阶段和K12阶段，学习类智能硬件已得到家长的普遍认知。对相当一部分教育企业而言，硬件类产品是缓解获客压力、分割流量入口、增加用户留存和提升营收的有效渠道，同时还可利用硬件所获取的数据支持其他产品（如教育内容）的研发。

（作者单位：彭锦环，深圳市教育装备行业协会；王乐京、甄栩栩，深圳市前海前沿科技产业管理有限公司）

参考文献

[1]艾瑞咨询. 2019年中国教育信息化行业研究报告[R/OL].（2019-09-23）. http：//report.iresearch.cn/report_pdf.aspx?id=3440.

[2]艾瑞咨询. 2019年中国数字阅读行业年度报告[R/OL].（2019-06-24）. http：//report.iresearch.cn/report/201906/3390.shtml.

[3]光大证券.强者恒强的时代：教育行业2020年投资策略[R/OL].（2019-12-01）. http：//vr.sina.com.cn/news/hot/2019-12-06/doc-iihnzhfz3906929.shtml.

[4]国金证券. 教育行业2020年策略报告[R/OL].（2019-12-01）. http：//www.microbell.com/docdetail_2774287.html.

[5]国盛证券. 教育行业策略：拨云见日，未来可期[R/OL].（2019-12-27）. http：//istock.jrj.com.cn/article，yanbao，30769838.html.

[6]国元证券. 教育行业2020年策略报告：确定的就业再教育，确定的龙头[R/OL].（2019-12-02）. http：//istock.jrj.com.cn/article，yanbao，30764073.html.

[7]教育部. 2019年全国教育经费执行情况统计快报[EB/OL].（2020-06-12）. http：//www.moe.gov.cn/jyb_xwfb/gzdt_gzdt/s5987/202006/t20200612_465295.html.

[8]教育部，国家统计局，财政部. 2018年全国教育经费执行情况统计公告[EB/OL].（2019-10-10）. http：//www.moe.gov.cn/srcsite/A05/s3040/201910/t20191016_403859.html.

[9]李晓晓. 36氪研究|人工智能基础教育研究报告[R/OL].（2019-05-23）. https：//36kr.com/p/1723720843265.

[10]李晓晓. 36氪研究|智能硬件终端行业研究报告[R/OL].（2019-12-27）. https：//36kr.com/p/1724905848833.

[11]清科研究中心. 2019年前11月中国股权投资市场回顾与展望[R/OL].（2019-12-04）. https：//report.pedata.cn/1586922605276422.html.

[12]王福凯. C端市场潜力可挖，教育智能硬件市场都有哪些玩家？[R/OL].（2019-09-20）. https：//www.iyiou.com/p/113144.html.

[13]中金公司. AI如何革新教育行业？[EB/OL].（2019-11-06）. https：//finance.sina.com.cn/stock/stockzmt/2019-11-06/doc-iicezuev7485589.shtml.

2019年教育装备行业招标采购信息数据分析

方建伟　董晓娟

2019年是中华人民共和国成立70周年，是全面建成小康社会、实现第一个百年奋斗目标的关键之年。为全面贯彻落实党的十九大精神和全国教育大会精神、加快教育现代化发展，2019年2月，中共中央、国务院印发了《中国教育现代化2035》，提出“到2035年，总体实现教育现代化，迈入教育强国行列，推动我国成为学习大国、人力资源强国和人才强国。”

教育装备作为党的教育方针、现代教育理念的物质载体，是推进教育现代化的重要基础。本文根据教育装备网（www.ceiea.com）的相关统计数据，对2019年全国教育装备招标采购信息进行了梳理和分析，旨在从招标采购层面呈现我国教育装备行业发展的现状和规律，为相关研究和行业企业的经营活动提供参考。

本文分三个维度对教育装备招标采购数据进行解读：一是类型分析，即通过分析各大类教育装备招标采购信息的年度占比情况并与上一年度对比，揭示不同类别教育装备的发展现状；二是月度分析，即通过分析不同月份招标采购信息情况并与上一年度相应月份对比，揭示教育装备招标采购活动的月度差异和变化特点；三是地域分析，即通过分析不同地区招标采购信息的占比情况并与上一年度对比，揭示全国各地区教育装备招标采购活动的差异及变化特点。

一、各大类教育装备的占比及年度变化情况

本文按教育装备网的分类方式将教育装备划分为七个大类，即信息化设备（含智能平板、录播系统、智慧黑板等）、后勤设备（含校园基建、安防设备、食堂设备、课桌椅等）、实验仪器设备（含仪器仪表、实验室平台等）、实训设备（含实训系统、实训设施等）、图书馆设备（含借还系统、微型图书馆等）、音体美设备（含乐器、体育设施、美术用品等）、其他专用设备（含创客教育、心理健康、特教设备等）。

2019年各大类教育装备招标采购信息总量①为44051条。由2019年分大类教育装备招标采购信息量统计（见图1）和占比统计（见图2）可知：后勤设备信息量为26626条，占全部信息量的60.53%；信息化设备信息量为5872条，占全部信息量的13.33%；实验仪器设备信息量为2707条，占全部信息量的6.15%；实训设备信息量为2477条，占全部信息量的5.62%；图书馆设备信息量为1160条，占全部信息量的2.63%；音体美设备信息量为554条，占全部信息量的1.26%；其他专用设备信息量为4655条，占全部信息量的10.57%。

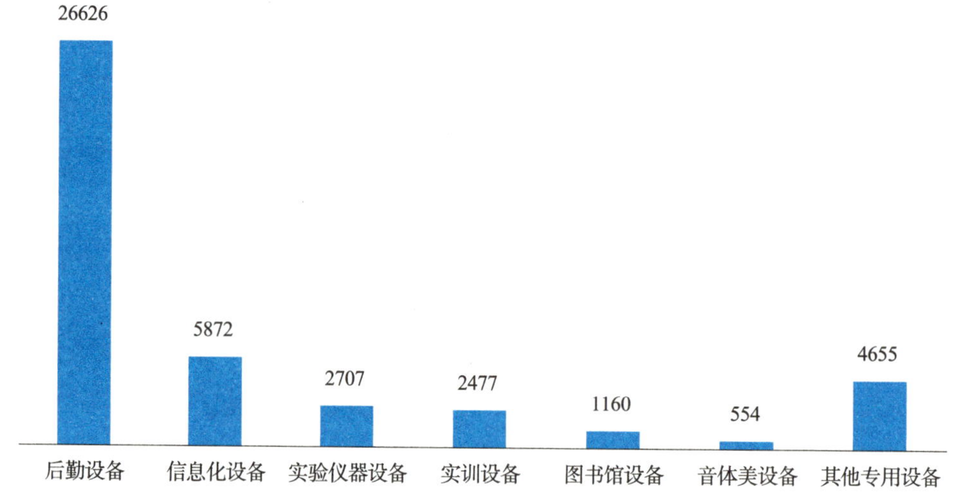

图1　2019年教育装备招标采购信息分大类统计（单位：条）

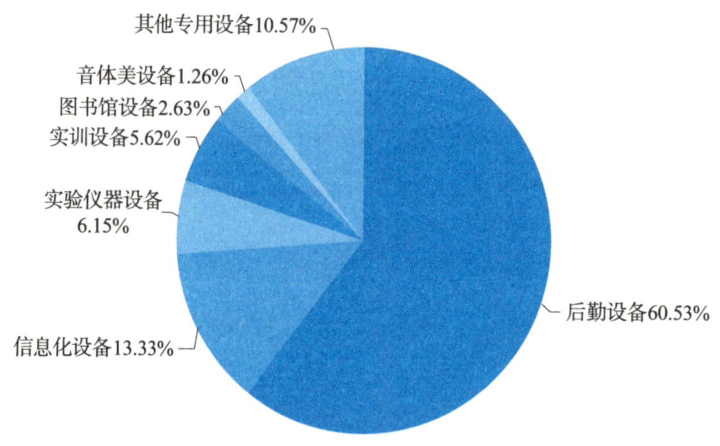

图2　2019年各大类教育装备招标采购信息量占比

后勤设备类教育装备的需求旺盛，一方面与近年来农村义务教育薄弱学校改造计划、农村义务教育学生营养改善计划、乡村小规模学校和乡镇寄宿制学校建设工作

① 本文数据均来自教育装备网的相关统计，数据均不含香港特别行政区、澳门特别行政区、台湾地区。

的深入有关；另一方面则与《综合防控儿童青少年近视实施方案》的全面落地实施有关。2019年4月3日，教育部召开全国综合防控儿童青少年近视视频会议，部署持续推进新时代综合防控儿童青少年近视工作并印发《综合防控儿童青少年近视实施方案》重点任务分工方案，健全工作责任制，细化落实举措，指导和督促各地研制省级综合防控儿童青少年近视行动方案。具体到教育装备行业，教育照明类产品、近视防控设备的需求量大幅增加，继而提高了后勤设备的需求量。

信息化设备方面，《教育信息化2.0行动计划》与《中小学数字校园建设规范（试行）》的落地实施，以及《中国教育现代化2035》和《加快推进教育现代化实施方案（2018—2020年）》等政策的发布，推进了教育信息化的转段升级，也带动了教育信息化设备需求的大幅提升。

分年度来看，2018和2019年8~12月[①]各大类教育装备招标采购信息量如图3所示。可以看出：2019年后勤设备较2018年同期增长57.57%，实验仪器设备增长23.82%，信息化设备增长0.10%，实训设备增长66.85%，图书馆设备增长8.10%，音体美设备增长1.01%，其他专用设备同比增长8.79%。除上文提及的后勤设备外，实训设备、实验仪器设备的信息量同比上涨较多。

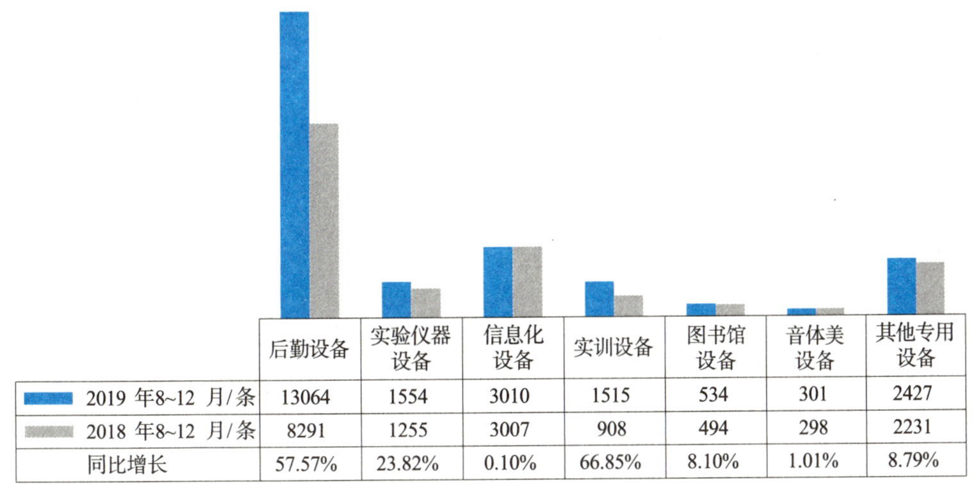

	后勤设备	实验仪器设备	信息化设备	实训设备	图书馆设备	音体美设备	其他专用设备
2019 年8~12 月/条	13064	1554	3010	1515	534	301	2427
2018 年8~12 月/条	8291	1255	3007	908	494	298	2231
同比增长	57.57%	23.82%	0.10%	66.85%	8.10%	1.01%	8.79%

图3 2018年、2019年8~12月各大类教育装备招标采购信息量及同比变化

实训设备、实验仪器设备信息量的大幅上涨离不开国家对于职业教育、实验教学的重视和相关政策的导向。党的十八大以来，以习近平同志为核心的党中央把职业教育摆在了前所未有的突出位置；李克强总理就深化职业教育改革作出重要批示并提出明确要求。随着《国家职业教育改革实施方案》和《高职扩招专项工作实施方案》的实施，职业教育迎来了加速发展，实训设备的需求也大幅增加。

① 2018年8月起，教育装备网对教育装备的统计分类进行了调整，故此处仅选取8~12月的相关数据进行年度对比分析。

实验教学是国家课程方案和课程标准规定的重要教学内容，是培养创新人才的重要途径。教育部于2019年11月发布了《关于加强和改进中小学实验教学的意见》，明确在2023年前要将实验操作纳入初中学业水平考试，考试成绩作为高中招生录取依据，有条件的地区还可将理化生实验操作纳入普通高中学业水平省级统一考试。该意见的出台使实验仪器设备的需求逐步加大。

二、教育装备招标采购信息量月度变化情况

从2019年教育装备招标采购信息量的月度变化（见图4）可以看出：教育装备招标采购信息量全年整体处于平缓波动状态，其中下半年招标采购信息量明显高于上半年。上半年中2月招标采购信息量最少，下半年中10月份招标采购信息量最少；教育装备招标采购信息量最多的月为7月和8月。

图4　2019年教育装备招标采购月度信息量（单位：条）

从2018年、2019年教育装备招标采购月度信息量折线图（见图5）可以看出：2019年教育装备招标采购月度信息量普遍高于2018年，月度变化走向与2018年度相对一致。

2018年、2019年的2月和10月期间分别有农历春节和国庆假期，教育装备招标采购信息量在这两个月份较低，反映出法定长假（尤其是春节和国庆“黄金周”假期）对于教育装备招标采购会产生一定影响。7月、8月招标采购信息量相对较高，反映出教育装备在暑期会迎来集中采购。

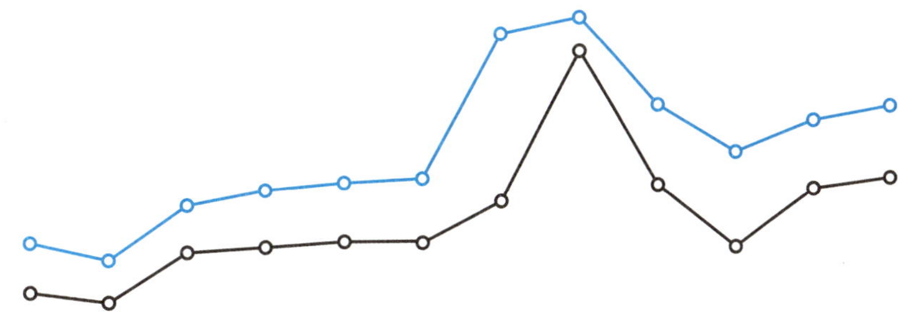

	1月	2月	3月	4月	5月	6月	7月	8月	9月	10月	11月	12月
2019 年/条	2160	1862	2771	3011	3128	3192	5595	5862	4396	3602	4121	4351
2018 年/条	1326	1151	1976	2055	2140	2114	2799	5292	3056	2013	2976	3147
同比增长	62.90%	61.77%	40.23%	46.52%	46.17%	50.99%	97.28%	10.77%	43.85%	78.94%	38.47%	38.26%

图5　2018年、2019年教育装备招标采购月度信息量及同比变化

三、教育装备招标采购信息量区域变化情况

从2019年教育装备招标采购信息的地区分布来看（见图6、图7），华东地区信息量最大（共13704条），占全部信息量的31.11%；其次是华北地区（9479条），占全部信息量的21.52%；再次是华南地区（6725条），占全部信息量的15.27%；华中地区（4607条）排名第四，占全部信息量的10.46%；西北地区（3957条）排名第五，占全部信息量的8.98%；西南地区（3531条）排名第六，占全部信息量的8.02%；东北地区（2048条）排名最后，占全部信息量的4.65%。

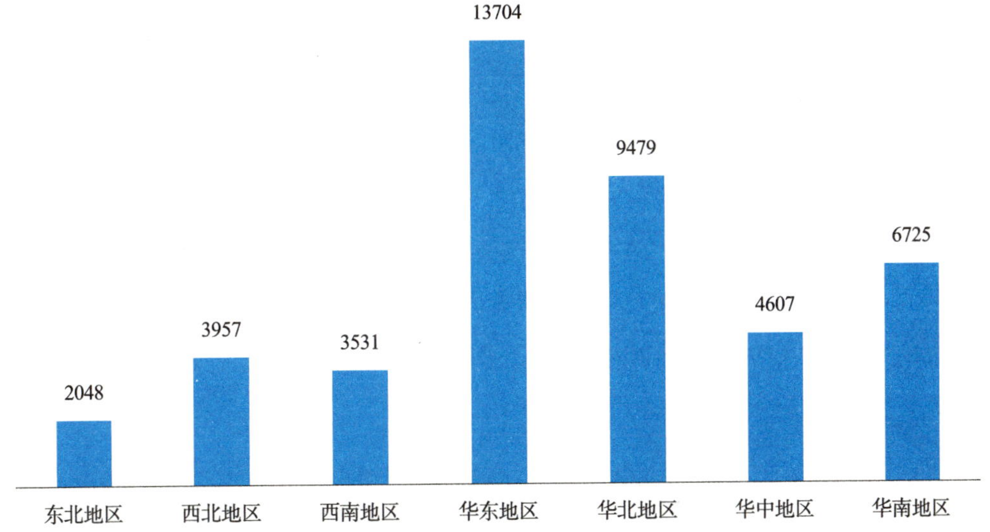

图6　2019年分地区教育装备招标采购信息量（单位：条）

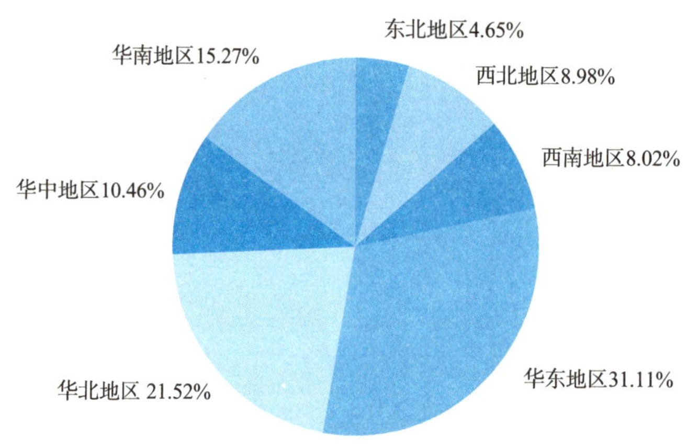

图7　2019年各地区教育装备招标采购信息量占比

从2018年、2019年分地区教育装备招标采购信息量（见图8）可以看出：2019年各地区招标采购信息量与上一年相比均有不同程度的上涨。其中，华北地区招标采购信息量同比增幅度最大（80.66%），其次是华南地区（59.28%），再次是西南地区（55.21%）；西北地区排名第四，同比增长40.27%；华东地区排名第五，同比增长36.83%；华中地区排名第六，同比增长33.96%；东北地区同比增幅最小（14.67%）。

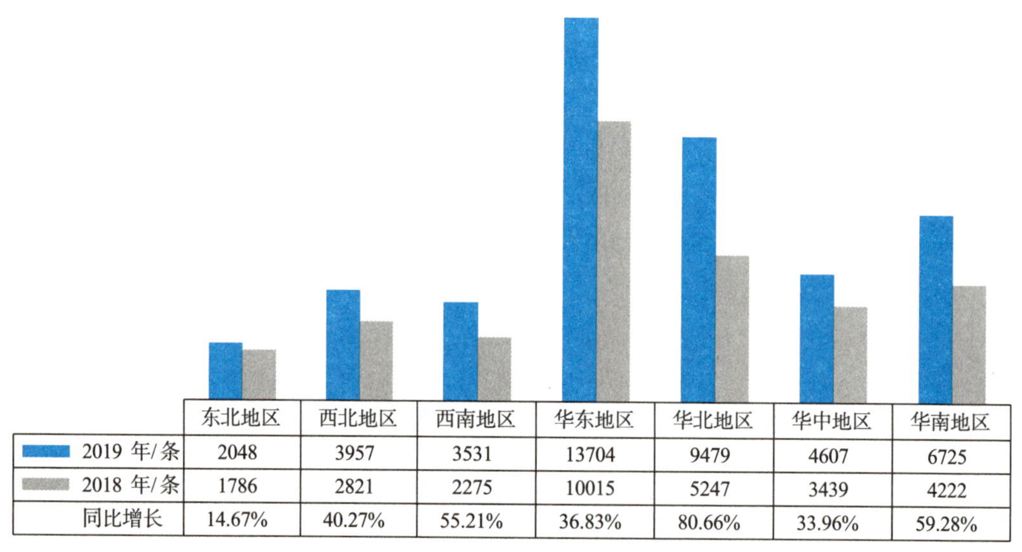

	东北地区	西北地区	西南地区	华东地区	华北地区	华中地区	华南地区
2019 年/条	2048	3957	3531	13704	9479	4607	6725
2018 年/条	1786	2821	2275	10015	5247	3439	4222
同比增长	14.67%	40.27%	55.21%	36.83%	80.66%	33.96%	59.28%

图8　2018年、2019年分地区教育装备招标采购信息量及同比变化

从各地区近三年的数据（见图9）可以看出，2017年、2018年、2019年三年里，各地区教育装备招标采购信息量均逐年递增，华东地区始终是招标采购信息量最多的地区，而东北地区则始终最少。

各地区教育装备招标采购信息量的不同，反映出教育装备需求的地区差异性。各地区经济发展、教育投入、招投标政策等因素都会对教育装备的需求产生一定的影响。华东地区覆盖省份多，加之经济发展水平较高且教育信息化发展较快，教育装备需求量领先全国。

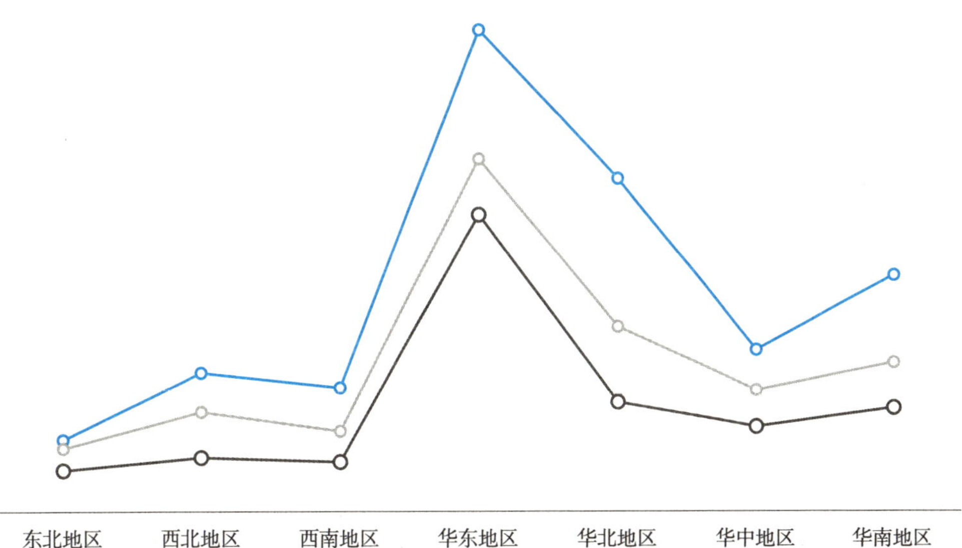

图9　2017年、2018年、2019年分地区教育装备招标采购信息量

四、结语

从全国教育装备招标采购信息数据中，可以观察到国家相关政策的出台和实施对教育装备行业发展产生的影响。2019年全国教育装备行业稳中有进，整体向好。预计，随着《教育信息化十年发展规划（2011—2020年）》和《教育信息化“十三五”规划》的冲刺收官，以及《教育信息化2.0行动计划》《中国教育现代化2035》《加快推进教育现代化实施方案（2018—2020年）》等政策的落地实施，2020年全国教育装备的市场需求将进一步扩大，教育装备的信息化水平将不断提高，教育装备行业也有望迎来新的发展。

（作者单位：中国教育装备网）

2019年教师信息素养培训行业分析

鸿合科技教育研究院

《教育信息化2.0行动计划》标志着教育信息化的发展从“1.0时代”迈入“2.0时代”。与作为“数字原住民”的学生相比，当前大多数教师属于信息时代的“数字移民”。教师信息素养的提升，对于实现信息技术与学科深度融合、加快教育信息化进程、缩小数字鸿沟等具有重要的意义，对于我国教育教学改革和教育事业发展具有重要的价值。教育信息化2.0时代的教师信息素养发展在新形势下迎来了新挑战，大力提升教师信息素养水平已刻不容缓。

本文针对教师继续教育培训行业的细分市场——教师信息素养培训——进行分析，在宏观层面对行业界定、发展现状、发展环境进行梳理，在中观层面对行业发展链条、市场规模竞争格局进行分析，在微观层面对典型企业的相关实践进行案例评析，对行业未来的发展进行预判，供相关企业及从业者参考。

一、行业发展概况

（一）基本内涵

教师信息素养是教师在教育教学活动中获取信息、筛选/评价信息、内化信息、应用信息与传播信息的能力，主要包括信息意识、信息知识、信息能力、信息道德（见图1）。

教师信息素养培训属于教师继续教育培训范畴，主要面向教育系统内的管理者、学校校长、专任教师等提供信息技术应用能力方面的培训；其目的是帮助学员紧跟教育改革与科技发展步伐，进一步更新教育理念，创新教学行为，全面提升信息技术与教学的融合能力、教育信息化领导力与管理能力，进而为推进教育信息化发展奠定重要基础。

结合相关政策的梳理，教师信息素养培训的对象主要包括专任教师、培训指导教师、学校首席信息官（CIO）、校长、教育管理者，培训内容如图2所示。

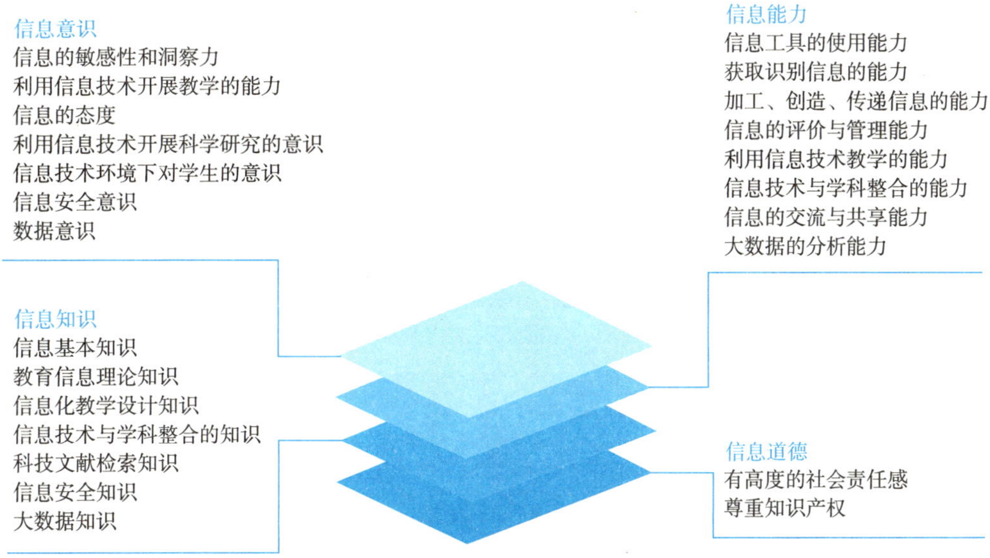

信息意识
信息的敏感性和洞察力
利用信息技术开展教学的能力
信息的态度
利用信息技术开展科学研究的意识
信息技术环境下对学生的意识
信息安全意识
数据意识
信息能力
信息工具的使用能力
获取识别信息的能力
加工、创造、传递信息的能力
信息的评价与管理能力
利用信息技术教学的能力
信息技术与学科整合的能力
信息的交流与共享能力
大数据的分析能力
信息知识
信息基本知识
教育信息理论知识
信息化教学设计知识
信息技术与学科整合的知识
科技文献检索知识
信息安全知识
大数据知识
信息道德
有高度的社会责任感
尊重知识产权

图1　教师信息素养的构成

教育管理者
信息技术推动教育变革发展典型案例
信息技术支持教育管理的范式与策略
校长
信息技术推动学校管理升级典型案例
信息技术支持学校管理的方式与能力
学校首席信息官（CIO）
信息化领导力以及学校信息化发展规划的制定与执行能力
培训指导教师
指导学科教师信息化教学的能力
应用信息技术进行培训设计、管理、评价等的能力
专任教师
信息技术与教育教学融合型名师课堂
信息技术与教育教学融合技巧与能力

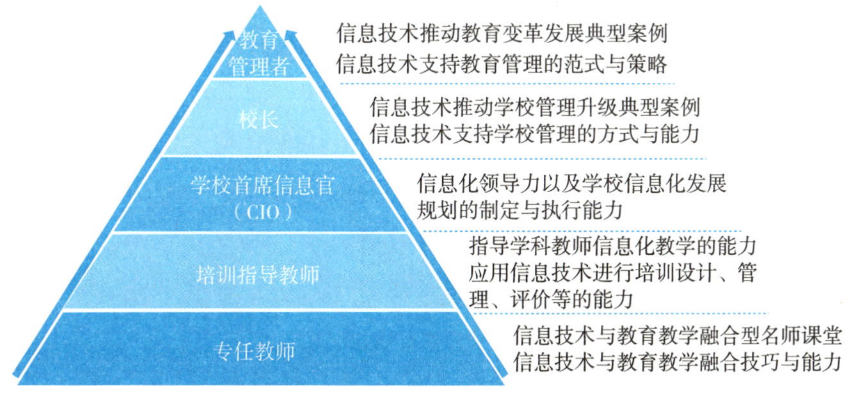

图2　教师信息素养培训对象与内容

（二）行业界定

教师信息素养培训项目体系尚不完整，在此仅以教师继续教育培训为蓝本进行培训项目体系分析。根据北京师范大学和奥鹏教育研究院发布的《2019中国教师培训白皮书》，培训项目体系可依据培训组织的教育机构不同，分为国家级培训、省级培训、地市级培训、区县级培训、校级培训，其中每一层级的教师培训均包含国培、国培支持下的专项培训、地方自定的专题培训。基础教育阶段的教师项目培训体系如图3所示。

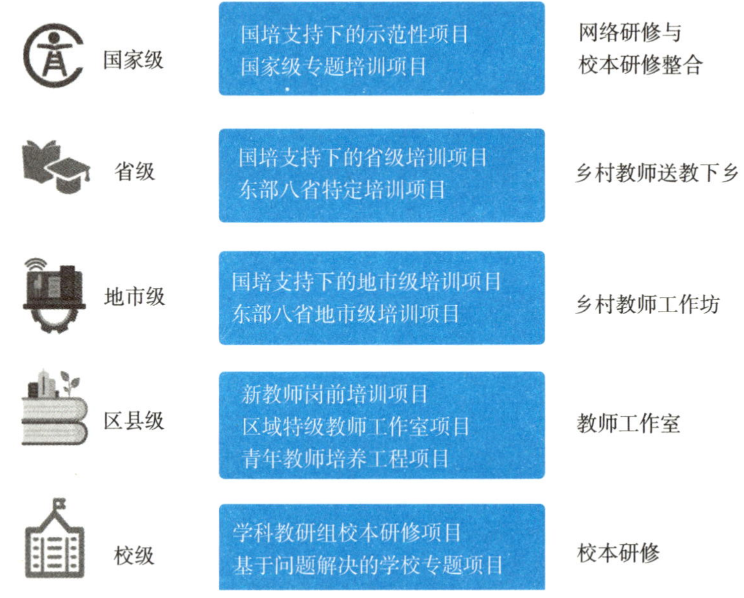

图3 基础教育教师培训项目体系

作为教师继续教育培训的一个分支，教师信息素养培训体系预计将与教师继续教育培训的项目体系基本保持一致。随着教育系统内越来越多的机构（如教育部基础教育司、信息中心等相关部门，教育装备行业协会等行业组织，以及中国教师发展基金会等单位）参与到教师信息素养培训行业中来，其项目体系将逐步完善。

培训模式方面，教师信息素养培训可依据培训方式、培训形态两种视角进行划分，具体培训模式如表1所示。

表1 教师信息素养培训模式分类

培训方式视角	集中面授	• 内涵：把参训教师集中在固定学习场所，在短时间内通过面对面讲授的形式传授知识内容的一种培训模式 • 特点：以面对面讲授的方式进行，使参训学员在有限时间内了解大量有价值的理论内容
	远程培训	• 内涵：通过音频、视频、课件等形式，运用实时和非实时互联网信息技术，将课程远程传输给参训学员的一种全新培训模式 • 特点：培训范围广、培训时空不限、培训成本低、交互性强、具有高质量的课程资源等，可以有效解决集中面授培训模式中的工学矛盾、培训经费过高以及重复培训等问题，对于大规模开展教师信息技术应用能力培训具有重要作用
	线上线下混合	• 内涵：把传统集中面授培训模式和远程培训模式结合起来，提高学员培训的效果 • 优势：可根据培训需求制定培训形式；参训者可在面授阶段与学员、讲师实现面对面交流，也可以通过培训平台工具进行实时或非实时的沟通与交流；在学习方式上，突破了时间和空间的限制；培训组织机构可通过培训平台及时了解参训学员的学习情况，及时引导参训学员

续表

培训形态视角	理论宣讲型	• 内涵：以培训讲师的讲授为主，整体培训过程的理论性较强、实践性活动相对较少 • 特点：该培训形态在国培项目类别的大规模培训中比较常见，课程内容一般涵盖前沿的教育理念、国家的政策导向、教育发展的趋势动态等。通过该培训可以在一定程度上拓宽参训学员的教育视野
	专业引领型	• 内涵：参训学员在培训组织机构的指导和带领下，在特定时间内有计划、有目标地完成学习任务 • 特点：培训组织机构在培训过程中发布课程公告，引领参训学员学习，通过培训工具监测学员学习进度，通过定时总结督促学员自主学习，通过组织研讨、互动等确保学员学习效果
	团队合作型	• 内涵：参训学员作为学习的主体，通过合作学习、探究学习的形式，积极主动完成学习任务 • 特点：培训过程中，参训学员可通过与同伴的交流，来解决培训中遇到的问题；也可以在目标式的培训活动中，通过与其他学员合作来共同完成学习任务

（三）教师信息素养现状

我国高度重视教师信息素养水平的提升，但总体来看，目前教师的信息素养与教育信息化2.0时代的高标准、高要求相比仍存在较大差距，尚无法满足教育教学改革发展的实际需要。

2018年印发的《教育信息化2.0行动计划》指出：信息技术与教育融合过程中仍存在“教师信息技术应用能力基本具备，但信息化教学创新能力尚显不足，信息技术与学科教学深度融合不够，高端研究和实践人才依然短缺”等问题。教育部2019年出台的《关于实施全国中小学教师信息技术应用能力提升工程2.0的意见》指出，当前我国“仍然存在着信息化教学创新能力不足，乡村教师应用能力薄弱，支持服务体系不够健全等问题，同时大数据、人工智能等新技术变革对教师信息素养提出了新要求”。

教育部科技发展中心原主任李志民在《教育信息化要重视提高教师的信息化素养》的谈话中指出：“由于我国教育资源长期发展不均衡，教师水平参差不齐，不少老师并没有看到教育信息化与教学融合的必然趋势，依然沉浸在传统教学模式中不能自拔……在教育对象信息化以及数字素养几何级提升的情况下，不能与时俱进的老师等于自建教学围墙，自挖互动鸿沟。”胡钦太等在《教育信息化2.0时代教师信息素养提升路径》中，通过对经济发展较好的“G省”开展2018年度基础教育信息化发展水平调查发现：①60.6%的教师认为自身信息技术应用水平是其开展信息技术教学的最大阻碍，信息化与教育教学“两张皮”的现象依然存在；②仅有7.3%的教师使用过在线教育资源；③教师缺乏应用数据辅助教学的能力。

综上所述，我国教师（尤其是大多数中小学教师）的信息素养仍处于较低的发展水平，而《教育信息化2.0行动计划》的发展目标将倒逼教师不断提升信息素养水平，政府相关部门也会出台相关保障措施或专项计划来推动教师信息素养发展与教学能力提升。

二、行业发展环境

（一）政策发展环境

1. 教师信息技术应用能力政策发展

在“互联网+教育”背景下，随着教育信息化的不断发展，我国的教育改革正发生根本性改变。教师作为教育改革的主要承担者与执行者，其综合素养直接决定着所培养学生的学习质量与素养发展，影响着教育发展进程与教育生态。为此，国家近年来出台了一系列涉及提升教师信息素养的政策文件（见表2）。

表2　教师信息技术应用能力提升政策梳理

发布时间	发布单位	政策名称	对教师信息技术应用能力的要求
2013	教育部	《关于实施全国中小学教师信息技术应用能力提升工程的意见》	提出“信息技术应用能力”是信息化社会教师必备专业能力，用信息化手段推动教师主动应用信息技术，对中小学教师实施全员培训
2014	教育部	《中小学教师信息技术应用能力标准（试行）》	对教师利用信息技术支持学生开展自主、合作、探究等学习活动所应具有的能力给予更明确的强调
2016	教育部	《教育信息化“十三五”规划》	提出深化信息技术与教育教学的融合，从服务教育教学拓展为服务育人全过程。要建立教师信息技术应用能力标准，将信息技术应用能力纳入教师培训必修学时
2018	教育部	《教育信息化2.0行动计划》	实施新周期的“中小学教师信息技术应用能力提升工程”，通过示范性培训项目带动各地因地制宜地开展教师信息化能力全员培训
	教育部	《关于开展人工智能助推教师队伍建设行动试点工作的通知》	在宁夏和北京外国语大学开展人工智能助推教师队伍建设行动试点工作
	中共中央国务院	《关于全面深化新时代教师队伍建设改革的意见》	教师主动适应信息化、人工智能等新技术变革，积极有效开展教育教学。转变培训方式，推动信息技术与教师培训的有机融合，实行线上线下相结合的混合式研修
2019	教育部	《关于实施全国中小学教师信息技术应用能力提升工程2.0的意见》	实现校长信息化领导力、教师信息化教学能力、培训团队信息化指导能力显著提升，全面促进信息技术和教育教学融合创新发展

2. 教育信息化政策发展

综合艾瑞咨询对教育信息化1.0与2.0政策的比较分析（见图4）以及鸿合科技教育研究院的分析结果，从教育发展水平看，教育信息化1.0向2.0转变的背景是我国教育从基本均衡阶段向优质均衡阶段的转变；从战略层面看，教育信息化对教育现代化的作用从“带动”转变为“支撑引领”；从技术角度看，2.0时代下的大数据和人工智能技术为教育教学的“革命性变化”提供了更多可能；从人才培养需求看，党的十九大以来国家对培养富有创新精神和实践能力的建设者的需求更为急迫。总体来看，推动教育信息化的转型升级需要更多教师、管理者积极参与、努力探索、开拓创新。因此，提升教师应用信息技术教学的能力和信息素养的需求十分迫切。

	教育信息化1.0	教育信息化2.0
工作重点	以“三通两平台”建设为基础，重点推动“教育+互联网”模式的应用普及，完成不同场景下的教育信息化任务，主要包括终端应用、资源（内容）等组成部分	到2022年基本实现“三全两高一大”的发展目标，着力推进“互联网+教育”的融合创新发展，全面实现教育现代化，构建智慧教育生态
主要内容	三通：宽带网络校校通、优质资源班班通、网络学习空间人人通 两平台：建设教育资源公共服务平台、教育管理公共服务平台	三全：教学应用覆盖全体教师、学习应用覆盖全体适龄学生、数字校园建设覆盖全体学校 两高：信息化应用水平和师生信息素养普遍提高 一大：建成“互联网+教育”大平台
主要内涵	引入外部变量，提升师生及管理人员的信息技术能力	将外部变量转化成内生变量，实现数字教育资源开放共享，引领教育现代化
主要基础	以硬件为基础	以软件/数据为基础
二者关系	教育信息化2.0是教育信息化1.0的升级，是由“专用资源服务”向“大资源服务”的转变	
二者区别	• 教育信息化1.0的资源建设是自上而下的，是政府主导的，重点突出教学的线上化；教育信息化2.0的资源建设是双向的，突出自下而上的资源建设和共建共享 • 教育信息化1.0突出解决和全面提升广大教师、学生和教育管理人员的信息技术应用能力；教育信息化2.0则是将提升信息技术应用能力向提升信息素养转变	

图4　教育信息化1.0与2.0政策的比较分析①

（二）经济发展环境

《国务院办公厅关于进一步调整优化结构　提高教育经费使用效益的意见》中提出，要“优先落实教育投入，保证国家财政性教育经费支出占国内生产总值比例一般不低于4%，确保一般公共预算教育支出逐年只增不减，确保按在校学生人数平均的一般公共预算教育支出逐年只增不减”。随着我国经济发展水平不断提升，财政收入逐年增加，教育经费总投入呈现稳步增长态势（见图5）。2012年以来，国家财政性教育经费支出占国内生产总值比例连续8年保持在4%以上。根据教育部相关数据统计，2019年全国教育经费总投入为50178.12亿元，比2018年增长8.74%。其中，国家财政性教育经费为40046.55亿元，比2018年增长8.25%。按照学段划分，教育经费总投入在学前教育、义务教育、高中阶段教育的分配比例分别为8.17%、45.40%、15.41%。

① 数据来源：艾瑞咨询。

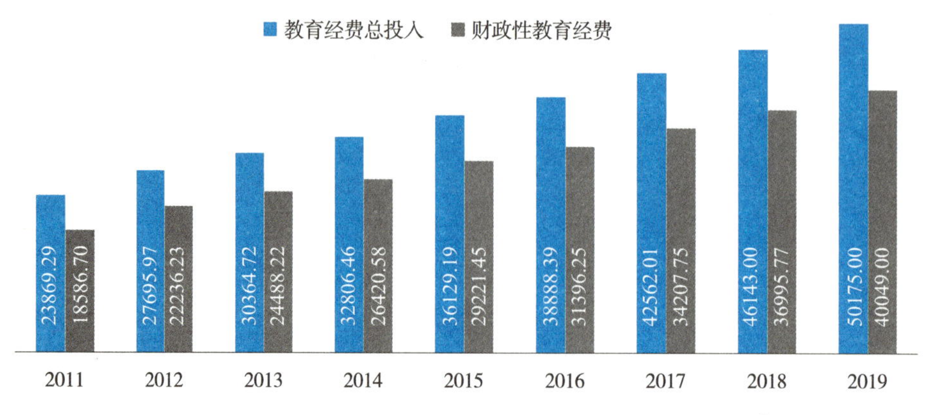

图5 2011~2019年我国教育经费投入情况（单位：亿元）①

（三）社会发展环境

“互联网+”时代，信息技术融入现实生活，逐渐改变了人们的思维方法、行为模式及生产生活方式。信息技术在教育领域的深度应用，对我国教育事业的发展起到了重大推动作用，同时也对教师的数字化素养、信息技术应用能力提出了更高的要求。2010年颁布的《国家中长期教育改革和发展规划纲要（2010—2020年）》提出“努力造就一支师德高尚、业务精湛、结构合理、充满活力的高素质专业化教师队伍”的总目标。同年，国家启动实施国培计划，标志着我国基础教育教师培训开启了大规模培训模式。在教师队伍规模方面，2011年以来，K12阶段各级学校专任教师数逐年稳步增长。2019年全国K12阶段学校数达50.78万所，专任教师达1463.88万人，这为教师信息素养培训提供了庞大的用户基数（见图6）。

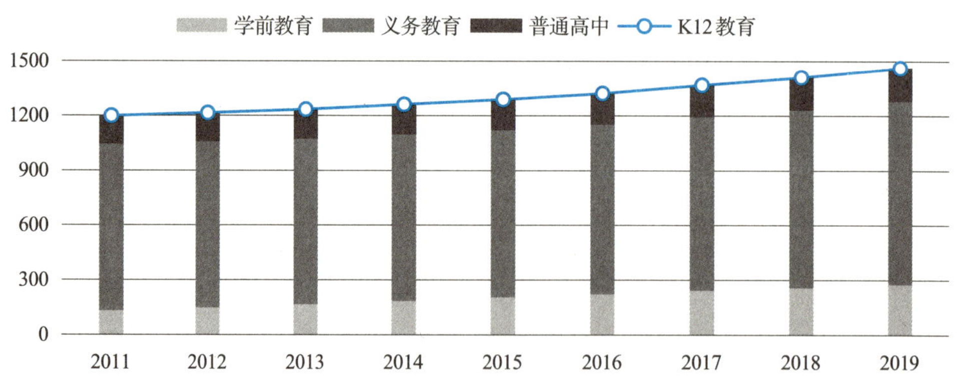

图6 2011~2019年我国K12阶段专任教师数量变化情况（单位：万人）②

（四）技术发展趋势

新技术的飞速发展和广泛应用深刻影响着教育观念、教育手段和教育模式的变革。在大数据、物联网、人工智能、云计算、5G等新技术的影响下，教育逐步从传统

①② 数据来源：教育部。

教育向智慧教育转变（见图7），对教师教学能力和专业水平提出了更高的要求。借助上述新技术打造智能化、泛在化的教师培训，为教师信息素养培训行业创造了更高效的培训模式、培训工具，以及更优质的培训体验。同时，基于智慧教育的教师培训综合解决方案也为行业外企业的进入提供了更广阔的想象空间。

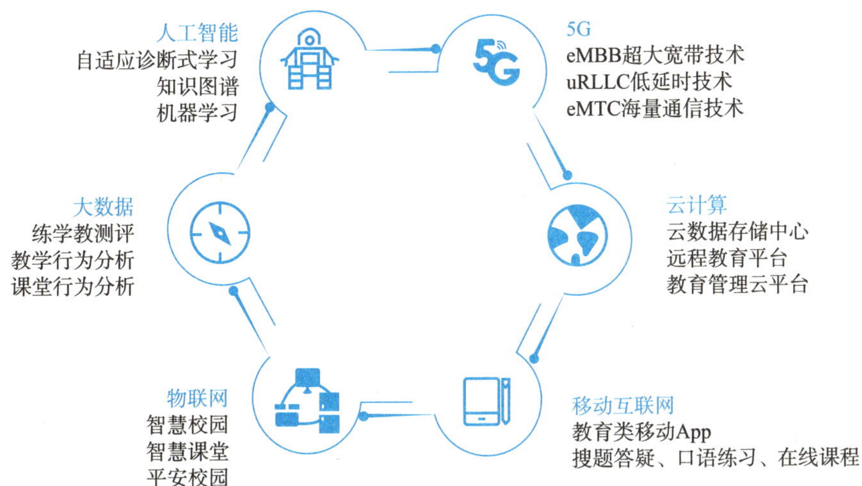

图7　新技术在教育场景中的应用

三、行业发展空间

（一）行业发展链条

教师信息素养培训行业的上游机构为培训课程与师资、底层支持、硬件设备、软件工具等的提供商，包括高等院校、网络服务提供商、硬件设备提供商以及培训平台工具提供商等。中游机构除单一培训服务的提供商外，还有综合类服务提供商。下游机构为行业客户及用户，主要包括教育主管部门、各级各类学校等机构客户群体，以及教育管理者、专任教师、校长等用户群体。另外，在行业的中游与下游之间，通常还存在掌握渠道资源的地方代理商、渠道商，以及拥有资源优势的行业协会、拥有公益身份的基金会等服务机构（见图8）。

总体来说，教师信息素养培训行业呈现出上游机构市场集中度相对较高，中游机构市场比较分散，中游机构对下游市场的拓展受渠道服务机构的影响较大的特点。

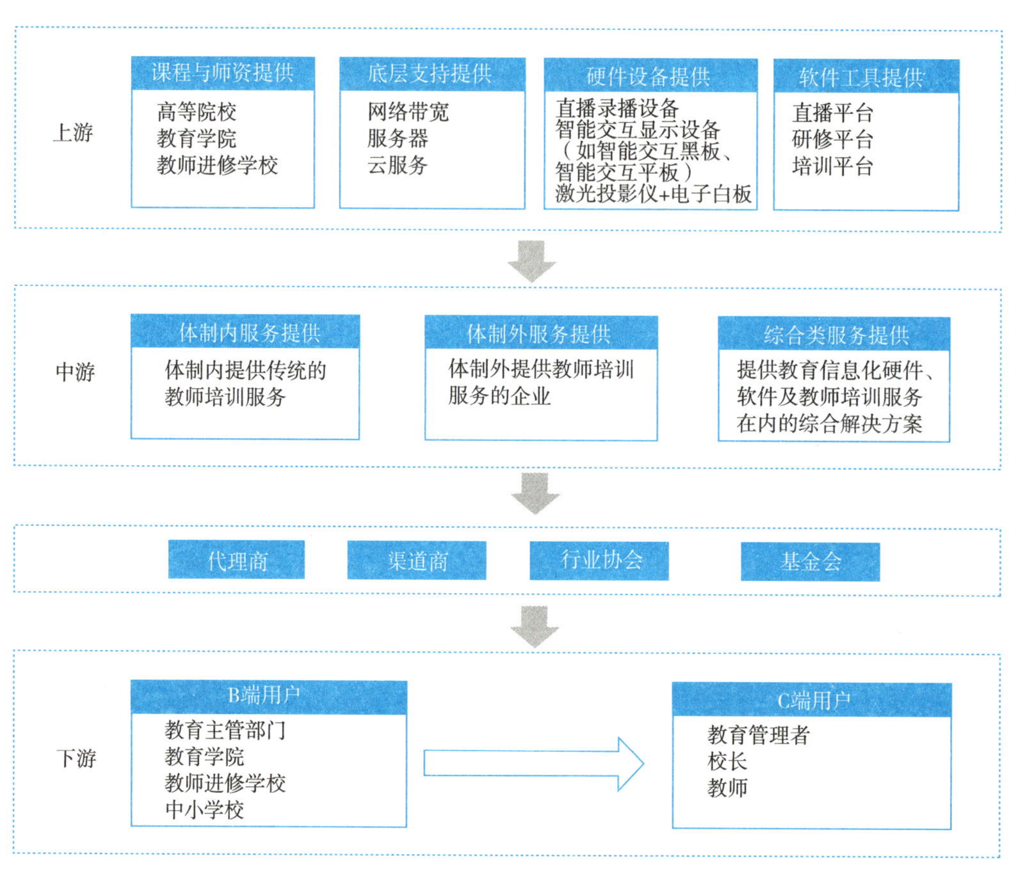

图8 教师信息素养培训行业发展链条

（二）市场规模

我国幼儿园、中小学教师继续教育培训经费由地方专项经费、学校公用经费和教育部专项计划三部分构成。《教师教育振兴行动计划（2018—2022年）》规定："教师培训经费要列入财政预算，幼儿园、中小学和中等职业学校按照年度公用经费预算总额的5%安排教师培训经费"。《中小学教师继续教育规定》规定："省、自治区、直辖市人民政府教育行政部门要制定中小学教师继续教育人均基本费用标准。"各省自治区、直辖市会结合本地区实际，出台相应教师继续教育费用标准。例如，2011年《山西省中小学教师继续教育规定》要求"由各级财政部门在教育事业费中按不少于当地中小学教职工工资总额的2.5%安排"；2019年《广东省进一步调整优化结构提高教育经费使用效益的实施方案》提出"各级政府每年要按照不低于本地教师工资总额的2%安排教师继续教育经费，各中小学校要按照不低于年度公用经费预算总额的10%安排教师培训经费"；2019年《重庆市进一步调整优化结构提高教育经费使用效益实施方案》要求"区县财政按照不低于本地区教师工资总额（含基本工资和绩效工资）的1.5%预算用于教师继续教育经常性经费，中小学校年度公用经费总额的5%用于教师培训”。综合各地方要求，以下按教师工资总额的2%来估算年度教师继续教育培训经费额度（见图9）。

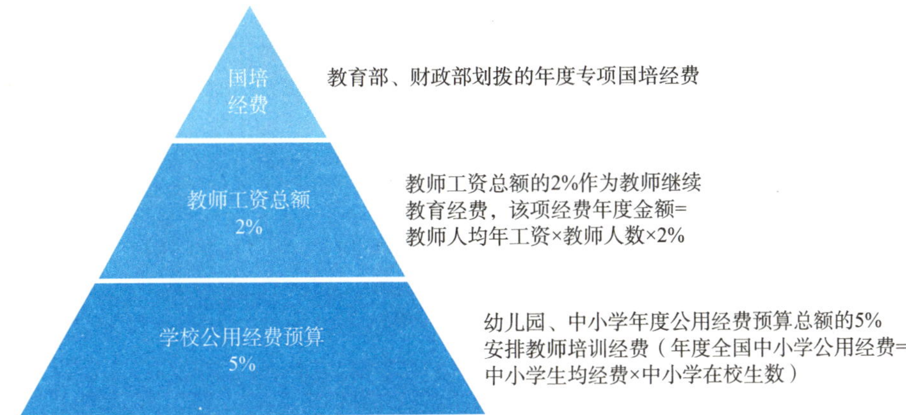

图9　我国K12阶段教师继续教育培训经费构成情况

根据教育部相关数据统计：2010~2019年，中央财政累计安排幼儿园、中小学教师国培计划专项资金157.84亿元。如图10所示，中央财政“国培计划”经费投入在2011~2014年实现快速增长，之后基本稳定在每年20亿元左右（2019年共投入19.85亿元，约为2011年的2.5倍）。

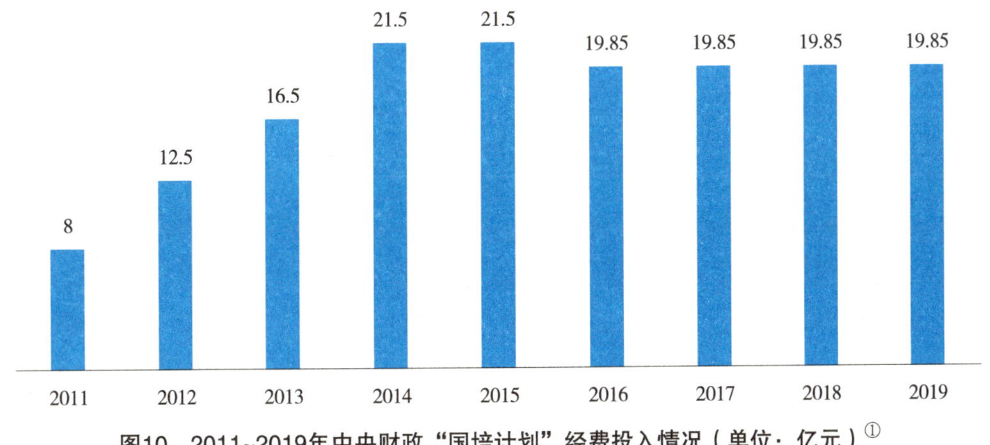

图10　2011~2019年中央财政“国培计划”经费投入情况（单位：亿元）①

作为国家教师培训经费的重要来源之一，基础教育阶段各级教育公用经费发展迅速。根据教育部教育经费执行情况数据统计：2018年基础教育阶段各级教育公用经费的5%约为278.69亿元（截至本文完成时2019年我国K12各级教育公用经费金额尚未公布），较2011年的140.34亿元增长近一倍（见图11）。

① 数据来源：教育部。

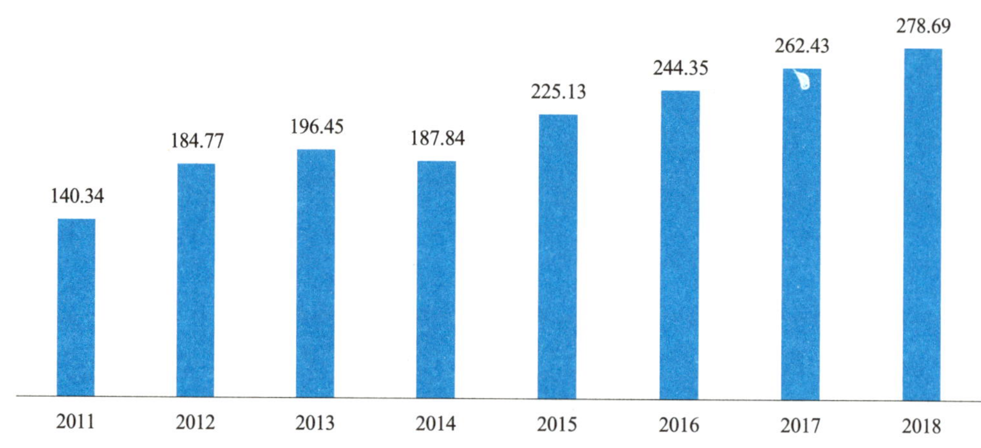

图11　2011~2018年我国K12各级教育公用经费投入额的5%（单位：亿元）①

综合以上分析，在此以2018年为例对教师继续教育培训市场的整体规模进行测算：2018年中央财政下达的幼儿园、中小学“国培计划”专项经费为19.85亿元，当年K12各级教育公用经费投入的5%为278.69亿元，K12阶段教师工资总额的2%为169.50亿元（当年教师年人均工资6万元×教师人数1412.49万人×2%），将三者相加即可得出2018年K12阶段教师继续教育培训市场的规模为468.04亿元。从图12可以看出2011~2018年K12阶段教师继续教育培训市场规模持续扩大。

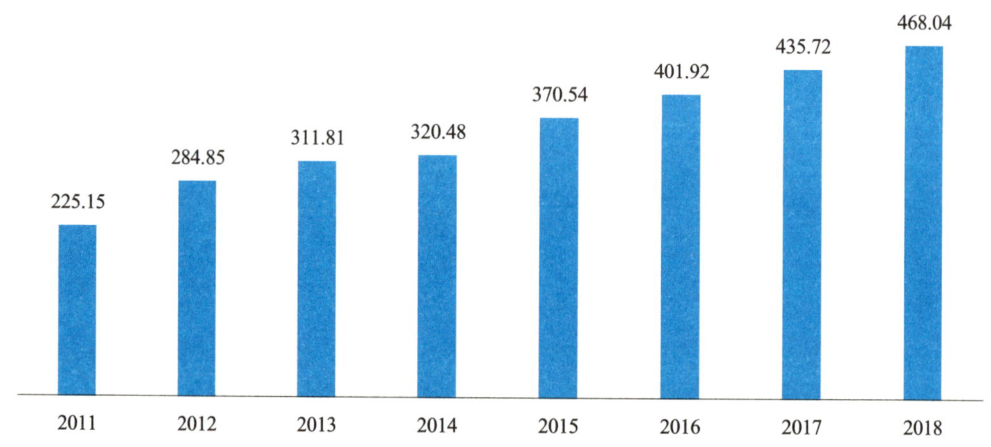

图12　2011~2018年我国K12阶段教师继续教育培训行业市场规模（单位：亿元）

作为教师继续教育培训的分支，教师信息素养培训的经费情况虽然尚无公开数据，但鸿合科技教育研究院根据2011年6月《教育信息化十年发展规划（2011—2020年）（征求意见稿）》提出的“各级政府在教育经费中按不低于8％的比例列支教育信息化经费”的规定，结合教师信息素养培训与教育信息化的发展互为基础、相互促进的特点，预估教师信息素养培训的市场规模应不低于教师继续教育培训经费的

① 数据来源：教育部。

8%（行业内部数据显示，江苏、浙江等教育发达省份的此项经费占比高达15%），即2018年教师信息素养培训的市场规模应不低于37亿元。由此可见，教师信息素养培训是教师继续教育培训行业中一个颇具规模的细分市场，其未来发展具有较大的想象空间。

四、行业竞争生态

（一）竞争格局

1. 市场细分

以基础教育为例，教师信息素养培训的细分市场可从三个角度划定：①根据培训学段，可分为针对学前教育、义务教育、高中教育的不同培训服务；②根据培训对象，可分为针对专任教师、培训指导教师、校长、CIO、教育管理者等对象的不同培训服务；③根据地区经济发展水平，可分为针对贫困地区、经济欠发达地区、经济发达地区的不同培训服务。（见图13）

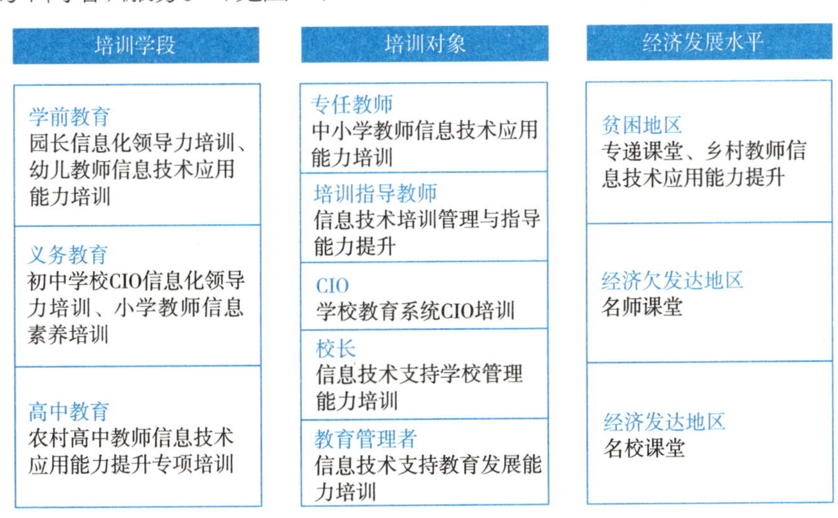

图13　教师信息素养培训市场细分情况

2. 市场结构

教师信息素养培训的市场结构以教师继续教育培训市场为基础，市场分布较为分散，参与者呈现逐步多样化的态势。教师继续教育培训机构主要包括三类（见图14）。

（1）体制内培训机构。体制内培训机构在课程开发能力、师资团队资源、政府关系等方面具有天然优势，其提供的培训项目方案更容易受到政府青睐。但这类机构的服务意识往往有所欠缺，服务网点布局不够广泛，市场意识相对较弱，培训模式较为单一，培训内容以宣讲为主、实效性相对欠缺。

（2）体制外培训机构。体制外培训机构以教师培训头部企业为主。这类机构在全国建立了广泛的服务网点与渠道，形成了标准化的服务流程与课程体系，拥有庞大的培训师资专家资源库。但随着个性化培训需求的日益增多，地方政府自选培训机构与培训课程的话语权逐渐加大，这类机构的规模效应受到较大影响；与之竞争的本地教师培训机构与当地政府或学校的地缘联系更加紧密，更了解本地的培训需求，更容易提供贴合本地实际的培训服务。另外，随着教育信息化2.0的不断推进，能够在教师信息素养培训市场提供定制化、个性化培训服务的机构也存在市场进入机会。

（3）其他服务机构。这类机构在教育信息化硬件、软件、内容、培训等方面具有集成优势。在培训需求多样化的形势下，依靠其丰富的渠道客户资源和品牌影响力，可根据客户需求定制包括教师信息素养培训在内的个性化综合解决方案。

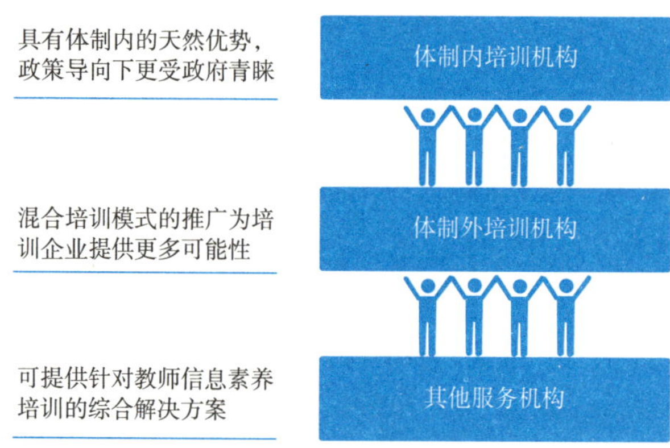

图14 教师信息素养培训行业市场结构

（二）典型案例分析

A机构为教师继续教育培训行业体制外的头部培训机构之一，成立时间相对较短，但已在全国31个省、自治区、直辖市建立渠道服务中心，拥有各省级、地市级办事处80多个、教师培训基地13个。在成立不到10年的时间内，A机构在全国范围内建立了发达的渠道网络与服务网点，其强大的渠道下沉能力与全面的服务网点体系，为该机构业务的快速增长和其面授项目（尤其是混合培训项目）在全国范围内的开展奠定了良好的基础。案例说明，由于行业属于典型的面向政府模式，渠道资源对于培训机构而言极为重要。

B机构作为教育部认可的远程教师继续教育培训机构之一，近年来在教师成长培训机制方面不断发力。通过机构自研的系列培训与研修平台，B机构搭建了覆盖教师训前、训中、训后全流程的教师培训辅助管理平台，并在某省信息技术应用能力提升工程2.0试点（示范）国培项目上应用该模式，通过“线上培训（SPOC直播授课）+线下集中研修+训后跟踪指导”的方式，不断推进线上线下一体化混合学习模式的探索。案例说明，培训模式创新是机构业务发展的重要动力。B机构即是围绕教师成长这一主题，通过不断深入探索培训新模式，逐步构建了基于课堂、应用驱动、精准测评的教师信息素养培训新机制，打造了竞争优势。

C机构是最早一批入围教育部“国培计划”的具有网络培训资质的机构，后被某教育信息化机构收购。与其他教师培训机构相比，C机构借助其控股机构的教育信息化优势，可在强渠道优势下，为地方教育主管部门与学校提供包含教师信息技术应用能力培训在内的信息化综合解决方案。2018年，在西部某省多年来持续使用C机构自研“教师信息系统”的基础上，C机构充分发挥其控股企业的信息化建设经验与优势，融合人工智能技术免费为该省相关系统进行升级，积极参与该省“互联网+教育”示范省（区）的建设。案例说明，教育信息化的发展涵盖硬件、软件、资源、场景，而人是联通一切的重要媒介。机构可以利用强渠道和集成优势，通过为地区教育信息化的需求与发展定制更为个性化的综合解决方案，打开市场空间。

五、行业发展特征与发展趋势

（一）发展特征

（1）政府主导性强。教师信息素养培训属于典型的面向政府的对公模式，渠道资源布局的广度和深度决定了教师培训机构的业务模式和规模，是培训机构发展的关键。随着教师培训行业的发展和教师信息素养培训需求的不断增多，地方教育主管部门在教师培训机构方面的选择空间不断增大，对培训的评价水平逐步增强，其关注重点也从传统的资质拓展到对培训资质、培训课程设计、培训服务过程、培训效果检测等的全场景管控。

（2）区域差异明显。市场规模方面，教师信息素养培训业务发展主要取决于当地教师数量，以及当地财政资金对教师培训的支持力度。我国国家财政性教育经费中地方财政性教育经费占比超90%，是教育投入的主力。因此，地方经济发展水平的差异带来了教师信息素养培训市场的差异：华东、华南、华北、华中等区域的教师信息素养培训市场规模相对较大，而东北、西北、西南等区域则相对较小。市场竞争方面，一线城市高等院校、体制内培训机构更具比较优势，二三线城市高等院校和体制外培训机构并存，四线及以下城市的培训机构以本地机构为主。

（3）市场较为分散。根据市场结构分析，教师继续教育培训机构主要包括三类：体制内培训机构（如高等院校、教育学院、教师进修学校、教研机构，以及教育部下属的如中国教育科学研究院、教育行政学院等事业单位等）、体制外培训机构（如继教网、尚睿通、教师网、奥鹏教育等服务网点遍布全国的行业头部企业，以及具有影响力的地方企业）、其他具备较强的集成优势的服务机构（如全通教育、立思辰等）。随着混合培训模式的大力推广、地方政府的话语权逐渐加大，以及个性化培训需求的日益增多，能够在教师信息素养的专题培训或特定对象培训方面提供更为定制化、纵深化培训服务的机构仍有一定的进入机会。

（二）发展趋势

（1）政策与财政投入持续加大。当前国家不断强化与教师信息技术应用能力和信息素养提升相关的政策要求，体现出极强的引导性。教育部在近两年密集出台了“提升工程2.0”等十多项教师信息技术应用能力提升方面的政策与文件，地方则紧跟中央步伐。可以预见，未来国家将继续从政策面强化教师信息化教学能力、管理者教育信息化领导力、培训指导团队指导能力等方面的提升，各级政府也将不断加大财政资金对专项培训的投入规模。

（2）新技术推动培训模式变革。IPV6、5G等新技术在教育培训中的融合应用创造出如“线上线下”“同步+异步”“双师教学”等新型培训研修模式。其中“线上线下”混合式培训的主要形态是线上直播授课与线下集中培训相结合，将传统面授培训与远程在线培训一体化，能够使同等教育培训经费覆盖更多教师。“同步+异步”混合式培训融线上直播授课、线下集中研修、训后跟踪指导于一体，依托平台进行全流程管理，基于直播授课实现知识接受同步化，基于任务驱动实现迁移表达成果化。广义的“双师教学”是基于信息化设备实现“名师线上直播授课+助教线下课堂管理”，为促进教育公平助力；在教师培训方面则表现为名师网络课堂和远程协同教研相结合的“双师教学”培训模式。上述新型培训模式让教师培训的可得性、便利性进一步提升，培训体验不断优化。可以预见，不断涌现的新技术将为教师信息素养培训模式创新与效率提升提供更大的想象空间，未来政策与技术的双重导向将使新型混合培训模式等成为市场主流。

（3）个性化培训设计拓宽服务覆盖面。开展业务时，培训企业可针对不同的细分市场提供差异化的培训服务。例如，贫困地区教师队伍的信息素养水平普遍相对较低，因此国培、地培等基础类、标准化的项目在该类地区的需求会更多；发达地区财政经费充裕、教育发展水平相对较高，对于教师信息素养培训的诉求更加具体，对实效性要求更高，因此更为精专的培训内容、创新的培训模式更受欢迎；针对不同层次的教师（新教师、青年教师、中老年教师等），可根据其信息素养水平特点开发差异化的培训课程，以增强培训效果。多样化的培训需求必然使个性化培训成为行业热点。

教育装备展示会浅析

张继芳　李守国　彭志新

展示会是经济发展的助推器，素有“经济晴雨表”之称。展示会活动可以有效加快技术的传递和流动，加强产业技术交流与合作，促进产业结构调整，实现产业升级；展示会活动也有助于加深政府、国内外团体和商界间的了解和交流，推动行业内外人员的互访和交流。美国、中国、日本、德国、法国和英国等几大全球经济强国都是会展强国。美国的纽约、芝加哥，中国的北京、上海、广州、香港，日本的东京、大阪，德国的法兰克福、汉诺威、科隆，法国的巴黎，英国的伦敦、伯明翰，意大利的米兰，瑞士的日内瓦等世界著名城市也都是著名的会展城市。

近年来，《国务院关于进一步促进展览业改革发展的若干意见》《商务部办公厅关于创新展会服务模式　培育展览业发展新动能有关工作的通知》等支持发展会展业的政策相继出台，展览业已经成为我国构建现代市场体系和开放型经济体系的重要平台。

一、全球教育装备展示会概览

教育装备是实施和保障教育教学活动所需的教具、学具、器材、软硬件设施及其配置过程的统称。教育装备是教书育人的必要条件，是实现教育现代化的重要支撑，是培养学生创新精神和实践能力、促进学生全面发展的重要载体。世界各国对教育装备的发展都非常重视。为充分发挥教育装备对教育的支撑作用、促进教育装备行业蓬勃发展，很多国家和地区都举办有教育装备展示会，其中一些久负盛名的展示会已成为世界各国教育装备行业沟通交流的平台（见表1）。

1. 中国教育装备展示会

中国教育装备展示会是由中国教育装备行业协会主办，举办地教育厅（委）和人民政府承办，各省、自治区、直辖市和计划单列市教育装备行业协会协办的全国性展会。中国教育装备展示会每年春秋两季在国内举办，自1980年创办至今已成功举办77届，具有整合营销、调节供需、技术推广、聚焦联系和交易、“产学研”结合与产业联动等多种功能，是我国乃至全球教育装备行业规模最大、影响最广、专业性最强的品牌展会之一。

中国教育装备展示会以其带动效应好、专业特色鲜明的特点，被誉为教育装备市场的风向标。凭借其在展会行业中取得的突出业绩，中国教育装备展示会已6次荣膺“中国行业品牌展会金手指奖”，两次被列为商务部重点引导支持展会。

2. 瑞士伯尔尼世界教具装备博览会

瑞士伯尔尼世界教具装备博览会是全球影响最大、最权威的教育产品展之一。该展会每两年举办一届，展示包括学前教育、教学资源、教育科技、职业培训等各类教育装备产品。2018年的展会共有来自29个国家和地区的405家企业参展，吸引了世界各地18000多位专业观众到场，其中90%来自瑞士和西欧国家，采购实力强劲。对参展商和教育界的专业人士来说，两年一届的伯尔尼世界教具装备博览会是不容错过的行业盛会。我国企业自2008年起参加该展会，2018年的参展企业已达数十家。

3. 英国伦敦国际教育设备展览会

英国伦敦国际教育设备展览会是欧洲规模最大、影响最广的教育教学仪器设备展会之一，在欧洲教育设备市场上有着极其重要的地位，是欧洲教具行业发展的重要风向标。该展会展品涵盖儿童教育用品、启蒙教育及设备、教学设备、职业教育设备及高教实验室设备等。2019年的展会有来自全球40多个国家和地区的2350家教具行业企业参展，展会面积达2.3万平方米，来自全球60个国家的近2万名专业观众到会洽谈并采购。

4. 美国国际教育用品展览会

美国国际教育用品展览会是全球知名的教育科技盛会。该展会每年一届，主办方是美国国际教育技术协会，参与方包括行业企业、技术协调员、教育用品管理员、图书馆管理者、媒体专家、教师和教育工作者以及政策制定者。与会者可以聆听世界一流的主题演讲，另外还有数百场形式多样的交流活动可供选择参与。2019年的展会共设立4个展厅约550个展位，吸引了来自全球81个国家的2万多人参与。参展产品类型包括未来教育、教育技术、人工智能、教育用品、物联网、机器人技术、视听设备、实验室设备、出版物、电子内容、学习空间、AR与VR、职业训练器材、基础设施等。

5. 德国教育装备博览会

德国教育装备博览会每年举办一届。展会以参会观众专业性强、质量高著称，是欧洲教具行业的标志性展会。2019年的展会吸引了来自53个国家的900多家参展商和约10万名访客（其中97％是专业人士）参加。除展览外，展会还举办有约1400个论坛、讲习班、讲座、研讨会、专题展览和小组讨论，为教育工作者、教师、培训人员和教育部门搭建了理想的交流平台。

6. 中东迪拜教育技术装备展

中东迪拜教育技术装备展是海湾地区教育装备行业唯一的国际性综合性展会。由于迪拜是对非洲贸易最重要的转口港，展会对非洲地区也有很强的辐射能力。海湾地区十多个国家的教育部门均积极参加该展会，不仅在展会上设有形象展台，还会带领本国教育采购官员参观并订购产品。2019年的第十二届展会有来自全球45个国家和地区的450个品牌参展，专业观众超过1万名。展会期间，主办方在展馆内组织了100多场针对观众的专业讲座，大大提升了展会的含金量和吸引力。我国企业自2009年起参加该展会，2019年的参展企业已增加至30家。

7. 日本东京教育装备展览会

日本东京教育装备展览会是亚洲领先的教育技术行业贸易展览会之一。该展会是教育科技产品进入日本市场、与买家近距离接触的平台。2019年的第十届展会共有800家教育设备进口商、分销商和2.5万名各类学校管理人员、采购人员、政府及教育部门的相关官员、普通教师等参加，展会同期还举办了第十届教育IT解决方案博览会、第二届学校设施服务博览会。

8. 亚洲（泰国）教育技术装备展览会

亚洲（泰国）教育技术装备展览会是东南亚地区教具行业的标志性展会。该展会以参会观众专业性强、质量高著称，在我国参展商中口碑较好。展会邀请来自世界前沿的教育科技企业和教育专家，向东南亚地区的客户展示未来课堂、未来的学校远景，阐述其对未来教育的理解。中国企业自2005年起开始参加该展，参展企业已由最初的4家增加至20多家。

表1　全球主要教育装备展示会一览

所属大洲	举办国	展示会名称	频次
亚洲	中国	中国教育装备展示会	每年两届
		中国国际教育装备（上海）博览会	每年一届
	韩国	韩国教育博览会（Edutec Koren）	每年一届
	日本	日本东京教育装备展览会（EDIX）	每年一届
	阿联酋	中东迪拜教育技术装备展（GESS Dubai）	每年一届
	印度	印度教育技术装备展（Didac India）	每年一届
	印度尼西亚	印度尼西亚国际教育技术装备展览会（GESS Indonesia）	每年一届
	泰国	亚洲（泰国）教育技术装备展览会（Worlddidac Asia）	每年一届
	新加坡	新加坡亚洲教育科技展（EduTECH Asia）	每年一届
	土耳其	土耳其教育技术装备展（GESS Turkey）	每年一届
非洲	南非	南非国际教育科技展览会（EduTECH Africa）	每年一届

续表

所属大洲	举办国	展示会名称	频次
欧洲	英国	英国伦敦国际教育装备展览会（Bett）	每年一届
	德国	德国教育装备博览会（Ridacta Cologne）	每年一届
	波兰	波兰（波兹南）国际教育技术和设备展览会（EduTECH Poznań）	每年一届
	俄罗斯	俄罗斯莫斯科教育装备展览会（MIEF）	每年一届
	西班牙	西班牙马德里国际教育用品展览会（SIMO EDUCACIÓN）	每年一届
	法国	法国国际教育技术装备展（Educatec Educatice）	每年一届
	瑞士	瑞士伯尔尼世界教具装备博览会（Worlddidac Bern）	每两年一届
美洲	美国	美国国际教育用品展览会（ISTE）	每年一届
	墨西哥	墨西哥教育装备展览会（GESS Mexico）	每年一届
	巴西	巴西圣保罗国际文教用品展览会（Escolor Office Brasil）	每年一届
大洋洲	澳大利亚	澳大利亚教育科技展（EduTECH Australia）	每年一届

二、2019年中国教育装备展示会相关数据分析

2019年，第76、77届中国教育装备展示会分别在重庆、青岛举办。以下通过对两届展示会的全景记录与数据分析，一览2019年中国教育装备行业展示会的发展情况，观察行业未来发展趋势。

（一）第76、77届中国教育装备展示会概况

1. 基本情况

第76届展示会于2019年4月26~28日在重庆国际博览中心举办，展示面积达18万平方米，展位数量突破1万个。全国各省、自治区、直辖市及计划单列市、新疆生产建设兵团教育厅（局、教委）领导，各省、市、县、区教育行政部门、教育装备部门、电化教育部门、后勤装备部门、政府采购部门负责人，各级各类院校校长、教师、实验技术人员，教育装备生产企业、经销商、国际贸易采购商负责人、专业技术人员等20万人次前往观摩学习。此届展示会继续推出“永不落幕的展示会”微信小程序，为观众快速导航观展路径、提供参展企业及产品资讯，方便观众快捷观摩展示会。

第77届展示会于2019年10月12~14日在青岛世博城国际展览中心举办，展示总面积14万平方米，展位数量8200余个（受展馆场地限制，展示总面积和展位数小于第76届展会）。本届展示会共有相关教育装备管理人员、学校校长、教师、实验技术人员，教育装备生产企业、经销商、国际贸易采购商负责人、专业技术人员等20万人次前来观摩学习。展示会开幕式前，为庆祝中华人民共和国成立70周年，响应“不忘初心，牢记使命”主题教育活动，展示会组委会组织青岛香江路第二小学、海之韵小学及音

乐学校的师生融合器乐、舞蹈、独唱、合唱，以“快闪”形式表演了《我和我的祖国》，展示了奋发图强的精神风貌和饱满的爱国情怀。

2. 参展企业统计

第76届展示会由鸿合科技股份有限公司独家冠名，来自我国及美国、加拿大、日本、韩国、德国、丹麦、英国等国家和地区的1450家企业参展，其中有爱普生、松下、索尼、佳能、NEC、A.O.史密斯、百度、京东8家世界500强企业，以及海信、海尔、长虹、九阳、神州数码、TCL、创维、网易等10家中国500强企业。参展企业中共有73家上市公司、4家独角兽公司、130家国家级高新技术企业和16家“双软认证”企业。此届展示会共有35个组团单位参展，其中江苏、广东等组团单位参展企业超过百家；江苏团参展企业最多，共有112家。知识产权方面，75%的参展企业拥有注册商标，60%的参展企业拥有软件著作权或专利权，全部参展企业共拥有9000多件软件著作权和35000多件专利权。

第77届展示会共有来自我国及日本、美国、德国的1100余家企业参展，其中有爱普生、松下、索尼、诺基亚、A.O.史密斯、百度、京东、惠普、美的9家世界500强企业，以及海信、海尔、长虹、九阳、TCL、创维9家中国500强企业。参展企业中有独角兽企业2家、国家级高新技术企业142家；有64%的企业拥有专利或软件著作权。近年来，教育信息化装备企业参展数量持续增长。此届展示会教育信息化装备企业数量最多，超越了实验室装备企业和后勤装备企业。

3. 参展产品统计

第76届展示会共展出产品25000余件，参展产品品质高端、品类齐全，涵盖幼儿教育、基础教育、职业教育、高等教育等全部学段，包括教学仪器设备、实验室及功能教室设备、办公设备、后勤设备、实训设备、体育设施、图书、课堂教育资源、学生用品、生态校园、数字化校园建设装备、学前教育装备、特殊教育装备、在线教育解决方案等产品和服务。展出产品中，教育信息化产品占四成，其中包括软件类产品2432件，智能智慧类产品1062件。为贯彻落实习近平总书记就青少年视力健康问题作出的重要指示和教育部等八部门联合印发的《综合防控儿童青少年近视实施方案》，此届展示会上展出的近视防控和护眼产品达到了51件。

第77届展示会展示产品20000余件。自《教育信息化2.0行动计划》发布以来，教育装备的数字化、网络化和智能化趋势更加显著。此届展示会共有6981件教育信息化相关产品，约占全部展品总数34%，其中包括软件类产品2078件，计算机硬件及相关产品3029件，智慧教室、智慧校园相关产品415件，教育云产品258件，创客、物联网及STEAM产品293件，机器人和无人机产品157件。与往届展示会相比，此届展示会虚拟现实（VR）、增强现实（AR）和混合现实（MR）类产品增长迅速，共有149件产品进行展示，较上届增长25%，反映出相关技术在教学中的应用正逐步走向成熟。另外，随着儿童青少年近视防控工作的深入推进，相关产品数量达到了73件，较上届展示会增加了43%。

4. 展会活动

第76届展示会内容丰富多彩、亮点纷呈，期间举行了第七届全国名师名校长峰会，2019年中国学前教育峰会，第二届城市教育装备工作创新论坛，第二届“新同兴杯”全国学生装设计大赛总决赛暨颁奖典礼，中国教育装备展示会新产品、新技术、新成果发布会等活动。第七届全国名师名校长峰会聚焦当前教育装备行业热点、难点问题，深层次探索教育装备如何更好地服务于教育教学及其在未来学校变革和发展中的作用，助力各级教育管理者、中小学校长、教研人员进一步更新教育理念、汲取教育智慧，促进学校内涵式、可持续发展。第二届“新同兴杯”全国学生装设计大赛总决赛向全国中小学校提供优秀学生装设计作品，推动我国学生装事业健康可持续发展。第二届城市教育装备工作创新论坛以“交流分享、发展创新”为主题，旨在深入学习贯彻党的十九大和全国教育大会精神，开展工作经验交流，促进技术应用与创新和教育教学内涵发展，进一步激发改革活力，凝聚发展合力，提升城市教育技术装备工作的整体发展水平。2019中国学前教育峰会深度解读《中共中央 国务院关于学前教育深化改革规范发展的若干意见》，全面提高幼儿园保教质量，促进幼儿身心的全面和谐发展，提升学前教育机构专业运营水平，全面推进我国学前教育事业健康、科学、可持续发展。中国教育装备展示会新产品、新技术、新成果发布会旨在推进技术进步，服务教育现代化，树立引领行业发展的风向标。发布会上带来的最新成果、最新技术和最新理念，不断推动着教育行业的供需双方进行全面的交流、合作、创新与发展。

第77届展示会的同期活动形式更为丰富，举办了第八届全国名师名校长峰会，第七届全国中小学实验教学说课活动，2019国际教育信息化大会，第二届中小学教育装备应用创新论坛，教育装备产业金融创新发展高端论坛，中国教育装备展示会新产品、新技术、新成果发布会等各类活动。2019国际教育信息化大会以“技术赋能教育，创新引领未来”为主题，紧紧抓住当下教育事业发展和信息技术应用的热点问题，着重围绕“人工智能时代的智慧教育”和“技术助力教育均衡发展”两个议题进行探讨、交流、分享。第七届全国中小学实验教学说课活动共有150个优秀案例进行了现场展示，约4000人次到场观摩，网络直播点击量近195万次。该活动有效调动了广大教师开展实验教学探究的积极性，形成了一批可共享的优质中小学实验教学资源，取得了良好的社会效益。第二届中小学教育装备应用创新校长论坛总结了近年来“教育装备与课程建设、学校文化、队伍培养、教育教学、管理服务等深度融合”的实践成果，树立具有推广应用价值和区域特点的中小学教育装备应用典型范例，促进相互学习、相互借鉴，推进装备应用与创新，进一步激发改革活力，提升中小学教育技术装备应用的整体发展水平。教育装备产业金融创新发展高端论坛紧紧围绕教育装备产业市场和融资环境分析，探索在当前宏观经济条件下更好地实现教育装备企业与金融企业的合作共赢的路径。

5. 媒体宣传

第76届展示会除得到中国教育装备行业协会官方网络平台（教育装备网）的全程报道外，还得到了中央电视台、中国教育电视台、《中国教育报》、重庆交通广播、《重庆日报》、中新社、《重庆商报》、人民网、新华网、新浪网、中国网、搜狐网、网易新闻、腾讯网、凤凰网、今日头条、华龙网、大渝网、两江新区网、上游新闻、中国教育在线、南方网、慧聪网、投影时代、中国教育装备采购网、中国数字视听网、中关村在线、IT168、数字标牌网等40余家媒体的关注与支持。第77届展示会期间，中国教育装备行业协会、山东省教育厅和青岛市人民政府邀请了国家级、省级、地方的100余家媒体到场，对展示会进行全方位、多角度报道。中国教育报刊社官方App“中教之声”首次在展示会新闻中心开设了“中教装备之声”新闻直播间，山东教育电视台还对展示会进行了全程报道。

（二）第76、77届中国教育装备展示会观众分析

第76、77届中国教育装备展示会利用登录系统实时采集观众信息。其中，参展人数人次数据通过展馆提供的展会门禁系统及志愿者手持PDA扫描枪收集，观众个人信息则来自观众登记表（包括现场微信登记、网上预登记、微信预登记）。第76、77届展示会的观众信息分析如下。

1. 观众整体情况

第76、77届展示会期间，每日观众参观情况如表2所示。第76届展示会期间到场观众人数88944人，到场参观次数200122人次；第77届展示会到场观众人数79980人，到场参观次数174829人次。

表2　第76、77届展示会期间每日观众参观情况

项目	第76届		第77届	
	到场人数/人	参观次数/人次	到场人数/人	参观次数/人次
第一日	44635	100258	39212	88969
第二日	33517	78681	30532	66178
第三日	10792	21183	10236	19682
总计	88944	200122	79980	174829

预登录观众（包括微信预登录观众和网上预登录观众）及其实际到场情况如表3所示。第76、77届展示会分别有86.56%和89.46%的预登录观众前往现场参观。

表3　第76、77届展示会预登录观众总数和实际到场人数

选项	第76届		第77届	
	人数/人	比例	人数/人	比例
预登录观众	60932	100.00%	55675	100.00%
到场预登录观众	52740	86.56%	49807	89.46%

2.到场观众来源

根据第76、77届展示会到场观众来源地类别（见表4）、来源区域（见表5）、来源省份（见表6）分析可知，展示会到场观众主要以我国内地观众为主，且来自举办地及周边省份的观众相对较多。

表4　第76、77届展示会到场观众来源地类别

来源地		第76届		第77届	
		人数/人	比例	人数/人	比例
我国内地	非展示会本地	45068	78.32%	38349	72.85%
	展示会本地	12378	21.51%	14257	27.08%
我国港澳台地区		100	0.17%	37	0.07%

表5　第76、77届展示会到场观众来源区域

区域	第76届		第77届	
	人数/人	比例	人数/人	比例
华东	9041	15.74%	34716	65.99%
华北	3880	6.75%	6552	12.45%
华中	7469	13.00%	3415	6.49%
华南	4172	7.26%	2703	5.14%
西南	27702	48.22%	1867	3.55%
西北	4203	7.32%	1714	3.26%
东北	964	1.68%	1581	3.01%
未知	15	0.03%	47	0.09%

注：不含展示会本地观众和港澳台地区观众。

表6　第76、77届展示会观众来源省份

省份	第76届		第77届	
	人数/人	比例	人数/人	比例
山东	1759	3.06%	14257	27.10%
江苏	2070	3.60%	5564	10.58%
浙江	1872	3.26%	4538	8.63%
安徽	1371	2.39%	4071	7.74%
福建	670	1.17%	2921	5.55%
北京	1583	2.76%	2501	4.75%
上海	615	1.07%	2477	4.71%
河北	935	1.63%	2264	4.30%

续表

省份	第76届		第77届	
	人数/人	比例	人数/人	比例
广东	3216	5.60%	2080	3.95%
河南	1142	1.99%	1698	3.23%
四川	13221	23.01%	965	1.83%
山西	788	1.37%	921	1.75%
湖北	3143	5.47%	910	1.73%
江西	684	1.19%	888	1.69%
陕西	3185	5.54%	849	1.61%
湖南	3184	5.54%	807	1.53%
辽宁	413	0.72%	653	1.24%
吉林	292	0.51%	526	1.00%
内蒙古	359	0.62%	503	0.96%
广西	719	1.25%	446	0.85%
黑龙江	259	0.45%	402	0.76%
重庆	12378	21.55%	371	0.71%
甘肃	511	0.89%	363	0.69%
天津	215	0.37%	363	0.69%
贵州	1491	2.60%	254	0.48%
云南	477	0.83%	246	0.47%
宁夏	256	0.45%	200	0.38%
新疆	179	0.31%	184	0.35%
海南	237	0.41%	177	0.34%
青海	72	0.13%	118	0.22%
西藏	135	0.24%	31	0.06%
未知	15	0.03%	58	0.11%

注：不含展示会本地观众和港澳台地区观众。

3.观众登记表调查结果分析

（1）观众的职业类别。从第76、77届展示会观众所从事的职业情况分析可知，从事市场/销售工作的观众人数占比最高，其次是管理、采购人员（见表7）。

表7 第76、77届展示会观众从事职业情况

选项	第76届		第77届	
	人数/人	比例	人数/人	比例
市场/销售	18224	34.55%	15209	30.52%
管理	12554	23.80%	11178	22.43%
采购	6525	12.37%	6990	14.03%
研发/生产	4806	9.11%	5493	11.02%
使用	4623	8.77%	4299	8.63%
广告/媒体	954	1.81%	738	1.48%

续表

选项	第76届		第77届	
	人数/人	比例	人数/人	比例
教师	22	0.04%	42	0.08%
其他	1644	3.12%	2854	5.73%
未回答	3388	6.42%	3032	6.08%
总计	52740	100.00%	49835	100.00%

（2）观众的参观目的。从观众参观目的的调查结果可知：第76届展示会观众中，主要参观目的是参观学习的观众以学校最多，其次是服务咨询机构和科研培训机构；以寻找合作伙伴为目的的观众主要是行业经销商、设备制造商和进出口企业。第77届展示会观众中，参观目的是参观学习的观众以学校最多，其次是科研培训机构和服务咨询机构；以寻找合作伙伴为目的的观众主要是行业经销商、设备制造商和科研培训机构。

（3）观众关注的教育分类。从第76、77届展示会观众关注的教育分类情况分析可知，基础教育最受关注，其后依次是高等教育和职业教育（见表8）。

表8　第76、77届展示会观众关注的教育分类

选项	第76届		第77届	
	人数/人	比例	人数/人	比例
基础教育	32426	61.48%	30706	61.62%
高等教育	18741	35.53%	17187	34.49%
职业教育	15097	28.63%	13395	26.88%
学前教育	12752	24.18%	11067	22.21%
特殊教育	7063	13.39%	5959	11.96%
其他	408	0.77%	2041	4.10%
未回答	5913	11.21%	3373	6.77%

（4）观众关注的产品分类。从第76、77届展示会观众关注的产品分类情况分析可知：两届展示会上最受关注的都是教育信息化产品；第76届展示会后勤装备的关注人数排名第二，教学玩具排名第三；第77届展示会教学仪器和设备的关注人数排名第二，教学玩具排名第三（见表9）。

表9　第76、77届展示会观众关注的产品分类

选项	第76届		第77届	
	人数/人	比例	人数/人	比例
教育信息化产品	47506	90.08%	46470	93.25%
教学仪器和设备	14273	27.06%	40193	80.65%
教学玩具	14801	28.06%	15418	30.94%
后勤装备	45473	86.22%	9586	19.24%
未回答	3350	6.35%	3468	6.96%

三、教育装备展示会的未来发展

（一）依托信息技术创新展示会发展模式

推进教育装备展示会服务创新、管理创新和业态模式创新，充分发挥教育装备展示会在扩大行业影响、推动技术创新、引领行业发展等方面的重要作用。充分运用信息技术、人工智能等技术手段，让展会数字化、立体化、智能化，实现展会智能化精细管理，节约人力资源及成本，从风格粗放的产品展示，到定制化的匹配服务，对参观人群进行细分，制定针对性观展路线，提高观摩效率和效果。积极打造教育装备线上展会新平台。推进教育装备展示会业态创新，积极引导、动员和扶持企业运用现代信息技术，开展服务创新、管理创新、市场创新和商业模式创新，推动云计算、大数据、物联网、移动互联等在教育装备展示会的应用。举办网络虚拟展览会，开展“云展示”“云对接”“云洽谈”，提升展示、宣传、洽谈等效果。促进线上线下办展融合发展，探索线上线下同步互动、有机融合的办展新模式。

（二）利用展示会平台开拓国际市场

整合政府、办展机构、行业组织、我国驻外经商机构以及跨境电商平台等多方资源，推动展会信息互通，统筹线上线下渠道，强化展会国际营销和对外宣传推广，提升教育装备展示会的国际影响力和知名度。推动优势展会资源整合，建立合作共享展会协同发展机制，形成开拓国际市场合力。加强与各方的政策沟通和工作对接，抓住用好“一带一路”倡议发展契机，进一步深化与各国教育装备会展业的交流合作，推进众多国际优质教育装备资源引进来，支持更多中国企业和教育装备产品走出去，共同推进第三方市场合作。

（三）打造行业技术发展和建设教育强国的展示窗口

教育装备展示会不仅展出教育装备产品，也体现了教育装备的行业文化和建设成果。因此，应将展示会打造成为展现教育装备发展水平和行业文化的名片。作为中国教育装备类展会的领军者，中国教育装备展示会应通过创新发展，不断提高展会质量，提升展示会服务水准，扩大参展商区域和展会规模，巩固自身市场地位。教育装备是实现教育现代化与教育公平的重要抓手和必要基础。教育装备展示会应勇立潮头，努力开创并引领新时代教育装备工作创新发展的新局面，成为宣传国内外教育装备技术发展和建设教育强国的重要平台。

（作者单位：张继芳、李守国，中国教育装备行业协会；彭志新，安徽省教育项目管理中心）

第七届全国中小学实验教学说课活动案例特点分析

中国教育装备行业协会理论研究部

自2013年起，全国中小学实验教学说课活动（以下简称“说课活动”）已成功举办七届。七年来，说课活动的地域和学科覆盖、参与人数、学历层次、观摩人数逐年提升，内涵质量持续优化。2019年的活动中，各地共推荐优秀案例463个，其中151个案例入围现场说课展示环节，150件优秀说课作品入选《第七届全国中小学实验教学说课活动优秀作品集》。本文从学科、内容、形式、效果等视角，对上述150件说课作品进行了归纳分析，旨在为相关学科教师提供参考，以便在今后的教学中取长补短并结合自身特点和优势提升实验教学效果。

一、整体数据分析

（一）学科覆盖

与往年相同，本届入选优秀作品集的说课作品分综合、小学科学、中学物理、中学化学、中学生物五大类别。其中，中学物理、化学、生物包括初中及高中的学科内容，综合则涉及通用技术、综合实践、拓展型课程及创客等多方面内容。就数量来看，除综合类说课作品外，其他四类入选优秀作品集的说课作品占比均超过20%，分布较为平衡。另外，说课作品的内容分布也较为广泛，从小学一年级的科学实验到高中三年级的学科探究实验均有涉及。

（二）地域分布

除宁夏回族自治区（未参与2019年说课活动）外，我国其他22个省、4个直辖市、4个自治区及新疆生产建设兵团均有作品入选本届说课活动优秀作品集。与往届情况相似，不同地区入选优秀作品集的案例数量差异较大（从1个案例到10个案例不等），反映出各地实验教学水平的不均衡性。然而，从近几届各地入选案例的数量变化看，这种地区间的不均衡性不断得到改善。之前明显落后的西部地区（特别是新疆、兵团和西藏）教师，通过因地制宜的方式，发挥自身特色，不断改进实验教学的形式和内容，出现了不少独具特点的作品。由此可见，说课活动的持续举办对提高偏远地区实验教学水平具有显著的作用。

（三）发展趋势

由本届作品集可以看出，随着新课标的陆续颁布和启用，大部分教师在进行实验教学设计时，都能有意识地从知识与技能、过程与方法、情感态度与价值观出发，围绕科学概念、科学思维、科学探究、科学态度与责任四方面对教学课题进行改进创新，以期促进学生核心素养的发展。

总体而言，实验教学说课作品呈现以下趋势特点：一是课型呈现形式日趋多样，有概念探究活动、教材实验拓展活动，也有技术工程内容，以及基于STEM、基于项目的实验设计；二是教学手段日益丰富，智慧教育设备开始被广泛使用，教师自制教具更加多样化、精细化，大部分教师都能较为熟练地将教育技术与学科教学进行融合；三是学生探究活动由课上实验逐渐延伸至课前和课后的自主探究，教师能逐步引导学生从所学知识走向实际生活应用，突出应用知识解决实际问题的能力。

二、教学内容分析

（一）作品选题

通过持续举办实验教学说课活动，教师的课题选题逐渐多元化。所选课题不再局限于教材及课上内容，而是延伸到了课外和家庭自制实验；一些课题还将实际生活或我国优秀传统文化作为出发点，引导学生运用所学知识解决实际问题，了解传统文化。作品的选题内容更加注重融合和创新，不局限于单一实验的完成和讲解，而是将多个有关联的实验用一种实验用具或实验器材进行探究，形成对照和参考；或者用一种实验方法探究多个实验，通过实验找出实验原理之间的联系，加深学生对学科理论的印象；部分教师还将课本中不涉及实验但理解难度较大的理论性内容与其他实验内容相结合，用实验的方式帮助学生加深理解。

（二）教学设计

根据新课标的要求，实验教学的作用不再是单纯的实验演示，而是以全面培养学生的科学素养为最终目标。因此，探究式教学成为教学设计的一个热点，由传统的“教师教，学生听”向“教师引导，学生探究”转变。从本届作品集所收录的说课作品中可以观察到，教师在进行实验教学设计时注重以学生为主导，有意识地强调学生的自我设计、自我建构、自我探究，同时通过项目化学习等手段，唤起学生的求知欲；教师也能够从具体学情出发，判断实验教学的教学目标制定是否合理、采取的措施是否有效，积极设计和完善多元化评价（包括学生自我评价、小组评价等），为教学提供更具针对性的建议和改进策略。

对于小学阶段的实验教学，教学设计注重学生的直观感受和思维的培养。教师敢于化简为繁，采用更高级的实验装置，激发学生的兴趣，引导学生产生科学探究的思想。例如，小学科学说课作品“能量的控制”，就引入了很多智能控制教具。在教学过程中，教师绕过复杂的传感器结构原理，只关注其基本功能和产生的效果，将科技改变生活渗透到实验教学中，让学生感受科技的魅力。

对于中学阶段的实验教学，教学设计注重细节和知识的融会贯通。教师转而选取化繁为简的教学思路，采用更简单直观的操作，建立与实际生活的联系，让学生体会利用所学知识解释实际生活中的各种现象和解决实际生活中的各种问题的乐趣，感受知识的力量。

（三）实验创新

对入选本届优秀作品集的说课作品进行分析可知，教师对实验的改进和创新集中体现在实验材料、实验教具、实验装置、实验方法、实验效果这五方面。

（1）实验材料的改进创新。教材中给出的实验材料大都只针对某一种实验，不利于学生拓展思维的发展。因此，教师在设计实验教学时会首先选择对实验材料进行改进创新，包括拓展实验材料种类或选择日常生活中常见的材料来代替教材中的材料等。例如，高中化学中的“银镜反应”，无论是从实验名称还是从教材中的实验材料来看，都仅反映出是和银有关的反应，但是学生可能会对其他金属是否会有类似反应存在疑惑。教师在查阅资料并动手实践后，通过实验也制得了光亮的铜镜，既解决了学生的疑惑，又巩固了学生对实验所蕴含的化学原理的理解。

（2）实验教具的改进创新。自制实验教具成为部分教师进行拓展创新的着眼点。自制教具创新往往根据教师多年的教学经验及所在学校和学生的实际情况，大部分取材于日常生活用品，简单、实用、便携、直观，给学生一种亲切感，拉近了所学知识与生活的距离，让学生感受到科学的实际价值。自制教具通常还可以使实验现象更加直观有趣，从而进一步激发学生的求知欲和探索欲。除自制演示实验教具外，一些教师还自制了学生教具，引导学生利用身边的常见物品在课后完成拓展性小实验，锻炼学生的动手能力，实现课堂教学到课后实践活动的延伸，突出了从科学走向生活的实际应用。现代信息技术的应用是实验教具的另一个创新点。部分教师将传统实验与信息技术有机结合，极大地提高了实验结果的精确度及实验现象的趣味性。

（3）实验装置的改进创新。实验装置是实验教学的载体，也是完善实验教学效果的重要媒介。适宜的实验装置能够实现实验材料和实验教具的有机融合；只有不断优化与改进实验装置，才能将实验教学的效果发挥到最大。入选本届优秀作品集的说课作品对实验装置的改进主要体现在以下三个方面。一是整合实验装置。把多个实验整合在一个实验装置上完成，即将零散的实验汇集成一体式系统化的实验，由浅入深、由表及里，提升实验装置的完整性和可操作性。二是优化实验装置。对于过于简单、无法满足深层次探究需要的传统实验装置，利用3D打印等新技术进行优化，以实现实验内容的拓展。优化后的实验装置不仅可在本节课上使用，在探究整单元或整节知识的系列实验中都可得到应用。三是集成实验装置。融合多学科知识，实现实验装置功能的集成化、智能化，使实验的动态过程和效果更加立体直观。高度集成的实验装置让学生通过简单的操作即取得显著的实验效果，有助于激发学生（尤其是刚开始接触科学知识的小学生）进一步开展科学探究的热情。

（4）实验方法的改进创新。学习使用科学的实验方法进行探究，既符合科学学科的特点，也符合学生学习科学知识的认知特点，是通过实验教学实施素质教育的基本手段。从入选本届优秀作品集的说课作品可以看出，教师非常注重实验方法的教授，通过引导学生选用科学合理的方法开展实验、处理数据，培养学生分析、解决实际问题的能力。出现频率较高的方法包括控制变量法、对比法（比较、分析、归纳）、类比迁移法、等效替代法、转换法、观察法等。通过有意识地引入和强化上述方法，实现对实验教学内容的改进及创新，发展学生进行科学探究所需的能力，增进其对科学探究的理解。

（5）实验效果的改进创新。传统实验教学中，一些实验的现象不够明显，难以带给学生直观的感受；一些实验的变化过程太快，难以呈现清晰的实验过程；一些实验的条件不易满足，难以通过实操取得满意的教学效果。本届优秀作品集所收录的说课作品中有不少从实验效果入手进行改进创新的案例，教师利用多种实验手段优化实验效果的呈现。比如，通过改变实验材料颜色或利用颜色的改变使实验效果显性化；又如，利用手机或数码相机对实验过程进行摄录，通过重放、定格、缩放、慢镜头等手段让学生清楚地观察到实验变化的全过程；再如，通过实物等比例模拟或利用多媒体技术虚拟涉及天体运动或微观粒子等的实验，进而得到让学生能够直观感受到的实验效果。

三、教学形式分析

（一）教学形式创新

（1）情境引入。随着新课标的深入，教师已经逐渐意识到提出问题和做出猜想对于科学探究的重要性。入选本届优秀作品集的说课作品中，绝大多数教师在实验教学过程中的第一步都选择先创设情境，启发学生思考后提出问题，引起学生兴趣后再导入新课教学或自主开展实验探究。教师所采取的情境引入方式多种多样，包括游戏、故事、视频、生活或工业生产实例、传统文化、微课（自制小实验或演示实验）等形式或不同形式的交叉组合。

（2）量“生”定制。学情分析是对以学生为中心的教学理念的具体落实，是实现实验教学内容及形式设计量“生”定制的前提。实验教学前的学情分析在入选本届优秀作品集的说课作品中已十分普遍，大部分教师都针对具体学情界定了教学的重点、难点和关键点。总体可概括为：对低年龄段学生强调整合和直观感受，注重科学思维的培养；对高年龄段学生强调细节和量化实验，注重知识的融会贯通及动手能力的培养。在具体的实验教学实践中则落实为前文所述的“化简为繁”和“化繁为简”的两类设计思路。

（二）信息技术应用

现代信息技术对实验教学的影响日渐显著，特别是一些“数显”教学仪器的问世，更为实验教学注入了新的活力。本届优秀作品集收录的说课作品中，教师将教学内容与信息技术有机结合，弥补了传统实验教学的不足，主要体现在以下四个方面：一是利用“数显”仪器将定性实验变为定量实验，便于学生从定量、定性及宏观、微观等多角度进行分析，化平凡为新奇；二是运用传感器提高数据结果的精确度，增强学生对数据精准性的认识；三是使用投影仪在保证实验真实性的同时放大空间，增强可见度，让细微变化清楚地展示在学生面前；四是应用计算机多媒体教学系统及手机App，使某些受条件限制无法实操的实验成为可能，令先前只能靠学生抽象理解的知识可视化。

当然，信息技术只是一种辅助手段，是在传统实验受限情况下的有益补充，只有充分实现传统实验教学和现代教育技术的优势互补，才能更好地提高学生的观察能力、分析能力、归纳能力、动手能力和解决问题能力，将实验教学提高到新的层次。

（三）学生参与模式

新课标中强调以知识和技能为载体，让学生经历科学探究的过程、学习科学探究的方法、培养科学探究的实践能力和创新意识。从入选本届优秀作品集的说课作品可以看出，教师正逐渐打破传统的学生被动接受的教学方法，以问题为导向，让学生更加主动地去发现和探索，引导学生自己设计实验、自己动手验证，从而充分发挥学生的主体作用。

在组织学生开展自主探究的过程中，教师多采用以小组为单位的项目式学习。教师不直接给出问题的解决方案，而是协助学生完善思路，鼓励学生尝试创新，在一次次的试错过程中积累属于自己的经验，帮助学生形成“提出问题—方案设计—实验验证—分析比较—建构新知—学以致用”的科学探究意识，培养学生通过自主、合作、探究与实践的方式发现并解决问题。

四、问题分析及思考

纵观历届优秀作品集所收录的实验教学说课作品可以发现，中小学教师的实验教学水平在逐年上升，实验教学创新不断涌现。通过对本届优秀作品集所收录的说课作品的分析，笔者总结了实验教学创新过程中应重点考虑的问题并给出了相关的分析思考。

（一）实验教学创新的正确理解

实验教学的创新应基于学生发展的需求及教材重点难点突破的需要，应是在教学实践、反思总结、发现问题和解决问题的过程中自然形成的，应由有能力的教师和学有余力的学生在传统实验的基础之上做出。在创新过程中，不能忽视传统实验教学在自然科学发展进程中的重要作用和价值，不能本末倒置，一味追求创新而摒弃传统的实验教学方法。实验教学的创新应当用好教材，对现有实验教育资源进行合理的开发和利用，服务于学科知识的建设。

（二）现代信息技术的正确应用

如前文所述，运用现代信息技术可以弥补传统实验的诸多不足。但在实验教学中，掌握实验的基本操作、基本方法和基本技能是对学生的基础性要求，是帮助学生形成科学概念、理解和巩固科学知识的重要途径。信息技术的过度使用会在一定程度上固化学生的思维，导致学生忽视真实实验中因人工操作而造成的问题，影响对学生发现问题、分析问题、解决问题能力的培养。因此，在应用现代信息技术进行实验教学创新时，应把握好实验操作与信息技术的平衡，做到扬长避短、各取所长。

（三）实验教学创新需遵循的原则

实验内容的创新应遵循基本技能实验与设计性实验相结合、验证型实验与探究型实验相结合的原则，在学习科学知识、提升实验技能的基础上培养实验思维能力。同时，创新过程中还需注意科学方法的运用，注重实验操作的准确性、严谨性和规范性。

实验设计的创新需符合自身实际情况（学校的条件和学生的情况），教师要先完成验证实验，确保实验的可行性；需体现实用性，不一味追求先进的器材和绚丽的效果；应当具有启发性，即实验设计的创新能够启迪学生的思维，使学生在实验过程中有意识地跟随实验进程去思考，同时对实验结果有自己的判断和评价。

（四）自制实验教具时应注意的问题

随着实验教学改革的不断深入，标准教具可能无法及时满足实验教学创新活动的需要。然而，自制教具的研发不应是为了创新而创新，而应以服务教学、服务学生为目的。自制教具的研发制作应遵循以下原则。一是科学性原则。在研发制作中需准确理解教材内容，充分查阅文献资料，反复验证，以确认自制教具在简单实用的同时符合科学性原则。二是简单性原则。自制教具应操作简单、不易失误，能激发学生动手操作的兴趣，所用材料应容易准备、价格低廉。三是安全环保性原则。自制教具需选择安全环保的材料进行制作，且实验过程中不会有有害物质产生。四是符合学生认知规律的原则。自制教具不能存在较大误差，以免学生对知识的认知产生混乱和偏差。五是灵活性原则。自制教育要从教材和教学实际需要出发，考虑学科的深度和广度，尽量做到能根据需求拆卸、组装。

五、结语

全国中小学实验教学说课活动自举办以来，得到了各省、自治区教育厅及直辖市教委的高度重视。总体来看，入选本届优秀作品集的说课作品呈现了较高的实验教学创新拓展水平，基本形成了以学生为主体的教学模式，实现了学科核心素养目标在教学中的进一步落实。随着《教育部关于加强和改进中小学实验教学的意见》的贯彻落实和实验教学评价改革的推进，实验教学在中小学教育工作中的地位将进一步提升。可以预见，未来将有更多的优秀实验教学说课作品不断涌现，进一步推动全国中小学实验教学内涵质量的优化和均衡，继而更好地提升学生的观察能力、动手实践能力、创造性思维能力和团队合作能力，培育其兴趣爱好、创新精神、科学素养和意志品质。

2019年地方教育装备工作汇编

中国教育装备行业协会理论研究部

2019年是中华人民共和国成立70周年，是全面建成小康社会、实现第一个百年奋斗目标的关键之年。各地教育装备主管部门以习近平新时代中国特色社会主义思想为指导，全面准确贯彻党的十九大精神，增强“四个意识”，坚定“四个自信”，践行“两个维护”，贯彻落实全国教育大会精神，充分发挥教育装备在落实立德树人根本任务过程中的关键作用，逐步建立健全教育装备治理体系，深化装备内涵，推动教育装备工作高质量发展，为教育现代化建设提供有力支撑。

一、以落实脱贫攻坚为导向，着力加强教育扶贫扶智工作

代表地区：河北、浙江、江西、云南、甘肃等。

教育是阻断贫困代际传递的根本之策，为落实精准扶贫政策、助力脱贫攻坚，各地装备部门积极投入教育脱贫事业，加强装备配备工作，夯实“控辍保学”，促进“扶志、扶智、扶学”工作。浙江等教育发达地区还创新开展“互联网+义务教育”城乡学校结对帮扶工作，以提升教育扶贫效果。

（一）河北：以合力落实脱贫攻坚

河北省教育技术装备管理中心积极对接河北省教育装备行业协会，共同组织会员单位为贫困地区的学校和幼儿园捐赠设备并提供维修服务，为提升贫困地区学校的教育装备水平做贡献。2019年为保定市涞源县北城子学校、南马庄乡中心小学和走马驿镇中心小学捐赠了价值52.5万元的教学设备，为承德市围场满族蒙古族自治县9所农村幼儿园捐赠了41.98万元的教学设备，为元氏县、张家口等贫困学校捐赠了23.6万元的图书及设备。

（二）浙江、宁波：城乡结对优化资源配置

浙江省教育技术中心以“互联网＋义务教育”城乡结对的模式优化教育资源配置。一是出台技术环境建设指南，1458所结对学校均开通网络空间专项栏目，开展同

步课堂、远程专递课堂、教师网络研修和名师网络课堂等结对帮扶活动，所有学校均全面完成年度结对帮扶任务。二是启动“春晓计划”公益项目，举办了两期乡村小规模学校信息化专项培训，培训校长121名、骨干教师232名，开启5G技术在城乡结对帮扶学校中的试点应用；推进外教共享课程等乡村教育紧缺数字课程建设。三是以网络研修共同体推进师资均衡供给，开展“名师面对面”“名师带你学”等在线直播活动393场、评课活动340次。“名师网络工作室”中全省中小学教师参与比率超过50%，开展线下送教活动400余次；开通45个“乡村省级名师网络工作室”，招收1399名乡村学科带头人；开展携手乡村的名师组团式帮扶活动，充分发挥名师资源的引领和辐射作用，提升乡村学校教学质量。

宁波市学校装备管理与电化教育中心积极创新开展教育对口帮扶工作，推进“互联网+义务教育”，应用信息技术手段开展对口帮扶，免费共享优质数字教学资源，远程在线直播送教，黔西南州、延边州、丽水市，重庆万州区，新疆库车县五地3.4万名教师受益，提前超额完成155所结对学校的结对任务。

（三）江西：落实公益帮扶项目

在中国教育装备行业协会、中国教师发展基金会的大力支持下，江西省教育技术装备站积极协调公益组织帮扶农村薄弱学校，向赣南等原中央苏区部分国定贫困县捐赠总价值约900万元的设备设施；为基层学校争取“中央专项彩票公益金润雨计划”项目，并协调资金落实到位；在党支部开展“为民服务解难题”主题党日活动中，向丰城市袁渡镇泉田教学点和高安市祥符镇西湖小学捐赠价值24075元的教师用计算机。

（四）云南：专款专项精准扶贫

云南省教育厅教学仪器装备中心的扶贫帮扶对象是“三区三州”之一的怒江州，装备中心深入怒江州泸水市上江镇新建村和大练地村，召开扶贫工作座谈会，看望帮扶对象，资助20万元脱贫攻坚专款，切实帮助贫困户彻底脱贫。向福贡县教育体育局捐赠近30万元的教学设备器材和图书，帮助解决“普职教育融合班”紧缺教学设备器材的难题，助力“控辍保学”工作。

（五）甘肃：研制方案“控辍保学”

甘肃省教育装备办公室深入帮扶点十余次，研制了《甘肃省教育厅帮扶文县口头坝乡冯坪村工作组保障村籍适龄儿童少年接受义务教育工作指导方案》和动态监测工作台账，并一对一、面对面核查了武威市、定西市等5市（州）15个县（区）乡村学校的义务教育阶段学生“控辍保学”工作。

二、以质量安全监督为重点，有效提升教育装备管理水平

代表地区：北京、上海、安徽、广东、宁波等。

抓好安全与质量是做好教育装备工作的核心要求，2019年各地教育装备主管部门充分发挥对产品质量的监督监管职能，积极开展教育装备质量监督管理及安全检查，进一步完善质量管理制度，全面提升教育装备安全与质量水平，努力构建完善的教育装备管理工作体系。

（一）北京："四个加强"提升安全与质量管理水平

北京市教育技术设备中心进一步贯彻落实北京市教委《关于加强基础教育装备安全与质量管理工作的意见》，分别从加强教育装备安全管理、加强教育装备质量管理、加强采购和验收环节管理、加强教育装备教育教学适用性评估等方面不断提升教育装备安全与质量管理水平。中心开展了北京市中小学教育装备安全与质量专项调研及放射源、X射线装置检查与统计；全面落实了各相关校、单位完成合法资质的办理，保障实验教学环境的安全健康；组织开展了7所市直管学校和内高班学校危险化学品检查工作，完成了实验室危险化学品安全检查情况报告；完成了《2018年北京市基础教育装备安全与质量管理工作年度报告》。

（二）天津：制定下发《天津市装备新技术、新产品进入中小学的试验和论证机制（试行）》

为确保装备产品质量，保障中小学生身心健康，实现装备新技术、新产品更快更好地服务于教育教学，天津市教育委员会教育技术装备中心制定下发《天津市装备新技术、新产品进入中小学的试验和论证机制（试行）》，指导中小学教育装备科学配置。

（三）河北：夯实制度，质检先行

为持续加强教学仪器设备质量管理，河北省教育技术装备管理中心组织有关专家对2016版《河北省中小学教学仪器设备基本技术要求》进行了两轮修订。同时，为加强质量检测工作交流，完善质量检测室建设，中心于4月组织部分教育装备质量检测专家赴河南省教育技术装备管理中心进行质检工作交流，学习相关经验；5月对省内质量检测室设备进行维护盘点，制定了明确的检测室建设方案。此外，中心还配合河北省市场监督管理局开展全省校服质量大抽检活动，加强对学生校服质量的监督管理。在全省开展加强中小学实验室安全管理自查整改活动，重点对实验室安全教育、实验室的危险品管理使用及其他安全隐患开展自查整改工作。

（四）上海：把好"三关"，不断强化教育装备监管体系

为全面强化教育装备质量监管，上海市教育委员会教育技术装备中心提出把好"三关"举措。一是把好装备"入口关"，2019年中心共完成200种教学仪器、1037件幼教产品和522件配套消耗性材料的教学适用性和安全性评审，完成配套材料质量抽查等工作。二是把好装备"数据关"，做好基础平台建设，完成2018学年度教育装备统计，完成教育装备综合业务系统建设与验收。三是把好装备"评价关"，试点开展区

域教育装备工作评估、中小学图书馆的建设评估、中小学校服专项检查等专项工作。

（五）安徽：开展"质量年"活动

2019年，安徽省各地继续以"基础教育装备质量年"活动为抓手，提升教育装备管理应用水平，深入推进义务教育优质均衡发展。深化2018年"基础教育装备管理应用年"活动成果，下发《安徽省基础教育装备质量年活动实施方案》，部署各地开展此项活动。

（六）广东：积极开展各项质量监督检查及安全防控工作

2019年，广东省教育装备中心积极开展各项质量监督检查及安全防控工作，主要有：积极开展广东省中小学教学仪器设备质量专项检查，组织调研组深入中小学校开展教育装备质量调研，摸清教学仪器设备现状和存在问题；开展高校实验室安全与危险化学品防控工作；进一步加强教育系统政府采购监管和培训工作；认真做好义务教育阶段免费教材有关工作；扎实推进科研耗材管理整改；进一步加强对归口管理企业的监督管理。

（七）宁波：重管理，重实效

2019年，宁波市学校装备管理与电化教育中心全面加强教育装备质量监管，严格监管进校教学仪器质量，印发《宁波市教学仪器设备教学适应性评审办法（试行）》，开展教育适应性评审，鉴定通过1家企业的12种产品；抽检近20家供货商的515件产品；筛查小学科学工具箱中的225组产品，提出意见62条；从严加强实验室安全管理，牢守安全保稳定。

三、以标准体系建设为引领，推动地方教育装备规范保障

代表地区：北京、内蒙古、上海、四川、云南、青海等。

2019年，为加快完善教育装备配备标准和质量标准体系建设，贯彻落实《教育部关于完善教育标准化工作的指导意见》，各地积极制修订各级各类标准，并按照标准规范要求做好各级各类学校教学设施设备配备工作。

（一）内蒙古、陕西等地：开展基础教育装备标准编制修订工作，促进义务教育优质均衡发展

为落实主题教育整改要求，内蒙古自治区教育装备技术中心制订了《教育装备标准制修订流程》，规范自治区教育装备标准编制修订工作，并开展了小学、初中音乐、体育、美术和中小学心理辅导室等7项教育装备标准的修订工作；积极与自治区市场监督管理局协调沟通，申请审批立项，开展小学和初中音乐、体育、美术等6个学科地方标准的编制工作。

陕西省教育厅教育技术装备管理中心制订并启动了《陕西省基础教育学科规范及

装备标准编制工作计划》，计划于2019～2021年，组织专家分4批次完成小学、初中、高中三个学段共39个学科的基础教育阶段教育装备建设规范、标准编制工作。中心对各市上报的近300名专家进行学科分类并建立标准编制工作专家库，召开了第一批专家工作会议，安排部署于2019年9月至2020年6月完成义务教育阶段9个学科标准编制工作。

为推进信息技术与教育教学的融合创新，宁波市学校装备管理与电化教育中心编写并正式发布《宁波市中小学网络中心机房建设规范》和《宁波市中小学校云桌面系统建设规范》两项标准，为全市中小学校相应项目建设提供指导性规范。

（二）上海、青海等地：开展各级各类教育装备标准的编制与修订工作，完善教育装备标准体系

2019年，上海市教育委员会教育技术装备中心完成了《上海市普通中小学校教育装备配备指南（高中分册）》《上海市幼儿园装备指南》《上海市中等职业学校数字学校建设指南》《中等职业学校专业实训教学条件建设指南》等16个教育装备标准的编制与修订。中心还修订了《中小学校及幼儿园教室照明设计规范》，编制了《学生家庭学习照明指导手册》《中小学校电子教学设备使用卫生规范》，为青少年提供更为健康的学习环境。

为加强标准化工作，浙江省教育技术中心修订了《浙江省中小学教育技术装备标准》和《浙江省幼儿园教育装备规范》，编制20项中小学装备技术规范；参与起草《中小学实验操作考评系统技术规范》等6项中国教育装备团体标准。

为完善四川省教育装备地方标准体系，四川省教育厅技术物资装备管理指导中心2019年完成研制并正式发布《中小学教育创客空间建设指南》等4项地方标准，完成《四川省义务教育教学仪器设备技术参数库》修订，完成《四川省中小学教育技术装备标准》《幼儿园装备规范》等4项地方标准研制并形成征求意见稿。同时，中心还开展了地方标准自查清理，会同省教科院等对牵头制订、归口管理、现行有效的62项地方标准进行自查清理，对其中23个标龄较长、与现行标准或政策法规相抵触的地方标准提出了“废止”意见。

青海省教育技术装备中心2019年修订完善了《“两类学校”教育技术装备标准》和《青海省学前教育设施设备配备标准》；补充完善了《青海省教育技术装备标准》；下发了《关于改善中小学校教室采光和照明条件的通知》和《青海省中小学科技创新教育空间（实验室）建设指导意见的通知》两个规范性指导意见。

（三）天津、云南等地：结合地方实际，贯彻落实教育部关于6个学科教学装备配置标准

根据《教育部关于发布〈初中物理教学装备配置标准〉等6个学科配置标准的通知》，天津市教育委员会教育技术装备中心结合天津实际研究制定了《天津市初中物

理教学装备配置标准》等6个学科配置标准，为天津市义务教育优质均衡发展提供标准依据。

山东省教育技术装备服务中心以贯彻落实《教育部关于发布〈初中物理教学装备配置标准〉等6个学科配置标准的通知》为切入点，强化和改进中小学实验室新标准配备和教学工作。

云南省教育厅教学仪器装备中心依据6个教学装备配置标准，结合云南省实际，重新编制了云南省中小学理科教学仪器配备目录，以引领全省基础教育装备发展方向。目录计划于2020年3月1日起实施。

甘肃省教育装备办公室基于教育部最新发布的小学、初中数学，初中化学、生物、地理等学科的教学装备配置标准，修改完善了《甘肃省中小学校教育技术装备配备指南》的相关内容，于2019年10月正式发布，初步形成了规范完整、有效管用、层次清晰、与时俱进的基础教育装备标准体系。

（四）北京、安徽：落实标准规范要求，做好各级各类学校教学设施设备配备工作

北京市教育技术设备中心受北京市教委基础教育一处委托，按照《北京市中小学办学条件标准（建设部分）》各类用房的标准，制订小学39间不同用房设备配置清单和初中59间不同用房设备配置清单，以落实北京市发改委与北京市财政局关于严控建设成本的要求，明确中小学各类用房设备配置成本标准。

2019年，安徽省教育技术装备中心按照《安徽省义务教育阶段学校办学基本标准》要求，狠抓义务教育阶段学校常规装备配备工作，指导各地中小学校落实装备工作规划。中心严格贯彻《中小学合成材料面层运动场地》国家强制标准及《综合防控儿童青少年近视实施方案》和《中小学校园饮用水处理装置技术规范》，不断提升学校运动场地、教室照明和学校饮用水设施建设水平；积极落实《初中物理教学装备配备标准》等6个标准，指导各地开展学科教室装备配备工作。

四、以平台建设应用为抓手，助推教育装备信息化管理

代表地区：浙江、安徽、江西、广西、陕西、甘肃等。

当前，以“互联网+”和“中国制造2025”战略为引领的新型城镇化、工业化、信息化建设进入关键时期，为装备工作的改革发展提供了新的机遇，带来了新的挑战。为贯彻落实《教育部关于新形势下进一步做好普通中小学装备工作的意见》《教育信息化2.0行动计划》等文件精神，加快推进教育装备信息化建设，以信息化助推教育装备现代化，各地装备主管部门继续完善装备信息化平台的搭建运维及管理应用，提升教育装备系统工作效率，为中小学教育装备规划的制定提供科学依据。

（一）江西：推动装备平台建设项目，加快推进教育装备管理信息化

为推动装备工作创新开展，江西省教育技术装备站持续推进教育装备管理信息化，加强“江西省教育装备管理信息平台”建设。2019年，装备平台完成一期项目建设，实现了装备数据采集、日常管理、达标测算、分类目录、统计上报等管理功能，开展了教育装备基础数据采集和教育装备标准化管理工作。同时，装备站还加快平台应用培训，优化平台服务保障工作，“省培计划”先后举办6期平台管理人员和技术骨干培训班，培训650余人。

（二）浙江、宁波：强化管理、深化应用，以信息化支撑和引领教育现代化

2019年，浙江省围绕率先高水平实现教育现代化的战略目标，着力以信息技术破解教育教学难点，以教育信息化支撑和引领教育现代化。首先，强化统筹管理，召开浙江省教育系统网络安全和信息化工作领导小组及省教育厅“数字政府”建设领导小组全体会议，部署《浙江省教育信息化三年行动计划（2018～2020）任务分解》以及“最多跑一次”改革、厅数字化转型工作思路、之江汇教育广场建设等工作任务。制发“区域教育信息化综合发展指数”，列入全省教育工作业绩考核。其次，发挥技术优势。大力推进之江汇教育广场“三个学校一个空间”建设与应用，建成互联网学校，完成“教师发展网络学校”二期、“家长学校”二期平台开发。助力教育公共服务领域“最多跑一次”改革，开展政务信息共享，完善浙江教育政务服务网公共服务平台、民办学校平台以及考试优待“一件事”平台。深入推进网络学习空间与教学融合，全面推进“一校一师一生一空间”，全省超过2000名优秀教师依托课程平台和直播平台提供在线教育服务。最后，试点探索，以点带面推进资源与平台的应用。推动“数字家校”试点；完成围绕资源平台融通与深度应用、网络学习空间人人通规模化应用、数字教育资源建设与应用机制创新试点探索；实现与10个设区市、86个县（市、区）教育资源平台的互联互通，汇聚优质资源，完善数字教育资源共建共享体系。

2019年，宁波市学校装备管理与电化教育中心以《教育信息化2.0行动计划》《浙江省教育信息化“十三五”发展规划》《宁波智慧教育“十三五”发展规划》等文件为指导，强化管理、深化应用，推动信息技术与教育教学的融合创新。其一，推进“智慧教育学习平台”的建设及应用，2019年“智慧教育学习平台”日均访问量近10万人次，年总访问量3000余万人次，总资源3763075条；“甬上云淘”推出学校实验仪器在线采购功能；“甬上云校”持续开设直播课，超过180万收看人次。其二，“智慧教育公共服务与管理平台”新推功能模块，日均访问量超200人次。其三，“智慧教育统一资源与数据中心”完成多部门多类型数据对接，实现学校数据归集及分析，总数据交换量超1700万条；“智慧教育云平台”私有云总计算资源达1700余条，总存储量达670TB。其四，拓展智慧教育App功能，“宁波智慧教育”App根据需求新增多项功能。

（三）北京、广西等多地：以教育装备管理平台为依托，开展年度教育装备统计分析工作

北京市教育技术设备中心编制完成《2018年度北京市中小学校办学条件数据统计资料》并继续开展2019年北京市中小学校办学条件管理系统数据管理与服务工作；完成了管理系统信息系统安全等级保护备案工作。

广西壮族自治区教育技术装备中心通过中小学教育技术装备管理平台提取数据，编印《广西2018年中小学校教育装备数据统计报告》，力求不断提升装备平台数据质量，为科学决策提供参考。

浙江省教育技术装备统计工作依托浙江省教育装备管理公共服务平台进行，统计对象为全省普通中小学校。统计指标涉及学校教育技术装备总体情况、装备管理人员、装备用房、装备资产、装备应用等指标。统计数据由各中小学校填报，经县（市、区）、设区市、省教育技术中心逐级审核。根据2018年省、市、县、校四级装备统计数据，浙江省教育技术中心于2019年2月完成了《2018年度浙江省普通中小学教育技术装备统计分析》并印发给各市、县（市、区）教育技术中心阅研。

甘肃省教育装备办公室优化全省教育装备专项统计系统，修订68.24%的统计指标，合理设置259项三级指标，实现数据填报终端延伸至1万多所学校（含教学点），形成省、市、县、校四级填报审核机制，完成了2018年度教育装备统计工作。

除上述地区外，天津、内蒙古、上海、山东、河南、湖北、江西等多地的教育装备主管部门每年进行教育装备数据统计，形成分析报告，为教育装备配备与管理提供科学的数据依据。

（四）安徽、陕西：加强校园教育技术装备设施的运维工作，推进“智慧校园”建设

安徽省教育技术装备中心按照安徽省教育厅《关于印发〈2019年智慧学校建设工作要点〉的通知》要求，重点实施智慧学校运维服务体系建设工程。中心召开了全省教育装备工作部署暨中小学信息化设备运维服务现场会，探索以县管理为主的中小学校信息化设备运维服务机制；开展了第二届安徽省中小学信息化设备运维服务微视频评选活动和普通中小学教育装备管理使用、管养维护案例征集等活动，将优秀获奖作品在省教育资源网进行展示。

2019年，在陕西省教育厅信息化处的大力支持下，陕西教育技术装备管理中心承接了陕西省中小学智慧校园创建工作，成立了信息化工作小组，明确工作责任和工作要求；起草了陕西省智慧校园创建工作方案，组建专家团队，启动了《智慧校园创建工作指导意见和建设标准》的研究制定工作。

五、以教育装备展会为平台，推进各类企业用户交流互动

代表地区：北京、上海、福建、湖北、陕西、深圳等。

2019年，多地成功举办地方教育装备展示会。各地方开展的教育装备展示会为地方教育工作者提供了在家门口了解教育装备领域最新成果的机会，为行业企业打造了针对区域特色开展宣传、服务的窗口。各地展会同期还举办了研讨会、论坛、成果发布、授牌仪式、教学展示交流等形式多样的活动，内容涉及书香校园、STEAM教育、生态校园、创客教育、智能教育等行业热点和前沿领域，充分发挥了展会对教育装备研究与应用的带动作用。

（一）贵州、宁夏等地：成功举办地方首届教育装备博览会

3月19日，由贵州省教育装备行业协会主办，以“新时代、新教育、新技术、新装备”为主题的“2019贵州省首届教育装备博览会”在贵阳国际会议展览中心开幕。本次博览会有来自全国各地100余家教育装备生产、经营以及为教育服务的企业参展，整个展区面积1万余平方米，使用标准展位200余个。来自贵州省各市（州）教育部门和教育装备管理部门，各级各类学校负责人、相关学科教师，以及普通观众1万余人到现场参观学习。

3月20~22日，由福建省教育装备行业协会、中国教育装备行业协会学校后勤专业委员会联合主办的“2019首届福建省教育装备博览会”在厦门举行。此次博览会以“新技术、新装备、新教育、新未来”为主题，吸引了来自全国各地100多家教育装备企业参展，展览总面积接近1万平方米。博览会期间还举办了“2019全国校服设计大赛”决赛等活动。

9月17~19日，由宁夏教育装备和校园风险管理中心、宁夏教育信息化管理中心主办的“首届宁夏‘互联网+教育’装备博览会”在银川举行。此次博览会在发挥传统供需对接、交流、学习功能外，还举办了各种专题展示活动、主论坛、分论坛等，包括“创客教育体系建设与人才培养”“学生近视综合预防”“首届‘寻找最美校服’和‘中小学校服（学生装）知名品牌’评选活动”等。博览会期间还举办了“‘互联网+教育’高峰论坛”。本次博览会吸引了国内众多高科技企业，集中展示最新“互联网+教育”产业的新技术、新产品。

11月22~24日，“首届四川教育装备博览会”在成都中国西部国际博览城举办。此次博览会吸引了2205家国内知名企业参展，展出各类教学仪器设备180多种、3200余件。博览会期间同步举办了“‘四川云教’开通发布会暨发展论坛”“四川教育装备需求发布会”“普通高中育人方式改革装备建设研讨会”“数字校园建设暨创新发展论坛”“综合实践教育发展论坛”“绿色校园建设论坛”“高校智慧教育环境建设论坛”“学生食堂管理论坛”“中小学校服大赛T台秀”等相关主题活动10余场。此次博

览会共吸引了3万余名来自四川省内外的教育行政、装备（电教）部门及学校管理人员前往参观。

（二）北京、河南等地：继续开展各具特色的地方教育装备展示会

3月6~8日，“第三十届北京教育装备展示会暨北京教育装备论坛”在国家会议中心举办。本届展会以推广先进教育装备与技术为出发点，以打造科技、绿色、精品展会为目标，吸引了来自全国各地的教育装备企业报名参展。会场面积共计2.2万平方米、展位数1033个、参展企业143家。同期举办的北京教育装备论坛服务“京津冀教育装备事业协同发展”的大格局，设置了“京津冀高校教育装备论坛”“京津冀中小学图书馆建设与应用论坛”“全国名园长俱乐部·京津冀微论坛”，就北京教育信息化建设、高校实验室安全、学生视力保护等热点问题进行了学术交流。

3月22~24日，由河南省教育厅指导，河南省教育技术装备管理中心支持，河南省教育装备行业协会主办的“2019第二届中国（郑州）国际教育装备博览会暨教育产业发展高峰论坛”在郑州国际会展中心举行。本届博览会是中原地区规模最大、人数最多的教育装备行业盛会，所展示的产品及应用案例覆盖幼教、普教、高教、职教、继续教育及教培领域。

3月25日，由广东省教育装备中心、佛山市教育局支持，广东省教育装备行业协会主办的“第十八届广东教育装备展览会”在广东潭洲国际会展中心开幕。本届展览会以“展示、交流、合作、发展”为主题，为期三天，展示面积1.2万平方米，共设500余个展位，吸引了近百家品牌教育装备企业参展，展示品类涵盖互动教学及智慧教育、在线教育应用及服务、智慧校园与校园信息化、实验室设备、图书、体育器材等。

3月28~30日，由河北省教育装备行业协会主办、唐山市教育局承办的“2019年河北省教育装备展示会暨京津冀教育装备论坛”在唐山市南湖国际会展中心举办。展会吸引了来自全国各地的136家教育装备生产、销售企业参展，展位数量791个，总展览面积近1.7万平方米，来自京津冀地区的教育工作者共1万多人进行了参观。展会同期还举办了“2019年京津冀中小学图书馆建设、合作与发展论坛暨2019京津冀阅读指导课教学风采展示交流活动”“河北省第三届中小学教育创客设计大赛暨STEAM教育展示活动”“京津冀生态校园建设研讨会”“京津冀教育装备论坛”和“常态化智慧课堂创新应用案例交流分享论坛”等活动。

5月18日，“第二届云南教育装备展示会”在昆明国际会展中心开幕。展会以“展示交流、学习发展”为主题，来自全国各地的124家教育装备生产、经营以及为教育服务的企业参展，展区面积1.9万余平方米，使用标准展位1100个。为期两天的展会，以基础教育装备为主线，全面展示各级各类学校所需的教育装备，涵盖高教、职教、基教、幼教、特教装备，共有6.5万人次到场参观学习。

7月19~21日，由广西教育装备行业协会主办的“第八届广西教育装备展示会”在

南宁国际会展中心举办。本届展示会展位数达700多个，展览面积2万平方米，均再创新高。在展示会期间，越南教育设备协会组织教育装备采购商与参展商开展洽谈会。此次洽谈会采取双方现场一对一轮流面洽的形式，共有39家越南采购商与近60家国内企业参加。该洽谈会实践“一带一路”倡议的部署，为中国教育装备从广西走向东盟开展了有效尝试。

9月20~22日，由深圳市工商业联合会指导，深圳市教育局、广东省教育装备中心支持，深圳市教育装备行业协会主办的“第二届深圳教育装备博览会”在深圳会展中心举办。本届博览会吸引了200余家优质企业参展，展出面积达2万余平方米，来自20多个省市的近30余个代表团和近2万名专业观众赴会参观。

11月23~24日，“第五届湖北省教育装备展示会”在武汉国际会展中心举办。本展会作为湖北省教育装备行业的风向标，得到了省内外企业的积极响应。百余家省内外知名企业的先进产品和新装备纷纷亮相，展出产品涉及数字化校园建设、教学仪器设备、后勤设施装备、教育照明等品类，展示了教育装备行业的发展实力。

（三）上海：教育装备国际交流平台效应凸显

9月28~30日，由中国教育装备行业协会主办，上海教育委员会支持，上海市教育学会、上海市教育委员会教育技术装备中心、上海教育装备行业协会承办的“2018中国国际教育装备（上海）博览会”在上海世博展览馆举行。此次博览会共吸引英、德及“一带一路”沿线国家等多个国家和全国各地区专业观众3.1万人次观展交流。展会同期举办了“中国—东盟教育信息化合作高峰论坛”“长三角教育装备协作会”，签署了《长三角地区教育装备协同与合作发展备忘录》，推动形成区域共建、优势互补、资源共享的教育装备工作局面。

（四）地方合作：陕西、新疆、甘肃、青海四地联合成功举办2019西北教育装备博览会

6月10~12日，由陕西省、新疆维吾尔自治区、甘肃省、青海省教育厅指导，陕西省教育厅教育技术装备管理中心、西安市教育局主办的“2019西北教育装备博览会”在西安曲江国际会展中心举办。此次博览会吸引了全国203家企业参会展示，展览规模20万平方米，展位1000余个，展品种类719种，参展观众近5万人次。博览会同期举办了“西北教育装备工作座谈会”“教育装备发展与应用论坛”等活动。

六、以中小学实验教学为载体，促进装备与教育教学深度融合

代表地区：北京、天津、河北、上海、广西、新疆等。

实验教学是国家课程方案和课程标准规定的重要教学内容，是培养创新人才的重要途径。随着每年由教育部基础教育司发文组织的“全国中小学实验教学说课活动”

的开展，各地装备主管部门也相继举办地方实验教学说课活动，并以说课活动为抓手，举办培训，强化教研，促进实验教学优秀资源的交流与共享，传播先进的实验教学理念，让实验教师了解最前沿的教学理念和先进的实验技术。

（一）河北、安徽等30个省、自治区、直辖市及新疆生产建设兵团：组织省级实验教学说课优秀案例遴选活动，促进实验教学优秀资源的交流与共享

为进一步提高中小学实验教学水平，提升实验教学育人效果，促进不同地域实验教学水平的均衡发展，按照教育部基础教育司《关于举办第七届全国中小学实验教学说课活动的通知》要求，第七届全国中小学实验教学说课活动于2019年3月29日启动。

说课活动包括平台申报、各省遴选推荐、专家委员会评审、现场说课展示等四个环节。来自全国30个省、自治区、直辖市及新疆生产建设兵团的约4万名教师参与了本届活动。各地共推荐优秀案例463个，最终有151个优秀案例入围了10月12~13日在青岛举行的现场说课展示环节。

本届说课活动受到了各省、自治区教育厅及直辖市教委的高度重视。各地教育装备主管部门将活动列入年度工作要点，第一时间部署了下至区县级、上至省级的遴选工作；多数省、自治区、直辖市都发文组织了省级推选活动，约20个省份还专门组织了省内现场说课遴选并聘请专家对本地区教师代表进行了培训和指导。

多层级的参与、多维度的内容、多方面的组织、更专业的培训使说课活动日趋成熟。比如，河北省结合说课活动评分细则以及该省实验教学现状，专门制定了《河北省2019年中小学实验教学说课活动评价表》，从区县级推选的287个说课案例中遴选出140个，进行省级现场展示，并最终选拔出15个优秀案例。各地市活动中参与观摩、学习的教师达1万余人次。河北省实验教学说课活动已打造成了深植于每所学校的品牌，将实验教学的意识普及到了每位教师的心中。河南省、湖北省、江西省、安徽省、广西壮族自治区等多个省份也以说课活动为抓手，强化教研，促进实验教学优秀资源的交流与共享，传播先进的实验教学理念，让实验教师了解前沿的教学理念和先进的实验技术。

（二）北京、云南等地：开展实验教学教师培训，全面推动实验教学工作

北京市教育技术设备中心继续开展“北京市中小学实验教师实验技能培训”项目工作，做好“北京市中小学实验教师实验技能培训”继续教育学分输录工作，将其纳入全市教师培训系列。

天津市教育委员会教育技术装备中心开展2019年中小学实验教学说课培训，邀请专家从课程选题、课程结构、实验创新、新技术应用等角度深入浅出地分析了实验教学说课的特点，400余人参加培训。

江西省教育技术装备站坚持把对中小学实验教学人员、图书管理人员和装备部门管理人员的培训纳入教师“省培计划”，2019年共培训1000余人次，并同时推动市、县逐级组织开展相应培训。

云南省教育厅教学仪器装备中心聘请省内知名专家和往届全国实验教学说课活动现场展示教师进行讲座和经验交流，从理论、实践两个方面强化教师对说课活动的方式、技巧等方面的理解。为期一天半的说课培训和现场说课活动实现了全程网络直播，全省教育装备管理人员、中小学教师等168.8万人次点播收看。

青海省教育技术装备中心组织完成了全省高中物理教师、高中化学教师、初中生物教师实验技能培训班，培训内容覆盖高中物理、高中化学、初中生物所有分组实验和百分之七十的演示实验，进一步提升了实验教师开展实验教学的能力。

（三）上海、陕西等地：举办实验教学技能竞赛，提高教师实验能力和操作技能

2019年，上海市教育委员会教育技术装备中心继续围绕实验能力大赛、教师实验能力专项培训和实验室能级提升，改进和加强中小学实验教学工作，举办上海市中学化学、物理教师实验能力大赛；开发高级研修课程，组织开展中小学理化生实验能力高研班，完成188名教师（实验员）的培训；推进初中理化实验考场标准研究和初中理科实验室专项调研工作，为政府决策提供依据。

2019年7月，贵州省教育装备管理中心在安顺市举办贵州省第七届中小学教师实验教学技能创新大赛，大赛设初中、高中物理、化学、生物，小学科学和综合学科八个学科组别。创新大赛活动要求参赛选手在限定时间内完成创新实验操作，各学科评委从全省高校教授、省教科院教研员和基层学校高级以上教师中抽调组成。

陕西省教育厅教育技术装备管理中心举办陕西省第四届高中理化生教师实验操作技能竞赛和2019年全省科学课教师实验操作技能培训，组织开展2019年全省基础教育教学成果自制教具、玩具类评选。

在培训竞赛等活动中，各省装备主管部门积极引入新产品、新技术，使参与教师开阔了视野，更新了理念，对新时代教育装备在教育教学中的作用有了更深刻的理解和更全面的认识。

（四）广西、新疆等地：加强实验室建设管理工作，促进教育教学装备全面创新应用

广西壮族自治区教育技术装备中心开展2019年广西中小学创新、特色实验室优秀案例展示活动，参展案例主题突出、内容多样，产生了良好的社会反响。中心编印《广西中小学创新、特色实验室优秀案例集》，汇编了2018年、2019年全区33个具有代表性的创新、特色实验室建设案例，总结、推广建设经验，指导全区中小学创新、特色实验室的建设。

2019年贵州省教育厅印发《关于评选全省中小学实验室工作先进集体、先进个人的通知》。贵州省教育装备管理中心根据文件要求，组织专家对各地推选的申报材料进行综合评审，通过表彰先进，积极推广先进的实验室工作管理经验，发挥实验教学育人功能，促进中小学实验室工作的创新和实验教学质量的提升。

2019年，新疆维吾尔自治区教育条件装备中心开展《新疆维吾尔自治区中小学实验室建设管理手册（上册）》的二次审核工作，并由自治区教育厅党组审定后出版。

七、以审查清理专项行动为契机，提高图书馆建设与应用水平

代表地区：北京、天津、河北、安徽、广东、甘肃等。

2019年，为进一步提高全国中小学图书馆（室、角）（以下简称图书馆）图书质量，营造健康安全的育人环境，保障广大师生教育教学需求，充分发挥图书馆育人功能，教育部基础教育司决定开展全国中小学图书馆图书审查清理专项行动，发布《关于开展全国中小学图书馆图书审查清理专项行动的通知》。为贯彻落实通知精神，各地装备主管部门高度重视中小学图书馆图书审查清理工作，组织开展形式多样的阅读活动，积极推进中小学图书馆的建设与应用。

（一）北京、广东等地：有序推进中小学图书馆图书审查清理专项行动

为落实开展全国中小学图书馆图书审查清理专项行动，北京市教育技术设备中心组织各区成立专项队伍，制定审查清理工作方案及督查预案。

天津市启动中小学图书馆图书审查清理专项行动，将专项行动与中小学图书馆资源建设整体融合，制定下发《天津市中小学图书馆（室）图书资源建设管理办法》，从图书配备、资源管理、图书剔旧三方面规范资源建设。

安徽省启动中小学图书审查清理专项行动，印发《安徽省中小学图书馆图书审查清理专项行动实施方案》，建立省级中小学图书馆图书审查清理工作平台，对全省中小学图书馆图书进行全面审查。截至2019年11月底，全省中小学校累计更新、剔旧和清理审查各类不适宜图书16万余册。

广东省开展全省中小学图书馆馆配图书适宜性评价实地核查工作，组织由省督学带队的专家组到河源、东莞、肇庆、云浮四地实地核查，调研中小学校图书馆馆配图书馆审查清理情况。

甘肃省印发《关于进一步加强全省中小学校图书馆（室）工作的通知》《关于做好中小学图书馆馆配图书审查清理工作的通知》，研制《甘肃省中小学图书馆馆配图书适宜性评价工作指南》及其工作流程，逐步对全省8890万余册中小学校馆藏图书开展评价。

（二）天津、甘肃等地：组织开展中小学图书馆（室）规程培训，推动中小学图书馆管理工作

天津市教育委员会教育技术装备中心组织中小学图书馆规程培训，推动中小学图书馆优秀管理经验的不断积累与推广，各区教育局主管局长、装备部门负责人、中小学校长、图书馆馆长共480余人参加。

河北省教育技术装备管理中心于2019年10月9日在秦皇岛市山海关区举办了河北省中小学图书管理工作研讨交流活动，来自全省各地的150名代表参加了本次交流活动并参观了山海关区6所学校。此次研讨交流活动形式新颖，内容贴近教育教学实际，效果显著。

甘肃省教育装备办公室召开了全省中小学图书馆应用工作培训会，省市县校分级培训共1万余人次，有效提升了图书馆管理人员的应用水平。

（三）北京、广西等地：组织开展形式多样的阅读活动，提升书香校园建设内涵

北京市教育技术设备中心继续开展“书香燕京”活动。活动围绕中华人民共和国成立70周年，以“我爱你，中国”为主题，内容包括征文、书法斗方、最美书签、阅读指导课评选等。

安徽省教育技术装备中心严格落实教育部图书推荐目录采购配备图书，鼓励各级各类学校指导学生开展形式多样的阅读活动，组织开展安徽省“2019 中小学图书馆榜样人物”和“2019 最美校园书屋”风采展示活动、优秀阅读指导课件评选活动，在全省中小学遴选了 35 个“最美校园书屋”、35 名“图书馆榜样人物”及 68 个阅读指导课优秀课件。

广西壮族自治区教育技术装备中心开展2019年“书香校园·阅读圆梦”读书活动。活动以“新时代·新阅读”为主题，创新了活动的内容与形式，共计35万余人通过网络平台参与了本次活动，参与阅读评测人数17万，有效阅读总量48.4万本，参与人数与作品数创历年新高。

陕西省教育厅教育技术装备管理中心围绕中华人民共和国成立 70 周年，着眼于培养师生的爱国精神和民族自豪感，在全省开展首届“书香校园·读红色经典”阅读活动。

（四）广西、四川：有序推进图书馆信息化建设，提升图书馆智能管理水平

广西壮族自治区教育技术装备中心完成“广西中小学图书馆管理信息系统建设试点及图书馆数据对接服务”项目招标，开展第一批试点工作，实现对图书馆远程监管和决策辅助管理，提升图书馆智能化管理水平。中心组织专家调研组先后赴深圳市、南宁市、北海市、梧州市的少年儿童图书馆、中小学图书馆等进行图书馆信息化建设情况实地调研，为平台的建设提供依据。

2019年，四川中小学图书馆管理信息化平台实现了183个县（市、区）全覆盖，建库学校9078所，覆盖率88.9%。图书管理系统可查询图书1.71亿册，图书入库率72.5%。

（五）京津冀三地：地方联动，促进京津冀地区图书馆建设的跨越式协同发展

2019年3月29日，北京市教育技术设备中心、天津市普通教育技术装备管理中心、河北省教育技术装备管理中心在河北省唐山市共同举办了“2019京津冀中小学图书馆建设、合作与发展论坛暨2019京津冀阅读指导课教学风采展示交流活动”。本届论坛

和活动邀请了全国知名教育专家、校长和教师，以“阅读、融合、创新”为核心，以“展示、交流、共进”为主题，共同探讨了如何充分发挥阅读指导课的育人功效，旨在通过与课程改革紧密融合、与学科教学紧密融合、与教科研紧密融合，促进教育教学和学生核心素养的提升，全面推动中小学图书馆建设、合作与发展。为更好地巩固已取得的成果，三地还成立了“京津冀中小学阅读联盟”，促进了三地基础教育均衡、持续、协同发展。

八、以各级课题研究为支撑，强化引领教育装备创新发展

代表地区：天津、河北、安徽、山东、广西、云南、甘肃等。

科研是教育装备工作的重要组成，具有关键的支撑、驱动和指导作用。教育现代化和教育装备的创新发展对深化教育装备科研工作提出了迫切的需要。2019年，多地教育装备主管部门积极组织开展教育装备课题研究工作，加强专家队伍建设，强化科研的创新驱动力。

（一）河北、江西等地：积极开展各项课题研究工作，聚焦教育装备研究

河北省教育技术装备管理中心发挥名师工作室作用，聚焦自制玩具、教具相关课题研究。参与“幼儿园科学探究立体化教学模式”课题的研究与结题工作，并编写《遇见材料，愉悦教育》一书；主持开展中国教育装备行业协会研究课题“以自制玩具、教具为抓手，培养幼儿科学探究的兴趣”并顺利结题；课题研究成果《邂逅材料，畅玩教育（自制玩具、教具）》申报了河北省第八届基础教育教学成果奖。

天津市教育委员会教育技术装备中心组织开展学前教育装备课题研究，承担教育部教育装备研究发展中心的重点课题——“幼儿园户外游戏区装备规范化建设与应用”，推动学前教育装备领域的科学研究。

安徽省教育技术装备中心加快推进获批的19项教育部教育科学“十三五”规划子课题的研究工作，指导和协助子课题开展研究工作，进一步规范研究过程，提高研究质量，总结阶段性研究成果，各子课题全部通过中期审查工作。

江西省教育技术装备站开展对全国教育科学“十三五”教育部规划课题“益智课堂与思考力培养的实践研究”江西子课题的调研。深入赣州市南康区、吉安市新干县、景德镇市乐平市和鹰潭市贵溪市承担子课题研究任务的学校调研，召开4次座谈会并观摩了7节展示课和1场大型益智器具运用展示活动。

广西壮族自治区教育技术装备中心完成“广西中小学校服规范化管理研究”结题工作，并将《广西中小学校服管理细则》上报自治区教育厅，供决策参考；推动“广西基础教育创新、特色实验室建设与发展研究”“广西中小学生命科学特色实验室建设研究”课题研究；组织专家赴桂林、江苏、浙江等区内外各地开展调研，组织召开

了2019年广西STEAM创新教育峰会。

（二）安徽、宁波等地：加强专家队伍建设，为科研工作开展提供有力保障

安徽省教育技术装备中心为加强教育装备研究工作队伍建设，建立了中小学教育技术装备专家库，目前共有815名专家入库。

内蒙古自治区教育装备技术中心为充分发掘教育装备战线人才优势，提升服务和决策的科学化、民主化、法治化水平，编制了《内蒙古教育装备技术智库建设方案》初稿。

贵州省教育装备管理中心成立“教学科研能力提升专班”，下设专家指导组、课题申报组、综合业务组，加强业务能力的学习。

甘肃省教育装备办公室聚焦教育装备研究，初步形成了完善的教育装备研究体系，筹备组建第二届甘肃省教育厅教育装备专家指导委员会和第二届甘肃省教育装备标准化技术委员会。

宁波市学校装备管理与电化教育中心在全市范围内甄选教育装备专家，组建教育装备专家库，为后续系列工作开展提供保障，收集了29个单位推荐的142位专家信息。

（三）内蒙古、福建等地：开展教育装备研究应用活动，促进教育装备科研成果转化

内蒙古自治区教育装备技术中心利用教育装备研究中心开展现代化教育装备应用研究主题活动，推动新产品新技术成果应用。

福建省教育装备与基建中心组织开展全省教育装备技术创新创意活动，共征集60多个创新创意项目，拟组织精选后申报国家专利，促进教育装备科技成果转化。

九、以地方发展规划为指导，实现特色业务工作百花齐放

代表地区：北京、河北、上海、宁波、山东、云南等。

2019年，各地教育装备主管部门围绕教育装备各项工作，结合地方工作实际探索新方式、新举措，确定地方工作发展路径，推动教育装备事业再上新水平。

（一）北京：研究谋划北京市基础教育装备工作三年发展规划

面对新形势、新任务，北京市教育技术设备中心加强对基础教育装备工作的职能定位、发展理念、发展目标、发展思路及工作重点等问题的研究，紧紧围绕当前首都基础教育的中心工作，以推进素质教育和深化课程改革，不断提高教育教学质量来统筹规划装备工作，认真研究单位的改革发展路径，研究制定了《北京市基础教育装备工作三年发展规划（2020—2022）》。

（二）河北：组织开展探知未来科技女性培养计划活动

为配合国家人才战略的实施，培养青少年女性群体的科学兴趣，提高该群体

的科学素养及综合能力，河北省教育技术装备管理中心组织开展“中国妇女发展基金会—三星探知未来科技女性培养计划”活动。全省共有583名学生报名，其中217人通过测试，120人进入在线课程学习阶段，最终有4人通过选拔顺利进入了国内顶尖科研机构、大学，在大学教授、专家团队的指导下完成方案论文、样机等项目研究。

（三）上海：学生体验活动成效明显，助力培养学生核心素养

上海市教育技术装备工作紧紧围绕教育现代化这一主题，采取多种举措，着力以教育技术装备促进学习空间重构、支撑课程和教学改革、培养学生核心素养。进一步整合学校、企业等各类社会优质资源，形成“装备育人”特色体验活动，助力学生核心素养培育。其中，暑期读书活动覆盖面大，2019年共有来自全市16个区1250所学校的170万人次参与活动；学生职业体验活动影响度高，面向全市中小学生开设462个体验项目，有近6万人次的中小学生参与；企业实践夏令营体验度深，在5家知名企业设立活动基地开展主题活动。

（四）浙江：以教育信息化支撑和引领教育现代化

2019年，浙江省围绕率先高水平实现教育现代化的战略目标，着力以信息技术破解教育教学难点，以教育信息化支撑和引领教育现代化。之江汇教育广场项目获教育部推荐参评联合国教科文组织哈马德国王奖，项目入选2019年网络扶贫典型案例，成功申报2019年度省直部门改革创新项目。之江汇教育广场定期向“学习强国”推送优质教育资源，把优秀的教学资源向全国推广。浙江“家长学校”入选2018年教育部教育政务新媒体年度案例、全国基础教育改革创新工作案例。

（五）安徽：组织开展装备管理应用创新校建设，推进安徽省教育装备特色发展

安徽省教育技术装备中心根据安徽省教育厅《关于印发〈安徽省基础教育装备管理应用年活动实施方案〉的通知》要求，坚持示范引领，推动教育装备管理应用创新校建设，根据实地抽查、调研和评审，确认建成151个“创新校”。

（六）山东：聚焦后勤服务工作，助力全省教育事业发展

2019年，山东省教育技术装备服务中心根据山东省教育厅《关于做好中小学学生集中就餐和住宿情况统计工作的通知》要求，开展并完成数据汇总工作，为主管部门决策提供基础数据支撑；协助省教育厅起草省教育厅等四部门拟联合印发的《中小学学生食堂管理办法》；针对全社会关注的儿童青少年预防近视问题，起草并由教育厅印发了山东省教育厅《关于科学配备使用教育装备做好儿童青少年近视防控工作的通知》，此文件是全国第一个针对儿童青少年近视防控问题出台的教育装备使用方面的省级规范性文件。

（七）广西：做好2019“中国-东盟职业教育装备展”工作

为推进我国与东盟各国职业教育的交流与合作，广西壮族自治区教育技术装备中

心成立“2019中国-东盟职业教育装备展”工作领导小组，制定相关工作方案，认真遴选在校企融合方面取得成功的知名企业参加展示，完成职教装备展场地的改造和搭建工作，并在自治区教育厅官网上开设职业教育装备网络展专栏，进一步提升职教装备展的效果。

（八）贵州：深化中小学创新创客教育活动，推动特色学校建设

贵州省教育装备管理中心组织开展2019年贵州省中小学创新创客教育教师培训活动，培训教师约200人，培训内容为学校如何开展STEAM教育和人工智能时代STEAM学科融合实际应用、软件编程应用、硬件交互实操等。培训进一步深化了教师对中小学创新创客教育的认识，推动了贵州省中小学创新创客教育水平的提升。

（九）云南："全面改薄"项目工作圆满完成

云南省教育厅教学仪器装备中心从2014年开始的“全面改薄”项目教学仪器设备图书采购全部完成。该项工作历时6年，涉及采购资金9.8亿元。在项目采购过程中形成了“公开招标—公正评标—严格验货—安全转运—督导检查”等一系列程序，极大地改善了中小学办学条件，助力义务教育均衡发展。

（十）陕西：圆满完成第二届中国国际进口博览会陕西交易团高校分团的组织、筹备和交易工作

陕西省教育厅教育技术装备管理中心作为“进博会”陕西交易团高校分团秘书处，积极与省团秘书处（省商务厅）、进博局、省驻沪办对接，制定《第二届进博会陕西交易团高校分团工作方案》。会期共组织36所高校的196人参会，合计签约金额2866.86万美元，超额完成省政府下达的各项任务指标。

（十一）宁波：机器人教育特色亮点全省领先

宁波市学校装备管理与电化教育中心组织开展宁波市中小学电脑制作活动、中小学电脑机器人比赛、浙江省中小学创客比赛市级选拔赛等，选拔优秀队伍参加省、部级比赛。宁波市在省级比赛中获奖数量领先，共获一等奖45个、二等奖62个、三等奖78个，仅机器人比赛项目就有7支队伍获全省一等奖；在全国赛的17支队伍中，宁波独占6支并有3支获一等奖，成绩列省内设区市第一。宁波市共有19所学校获浙江省教育机器人应用试点示范建设学校，其中4所将参加首批20所2019年浙江省教育机器人应用示范学校的遴选。

（十二）地区合作：加强长三角地区合作，实现装备工作资源共享

2019年9月，长三角及部分省市教育装备协作会在上海举行，安徽、江苏、浙江、上海市教育装备部门签订了战略合作协议书，共同探讨智能时代教育装备工作的新形势、新任务，协作推动长三角及部分省市教育装备工作高质量发展。

十、结语：多措并举开拓进取，推动各地教育事业高质量发展

2019年，各地装备部门深入贯彻落实教育部文件精神，坚持服务学校、服务师生，认真履职尽责。注重教育扶贫，促进义务教育城乡一体化发展；严把质量管控，做好教育装备质量保障；健全标准发展，完善教育装备标准体系建设；搭建完善平台，深入推进教育装备信息化；办好教育装备展览，打造国内高水准平台；突出创新发展，不断提升中小学实验教学水平；建设书香校园，加快中小学图书馆工作步伐；组建专家团队，加强装备技术科研创新。围绕教育装备的“建、配、管、用、研、训”等多项工作，多措并举、规范管理、创新思路、引领发展、开拓进取，全力抓实业务工作，推进教育装备高质量发展，促进装备与教育教学深度融合，为我国教育事业高质量发展提供了强大推动力。

（本文汇编自全国20个省、自治区、直辖市、计划单列市教育装备主管部门提交的2019年度教育装备工作总结及网络新闻报道。）

教育现代化进程中的教育装备工作：上海实践

竺建伟

2019年2月，中共中央、国务院印发了《中国教育现代化2035》，这是我国第一个以教育现代化为主题的战略文件，开启了教育现代化的新征程。文件提出，推进教育现代化的总体目标是：到2020年，教育总体实力和国际影响力显著增强，教育现代化取得重要进展；到2035年，总体实现教育现代化，迈入教育强国行列，为到21世纪中叶建成富强、民主、文明、和谐、美丽的社会主义现代化强国奠定坚实基础。文件同时部署了面向教育现代化的“十项战略任务”，为实现教育现代化指明了方向。

2019年3月，上海市委市政府召开全市教育工作会议，积极贯彻落实党中央、国务院的战略部署，加快推进上海市教育现代化，更好地服务国家战略和上海市未来发展，制定了《上海教育现代化2035》。其中，上海实现教育现代化的总体目标是：到2020年，率先总体实现教育现代化；到2035年，实现更高水平、更高质量的教育现代化，建成与时代发展相适应、同具有世界影响力的社会主义现代化国际大都市相匹配的一流教育，为实现我国教育现代化和建设教育强国当好排头兵、先行者。

一、从教育大国迈向教育强国

改革开放40年来，我国教育改革发展取得了重大成就，正由教育大国向教育强国迈进。

（一）教育由“大”变“强”

（1）教育发展从注重“规模”向注重“质量”转变。2019 年，我国学前教育毛入学率为 83.4%，小学学龄儿童净入学率为 99.94%，初中阶段毛入学率为 102.6%，高中阶段毛入学率为 89.5%，高等教育毛入学率为 51.6%。[1] 全国各级教育普及水平不断提高，国民受教育机会进一步扩大，人民群众对教育的需求由“有学上”转变为“上好学”。

（2）教育公平从“起点公平”向“过程公平”转变。党的十九大提出“努力让每个孩子享有公平而有质量的教育”，“公平”与“质量”是新时代教育事业发展的核心与关键。教育公平的内涵不再是单纯的以标准为基础，均衡配置各类教育资源，而是要关注每一位学生的学习过程，根据学生的兴趣、特长制订适合学生发展的个性化教育方案，关注学生学习的整个经历，注重教育的“过程公平”。

（3）教育质量观从“育分导向”向“育人导向”转变。“培养什么人，是教育的首要问题。”[2] 2017年，中共中央、国务院《关于深化教育体制机制改革的意见》提出：“在培养学生基础知识和基本技能的过程中，强化学生关键能力培养。”教育要更加注重培养学生适应时代的关键能力，消除“唯分数论”的顽瘴痼疾，更加体现对“人”的关注，对“人”的个体价值的认可。

（二）实现社会主义现代化强国目标必须依靠教育现代化，教育现代化是实现社会主义现代化强国的阶段性目标

党的十九大报告提出，全面建设社会主义现代化强国，包括建设人才强国、文化强国、科技强国、教育强国等众多要求。而建设人才强国、文化强国、科技强国的基础是建设教育强国。[3] 习近平总书记从实现中华民族伟大复兴的历史高度，提出“教育兴则国家兴，教育强则国家强”的科学论断，做出了“加快教育现代化”的战略部署。到2035年，教育现代化建设将“推动我国成为学习大国、人力资源强国、人才强国”，为实现社会主义现代化强国目标提供有力支撑。

（三）我国教育现代化的本质特征：中国特色社会主义制度性的教育现代化

习近平总书记在全国教育大会上指出，要坚持扎根中国大地办教育，始终坚持一切从中国实际和中国国情出发，培养更多社会主义事业建设者和接班人。相比西方国家强调社会整体现代化，我国依据国情优先发展教育，开启了中国特色的教育现代化实践。[4] 我国教育现代化主要体现在教育理念、体系、制度、内容、方法及治理现代化，着力提高教育质量，促进教育公平，优化教育结构，走出一条中国特色的教育现代化之路，为世界教育的改革发展提供中国智慧和中国方案。

二、做好当前教育装备工作的政策依据

党的十八大以来，中央出台了一系列政策性文件，指导和规范我国教育事业的发展，特别是党的十九大做出了“优先发展教育事业”“加快教育现代化”的重大部署，中共中央、国务院、教育部相继发布了一系列重要文件，教育装备工作以此政策性文件为指导，落实相关任务，为实现教育现代化奠定基础。

（1）2016年，教育部印发《教育部关于新形势下进一步做好普通中小学装备工作的意见》，这是进入新世纪以来我国第一个推进中小学装备工作的指导性文件，体现了国家对基础教育装备工作的高度重视。文件明确指出，“教育教学装备是教书育人的必要条件，是实现教育现代化的重要支撑，是培养学生创新精神和实践能力、促进学

生全面发展的重要载体。”文件为中小学教育装备工作的科学发展绘制了蓝图，教育装备工作的重心也逐渐从注重“物”转变为注重“人”、从注重“规模发展”转变为注重“内涵提升”、从注重“标准化”转变为注重“特色化”、从注重“建设、配置”转变为注重“管理、应用和研究”。

（2）2017 年，教育部发布了《普通高中课程方案（2017 年版）》，明确了普通高中教育的培养目标是进一步提升学生综合素质，着力发展核心素养，使学生具有理想信念和社会责任感，具有科学文化素养和终身学习的能力，具有自主发展能力和沟通合作的能力。同时，提出要加强教学设施建设，“根据课程实施需要，修订完善普通高中教学设施设备、图书资料等教育技术装备标准，改善教学环境与教学条件。配齐专用教室与场馆，保障技术（含信息技术和通用技术）、艺术（或音乐、美术）、体育与健康、综合实践活动等课程及有关学科实验的开设。创设良好的课程实施环境，提供足够的图书资料、设施设备及耗材。”明确了教育装备在支持课程改革中的重要任务。

（3）2018 年，教育部印发《教育部关于完善教育标准化工作的指导意见》，要求各地区、部门完善教育标准体系框架，加快重点领域标准研制，并对“教育装备标准”提出明确的要求：“完善学校、幼儿园教学装备配置标准，出台教育装备分类标准，组织研制装备标准建设规划，加快完善教育装备配备标准和质量标准体系建设。研制寄宿制学校生活设施标准，加强实验实践、艺术、体育、卫生、心理健康教育教学设备配置标准建设，制定、修订特殊教育资源教室和康复设施设备配备标准并开展无障碍环境改造。”文件强化了教育装备标准在推进教育改革发展、实现教育现代化中的重要作用。

（4）2018 年，教育部印发《教育信息化 2.0 行动计划》，基本目标是到 2022 年基本实现“三全两高一大”的发展目标，即教学应用覆盖全体教师、学习应用覆盖全体适龄学生、数字校园建设覆盖全体学校，信息化应用水平和师生信息素养普遍提高，建成“互联网 + 教育”大平台。教育信息化是促进教育公平、提高教育质量的有效手段，是加快实现教育现代化的有效途径。信息技术是教育装备的重要组成部分，是实现教与学变革的重要途径和手段。

（5）新的高考招生制度。党的十八届三中全会明确提出“将考试招生制度改革作为深化教育领域综合改革的重大突破口”。2014 年，上海市人民政府印发《上海市深化高等学校考试招生综合改革实施方案》，正式启动实施高考综合改革试点，探索构建分类选拔、综合评价、多元录取的招录机制，逐渐建立了“两依据、一参考”的高考改革制度，即“依据高考成绩、依据高中学业水平考试成绩，参考综合素质评价”的录取方式。其中，“综合素质评价”内容需要参考学生的“创新精神和实践能力”。作为一种课程资源，教育装备致力于满足学生个性化发展需求的教学环境和学校空间建设，着力培养学生在真实情景中解决实际问题的能力。

三、教育装备工作面临的新任务

教育装备现代化是教育现代化的重要基础。新时期的教育装备工作面临的主要任务有以下几个方面。

（一）强化教育装备的育人功能，注重学生核心素养的培育

2014年，《教育部关于全面深化课程改革，落实立德树人根本任务的意见》中提出，深化课程改革，要“研究提出各学段学生发展核心素养体系，明确学生应具备的适应终身发展和社会发展需要的必备品格和关键能力，突出强调个人修养、社会关爱、家国情怀，更加注重自主发展、合作参与、创新实践”。核心素养落实到学校，主要体现在课程上，而教育装备是课程的重要组成部分，是围绕立德树人、提升学生综合素质、发展核心素养的重要载体。

（二）保障学校多样化特色化发展，支持课程和教学改革

（1）重构学习空间，促进学生关键能力培养。2016年，美国新媒体联盟（New Media Consortium）发布了《2016新媒体联盟中国基础教育技术展望》，指出“在未来3~5年内，中国基础教育将逐渐从以讲授式为主的传统模式转向更多学生动手参与的新模式。新的教学与学习形式需要新的教学与学习空间，教室开始模拟真实的世界和社会环境，以促进学生间有机互动并解决跨学科问题。”上海市积极推动新型学习空间建设，在学校原有普通教室和实验室等常规配置的基础上，增设创新实验室、学科教室，提升图书馆功能，满足学生个性化学习需求。

一是创新实验室建设。创新实验室是学生开展自主探究和创新实践的场所，是融学习内容、学习方式和技术装备于一体的新型学习环境。上海市教育委员会教育技术装备中心的研究成果《引领学习环境重构的中小学创新实验室行动研究》，荣获2017年上海市教学成果（基础教育）特等奖和2018年基础教育国家级教学成果一等奖。

二是学科教室建设。学科教室是基于学科教学的专用教室，具有学科的专业性、学习的实践性和体验性、师生的互动性等特点。“普通高中课程标准（2017年版）”中，化学、物理、地理、生物、历史、信息技术和通用技术7门课程都提出了要加强“学科实验室”“学科专用教室”的建设，着力提升学生的核心素养。学科教室的空间设计灵活多样，可根据教学需要设置不同的功能区域，支持多样化的学习方式，丰富教学的实践性和体验性。

三是图书馆功能提升。教育部2018年发布《中小学图书馆（室）规程》，提出：“图书馆是中小学校的文献信息中心，是学校教育教学和教育科学研究的重要场所，是学校文化建设和课程资源建设的重要载体，是促进学生全面发展和推动教师专

业成长的重要平台，是基础教育现代化的重要体现，也是社会主义公共文化服务体系的有机组成部分。”从2015年起，上海市实施“图书馆功能提升”项目建设，要求所有中小学校至2020年完成。通过空间再造、功能拓展、环境美化，将中小学图书馆建设成为集文献资源中心、师生活动中心、教学支持中心、学校对外服务交流中心为一体的现代化图书馆，成为引人入胜的“知识空间”和师生共同成长的“精神家园”。

（2）加强装备标准体系建设，促进学校课程和教学改革。为强化标准对加快教育现代化、建设教育强国、办好人民满意的教育支撑和引领作用，推进基础教育优质均衡发展，上海市持续推进教育装备标准编制工作。2017年，上海市教委颁发《上海市普通中小学校教育装备配备指南（义务教育阶段）》，供义务教育阶段学校试行，规范和引领上海市普通中小学校教育装备的科学配备，保障和支持学校的教育教学活动。2019年，在义务教育阶段装备指南的基础上，上海市教委编制完成《上海市普通中小学校教育装备配备指南（高中阶段）》，为本市高中阶段学校构建以学生发展为中心，教学内容、教学方式和设施设备深度融合的新型学习环境提供政策依据，强化育人功能，促进学生核心素养培育。

（3）加强和改进实验教学，提升教师实验能力。实验教学是培养学生实践能力的重要途径，实验室的现代化配置是提升实验教学质量的重要前提。针对传统实验教学课时不足、教师实验操作能力较差、实验室布局固化对学生探究活动支持不足、实验员实验专业技能与素养缺乏等问题，上海市正在开展实验室能级提升项目，在现代化实验设备设施的支持下，实现实验操作台的可移动、实验过程的分析与诊断、实验数据的实时上传和实时指导等功能提升，支持教与学方式的创新和学生创造性活动的开展。深入开展中小学教师实验能力专项培训，建立市、区、校三级协调联动培训机制；搭建实验教学比武平台，组织开展中小学教师实验操作能力大赛、中小学理科教师实验教学说课等活动，提升实验教师的专业能力。

（4）加强装备质量监管，提升教育装备工作治理水平。近年来，教育装备投入持续增加，内涵和外延不断丰富，对教育装备质量的要求越来越高。上海市积极探索教育装备质量监管体系建设，建立全市统一的教育技术装备管理云平台，采集教育装备和教学大数据，科学、全面地评价学校教育装备使用效益，促进教育技术装备与教育教学的深度融合，打造真实、动态、全覆盖的市、区、校三级架构教育装备数据库，为各教育管理部门的决策提供有力依据；建立教育装备产品教学适用性论证、新产品推荐、产品质量抽查等相关工作流程与机制，服务基层学校需求；强化基于信息技术支持的，涵盖从预算申报到合格验收、绩效评价的“全生命周期”教育装备配备过程管理。

（三）注重信息技术与教育教学深度融合，创新治理模式和学习方式

为进一步落实《教育信息化2.0行动计划》等文件要求，2018年，上海市教委研究制定了《上海市教育信息化2.0行动计划（2018—2022）》，促进教育信息化从技术驱

动向育人为本转变，从碎片化建设向系统化整体化建设转变，从脉冲式应用向常态化应用转变，以教育信息化全面推动教育现代化。

（1）用信息技术支持学生核心素养的发展，构建以学生为中心的常态化课堂。据“教育信息化2.0”、普通高中课程方案和学科标准的要求，在《上海市普通中小学校教育装备配备指南（义务教育阶段）》中，积极融入科学技术新成果，对各类教学用房的设备配备提出明确的信息化要求，支持课程的信息化应用，满足学生个性化学习的需求，提升信息化环境下的教育服务能级。

（2）运用大数据技术，制订个性化学习计划，开展学情分析和学习诊断，精准评估教学和学习效果。新一轮的高考改革着重以学生自主选择学习科目、采用多种评价方式以及实行多元录取机制为发力点，要求学校对传统授课方式进行改革，推行“走班制”教学，学生根据自己的基础、兴趣和能力，自由组合课程，制订符合自身能力的个性化课程表。信息技术为“走班选课”“课程管理”等制度变革和流程再造提供技术支持。同时，利用信息技术实现学习数据的收集和分析，提升学习效能。

（3）构建网络学习空间，拓展课堂外延，创新优质学习资源供给模式，支持深度学习。普及推广网络学习空间应用是《教育信息化2.0行动计划》的主要内容之一。网络学习空间对变革教育形态、重构教育体系具有深远影响。上海市教育信息化将继续推进和完善“一网三中心两平台”建设，为教师和学生的网络学习提供空间、平台和资源，提高教育质量，促进教育公平。

（4）深化教育政务平台建设，形成基于互联网、大数据、人工智能等新技术的教育治理新模式。根据新的高考招生制度改革，上海市制定并实施《综合素质评价办法》，将品德发展与公民素养、修习课程与学业成绩、身心健康与艺术素养、创新精神与实践能力4个方面纳入评价范围。为保障评价方式的客观性，建立了全市统一的“高中学生综合素质评价信息管理系统”，明确高中学校作为信息录入主体，采用客观数据导入、高中学校和社会机构统一录入与学生提交实证材料相结合的方式，客观记录学生的学习、成长经历。

（5）形成推进教师信息素养培育与专业发展的长效机制。上海市教育信息化积极落实“三全两高一大”整体目标，其中“两高”为“信息化应用水平和师生信息素养普遍提高”，两项目标的落实都需要以教师信息素养的提升为基础。通过构建新时代促进教师信息素养发展的新型教师学习空间、优质课程群和专业发展测评体系，探索“区校主导配课、教师自主选学、社会多元参与”的培训组织体系等方式，探索“学习”“应用”“研修”相互融合的培训实施路径，提升教师信息知识、信息技能、信息意识、信息道德方面的素养，将上海市的教育信息化落到实处。

教育装备现代化是实现教育现代化的重要基石。实现新技术与教育教学深度融合、为学生提供实践探究的平台、促进学生核心素养的发展、支持和引领学习方式变革，是教育装备现代化的标志。新时代，教育装备工作将继续以加快推进教育现代化，建设教育强国为目标，围绕立德树人根本任务，推动教育事业高质量发展，为实现教育现代化2035年奋斗目标做出应有的贡献。

（作者单位：上海市教育委员会教育技术装备中心）

参考文献

[1]教育部. 2019年全国教育事业发展统计公报[EB/OL].（2020-05-20）. http：//paper.jyb.cn/zgjyb/html/2020-05/21/content_580165.htm?div=-1.

[2]坚持把立德树人作为根本任务：二论学习贯彻习近平总书记全国教育大会重要讲话精神[N]. 中国教育报，2018-9-14（1）.

[3]邬大光. 加快教育现代化是建设教育强国的关键[N]. 人民日报，2018-07-15（5）.

[4]曾天山. 加快教育现代化的时代主题与路径创新[J]. 中国教育学刊，2018（9）：1-6.

协同与交互视角下的同步课堂：本质、困境及破解路径

郭　炯　杨丽勤

同步课堂作为“互联网+教育”背景下，利用信息化手段实现优质资源共享、促进教育均衡、加快实现教育公平的重要举措，引起了教育研究与实践者的普遍关注，全国多地纷纷投入同步课堂教学实践。然而，在推进过程中，多地出现参与主体动力不足，薄弱校教师职业认同感降低、遭遇身份认同危机，[1] 同步课堂教学效果不理想被叫停等现象，不利于薄弱学校教师发展和教学质量提升，违背了同步课堂的初衷。因此，需要透过现象看本质，深度剖析同步课堂组织与实施中的关键影响因素，并有针对性地提出应对策略。本文从同步课堂“协同”与“交互”两大本质特征出发，对区/校管理者、教研员、教师（主讲端、远端）进行深度访谈，对同步课堂教学课例进行深入分析，对同步课堂组织管理、技术支持与教学实践中的问题进行分析总结，提出策略建议，期望能够为我国各地有效开展同步课堂提供参考借鉴。

一、同步课堂的本质特征

同步课堂是“互联网+教育”背景下，解决农村师资短缺、教育质量薄弱问题，促进城乡教育均衡发展的有效途径，是信息化扶贫、扶智的重要举措。[2] 当前研究者从不同角度进行界定：有的从同步课堂功能角度，提出同步课堂是直播课堂支持下，实现优质教育教学资源共享的一种教学形式；[3，4] 有的从课堂教学角度，提出同步课堂是技术支持下，两地班级同步互动的课堂教学模式；[5，6] 有的从技术支持角度，认为同步课堂是能够支持师生、生生实时交互，促进优质资源共享的授课或学习环境。[7-9] 本文综合以上观点，认为同步课堂是在远程教育理论的指导下，以网络技术环境和远程互动教学系统为支撑，由优质学校和薄弱学校教师协同配合，以同步互动方式实现对本地和异地学生同步上课的一种网络协同教学模式，其目的是通过协同互助，帮扶薄弱地区和学校促进教师专业发展，改善教育教学质量，增强自主发展能力。总体上，从

教师教学角度看，同步课堂以双师协同教学为主要特征；从学生学习角度看，同步课堂以本地、异地的师生和生生多元交互为主要特征。

（一）交互

教育是一种特殊的人类交往形式，[10] 以促进人的全面发展为目的。课堂是教育教学的主阵地，以师生、生生人际交互为主要形式。同步课堂既包括面对面教学，也包括基于网络的远程教学，课堂交互则兼具面对面教学与远程教学的交互特性，均以学生认知、行为、情感的全面发展为目标。

同步课堂远程教学交互特性参照陈丽教授的远程学习教学交互层次塔理论，该理论认为远程教育中教学交互分为界面交互、信息交互和概念交互三个层次。界面交互是指学习者与媒体界面的交互；信息交互是指学习者与学习资源、学习者与其他学习者以及学习者与教师的交互；概念交互是指学习者内部概念的同化与顺应的发生。[11] 同步课堂中学生不直接参与界面交互，却受教师信息素养、教师对平台界面的熟悉程度以及平台的功能属性影响。学生直接参与信息交互，本地、异地的师生和生生交互为信息交互的核心，也是同步课堂教学交互的重点。不同于一般远程教学交互的是，同步课堂的中的教学交互具有实时同步性和多元交互性特征。

总体来看，同步课堂中，促进深度学习的概念交互是主要目的，界面交互和信息交互是基础和前提。顺畅的界面交互需以教学环境为基础，有效的信息交互依赖于合理的学习活动设计。因此，要促进概念交互的发生，需要具备：①操作简便、性能可靠、功能完备的同步课堂教学环境；②支持多元交互发生，促进学生深度参与的教学活动。

（二）协同

同步课堂是一个涉及多个层次、多元主体的复杂、开放系统。从区域教育发展来看，同步课堂是一个城乡教育协同发展系统。从课堂教学来看，同步课堂是一个双师协同教学系统。由此可见，同步课堂具有“协同”特征，作为协同系统，其目标实现需以协同理论为指导。协同理论认为，系统的协同效应取决于系统内部各子系统（要素）间的协同作用。[12] 因此，主体间协同是系统有序结构形成的内驱力。但各主体利益诉求不同，需要处于核心地位的主体发挥组织与协调作用，使各主体优势互补。[13] 同时，当系统中的子系统不依靠外界指令主动形成相互作用关系而联合行动时，会形成自组织系统。[14] 因此，同步课堂也应以自组织系统的形成为根本目标。基于协同理论，同步课堂开展需具备以下条件：①以区域及远端学校自主发展能力提升为根本目标。②由区域政府、教育行政部门、城乡学校及师生、电教、教研机构、高校教育技术专家、社会企业等同步课堂相关利益主体组成协同力量。其中，区域政府及教育行政部门是核心主体，发挥主导作用；城乡学校及师生是同步课堂系统的直接行为主体，要具有参与的积极性和动力；高校教育技术专家、社会企业、电教人员、学科教学专家等是同步课堂的外部主体，需做好指导与支持服务。③激发各主体参与动力的协同机制。

二、研究方法

为了解同步课堂组织实施过程中的协同力量构成、协同机制建设，同步课堂教学实践中的双师协同，多元交互、环境支持等情况，全面了解同步课堂实践的效果及问题。本文从同步课堂“协同”与“交互”的本质特征出发，采用访谈法和案例分析法，开展了同步课堂推进与实践的调研。

访谈法重点关注协同力量构成、协同机制建设，双师协同的效果及问题，以深度参与同步课堂的管理者、教研员以及一线教师为访谈对象，具体访谈问题包括：①同步课堂实践对于区域城乡教育协同、远端学校教育质量提升、教师专业发展、区校自主发展机制建立和能力提升的效果及制约因素；②同步课堂协同力量构成，协同机制建立情况；③双师协同教学效果及问题。以上访谈数据借助NVivo11.0软件进行编码分析。

案例分析包括对教学设计方案和课堂实录的分析，主要聚焦双师协同和多元交互情况。研究借鉴弗兰德斯互动分析系统及基于信息技术的课堂互动分析系统框架，结合同步课堂的交互特性，制定了同步课堂师生行为分析系统。框架重点关注两端教师的协同教学行为（两端教师课前、课后协同备课与评价反思，课中协同组织与管理），主讲教师的师生互动行为（与主讲端、远端学生的互动），远端教师的师生互动行为（与远端学生的互动），远端学生的生生互动行为（与主讲端学生、远端学生的互动）几个方面。

三、同步课堂实施的现实挑战

通过对山东、海南、新疆等地近15名管理者/教研员、13名主讲教师、20名远端教师进行访谈，对37节同步课堂教学课例进行分析，本文发现，同步课堂实践面临多元主体参与不足、协同机制尚不健全、城乡教师协同不足、学习活动设计不当、教学环境功能不完善等挑战。

（一）多元主体参与不足，协同力量构成薄弱

系统协同效应的发生需各子系统（或要素）相互作用。同步课堂作为一个复杂的系统工程，需政府、教育行政部门、社会企业、高校、城乡学校及教师、电教、教研部门等多主体的协同参与。但在同步课堂推进过程中，却存在主体缺位、力量薄弱等问题，突出表现在：政府及教育行政部门主导不足，高校及区域教研部门参与不够，

企业及电教部门技术支持不足等。

1. 政府及教育行政部门主导不足，同步课堂缺乏有效组织协调

协同理论认为，系统的多元主体利益不同、力量不均，相互存在合作、竞争、冲突、博弈等复杂关系，[15] 需核心主体进行主导、[13] 组织和协调，保障有序的竞争协同，促进多种力量有机整合。同步课堂中，政府及教育行政部门因具备组织协调、决策影响、资源配置、资金支持等多方面优势而处于核心主体地位，应发挥主导作用。但当前有些地区存在政府及教育行政部门缺位、主导作用发挥不足问题，主要表现为：①政策、制度、经费支持不足，影响同步课堂顺利推进。正如某区域教研员所言：由于政府支持力度不足，教育部门的话语权有限，在调动各部门协同方面有心无力，有些制度即便制定了也因难以落实而沦为摆设，导致教育部门激励机制缺乏，难以调动多主体的参与动力，使同步课堂推进困难。同时，政府经费支持不足也影响同步课堂教学环境配备，制约同步课堂教学效果。②缺乏合理规划和组织引导，同步课堂实践难深入。访谈中L老师提到：直接由城市优质学校带农村薄弱学校，两地环境、学情等差距过大，实施起来是非常不现实的，同时两端学校也不能没有差距，否则萝卜炒萝卜，结果还是萝卜。因此，政府缺乏顶层设计和统筹规划，对同步课堂参与的学校、班级、教师遴选考虑不周，会导致对接班级要么差距过大难以同步，要么水平相当而失去同步帮扶的意义。有些地区缺乏正确引导，使同步课堂实践呈现出走形式、做样子、应付上级检查的现状。还有些地区缺乏有效的组织协调和利益平衡，导致同步课堂行为主体不明确，各主体沟通不足，动力不强，无序并存，导致系统结构混乱，联动效应难发挥。

2. 高校及区域教研部门参与不够，同步课堂缺乏必要智力支持

协同理论认为，系统需多相关利益主体围绕共同目标，积极参与，优势互补。对同步课堂而言，高校教育技术专家具有理论引领和实践指导优势，区域教研部门具有学科教学优势，应在同步课堂规划制定及教学实践中发挥理论引领和实践指导等的智力支持作用。但调研发现，在区域同步课堂的推进与实践中，高校及区域教研部门参与不足，具体表现为：①理念引领不足，导致相关区域管理者、教师对同步课堂认识不深刻，未形成正确的价值认同，缺少科学合理的规划；②理论指导不足，导致两端教师协同意识淡薄，协同职责不明确；③实践指导不足，导致同步课堂实践盲目低效、效果不明显。调研中90%以上的一线教师均希望得到专家的现场示范或教学案例，大多数管理者也对专家指导提出强烈诉求，认为缺乏专家指导，各地摸石头过河，易走弯路而效率不高。

3. 企业及电教部门技术支持不足，同步课堂缺乏坚强技术支撑

同步课堂作为教育信息化的一种具体表现形式，离不开社会企业的参与。企业作为利益相关主体之一，是协同力量的重要组成部分，在技术研发、平台建设、技术支

持方面具有显著优势，应为同步课堂实践提供教学平台和技术保障。电教部门作为区域的主要技术支持力量，应与企业协同为同步课堂的系统搭建、人员培训、运维保障等提供支持。但调研中发现，企业及电教部门的支持不足，具体表现在：①同步课堂教学环境故障频现，不能有效支持多元互动发生；②两端教师的信息化设备操作不熟练，影响教学顺利开展；③技术故障难以及时解决，不能保障同步课堂常态开展。由此可见，当前企业及电教部门在技术研发、平台维护、人员培训等方面的支持与保障尚不到位。

综上可见，由于政府及教育行政部门主导不足，高校及区域教研部门参与不够，企业及电教部门技术支持不足，使得各参与主体难以形成合力，导致协同力量构成薄弱，难以发挥联动优势，制约同步课堂系统协同效应的发生，影响同步课堂的正常推进和效果。

（二）协同机制尚不健全，协同主体动力不足

协同是利益相关者的协同，不同主体因相同或相近的利益而组成行动共同体，[16]各主体间的协同是系统有序结构形成的内驱力，但各主体的利益追求是其参与协同的原动力。若系统处于主导地位的核心主体不能通过政策、制度或机制进行利益的协调和分配，易导致主体间的利益分歧，如利益不能共享或失衡，会影响主体的协同意愿和动力。当前同步课堂推进就存在因制度不健全、机制不完善而导致协同主体动力不足的问题，主要表现为：①缺乏激励制度，两端教师动力不足。如W老师提到：主讲教师作为同步课堂的直接参与者、智力资源提供者，教学任务重、压力大，但却缺乏相应利益补偿或激励制度，其参与热情难以维持；远端教师作为同步课堂协同主体之一，不仅没有相应激励，还被简单定位为辅助者角色，其课堂中心地位被剥夺，职业认同感降低。②缺乏利益协调机制，主讲学校动力不足。如主讲学校作为优质资源的单向输出方，不能从远端学校获得对等回报，利益失衡导致协同的基础被削弱，其协同动力受到影响。③缺乏监督考核机制。如缺乏对同步课堂实践效果的监督与考核机制，导致两端学校合作趋于形式化，合作力度与深度均不足，同步课堂效果难保障。

（三）城乡教师协同不足，远端学校自组织系统难形成

协同学自组织原理认为：当系统中的子系统不依靠外界指令主动形成相互作用关系而联合行动时，会形成自组织系统。[14] 远端学校作为同步课堂的子系统之一，其目标不是仅依靠帮扶来改善学校师资短缺、开不齐课的问题，而应通过同步课堂逐渐形成有利于其学校和教师可持续发展的自组织系统，即在政府、教育行政部门、高校、企业、区域电教部门、教研部门、主讲学校等各子系统有组织的协作和竞争过程中，逐步摆脱外界力量的干预，形成促进其发展的自主发展机制，增强其自造血功能。而自组织系统的形成需具备一定的条件，其中重要一条是系统必须是开放系统，与外界

进行物质、能量、信息的交换。[17] 但同步课堂的实施过程中，远端学校多为单方面接受外界信息输入，没有双向信息交换，导致远端学校的自主发展系统难以形成。具体表现如下：①两端学校合作不足。远端学校作为被动接收端，没有与主讲学校进行资源共享和充分沟通，难以得到主讲学校有针对性的帮扶和优秀管理教学经验等。②两端教师协同不足。两端教师协同意识淡薄，协同动力不足，协同能力欠缺。访谈中，有80%以上的主讲教师认为同步课堂的课前备课、课中教学、课后评价反思均由其独立负责，并不知道同步课堂需要两端教师协同开展，远端教师依赖性太强；而几乎所有的远端教师都认为自己所扮演的仅是设备开关者、纪律维持者、课堂管理者等辅助角色，主讲教师也较少与其沟通教学过程设计与安排的相关事宜。以上问题导致两端教师缺乏充分沟通和深度合作，不利于远端教师专业能力提升。

（四）学习活动设计不当，学生概念交互难发生

依据远程学习教学交互层次塔理论，教学交互的最终目标是促进概念交互，实现深层学习。[18] 学习活动设计是促进深层学习发生的关键，概念交互的发生取决于信息交互发生的水平，因此，支持信息交互的学习活动设计直接影响学习效果，[19] 是同步课堂学习活动设计的重点。同步课堂信息交互以异地师生、生生交互为主要类型。因此，要促进学生概念交互发生，实现深度学习，学习活动设计就需要能够有效支持异地师生、生生交互，尤其是远端学生与主讲端教师和学生的异地互动。但当前同步课堂教学活动形式单一，对两地学生的兼顾不足，不能有效支持远端学生与主讲端师生的异地交互，难以促进学生概念交互和深层学习的发生。具体表现为：①教学活动设计难以保证远端学生获得同等互动机会，影响其课堂融入感和归属感。如课例分析发现讲授是主要的教学行为，提问是师生互动的主要形式，互评和观点补充是异地生生之间的主要交互形式，但由于课堂提问次数相对较少，且多以本地学生为主，导致远端学生参与活动机会不足，与主讲端师生互动频率低，常以“旁观者”身份游离于课堂之外。②教学活动设计不利于远端学生行为、认知、情感的全面参与，课堂参与度不够。不利于行为参与表现为：教学活动较少考虑远端学生参与，远端学生常作为活动旁观者；不利于认知参与表现为：主讲教师与远端学生互动机会少，为数不多的反馈也多是形式化的鼓励和表扬，缺乏启发、引导、追问等进一步促进远端学生深层认知参与的互动行为；不利于情感参与表现为以冰冷的编号代替学生姓名来提问，缺乏温度的课堂使远端学生难以产生积极的情感体验。

（五）教学环境功能不完善，较难支持多层交互

教学环境是远程教学得以正常开展与实施的重要支撑，需在保障远程学习教学交互顺利发生的前提下，为学习者创造理想的教学交互情境，从而促进高质量有效学习的发生。[20] 同步课堂以同步多元交互为重要特征，这就对同步课堂教学环境提出了较高要求。根据远程学习教学交互层次塔理论，教学环境的交互性需有效支持界面

交互、信息交互和概念交互三个层次，对界面交互的支持包括学生控制、自适应、信息推送、便捷性、学习监控、情境性；对信息交互的支持包括学生控制、自主选择、参与活动支持、协作学习支持、交流支持、反馈支持、学习指导支持；对概念交互的支持包括自我知识管理与创新支持，表达支持，自我评价支持和反思支持。[20] 结合同步课堂中学生不直接参与界面交互，信息交互以异地师生、生生人际交互为主的特殊性，同步课堂教学环境的交互性应包括：自适应、信息推送、便捷性、学习监控、情境性、临场感、参与活动支持、协作学习、交流支持、反馈支持、学习指导支持等方面。调研结果发现，当前同步课堂教学环境在便捷性、情境性、参与活动支持、协作学习支持、交流支持等方面尚存问题，表现在：①网络带宽不够、视频、音频传输延迟，画面卡顿、设备故障频现；②功能不完备，不能有效支持远端学生参与活动、与主讲端教师交流、与主讲端学生协作学习；③课堂临场感不足。除此之外，同步课堂教学环境在自适应、信息推送、学习监控、反馈支持、学习指导支持等方面更是有待提升。以上同步课堂教学环境对界面交互、信息交互、概念交互等的支持不足问题，严重影响远端学生的课堂融入感和参与积极性，进而影响概念交互、深层学习的发生。

四、同步课堂实施困境的破解路径

针对同步课堂协同力量薄弱、协同机制欠缺，双师协同不足、学习活动设计不当、教学环境交互性不足等问题，下面将在借鉴各地经验的基础上，基于协同学相关理论，从协同团队建设、协同机制健全、同步课堂组织、学习活动设计、教学环境优化等方面有针对性地提出解决策略。

（一）构建五位一体协同团队，增强同步课堂协同力量构成

同步课堂作为一个复杂系统工程，系统目标的实现需要多个利益相关主体组成强有力的协同力量，分别从主导、协调、参与、支持四个方面提供全方位保障。针对当前同步课堂实践中智力支持不足、技术保障不到位、政府及教育行政部门主导作用发挥不够等问题，同步课堂协同团队需进一步加强政府、企业、高校的多方联合，可构建由政府、教育行政部门（电教部门、教研部门）、企业、高校、城乡学校组成的五位一体同步课堂协同团队，并根据各主体优势形成五个子团队，各负其责，相互协同。例如，由政府主导的领导团队负责提供资源、经费、制度等的支持保障；由教育行政部门组成的组织团队负责同步课堂的具体组织、实施和协调工作；由高校教育技术专家和区域教研部门的学科专家组成的专家团队负责为同步课堂的规划、组织与教学实践提供理论引领与实践指导，保障同步课堂规划与实践的科学高效；由社会企业、区域电教部门组成的技术支持团队提供平台搭建、人员培训、运维服务等方面的技术支持；由城乡学校及教师组成的协同教学团队，开展协同备课、协同教学和协同

评价反思工作，从教学与教研两方面开展同步课堂实践。其中，政府及教育行政部门的领导与组织是核心，决定着领导决策的科学性。因此，管理者的领导力就非常重要，需保证其对同步课堂有正确的价值认同，可通过组织专门面向管理者的同步课堂培训、论坛、考察观摩等活动，促进管理者深化认识，开阔视野、积累经验，全面提升其同步课堂领导力。

（二）健全协同激励机制，激发同步课堂协同主体动力

同步课堂系统协同效应的实现，需各主体具有强烈的协同意愿和动力。协同动力的激发一方面源自外部约束力，另一方面源自内部驱动力。外部可通过约束制度推动，内部可通过激励机制驱动。从内驱来看，协同是利益相关者的协同，追求自身利益最大化是系统各主体参与协同的原始动力，协同的核心是相互促进，互利共生。这就需要政府制定相关政策，对不同主体的利益关系进行协调和分配，形成有利于互利共赢的协同机制。从外推来看，可建立监督考核机制，对同步课堂的实践过程进行监督，对实践的效果给予考核，加强约束。具体如下：①可采取优惠补偿机制，针对主讲学校及教师共享资源却难以获得对等回报而动力不足的问题，政府在行政推动过程中可对主讲学校及教师的投入给予相应补偿，如可为参与学校提供优先发展的便捷通道，可为教师提供课时补贴或评优评先、职称评审的优惠政策等。当前有些地区通过资源积分制、装备积分制为资源输出方提供优秀资源、优质课题、超前设备等，就是优惠补偿机制的具体体现。②可采取互利共赢机制，如远端学校在共享主讲学校优质资源的同时，可充分挖掘并共享其自然风光、乡村文化等优势，形成特色课程，丰富主讲学校的课程体系，使主讲学校也从中获益，进一步加固两校的合作关系。③监督考核机制。根据主讲学校所帮扶学校的规模和同步课堂取得的效果对两校采取考核与奖惩措施，进一步增强两校的合作动力，提升同步课堂实践效果，如部分地区采取的集团办学、捆绑考核的方式就是监督考核促合作的主要措施。

（三）创新三段式组织策略，增强远端学校自主发展能力

同步课堂是一个复杂的动态开放系统。根据协同学自组织原理，实施同步课堂的根本目标不应仅是依靠帮扶来改善远端学校的开课问题，而应该是通过各主体间的协同与竞争，形成远端学校及教师发展的自组织系统，增强远端学校及教师的自主发展动力和能力。自组织可由他组织逐渐演化而来。[21] 鉴于当前同步课堂实践中，远端学校、教师被动参与，两端学校合作不足，两端教师协同不足，远端学校自主发展机制未形成等问题，同步课堂可采取“专家组织—主讲校示范—远端学校自组织”的三段式组织策略，使专家和主讲教师的外界干预不断减少，使远端教师的地位不断提升，逐渐从系统边缘走向中心。第一段“专家组织”是指由专家负责同步课堂协同教学和教研的组织工作，主讲教师担任备课及教学的主讲教师，远端教师作为边缘参与者进行观摩学习，两端教师共同体验课前协备、课中共教，课后同评的一体化过程；第

二段“主讲校示范”是指由主讲端教师负责同步课堂协同教学和教研的组织工作，远端教师成为重点参与者和协同者，专家团队逐渐退为指导者；第三段“远端学校自组织”是指由远端教师负责同步课堂教学及教研的组织工作，远端教师担任备课及教学的主讲教师，主讲教师作为协同和指导者，专家则逐渐淡出。该策略旨在帮助两端教师在体验同步课堂的“备、授、评”一体化协同的过程中，增强协同意识，明确协同职责，提升协同能力，提高远端教师的教学水平，激发远端教师自我发展动力，使远端学校及教师形成促进自我可持续发展的自组织系统。当前有些地区针对远端教师职业认同感减低问题而采取的轮流主讲方式，也是三段式思想的具体体现。

（四）创新学习活动形式，促进远端学生概念交互发生

学习活动是课堂交互的主要载体，良好的学习活动有助于营造理想的交互情境和积极的交互氛围，从而促进深层学习。因此，学习活动的设计是同步课堂促进多元交互和深层学习发生的关键。建构主义学习理论认为，学生是学习的主体，学习是学生在真实情境中以先前经验为基础，在协作对话过程中实现意义建构的过程。结合Moore、Brown & Voltz等关于课堂师生、生生交互的观点，同步课堂学习活动设计要以增强学习者学习体验，激励学习者积极参与为目的，[22] 要有理想的交互情境，明确的活动规则，还要保障学生具有平等参与活动的机会，能够获得反馈，[23] 参与生生协作和同伴互评活动等。[19] 针对当前同步课堂中因学习活动设计不当而导致远端学生课堂互动机会少、参与深度不够等问题，可充分利用两端学校特色及学生的经验差异来设计学习活动，组织基于任务或主题的协作或探究学习活动，提供汇报展示、对抗竞赛、相互评价等交互机会，充分发挥学生的主动性，帮助学生在多元社会交互中实现意义建构，促进深度学习和概念交互发生，提升教学存在感。

（五）优化同步课堂环境，促进同步课堂多元交互支持

同步课堂的开展以网络为中介。理想的教学交互情境应是自由、无障碍的交互环境，以保障信息交互中信息的畅通和准确传达，促进概念交互的开展。[20] 针对当前同步课堂环境不能有效支持多元交互的问题，政府、企业、高校需加强协作，优化同步课堂教学环境。首先，政府可与企业合作，创新经费投入机制，为同步课堂网络带宽、设备性能等基础环境的改善提供支持保障。其次，企业可联合政府、高校开展需求调研，在此基础上加强技术研发，优化环境功能，从界面交互、信息交互、概念交互的支持性三个方面增强同步课堂教学环境的交互性，保障系统操作的便捷性、界面的友好性、人际交互的支持性，以增强用户体验。最后，根据自适应、信息推送、学习监控、反馈支持、学习指导支持等方面的需要，可融入人工智能、虚拟现实、大数据等先进技术，构建具有对教师教学和学生学习过程进行动态跟踪、实时评价、智能预警与干预等功能的教学环境，促进学生深度学习和概念交互发生。

五、结语

同步课堂是利用信息化手段促进城乡教育均衡和教育公平的主要举措。为充分利用同步课堂先行区域的实践经验和教训，发现同步课堂实践中的主要问题和影响因素，本文对当前开展同步课堂的区域管理者、教研员、教师等进行深度访谈，对同步课堂教学课例进行分析，从协同团队建设、协同机制建立、同步课堂组织、学习活动设计、教学环境等方面总结问题、梳理经验，并有针对性地提出策略和建议，期望能够为我国各地顺利推进同步课堂，提升同步课堂实践效果、增强薄弱学校自主发展能力，加快实现区域教育均衡和教育公平提供参考借鉴。

[本文系2018年度国家社会科学基金重大项目“信息化促进新时代基础教育公平的研究”子课题“信息化促进贫困地区教师发展的技术路径与实践模式”（项目编号：18ZDA335）研究成果。作者单位：西北师范大学教育技术学院]

参考文献

[1]张世财，鲁沛竺.直播教学中远端教师身份认同危机的成因与消除[J].中小学数字化教学，2019（3）：61-64.

[2]张尧，王运武，等.面向城乡教育均衡发展的教育变革——徐州市同步课堂教学模式的设计与实践[J].现代教育技术，2019（6）：90-95.

[3]王继新，施枫，等.“互联网+”教学点：新城镇化进程中的义务教育均衡发展实践[J].中国电化教育，2016（1）：86-94.

[4]梁林梅，陈圣日，等.以城乡同步互动课堂促进山区农村学校资源共享的个案研究[J].电化教育研究，2017（3）：35-39.

[5]汪学均.视频互动同步课堂教学效果实验研究[J].现代教育技术，2017（2）：47-52.

[6]卢强，左明章，等.基于技术接受模型的农村教师同步课堂采纳与使用影响因素研究[J].中国远程教育，2018（7）：62-68.

[7]林桂平.同步课堂与优质教育资源城乡校际交流模式的构建初探——以滁州市田家炳中学和定远县拂晓初中为例[J].中小学教师培训，2015（5）：23-26.

[8]姚亚杰.国内同步课堂文献综述[J].开放学习研究，2019（8）：41-45.

[9]魏雪峰，杨俊锋.同步网络课堂的理念、应用及未来发展[J].中国电化教育，2014（9）：93-98.

[10]叶澜.教育概论[M].北京：人民教育出版社，1991.

[11]陈丽.远程学习的教学交互模型和教学交互层次塔[J].中国远程教育，2004（3）：24-28.

[12]熊光清，熊健坤.多中心协同治理模式：一种具备操作性的治理方案[J].中国人民大学学报，2018（3）：145-152.

[13]罗志刚.中国城乡社会协同治理的逻辑进路[J].江汉论坛，2018（2）：74–79.

[14]王宁申.试论系统观与协同学[J].昆明大学学报，1997（2）：29–30.

[15]王东，王木森.多元协同与多维吸纳：社区治理动力生成及其机制构建[J].青海社会科学，2019（3）：126–131.

[16]黎勇，崔延强.地方高校创业教育与区域社会协同发展的创新机制研究[J].国家教育行政学院学报，2019（12）：34–39.

[17]庞海波.论创造性思维的自组织机制[J].心理科学，2000（2）：250–251.

[18]王志军，陈丽.远程学习教学交互层次塔的哲学基础探讨[J].中国远程教育，2016（9）：7–12.

[19]王志军，赵宏，等.基于王成学习教学交互层次塔的学习活动设计[J].中国远程教育，2017（6）：39–46.

[20]王志军，陈丽，等.远程学习中学习环境的交互性分析框架研究[J].中国远程教育，2016（12）：37–42.

[21]刘菊，戴军，等.自组织理论及其教育研究应用前景探析[J].远程教育杂志，2012（1）：37–44.

[22]Moore M G.Three types of interaction[J].The American Journal of Distance Education.1989，3（2）：1–6.

[23]Brown A R，Voltz B D.Elements of effective e–learning design[J].The International Review of Research in Open and Distributed Learning，2005，6（1）：1–8.

信息化教学模式创新对“三通两平台”的新需求

杨　青

教育信息化的核心是教学信息化。信息化教学的数字化、网络化、智能化和多媒体化有力地支持了开放、共享、交互、协作的教与学方式变革，对转变教育思想、培养创新人才具有深远意义。为实现这一目标，《教育信息化2.0行动计划》在“主要任务”中强调了推进“三通两平台”的普及应用，为教育信息化从融合应用向创新发展的高阶演进提供基本的环境保障。在这一发展阶段，广大一线教师积极开展以“三通两平台”为基本支撑，以学科课程标准（以下简称“课标”）和教材内容及学法目标为指导的常态化的信息化教学实践，全国各地呈现出了各具特色且初具规模的信息化教学创新发展新样态，推进了信息技术与教学的深度融合，同时也对“三通两平台”提出了新的需求。

一、信息化教学模式创新实践与“三通两平台”应用现状

本文依据为人民教育出版社承担的教育部“《全国基础教育信息化应用典型案例》出版项目的案例研究（2019）”，以及受教育部委托开展的“全国数字教材应用调研（2019）”（以下简称“两项调研”）结果。随着信息技术的发展与普及应用，教师信息化教学能力水平不断提高，教育信息化已从“保障底线、融合应用”阶段发展到了急需“引领创新、生态变革”的新阶段。[1] 针对这一阶段的发展需求，我们在两项调研中总结发现以下问题。

第一，从实践角度看，目前全国呈现出的信息化教学探索中，体现通识性信息化教学理念的模式案例居多，鲜有能与课标及教材具体内容目标和学法深度融合并可常态化落实在课堂教学的成果案例。究其原因，目前的一线教学虽受信息技术迅猛发展的影响，但因其自我路径的依赖性，形成了“有增长无发展”的发展态势。[2] 学科教学层面尚未普遍形成以信息化撬动课堂变革的“内生力”，只是在一定信息技术理念下展开的基于个性化学习、研究性学习、项目式学习等模式的应用实践；真正从学科具体内容目标、认知特征和学法策略出发，立足课堂开展的信息化教学探索较少。

信息化对教学来说只是锦上添花，而非不可或缺的重要因素，更未能产生“革命性影响”。[3] 因此，相关实践案例与成果难以指导广大一线开展“课堂用、经常用、广泛用”的信息化教学，无法充分体现其“中介”价值。

第二，从研究角度看，基于微课、翻转课堂的教学模式研究排在前列，但基于“三通两平台”教学模式的研究相对较少，应用相对薄弱。[4] 两项调研发现，学校和教师往往未能在充分理解和利用“三通两平台”的基础上开展信息化教学探索，而是基于某一教学理念去收集相关资源或软件，甚至为此采购技术平台来营造特定环境从而支持特定的模式教学。这样的模式在教学示范性引领方面的适用性较差，无法实现“普遍用、广泛用”，因而无法发挥其“中介”作用。

基于以上两方面问题，人教数字教育研究院在《教育信息化2.0行动计划》《中国教育现代化2035》新目标新部署下，持续承担教育部教育信息化重点工作之一的“信息化环境下教学模式研究与实验”项目，开展在《教育信息化2.0行动计划》中“三通两平台”所规划的教学环境下，以课标和教材内容目标及学法为依据、以课堂教学为主阵地的信息化教学模式研究，促进信息化教学“课堂用、经常用、普遍用”，促进教材数字化建设和“三通两平台”的优化共建。

二、开展以课标为依据、与教材内容和学法目标深度融合的信息化教学，才能真正推进教育信息化的常态化

人教数字教育研究院的“信息化环境下教学模式研究与实验”是聚焦信息技术与学科课标、教材、课堂教学的深度融合研究。新一轮课程改革围绕“立德树人”、中国学生发展核心素养展开，基础教育教材无疑是广大师生落实这一根本任务的基础蓝本。新时代教育教材德育为先，以学科核心素养的培养为“纲”，突出学科课程育人价值；能力为重，以创设不同学习情境为“场”，使学生在解决情境问题中体会感悟学科的思想方法，提高实践能力，培育创新精神；科学适宜，以学生的认知规律为“度”，教学容量、难度、结构呈现符合学生年龄特征。[5] 教科书的这些“纲”“场”“度”所体现的思想与方法，正是广大一线教学探索信息化教学的指导和基本依据。例如，人民教育出版社贯彻“自主、合作、探究”的学习理念：语文学科统编版教材以阅读为轴建构“三位一体”“双线组元”体系，在选篇、栏目和活动设计上进行体现；理、化、生三科教材依据“科学探究”学习环节要素，精选兼科学思想与德育内涵于一体的栏目内容组编体系；英语教材采用“任务活动型”学习模式，围绕语言要素，精选兼顾文化与审美价值的话题，创建听、说、读、写的任务驱动性语境设计；地理教材因循研究性学习思想，选取体现综合性人地关系的热点问题和典型案例，通过研究性活动引导知识建构与能力培养。这些理念、策略和方法都是一线教学构建信息化教学模式的

坚实基础和可靠依据。这种以学科课标为依据、与教材内容和学法目标深度融合的信息化教学模式研究成果，才能真正为信息化教学的“课堂用、经常用、广泛用”提供理论与实践的“中介”。

三、在探索立足课堂、与课标和教材深度融合的信息化教学实践中，总结和发现对“三通两平台”的新需求

建构主义理论强调学习环境对学习者知识建构的影响作用，创设信息化学习环境是成功实现教育信息化的关键。[6] 人教数字教育研究院开展的“信息化环境下教学模式研究与实验”项目，关注《教育信息化2.0行动计划》中“三通两平台”所规划的教学资源环境、教学组织环境与评价环境下开展的信息技术与课标、教材、课堂深度融合的教学模式研究。然而，在与广大一线教师和教研员一同开展工作的过程中，我们却普遍感到这样的教学实践实施起来举步维艰。遇到的主要困难和亟待解决的问题集中体现在对信息化资源环境、教学组织与评价环境提出的更高需求上，具体包括以下两个方面。

（一）基于“三通两平台”的信息化教学探索创新对优质资源环境的更高需求

首先，在资源内容方面，探索立足课堂、与课标和教材深度融合的信息化教学，迫切需要更多与课标和教材提倡的学习方法结合更紧密的、与策略更匹配的资源以供选择。目前，虽然多媒体资源在教学中的广泛应用取得了良好效果并得到了快速发展，但两项调研发现，教师仍普遍感到在多媒体资源日益增多的公共教学资源平台上难以找到既与教材的内容目标和方法策略相匹配、又可根据学生不同生活环境和认知经验特征进行个性化选择的资源。例如，理、化、生三科的信息化教学中，既能与课标和教材“科学探究”的各环节要素与方法策略紧密结合、又能提供师生个性化选择的开放性资源就非常有限。以初中生物在探索“种子萌发的条件”的信息化教学为例，人教版教材以渗透着我国北方农耕文化和智慧的“春种”农谚开篇，诗情画意中既体现了“立德树人”的教育思想，又落实了“科学探究”中“创设问题情境、引发认知矛盾”的要素，引发学生思考我国北方为什么在春天播种，以及春种时节有哪些自然因素，由此引发以“菜豆”为材料展开的“假设”“设计”“实验”“讨论”等体现科学探究学习要素的一系列活动。在此思想和方法的指导下，平台还需要挖掘更多关于种子萌发的、具有德育内涵的、适合南方或都市学生长环境和生活经验的问题情境、探究材料、实验指导资源，通过这些与科学探究环节要素相匹配的资源，为师生因地制宜地开展多样化的信息化教学提供支撑。由此类推，英语学科探索任务活动型学习模式的信息化教学、地理学科探索渗透研究型学习思想的信息化教学、统编教材的道德与法治学科探索以情感体验和道德实践为模式的信息化教学，都需要既与课标和教材内

容目标、方法要素相匹配、又可供开放性选择的丰富资源。

其次，资源的形式需要适合课标和教材提倡的教法与学法策略应用，为师生以课堂为主阵地依据课标和教材开展常态化的信息化教学提供更匹配、更开放和更高效的支持。例如，围绕理、化、生三科的信息化“科学探究”教学，在“假设推理”环节，需要根据教材内容提供与学生认知目标、方法技能相匹配的交互性虚拟实验资源；在“概念建构”环节，需要为学生提供学科概念思维导图等学科工具。围绕地理研究型学习模式，需要配合案例与问题提供可研究操作的数字地图和读图工具等资源。

同时，平台的优质资源建设还需要充分挖掘新技术、新媒体在教学模式中可发挥的作用。例如，统编教材的道德与法治学科提倡生活情感体验和道德探究的学习方法，而目前的德育资源多以德目模式的说教类图文、微课资源为主。这种形式缺乏对内容所蕴含的厚重人文情怀、深刻思想和审美寓意的充分表达，故难以引发学生的学习兴趣，更无法实现其德育价值。在此方面，交互式的VR和AR技术以其特有的沉浸式感染力，可为学生创设如影随形的全媒体学习环境，让学生在充分感知和熏陶中产生学习动力，在主动体验和探究中得到真知并体会到学习的快乐。

（二）信息化教学模式探索创新对教学组织与评价环境的需求

开展常态化的信息化教学，不但需要有与课标和教材相匹配且丰富的优质资源环境，在资源的推送、整合应用与管理以及师生交互、组织与评价等机制方面，同样需要为师生创设与教法、学法相适应的平台化环境，从而高效地支持信息化教学。两项调研发现，在对与课标和教材深度融合的个性化学习、研究性学习、协作探究性学习模式的探索中，一线教学对能与教材各教学板块的教法策略有机整合、高效辅助目标实现、促进教学变革的专业化教育平台的需求日益凸显。“网络学习空间人人通”（以下简称“人人通”）为网络时代的师生提供了角色空间、资源空间、工具空间、过程信息空间以及协调机制，[7] 为信息化教学模式探索创新提供了交互、组织、协作与评价环境，是实现信息化教学模式变革的有力支撑。作为“三通两平台”工程的核心，“人人通”在“十三五”期间已成为促进信息技术与教育教学深度融合的重要抓手，是我国未来教育信息化深入应用的重点发展方向[8]。

目前我国学校师生在公共资源网站开通了实名注册的个人空间，“人人通”建设已初具规模。但两项调研发现，多数个人空间仅用于自学资源下载和课后作业管理，并没有与课堂的教与学有机结合。通过对国内网络学习空间研究文献的回顾，有研究者指出网络学习空间在建设和应用过程中存在“空间认知缺乏共识，建设盲目且个性大于共性”“平台多样，联通性弱”“活跃度低，应用水平不高”“智能性不足，评价研究缺乏”的问题。[9] 为此，学术界针对“人人通”展开的研究主要围绕其体系、框架、模型、规划、建构，以及其教学模式、教学策略、教学效果。[9] 基于这两条线索，我们在两项调研中分析总结了信息化教学探索创新对“人人通”的需求。

首先，要使“人人通”成为支持常态化信息化教学活动、管理及评价的基本环境，其功能需要与师生围绕教材内容和学法目标开展的各种信息化教学环节和策略的实施密切契合，并做到“为学生提供学习支架和模板，引导学习者的学习”。[7] 具体而言，“人人通”需围绕教材各学习板块，为师生搭建个性化学习、研究性学习、项目学习、合作探究性学习所需的专业化教学平台功能模块，根据教学模式要素和环节需要，提供学习引导、资源推送、协作组织、生成展示、评价反馈等平台化工具。以地理等综合实践性较强的学科为例，在探索基于研究性学习理念的信息化教学过程中，教师需要在网络教学平台环境下，依据研究性学习的思想和方法，围绕教材研究主题和学习目标为学生发布可自选的课题，提供研究性学习方法指导、研究资料和学科探究工具，并在学生研究过程中对组织过程、知识建构与方法、阶段性成果展示做出指导评价；学生需要在网络环境下自选课题、组织小组、整合与分配资源、选择方法和路径、开展协作研究、呈现阶段成果、交互评价，形成个性化的、有结构的个人学习空间。这些教学工作和学习行为的开展都需要有与学科内容板块和学法策略相适应的平台功能的支持。另外，这些模块化平台功能应能够自由组合，以便师生根据学科具体内容目标要求灵活组织，在科学的教学模式理念指导下形成个性化、有结构、可掌控的“人人通”，为广大师生在信息化环境下，基于课堂、围绕教材开展常态化的信息化教学创造更好的条件。

其次，需要进一步发挥大数据分析与自适性技术在“三通两平台”中的关键作用，推动智慧教育创新发展。“人人通”是师生个性发展和集体智慧发展的组织化，承担着重构学习环境、优化资源供给、变革教学模式、重塑评价方式、创新服务模式、改革体制机制的使命。[7] 有研究者在面向学习者的“人人通”建设思考中提出，以大数据为基础的个性化学习正成为数字学习环境的重要组成部分。[7] 另有学者关注在网络学习空间教学模式下建立由学习效果、学习过程、态度与感受、互动与交流四个因子构成的评价量规。[10]

在课标和教材指导下，探索各类信息化教学模式与平台功能和资源的有机整合，必然会高效提升“三通两平台”的“课堂用、经常用、普遍用”，从而实现由应用驱动数据沉淀，引导创新发展。在与课标和教材深度结合、立足课堂的常态化信息化教学过程中，教师对资源与平台的应用是基于具体的学科内容在一定学法要素指导下的应用，目标明确、过程可控、结构清晰，其产生的数据将有助于更精准地研究掌握“三通两平台”的应用效果与需求，为“三通两平台”的进一步建设和发展方向提供坚实的实践基础。例如，通过采集各学科在实践各种教学模式时所采用的资源数据，可以帮助我们分析各类信息化教学模式对优质资源从内容形式到技术功能的需求，按需研发适合不同信息化教学模式、基于不同信息环境条件的多样化优质资源；通过采集师生利用平台的功能和模块开展信息化教学的行为数据，可以帮助我们分析验证各类教学模式的效果，并不断优化完善平台功能模块，在一定的教学模式理论指导下，为师生实现个性化的教与学构建更高效的信息化环境。

推进“三通两平台”普及应用，需要一线教学开展以课堂为主阵地、以课标和教材为指导的常态化的信息化教学实践与创新；而这样的探索与创新也是不断推进“三通两平台”的普及应用，促进教育教学与信息技术更深度融合发展，创建优质、高效、良性、更具生命力的教育信息化生态环境的动力。

（作者单位：人民教育出版社人教数字教育研究院）

参考文献

[1]教育部基础教育司，中央电化教育馆.全国基础教育信息化应用典型案例集[M].北京：人民教育出版社，2019.

[2]雷励华，张子石，金义富.教育信息化2.0时代城乡教育均衡发展路径反思与重构[J].中国电化育，2019（10）：47-53.

[3]何克抗.“互联网+教育”是否颠覆与重构了传统教育[J].中国教育科学（中英文），2019（4）：3-8.

[4]胡小勇，朱龙，冯智慧，郑晓丹.信息化教学模式与方法创新：趋势与方向[J].电化教育研究，2016，37（6）：12-19.

[5]韦志榕.不负重托 与时俱进 编出好教材[J].基础教育课程，2018（11）：15-20.

[6]方东伟.信息化教学环境和学习环境的创设[J].课程教育研究，2017（25）:39-40.

[7]祝智庭，管钰琪.“网络学习空间人人通”建设框架[J].中国电化教育，2013（10）：1-7.

[8]冠燕，张进良.网络学习空间国内研究综述[J].数字教育，2017，3（2）：9-17.

[9]黄彬，王丹.国内网络学习空间研究综述[J].开放学习研究，2018，23（4）：27-33.

[10]谢茂森，张家录，文武.基于网络学习空间的混合式教学模式下学生学习效果评价研究[J].四川民族学院学报，2015（5）：101-108.

教育信息化企业的机遇与挑战：“三个课堂”及相关政策解析

刘　阳

2020年3月5日，教育部印发《教育部关于加强“三个课堂”应用的指导意见》，这是继“一师一优课，一课一名师”和“义务教育薄弱环节改善与能力提升”之后，我国在加强义务教育优质均衡发展方面的又一项重大举措和全国通盘行动。本文从教育信息化视角梳理了2019年以来教育行政主管部门推进义务教育优质均衡发展的政策路径，呈现了“三个课堂”政策推出的宏观环境和战略定位，详细解读了该政策的总体目标、建设重点与保障措施，并就相关政策的变迁给教育信息化企业带来的机遇与挑战进行了深入分析。

一、由建设走向应用的义务教育优质均衡发展

纵观2019年以来我国宏观教育工作的整体动向可以发现，“三个课堂”政策的出台是教育行政主管部门在推进义务教育优质均衡发展系列政策“组合拳”中的又一重要举措，是我国教育信息化步入2.0时代后的一项重点应用工程。

2019年2月，中共中央、国务院印发《中国教育现代化2035》。这一纲领性的政策文件明确指出，从2020年开始，经过15年努力，到2035年总体实现教育现代化的目标，建成服务全民终身学习的现代教育体系、普及有质量的学前教育、实现优质均衡的义务教育、全面普及高中阶段教育、职业教育服务能力显著提升、高等教育竞争力明显提升、残疾儿童少年享有适合的教育、形成全社会共同参与的教育治理新格局。文件针对学前教育、义务教育、高中阶段教育、职业教育、高等教育和特殊教育提出了各自不同的发展关键词。其中，义务教育的发展关键词是“优质均衡”。

在推进义务教育的优质均衡发展的过程中，有两个问题是必须直面和解决的：一是基础设施，二是教学应用。在《中国教育现代化2035》的指导下，针对实现义务教育优质均衡的发展目标，国家陆续出台了多项重要文件（见表1）。

表1　2019年以来涉及落实义务教育优质均衡发展目标的部分政策文件

发文时间	发文部门	文件名称
2019年3月20日	教育部	《关于实施全国中小学教师信息技术应用能力提升工程2.0的意见》
2019年6月23日	中共中央　国务院	《关于深化教育教学改革全面提高义务教育质量的意见》
2019年7月8日	教育部　国家发展改革委　财政部	《关于切实做好义务教育薄弱环节改善与能力提升工作的意见》
2019年8月13日	教育部办公厅　国家发展改革委办公厅　财政部办公厅	《关于编制义务教育薄弱环节改善与能力提升工作项目规划（2019—2020年）的通知》
2019年11月20日	教育部	《关于加强和改进新时代基础教育教研工作的意见》
2020年3月5日	教育部	《关于加强“三个课堂”应用的指导意见》

《关于切实做好义务教育薄弱环节改善与能力提升工作的意见》和《关于加强“三个课堂”应用的指导意见》这两项重要政策文件，旨在用2019~2020年的两年时间，彻底解决薄弱地区（特别是“三区三州”）的基础设施建设问题，保证所有薄弱地区都具备“互联互通”的条件（包括网络全覆盖条件、学校教室多媒体远程教学设备条件、专递课堂和同步课堂相关设备条件）；在此基础上，再利用2020~2022年的三年时间建立机制，解决专递课堂、名师课堂、名校网络课堂的应用问题，让城市优质学校与薄弱地区学校真正连通起来，教学真正用起来，互帮互学，实现“同上一节课”。

从相关政策文件可以观察到，“全面改薄”工程仍是推进义务教育优质均衡发展工作的重点。针对农村薄弱学校和教学点缺少师资的实际情况，国家正有计划、有步骤地从“送课到校”和“教师培养”两个方面，加速解决薄弱地区“开不出、开不足、开不好”国家规定课程的问题，并通过配套相应的项目资金来保证建设成果。为了把优质课程资源常态化输送到薄弱地区，实现优质均衡发展，国家正通过统筹规划，依托信息化技术手段，将跨省、跨市、跨区的优质学校与农村地区、民族地区等薄弱地区的薄弱学校连接起来，建立常态化互帮互学机制，从而盘活优质教育资源，快速提升整体教育质量，让各地在互帮互学的过程中，快速提升薄弱地区教师的能力发展水平。“三个课堂”政策文件的下发标志着从2020年开始，义务教育阶段的优质均衡发展将从基础设施建设阶段过渡到信息技术应用阶段。

二、“三个课堂”的内涵解读

《关于加强“三个课堂”应用的指导意见》（以下简称《指导意见》）明确指出，“三个课堂”是指专递课堂、名师课堂和名校网络课堂，是推动教育优质均衡发展的三种应用模式。

（一）专递课堂：为薄弱地区“远程送课到校”

薄弱地区普遍存在师资缺乏的问题，仅有师资中一人兼顾多个年级、多个学科课程教学的情况也较常见。2020年是脱贫攻坚的收官之年，做好薄弱地区教育精准扶贫工作，抓好“控辍保学”，确保无一人辍学是助力打赢脱贫攻坚战的重中之重。专递课堂的使命就是解决薄弱地区的全面开课问题，实现城乡学生共享优质教育资源。

专递课堂强调专门性，主要针对农村薄弱学校和教学点缺少师资、“开不出、开不足、开不好”国家规定课程的问题，采用网上专门开课或同步上课，利用互联网按照教学进度推送适切的优质教育资源等形式，帮助其开齐、开足、开好国家规定课程，促进教育公平和均衡发展。需要明确的是，专递课堂所输送的国家规定课程包括语文、数学、英语、物理、化学等，所有课程均免费向薄弱地区输送；国家规定课程范畴外的其他优质课程资源会通过名师课堂和名校网络课堂输送。

（二）名师课堂：为薄弱地区“远程培养师资”

授人以鱼不如授人以渔，薄弱地区始终依靠发达地区远程送课不是长久之计，提升薄弱地区教师的数量和教学水平，是保证教育均衡持续发展的必要措施和根本之道。名师课堂的使命就是解决薄弱地区的师资培养问题。

名师课堂强调共享性，主要针对教师教学能力不强、专业发展水平不高的问题，通过组建网络研修共同体等方式，发挥名师名课示范效应，探索网络环境下教研活动的新形态，以优秀教师带动普通教师水平提升，使名师资源得到更大范围共享，促进教师专业发展。

（三）名校网络课堂：为薄弱地区“远程开放资源”

专递课堂解决了国家规定课程的上课问题，名师课堂解决了薄弱地区教师专业成长的问题，而名校网络课堂则解决学生的个性化发展问题。对于薄弱地区学习成绩优异、有更多个性化学习需求的学生，当国家规定的基础课程不能完全满足其求知欲时，可以通过免费开放的全国名校“非国家规定课程”或“名校优质校本课程”等优质教育资源，开展自主学习，借此帮助薄弱地区培养出更多优秀学生，逐步提升整体教育水平，阻断贫困代际传递。

因此，名校网络课堂强调开放性，主要针对有效缩小区域、城乡、校际之间教育质量差距的迫切需求，以优质学校为主体，通过网络学校、网络课程等形式，系统、全方位地推动优质教育资源在区域或全国范围内共享，满足学生对个性化发展和高质量教育的需求。

三、“三个课堂”的总体建设目标解读

《指导意见》明确指出，“三个课堂”的总体建设目标是，到2022年全面实现“三个课堂”在广大中小学校的常态化按需应用，建立健全利用信息化手段扩大优质教

育资源覆盖面的有效机制，使“开不齐、开不足、开不好课”的问题得到根本改变，课堂教学质量显著提高，教师教学能力和信息素养持续优化，学校办学水平普遍提升，区域、城乡、校际差距有效弥合，推动实现教育优质均衡发展。

有三项与该目标相关的重要信息需要特别注意。第一，2020~2022年是“三个课堂”建设项目的集中爆发期，因此无论是发达地区（主讲校），还是薄弱地区（听讲校），都应做好相关项目建设和课堂应用的准备工作。第二，“三个课堂”建设的硬性要求是实现“常态化按需应用”，而实现常态化应用需要从机制保障、设施保障、应用保障三个方面同时发力，缺一不可。第三，“三个课堂”建设有明确的资金保障。

（一）解决专递课堂的痛点问题，真正实现“常态化”应用

专递课堂不是一个全新事物，教育部教育信息化推进办公室2012年发布的《关于进一步充实教育信息化试点工作内容的意见（征求意见稿）》中就曾提出开展相关的探索工作。由于机制与技术的制约，在其以往的应用中存在一些尚待解决的问题，许多案例仍然停留在公开课展示的层面。以下从学校、教师、学生三个方面予以分析。

在学校层面，发达地区的主讲校与薄弱地区的听讲校之间存在教学基础不一致、教学安排不一致、教学内容（教材）不一致等问题。这种情况下，即使将学校之间用信息技术连通起来开展教学，也难以取得良好的教学效果，极易出现“主讲教师在认真讲课，听讲学生却听不懂”的情况。因此，主讲校和听讲校都需要高度重视教学安排的一致性问题，协同教学难度，以提升教学效果。

在教师层面，存在主讲教师激励不足、积极性不足的问题。首先，在开展专递课堂的过程中，主讲校的教师要充分调查了解听讲班级所有学生的学习状态和进度，重新设计切实可行的教学方案，相关工作大幅增加了主讲教师的工作负担和压力。其次，在开展专递课堂的过程中，发达地区的主讲教师需要在课前与薄弱地区的辅助教师有效沟通教学方案，明确各自在教学活动中的职责，而时空距离问题极易造成双方沟通不畅，导致教学效果欠佳。再次，开展专递课堂授课，主讲教师和薄弱地区的辅助教师均需熟练使用信息化工具，这对双方的信息化素养提出了较高的要求。对于薄弱地区，由于师资有限且缺乏技术支持人员，一旦网络或设备出现问题，辅助教师又无法马上解决，就会造成课程中止。因此，在激励机制没有有效建立的情况下，很难调动主讲教师和辅助教师主动参与的积极性，也难于维持教师长时间的工作热情。

在学生层面，薄弱地区学生的信息化素养相对较低，通过线上教学的方式，学生只能在屏幕上看到教师，缺乏情感交流和师生互动，加之课前和课后学习跟踪机制的缺失，心理上会产生很大的距离感，导致学习的积极性降低，影响课堂参与度和学习效果。

因此，专递课堂的常态化应用一方面需要建立在切实有效的机制建设上，另

一方面需要建立在先进的且易用的信息技术上，在保证稳定性、易用性、实用性的同时，消除主讲教师与薄弱地区听讲学生之间的空间距离感，增强学生上课的浸入感。

（二）“三个课堂”的资金保障

《指导意见》明确指出：中央财政在相关项目中加大对地方教育信息化建设的支持力度，重点支持中西部地区开展“三个课堂”建设与应用。引导地方加强对农村、边远、贫困、民族地区“三个课堂”建设与应用的经费投入，制定“三个课堂”输出端学校和教师激励政策，为设备采购、购买服务、资源配置、教师培训、教学应用、考核激励等提供经费支持，保证经费的合理使用。统筹考虑“三个课堂”建设经费、运维经费、应用经费和培训经费的合理比例，优化经费支出结构，提高经费使用效益。更好地发挥政府和市场两方面的作用，鼓励企业等社会力量参与“三个课堂”建设，提供高质量的运维和支持服务。

资金保障方面有三个重要信息需要特别注意。第一，受地域特点等因素影响，继“全面改薄”项目之后，中西部地区仍然是重点关注地区，其中农村、边远、贫困、民族地区仍然是“三个课堂”资金保障的重点倾斜对象。第二，“三个课堂”的经费结构主要包括建设经费、运维经费、应用经费和培训经费四个部分，其中培训经费是与国培计划、省培计划、市培计划相互关联的。第三，国家鼓励教育主管部门向企业购买服务。

四、“三个课堂”的主要建设任务解读

《指导意见》明确指出，“三个课堂”主要有五项建设任务：一是加强统筹规划和落地实施，推动应用普及；二是健全运行机制和考核激励，激发应用活力；三是强化教师研训和教研支撑，增强应用能力；四是优化硬件设施和软件资源，改善应用条件；五是开展质量监测和效果评估，提升应用效能。这五项建设任务重点解决的是“三个课堂”应用的普及问题、活力问题、能力问题、条件问题和效能问题。

（一）加强统筹规划和落地实施，推动应用普及

“三个课堂”的应用形态，决定了其是一项跨区域、多级联动的建设工程，相关工作须由省级教育部门牵头，统筹规划、明确角色、明确任务，分批次、分阶段、分节奏地开展相关工作。“三个课堂”的执行单位分为三个层级：一是省级教育部门，负责保障合理的统筹规划；二是市县级教育部门，负责保障高效的应用管理；三是学校，负责保障具体的教学实施。

本质上，“省、市、学校”三级联动机制的统筹规划旨在重点解决专递课堂的联校方式问题。首先，省级教育部门要根据省内各区域的教学特点合理配置优质教育资源，

合理规划主讲校与听讲校的联校方式，合理安排薄弱学校的联校节奏；在保证教学效果的情况下，让同上一节课成为常态化应用方式。例如，要确定本省范围内哪些优质学校可作为主讲校（输出端），省内哪些区域的哪些薄弱学校需作为听讲校（输入端）；哪些薄弱学校先行应用专递课堂，哪些薄弱学校放在后面的批次；一个主讲校需要带动几个听讲校；主讲校与听讲校之间是市内或区内联动，还是跨市或跨区联动；是否需要根据主讲校与听讲校的学生状态合理调配教学进度和教材内容；等等。在省级教育部门完成专递课堂分配和联动机制的统筹规划后，各市级教育部门负责落实市内或者跨市的具体实施方式、考核方式和奖惩方式等应用管理制度建设。在此基础上，各主讲校和听讲校具体负责落实教学方式，合理安排教学计划、教学内容、教学跟踪方式等，保证教学效果。省/市级教育部门将建立省级/市级管理平台，常态化、实时化收集专递课堂的过程数据，加强教学效果的督导和评价。

（二）健全运行机制和考核激励，激发应用活力

学校和教师是“三个课堂”落地应用的关键和根本环节，教学落地执行是否能够取得良好效果，主要取决于学校和教师。在激活学校的措施方面，将“三个课堂”纳入常规教学管理体系，将相关工作转变成为教学任务，特别是名校，有义务、有责任完成专递课堂的相关教学和教研工作，设计完整的教学方案，将课前、课中、课后串联起来，实现“一校带多校”的教学和教研组织模式，切实保证教学效果。在激活教师的措施方面，将教师在“三个课堂”中承担的教学和教研工作纳入常规工作量计算，且在评优评先时适当倾斜；对于额外承担专递课堂教学工作的教师，给予充分的激励、奖励和评优，有效激活教师。除学校和教师外，激活企业，吸引更多社会力量辅助学校和教师更好地开展教学应用也十分重要。在激活企业的措施方面，通过鼓励企业共建、共用、共享、共赢，实现政企关系的转变，构建企业与政府间的战略合作伙伴关系。

（三）强化教师研训和教研支撑，增强应用能力

强化教师培训和教研支撑，需要结合前文提及的《关于实施全国中小学教师信息技术应用能力提升工程2.0的意见》政策来理解，加强与国培项目、省培项目、市县培训项目的有效衔接。其主要应用对象包括校长等管理人员、骨干教师、普通教师和技术人员。

第一，需要强化开展教师的基础信息化素养和信息化教学能力培训。主讲教师和薄弱地区辅助教师的基础信息化素养（如网络和多媒体设备的基本使用方式和技巧、出现网络问题的基本判断方式和解决办法等）直接决定了“三个课堂”的应用能否有效开展。学习应用信息技术开展教学活动和教学设计，保证教师在在线授课、网络教研、操作实践的过程中能够自行解决所遇到的基础性技术问题，能够增强教师“三个课堂”的应用能力，提高教学效率和教学效果。

第二，需要强化开展校长管理人员和骨干教师的业务培训。校长要建立紧跟时代发展的教育理念和足够的信息化素养；要能够有意识地利用先进的信息化技术提高管理和服务的水平；要具备在学校落地实施专递课堂应用的顶层设计能力；要结合学校的实际教学发展情况和特色，明确执行策略和重点举措，不能因落实专递课堂应用而阻碍学校既有的个性化发展。

第三，需要组建业务能力研究队伍和网络研修共同体，成员包括中小学校优秀教师、省市县教研团队、高校学科教学专家等。政策文件虽未提及企业技术专家的参与，但是结合目前政企关系转向战略合作的时代背景，且众多行业领先企业在“先进信息技术与教育教学深度融合”方面的研究已有深厚的基础，将企业技术专家纳入业务研究队伍中已是大势所趋。一方面，教育专家可由此深入了解企业的研发工作，从实际教学应用、教研应用、管理应用的角度，给予企业专业指导，助力企业将产品的“隐性价值”转化为“显性价值”，让产品更好用、更易用、更实用，更好地支撑“三个课堂”的落地应用；另一方面，企业可借此充分发挥自身在技术和资源等方面的优势条件，围绕教育教学和人才培养，结合人工智能、物联网、大数据等新技术，为区域、学校教育用户献计献策，找到精准发力的关键突破点，建设共享共赢的应用新形态，助力教育用户实现教育品质的提升。

第四，加强基于互联网的教师培训。培训业务形态的改变，对于培训模式创新、培训资源创新、培训测评创新三个方面提出了新的要求。根据《关于实施全国中小学教师信息技术应用能力提升工程2.0的意见》，在新技术支持下，教师培训、网络研修和实践应用三者的紧密结合已成为必然的发展趋势。本质上，教师培训本就是教师研修的方式之一，实践应用也是教师培训和教师研修的主要环节之一。在以往的教师培训中，受到线下活动的物理条件限制，教师培训、教师研修和实践应用三者形成了相互独立的业务形态；而互联网等先进信息技术手段，打破了时间和空间的约束，使教师培训、网络研修和实践应用的结合方式变得更加多元化，从而能够更加全面地提升教师和学校管理者的综合素养和能力。

第五，教师培训模式创新，主要体现为线上、线下、线上线下混合三种模式相结合。这三种模式分别对应不同的培训方案，需对原有模式进行根本性的变革和重新规划，充分考虑如何组织培训活动，如何搭建网络平台支撑线上培训活动，如何合理安排直播、点播、回看等不同功能对于培训的支撑，如何合理安排线上与线下活动相结合的周期和节奏，如何合理安排和邀请全国不同区域的专家资源来响应线上与线下培训活动，如何提升线上培训的效率和效果，等等。此外，国家特别提出要积极开展双师教学的创新模式，即专家在线上做直播培训，本地设置辅导教师配合开展技术指导。这与专递课堂教学活动的本质是相同的，只是将专递课堂中的学生转换为接受培训的教师，让教师在培训过程中换位，以学生的角度体验先进信息技术在教育教学中的融合应用，总结应用经验，方便日后开展更加有效的教学活动，提升教学效果。

第六，教师培训资源创新，要适应和满足基于互联网的线上培训的多种应用模式需求。充分利用大数据、云计算、虚拟现实和人工智能等前沿技术，强化实物、情景和实训操作等培训资源的建设。充分收集和利用一线教师参与研发的微课、慕课、直播课程等视频培训课程资源，形成可支撑常态化按需培训的资源体系，方便接受培训的教师随时随地、按照自身业务需求进行灵活自由的选择。此外，在教育信息化的建设过程中，行业领先企业积累了众多有价值的基于先进技术的培训资源，教育部门合理整合运用企业提供的优质资源，也是实现教师培训资源创新的有力手段。

第七，教师培训测评创新，要加强教师培训环节的考勤、考核和管理。杜绝教师线上培训敷衍和作弊的情况出现，有效利用多种先进信息技术手段（如无感考勤、线上评测等），加强教师培训过程数据的采集和挖掘分析，对教师进行培训效果的精准化诊断和测评，促进教师专业成长。

（四）优化硬件设施和软件资源，改善应用条件

教育部部长陈宝生在2019年国际人工智能大会上的主旨报告中指出，目前，全国中小学互联网接入率达97.6%，学校多媒体教室普及率达93.4%，教学点数字教育资源全覆盖项目惠及边远贫困地区400多万名儿童，国家数字教育资源公共服务体系基本建立，超过60%的教师和近50%的学生已开通网络学习空间。经过近年来“三通两平台”和“全面改薄”等项目的强力推进和建设，全国范围内教育基础设施建设成果显著。对于大部分学校来说并不缺乏必要的信息化基础设施，目前的焦点问题是教师普遍不知道如何高效利用这些信息化软硬件来支撑教学模式创新和教学效果提升。因此，如何避免重复建设，提高设备的使用效益，盘活现有的设施资源，结合教育教学、教师培训、网络研修、应用实践等不同活动的需求，开展直播式、录播式、植入式、观摩式等多样化教学应用，成为学校必须认真思考和解决的问题。

随着近年来大数据、物联网、区块链、云计算、虚拟现实等技术的快速发展，学校需要对促进人工智能与教育融合发展进行新的思考和规划，通过先进技术与“三个课堂”应用的深度融合来提升应用效率和应用效果，势必会成为关键的创新点。通过加强建设智慧校园、智慧教室、智慧图书馆、智慧实验室等，智能化采集和挖掘教学、教研、管理等全过程大数据，提升智能环境下教师教学诊断和精准教研的能力，构建“精准教学、精准教研、精准督导、精准评价、精准管理”的闭环应用系统，已经成为未来的发展趋势。

（五）开展质量监测和效果评估，提升应用效能

加强对“三个课堂”的统筹管理，主要体现为三项关键措施。第一，构建基于网络的教学安排、课堂教学、教学研究、质量监测、评价反馈的闭环系统，确保“三个课堂”教学质量。依托教育资源公共服务平台，采用网络巡课、教学实录等方式，通

过对“三个课堂”应用的信息采集和数据分析，实现对其应用效果的动态监管，辅助科学决策、支撑精细管理、促进精准教学。第二，建立“三个课堂”应用进展信息报送和发布制度，及时掌握和通报工作进展与应用成效。第三，结合对地方政府履行教育职责的评价以及义务教育优质均衡发展县（市、区）督导评估认定工作，构建“三个课堂”应用质量监测与效果评估的指标体系，制定评估办法，定期开展测评并发布评估报告，促进质量监测与效果评估的常态化、实时化、数据化，提升“三个课堂”应用的效率、效果和效益。

五、“三个课堂”及相关政策给教育信息化企业带来的机遇和挑战

毋庸置疑，“三个课堂”及相关政策文件的发布为教育信息化企业带来了巨大的发展机遇和挑战，主要体现在产品创新能力、服务创新能力、方案创新能力和营销创新能力四个方面。

在产品创新能力方面，常态化应用势必成为“三个课堂”对于软硬件产品要求的硬指标。企业提供的产品必须在实用性、易用性、稳定性上做足功夫，否则很难支撑教师的常态化应用。“三个课堂”的建设需要重点解决农村、山区、民族地区等的基础设施和教学应用问题，建设区域范围广、建设内容强度大，决定了项目预算很难支撑高附加值、高价格产品的批量采购。如何设计产品，在保证产品结实耐用、性能稳定的前提下有效降低成本，为用户提供合理的、稳定的、可接受的价格，在这一前提下，如何将人工智能等先进技术嵌入产品中，从而保持产品的技术创新性和综合竞争力，对企业而言是一项严峻的考验。

在服务创新能力方面，“三个课堂”及相关政策对企业的服务能力提出了多元化挑战。一方面，较之发达地区，薄弱地区的地理位置相对偏远、分布范围相对较广，相关项目的建设对企业在产品供货、安装调试、退修换坏等传统运维保障服务方面提出了更高的要求。另一方面，“三个课堂”等政策要求企业打破传统服务边界，从以产品为中心向多元化教师培训等知识服务拓展。企业需对其售后应用培训的模式予以创新，以提供线上、线下及线上线下相结合的多模式教师培训。为了更好地支撑教师开展常态化按需学习，企业还需要在合理范围内辅助教育部门制作“三个课堂”应用相关的微课视频等培训资源、培训平台、培训测评工具、培训测评内容、培训测评模型、培训过程数据监测、培训大数据分析等。总之，企业必须去思考和解决如何以自身产品为核心，为用户提供完整的、先进的创新性培训方案。

在方案创新能力方面，大数据、人工智能等先进技术与教育教学的深度融合应用，势必成为“三个课堂”解决方案的竞争制高点和关键创新点。首先，企业面向教育用

户提供的整体解决方案必须从单纯的产品方案转变为“产品＋服务”的综合解决方案。服务内容不能仅局限于围绕产品的售后服务，还应包含更高层次的教师培训、专家整合、“产学研”结合、案例宣传等增值服务，以更好地辅助教育用户提升“三个课堂”的应用效果。其次，大数据、人工智能等先进技术的融合应用，不能仅局限于师生教学过程，还应包含教师培训、教师研修、应用实践、教师评测等全生态应用过程，以更好地辅助用户构建“精准教学、精准教研、精准督导、精准评价、精准管理”的闭环系统，实现“常态化、实时化、数据化”的质量监测与效果评估。再次，企业提供的解决方案必须具备更高的开放性，应用平台和硬件设备均需要适应和可对接其他品牌软硬件，以方便用户整合多方位资源，构建更加完整的应用生态体系。

在营销创新能力方面，企业角色和品牌定位的战略升级，以及面向区域级教育客户的战略合作洽谈，将成为市场竞争的关键突破点。“三个课堂”建设项目注定是区域级统筹规划的大工程，企业的目标客户必须从“学校”提升为“区域”。如何与区域级教育部门洽谈战略合作，如何结合地域特色和个性化需求提供因地制宜、性能适切、成本优惠的整体解决方案，如何围绕核心产品为区域教育用户提供更多、更高附加价值的服务，如何支撑区域教育用户综合利用人工智能、云计算、大数据、虚拟现实等技术不断增强“三个课堂”的智能化、共享性、互动性，都是企业必须直面的挑战。

（作者单位：北京中庆现代技术股份有限公司中庆教育研究院）

智慧课堂常态化应用的实践与启示

锐学堂教学应用研究院

随着教育信息化基础设施的普及与完善，以数据和人工智能等技术驱动的教育新模态轮廓初现。通过教与学过程的个性化呈现，学生、教师、教学内容、技术之间进一步契合，教学效率和质量得以提升。目前，全国已有不少学校开始探索基于智慧课堂的教学实践并积累了一定的经验；然而，我们也注意到，实现智慧课堂常态化应用的案例仍相对有限。本文旨在从实践层面入手，分析智慧课堂常态化应用所面临的瓶颈并提出可能的对策；通过对一线师生的调研，从教师教学方式、学生学习方式、学校管理方式三个层面，梳理了智慧课堂常态化应用所产生的效果，同时对进一步优化相关实践提供了建议。

一、智慧课堂的定义

在教育信息化硬件环境建设日趋成熟的基础上，教育部于 2018 年 4 月启动了《教育信息化 2.0 行动计划》（以下简称为《行动计划》），旨在推动信息技术与教育的深度融合。《行动计划》将“智慧教育创新发展行动”列为“八大行动”之一，强调通过大数据采集与分析，将人工智能切实融入实际教学环境中，实现因材施教、个性化教学。当前和未来较长时间内，学校课堂仍将是教育教学的“主战场”。因此，智慧教育的变革应从智慧课堂开始，而课堂的智慧化将直接带来教学目标和课堂模式的变革，惠及一线师生；同时，课堂模式的变革也将催生一系列以数据为驱动的教学、教研及学校管理变革。

“智慧课堂”的定义是一个仁智互见的问题。黄荣怀、祝智庭、孙曙辉、陈卫东、刘邦奇等知名专家与学者都对智慧课堂及相关概念做出过界定和描述。在本文中，智慧课堂指在数据和人工智能技术驱动的智慧环境下，为学生提供合适的学习内容，为教师组织学生自主学习搭建支架，并对学习过程进行分类指导的学校课堂教与学过程。具体来说，教师利用大数据了解学生学情，因材施教、分层教学，关注学生学习的个性化，组织学生在利用技术自主学习知识的同时获得能力提升。

从智慧课堂的内涵可以看出：一方面，智慧课堂与大数据、人工智能、物联网等新型技术紧密相连。这决定了其在学校的常态化应用，不仅需要技术与教育场景的深度融合，更需要智慧课堂的应用主体（教师和学生）通过学校的机制提高其信息素养，从而在教学实践中建立新型的教学方式并最终实现教学模式的变革。另一方面，智慧课堂强调以学生为中心的理念，助力学生能力的提升，是实现我国“第八次基础教育课程改革”关于自主学习、合作学习、探究学习目标及培养学生学科核心素养的有效依托。这也是诸多学校开展智慧课堂常态化应用的目的和动力来源。

二、智慧课堂常态化应用中的瓶颈与突破

纵观我国智慧课堂应用的现状，虽然有相当一部分学校已开始了将智慧课堂与传统课堂相融合的尝试，但距离智慧课堂的常态化应用仍有较长的路要走。当前，智慧教学终端已大面积装备学校，加之学生自带设备模式的补充，智慧课堂所依赖的基础硬件条件在上述学校中往往已不是问题。然而，很多学校存在的情况是，教育信息化及相关应用仅停留在体验和对外展示层面；一些学校虽开展了常态化应用的探索，但是一段时间后也归于沉寂，未能实现教育教学模式的真正变革。

综合来看，阻碍智慧课堂形成常态化应用的主要瓶颈包括：信息化互动工具仍处于“浅层次的互动”，无法实现学生“高阶思维的培养”；教学各环节的数据互为孤岛，难以实现数据的贯通和实时反馈；厂商服务仍是硬件服务思维，无法实现教师信息素养的提升；智慧课堂的推进缺乏学校“一把手”的有效参与，难以真正落地。以下试对其予以分析并提出相应的解决方案。

（一）信息化互动工具仍处于“浅层次的互动”，无法实现学生“高阶思维的培养”

技术真正的作用在于充当学习者建构知识的工具，以拓展学习者建构知识的能力，通过使用技术工具发展高阶思维能力。[1] 当前，大多智慧课堂解决方案提供商都为教学提供了丰富的师生互动工具（如抢答、投票、抽选等），但这些互动都属于“浅层次的互动”，很难帮助学生实现知识的内化与深度学习，无法帮助教师真正达成核心素养所要求的培养目标，导致相当一部分教师在使用智慧课堂一段时间后放弃了进一步的探索。

按照建构主义学习理论，认知和学习发生在各个活动的任务完成或问题解决的过程之中。活动过程中，学生与学生之间可以方便地进行讨论、分享，同时还可以进行学生自评、同伴互评和教师评价。好的教学评价，有利于帮助学生产生学习兴趣、提高自我效能、激发学习动机。因此，智慧课堂中互动工具的设计应基于活动探究和提

高课堂效率，在相同的时间里，让课堂教学通过学习知识、培养能力实现核心素养的建构，帮助教师达成在传统课堂中较难达成的学生“高阶思维能力”的培养。

以下试以首都师范大学附属回龙观育新学校高三生物教师李晓杰的一则常态化教学案例，说明如何利用智慧课堂所提供的“互动工具”提升课堂的深度、广度和热度。

教师根据教学重点，在备课时通过智慧课堂工具设计“活动探究”任务，并在课上下发给学生。学生以类似拼图游戏的方式通过图片拖动、复制、打字等方式，快速构建实验模型。完成活动任务后，学生可进入互评环节，相互借鉴、相互批改、自我修正并进行答案的多次提交。通过分析同一学生的多个答案，教师可以了解其思维发展过程及思维障碍点，进行重点提问与讲解。在整个学习情境中，学生间充分合作、相互点评，在交互中获取知识，其发现问题、分析问题、解决问题及合作学习的能力均得到了锻炼。通过数据反馈，教师还可以看到学生在交互学习过程中的学习热度、参与广度、思考深度的提升与变化。另外，课堂上生生互动所沉淀的数据可形成社交关系图（见图1），从中可以得出哪些学生更加主动、处于意见中心，哪些学生缺少互动、相对边缘化。教师可根据这一信息及时了解原因，进行干预。

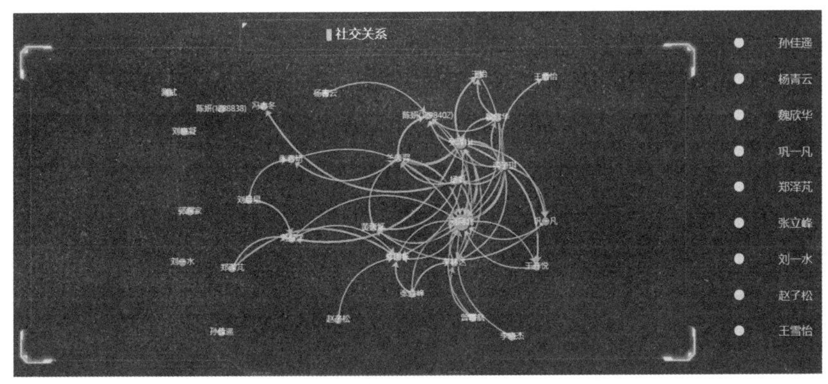

图1　活动探究课基于生生互动数据的社交关系呈现

（二）教学各环节的数据互为孤岛，难以实现数据的贯通和实时反馈

数据是智慧课堂的基础和核心，只有常态化采集学生学习过程所产生的海量数据，教师才能了解每一位学生，才能看到学生发展的动态过程，从而客观理性地分析学情，评估学生的学业水平。[2] 对于教育场景来说，智慧课堂常态化应用的难点之一即在于是否有精准的数据样本作支撑。就目前市场上的智慧课堂相关产品而言，很多只是切入教学过程中的部分环节，或者虽然在环节上实现了全覆盖，但各环节的产品却是集成而来，无法做到数据的实时采集和反馈，导致无法有效支撑教师与学生开展基于数据的精准化教与学。

为保证全流程数据的采集、挖掘、分析，形成科学、全面的评价体系，教学平台从云到端应该是一体化的平台，而不应由不同厂家的多个系统简单集成。可以观察到，当前在学校已实现常态化使用的智慧课堂产品，均打通了教学的全场景，使所有过程性教学数据基于统一的标准在同一平台上互联互通，实现数据的有效流转。

（三）厂商服务仍是硬件服务思维，无法实现教师信息素养的提升

当前，多数智慧课堂解决方案提供商的服务仍停留在硬件厂商层面，侧重于硬件维修和基础功能培训等。如前文所述，智慧课堂常态化应用的成败很大程度上取决于教师和学生的信息素养。智慧课堂提供商的服务与学校教研、教学工作的脱节，已成为智慧课堂应用过程中的关键性问题。

《行动计划》指出："全面提升师生信息素养，推动从技术应用向能力素质拓展，使之具备良好的信息思维，适应信息社会发展的要求，应用信息技术解决教学、学习、生活中问题的能力成为必备的基本素质"。[3]

作为教育信息化2.0时代的智慧课堂解决方案提供商，其服务应转向提供"专业的教科研服务"，更多地聚焦于课堂教学中知识、能力和情感态度价值观的培养问题，更多地研究如何把智慧课堂技术融合于学科教学场景，更多地助力学校把优秀的实践案例标准化。

强化教师的"教育信息意识与数据意识"已成为新时期学校及区域教学教研活动的新课题。由此可见，在一定意义上，智慧课堂产品的核心是基于学校教师专业教学水平提升的增值服务及教育教学经验积累的产品化，并最终培养具有"数据意识"的新时代教师。为实现这一目标，围绕智慧课堂产品的相关教研活动基本可分为业务培训与活动组织两大方面：制订学校智慧课堂教科研推进计划，落实教师培训，组织课题研究、优秀课例展示、区域校际交流、教研员理念引领等活动，放大智慧课堂活动影响力；通过功能培训、学科融合培训、数据支撑课堂教学设计重构及课后个性化诊断学习指导，解决教学融合业务问题。最终使教师掌握"基于数据分析结果重构课堂教学过程"的素养，实现智慧课堂的教学常态化使用。

（四）智慧课堂的推进缺乏学校"一把手"的有效参与，难以真正落地

智慧课堂的常态化应用是一项复杂的系统性工程，影响其推进的因素很多，校长的信息化领导力具有关键性作用。离开了学校"一把手"的深度有效参与，智慧课堂的常态化应用就难以实现。

《行动计划》明确要求学校应普遍施行由校领导担任首席信息官的制度，以便统筹学校信息化的规划与发展。[3] 因此，校长在学校的信息化建设方面起着举足轻重的作用。校长在智慧课堂的常态化应用方面有压力，相关实践的推进方能有动力。

作为学校各项工作的"一把手"，校长可以从整体上营造运用智慧课堂开展教学的氛围，完善相关管理制度与措施，提高智慧课堂教学地位，完善相关教学评价机

制，使得教师对智慧课堂教学工作的投入能够得到与传统教学相当、甚至更优的评价与回报。例如，为不同发展阶段的智慧课堂教师提供符合其发展水平的培训服务与支持（对不同发展阶段的教师，可以提取其面临的典型教学问题，从问题出发，提供更直接有效的教学支持）；营造更具鼓励性的教学管理氛围，为教师（尤其是资深教师）尝试“新”教学法提供更大的自由度和更多支持；通过各种支持措施降低“新”教学法使用难度，减少教师使用的麻烦；[4] 根据本区域、本校的实际情况，制定适合学校的智慧课堂应用评价体系，激励教师进行教育方式的变革。

以下以湖北省某智慧校园示范校为例，简述其领导层在推进智慧课堂常态化应用和教学改革过程中的组织经验。

组织体系方面，在智慧课堂启动前，学校组建了“智慧课堂专项工作组”，明确了组织架构、责任人及考核制度；组织架构同时下沉到年级组和教研组，形成切实有效的推进管理关系；明确了智慧课堂各阶段的推进目标、管理办法，保障智慧课堂的常态化应用。在“智慧课堂专项工作组”设立时，组员需要筛选一批信息化素养较高的教师加入，通过培训、交流等措施，逐渐培养一期智慧课堂实施的骨干教师，通过骨干教师带动其他教师，逐步实现学校智慧课堂的常态化使用。针对语文、数学、英语等学科设立种子教师，优先对种子教师集中培训并设立了如下目标：①提高信息技术与学科教学深度融合的能力，促进教学方式的变革；②提升在智慧教育理念支撑下的智慧课堂设计、构建能力；③能够独立完成智慧课堂案例课的设计和制作；④具备常态化构建智慧课堂的能力；⑤能够在各种比赛、观摩示范活动中展示智慧课堂案例课，能够引领其他教师进行智慧课堂设计和构建。通过种子教师的培养，拓展智慧课堂与学科的全面融合，实现常态化的教学应用。在此基础上，逐渐打造智慧课堂名师，树立智慧课堂应用标杆，总结适合本校学情的学科应用模式。

评价体系方面，学校的主要制度设计包括：智慧课堂名师、智慧课堂应用成果在职称评审中优先考虑；提升智慧课堂指标在教师整体评优评先指标中的占比；建立独立的考核体系，对运用智慧课堂教学的教师进行考核（考核依据是智慧课堂的平台数据，而非传统的纸质教案、纸质作业等）；等等。在评价体系的设计中，学校不仅重视发挥教师的主体作用，同时也关注学生参与智慧课堂的积极性。利用智慧课堂系统开展趣味性刷题对抗赛等活动，学校将竞赛成绩与学生的形成性评价和荣誉评定相结合，从而提高学生常态化参与智慧课堂的动力。另外，学生的参与情况也同时纳入班级考核、班主任考核、学科任课教师绩效考核，进一步提高教师参与智慧课堂的积极性。

上述制度均由学校“一把手”校长牵头，积极监督推进，保障在实践中的有效落实。

三、智慧课堂常态化应用的效果与启示

可以预见，随着上述瓶颈的突破和实践经验的普及，智慧课堂的常态化应用将在更多的学校成为现实。针对已拥有智慧课堂常态化应用成功经验的学校，本文从其教学方式、学习方式、管理方式三个层面，分析智慧课堂常态化应用的现状与成果，为进一步提升智慧课堂的应用水平提供参考。下述分析选取2019年30所智慧课堂常态化应用学校为样本，相关数据来源于智慧课堂平台的后台数据及调查问卷。其中，后台数据包括2019年度有效教学课时排名前600的常态化应用教师，涉及87173节有效课时和26859份有效作业，涵盖语文、数学、英语、物理、化学、生物、道德与法治、历史、地理、科学、美术、音乐、信息技术共13个学科；调查问卷涉及教师问卷300份（回收有效问卷264份）、学生问卷500份（回收有效问卷421份）。

（一）教学方式的重构

调研发现，虽然85.7%的一线教师都有教学改革的意愿，但很多教师却对在课堂上迈出改革的第一步存有困惑和畏难情绪，在教学中不敢转变、不知如何转变。现代教育技术的发展及新教学模式的出现，使智慧课堂得以产生和发展，促进了课堂教学方式的重构。课堂教学方式的重构主要体现在课堂教学结构、教学决策方式、教学反思方式、作业批改方式这四个方面。

1. 课堂教学结构

课堂教学结构是指在教学思想指导下，对课堂时间、空间所设计的程序。在教学实践中，合理的教学结构对课堂教学质量起着至关重要的作用。随着社会的发展，传统的“填鸭式”讲授教学已无法满足高端人才的培养需求。在国家强调多年的教学改革中，教学结构的改革比教学手段、教学方法的改革深刻得多，其意义也重大得多，也困难得多。[5] 智慧课堂的发展为教师教学结构的转变搭建了良好的平台，使教师在实践中以信息技术为工具，以信息化素材为媒介，对课堂教学要素进行优化组合，变革传统以教师为中心的教学结构。

对样本学校的课堂活动时间分布数据进行分析可以发现，教师主导时间（讲授）与学生自主时间（包含活动、练习、自学）的比例已达52%∶48%，说明在智慧课堂的常态化应用过程中，教师已能在教学系统的帮助下，逐步实现讲授、练习、活动、自学四种课堂活动的有机结合。教师的讲授时间逐步减少，以学生为主体的时间逐步增加，在教学结构层面初步完成了从以教师为中心向“教师主导—学生主体”的转变。

2. 教学决策方式

教学决策是指为实现教学目标及任务，教师通过分析、预测和反思，以确定最优教学方案的过程。传统课堂的教学决策主要依赖教师已有的教学经验及讲解偏好，备

课及课上教学重难点的调整主要围绕教材内容进行，很难按照学生对已有知识的掌握程度动态调整教学策略。在智慧课堂中，教师则能够通过课堂检测中产生的即时数据和探究活动中产生的生成性数据及时调整教学决策方式，逐步实现“变教为导”“以学定教”，完成由经验型教师向数据型教师的转变。数据显示，样本课堂上课堂检测活动和探究活动的平均时间占比分别为 11% 和 10%，即一堂课上有约 1/5 的时间可供收集和使用学生数据，为教师充分掌握学情提供了较好的保证。

调查发现，57.1%的教师认为课堂即时数据对教学有帮助，主要体现在提高课堂教学效率和调整教学策略上。结合实际教学行为观察可以发现，使用即时数据指导课堂决策已成为一部分教师的习惯，但仍有相当一部分教师的数据利用意识较弱。整体来看，年轻教师对数据的使用更加充分。通过数据获得的更精确的诊断反馈，也帮助年轻教师在一定程度上缩小了与资深教师间因教学经验差异而产生的差距。调查还显示，71.4%的教师经常使用课堂生成性数据，教师普遍具有课堂生成性数据的使用意识。但对实际教学的观察发现，教师对生成性数据的有效利用率较低。结合调查问卷分析可知，教师在利用生成性数据方面的难点主要体现在：①无法从大量生成性数据中筛选有效数据来指导讲解；②无法采用对比讲解等有效方法来挖掘生成性数据价值；③在讲解中无法科学使用提问策略来进一步发挥生成性数据的价值。

作为智慧课堂的核心，数据及对数据的挖掘直接决定智慧课堂在实际教学中的应用效果。由于缺乏专业的数据挖掘和处理技术知识，教师通常很难有效处理和解释这些丰富的数据。[6] 数据素养已成为智慧教育时代教师必备的核心专业技能，具体表现为数据意识、数据处理与分析能力、数据决策能力、数据交流与评价能力等。[7] 这就要求教育教研部门及智慧课堂相关企业，在教师信息技术能力提升的相关培训及智慧课堂售后服务过程中，加强基于教学与学科应用场景的数据应用课程化培训，引导教师用对数据、用好数据。

3. 教学反思方式

教学反思作为一种教学研究方式，对教师专业素质的发展及提高工作绩效有着重要意义。教学反思能力在教师能力结构中居于核心地位，是提升难度较大的能力之一；对于教学行为尚未完善和教学监控能力尚未形成的新教师而言，其教学反思能力的发展更是难上加难。[8] 调查显示，虽然有85.7%的教师经常进行课堂反思，但教师普遍认为在开展教学反思时存在以下难点：①日常教学中，教师被烦琐工作所累，没有时间顾及反思；②教师被日常教学思维所局限，不知从何处反思；③教学反思过程中缺乏相应的反思材料；④同伴听课虽可为教师的课堂教学提供多维反馈，但改进意见可能难以匹配教师教情与学生学情，导致上课教师难以确定后续优化教学的方案。

智慧教育环境下，通过对课堂教学全流程的数据采集与监控，可以实现对教师教学的过程数据、结果数据、行为数据的记录与挖掘，从教学结构、练习难易度、活动有效度、自主学习行为等维度对课堂教学进行全面分析，实时为教师提供课堂教学的过程性数据及相关结果呈现（见图2），打开课堂教学的“黑盒子”，为课后教学反思提供数据支撑，助力教师提高教学反思的效率与效果。600位样本教师的数据表明，已有38%的教师在课后尝试使用课堂数据进行教学反思，初步实现了向数据型教学反思的转变。

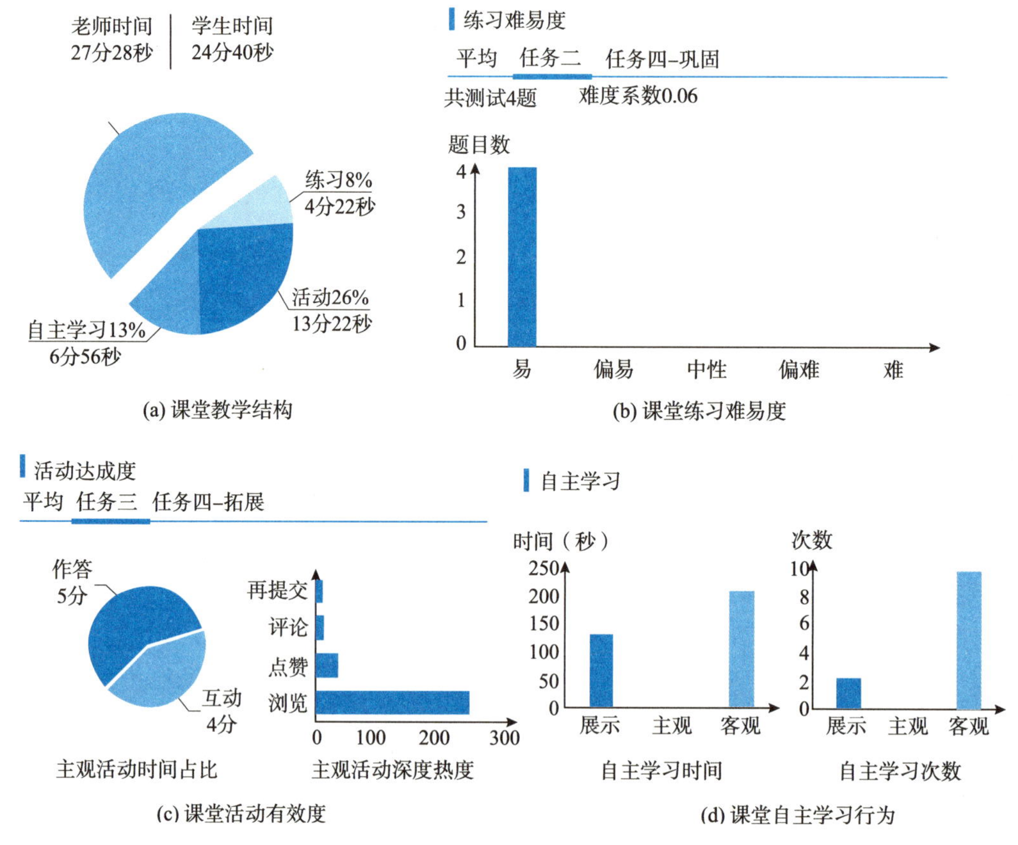

图2　智慧课堂教学的过程性数据呈现

4. 作业批改方式

作业批改也是教师日常教学工作中工作量占比很大的一项工作，很多教师常年被大量重复性的作业批改工作所束缚。调查显示，作业批改日均工作量在2h以上的教师占到参与调研教师总数的一半。作业批改任务重，教师备课时间少，直接影响教学质量；另外，作业批改大多数停留在浅层次批改，缺乏对作业的统计分析，有量无质，不能为后续教学提供科学全面的备课指导。

整体来看，智慧课堂的常态化应用过程中，教师的作业批改方式正逐步发生变化，由传统的纯纸笔、纯人工逐步向电子化、在线化和半自动化转变。对2019年度26859份样本在线作业进行分析发现，自动批改类任务占比最高（44.4%），其次是文字、音视频材料类（39.8%），占比最少的是手动批改类任务（25.2%）。调查显示，85.7%的教师认为这种半自动的作业批改方式提高了作业的批改与统计效率，一定程度上将教师从重复的作业批改任务中解脱出来，也为教师提供了精准备课的依据。从以上三类任务在各学科作业中所占比重来看（见图3）：以生物、历史、英语、物理学科为代表，教师在发布作业时更倾向于布置自动批改类作业，提高批改效率是其主要使用点；地理、化学、道德与法治因其学科特点，需要给学生提供拓展材料，故其文字、音视频材料类任务较多；手动批改类作业主要集中于语文、数学学科，其学科特点决定了任务形式，其中语文涉及作文、背诵等具体任务回收，而数学需要回收解题过程。未来，类似作文等开放式任务及解题过程类任务的智能自动批将成为智慧课堂技术发展的重点方向。

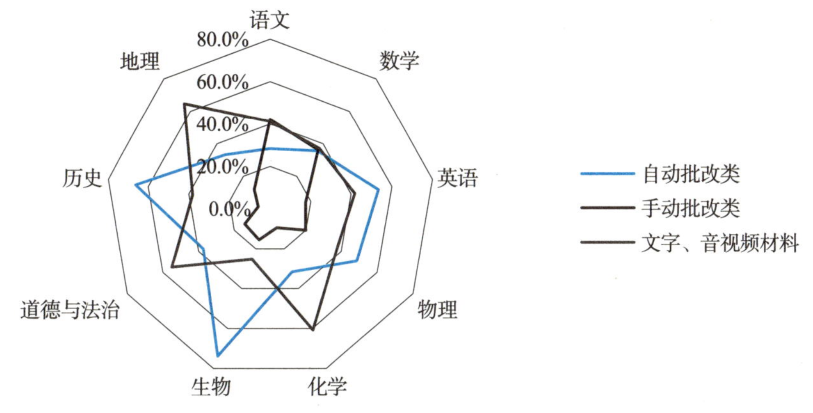

图3　三类任务在不同学科作业中的占比

（二）学习方式的重构

要满足现代社会对高端人才的需求，在教学中转变学生的学习方式至关重要。较之传统模式，教育信息化2.0时代的智慧教育环境所提供的平台技术及学习材料，可以给学生学习方式的转变提供更多支撑。这些转变从课上延伸到课下，主要体现在知识获取方式、作业答题方式、课下自学方式层面。

1. 知识获取方式

传统课堂活动中，学生知识的获取主要以教师讲授和学生被动听讲为主要途径。如前文所述，这种被动式的知识获取阻碍了学生思维能力的发展；而智慧课堂则通过为多种教学场景下的活动组织实施提供支架，优化了课堂教学结构，为以学生为主体的教学创设了更大的空间。根据建构主义理论，在“教师主导—学生主体”的课堂模式下，学生可以主动参与教学，知识获取由被动式转向“师生共创、生生共创、自我构建”的共创式，提高了知识建构和内化的效率，使学习效果得到进一步的提升。

数据显示，智慧课堂上学生进行知识自我建构的时间（包括查阅自学材料、解析及进行活动探究的时间）已达37%，显著多于以教师讲授为主的传统课堂，说明学生的知识获取方式正逐步由被动转向主动。在参与调查的学生中，约78%的学生表示喜欢基于智慧课堂的教学方式，有62.4%的学生认为智慧课堂可以提升学习效率、减轻学习压力，有51.2%的学生认为活动探究对自己的学习最有帮助，在一定程度上反映出以学生为主体的教学方式符合现今多数学生的学习习惯。调查也发现，有92.8%的学生在课堂上能参与课堂互动（包括查看同伴答案、对同伴给出评价），其中87.2%的学生表示喜欢在互动环节给同伴答案进行批改反馈，而同伴互动活动可以使知识学习由单纯的记忆、理解、应用向分析、评价的高阶思维转变。

2. 作业答题方式

新课程改革对传统作业形态提出了新要求。传统纸质作业的答题和呈现方式过于单一，已不能满足多样化作业的要求。智慧课堂环境下，作业的答题和呈现方式更加多样化（见图4），使学生作业由以固定知识为中心逐步转向以知识和能力为核心，教学改革从课上延伸至课下。

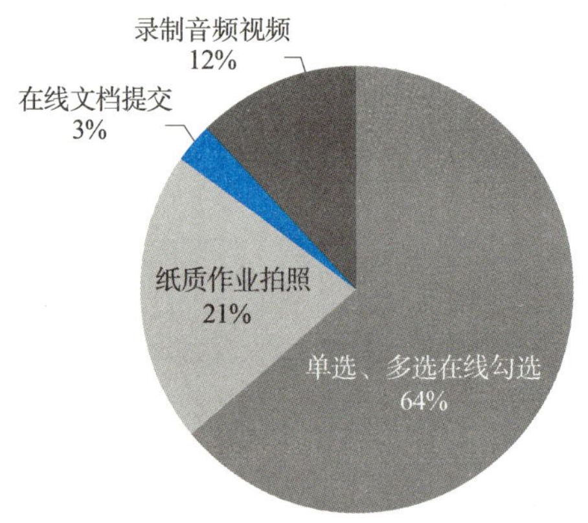

图4　智慧课堂作业答题类型构成

同时，在线作业可满足学生间相互评价的需求。数据分析发现，6778份教师手动批改作业中，学生相互浏览次数共计7969146次，每份作业的平均浏览次数高达1176次；相互评价次数达到457581次，每份作业的平均相互评价次数达68次。可见，智慧课堂作业答题方式的转变，使学生的参与度、活跃度由课上延伸至课下。在线互评式作业成为有固定主题的在线学习空间，迎合了学生的答题喜好，激发了学生的学习兴趣，同时发挥了学生的主观能动性与创造性。在未来的智慧课堂实践中，教师可多偏向于此类作业的布置。

3. 课下自学方式

长久以来，学生的课下自学主要以复习课堂笔记、做练习册、回顾错题为主，自学材料单一且效率较低。在智慧教育环境下，学生自学活动的种类更加丰富，任务类型包括完成教师布置的任务型作业、根据成长记录进行复习、回看错题本或收藏夹、使用智能练进行自我训练等。值得指出的是，后两种自学方式是建立在学生的自我需求之上，是基于提高学习效率的个性化复习或训练。结合样本数据和问卷调查结果来看，以任务类型划分，学生将28%的时间用于查看错题本或收藏夹，将17%的时间用于通过智能练平台进行自我训练，且有51.8%的学生认为这两种课下自学方式对自己的学习更有帮助，说明学生的课下自学方式已产生转变，且学生对个性化自学有较大的需求。

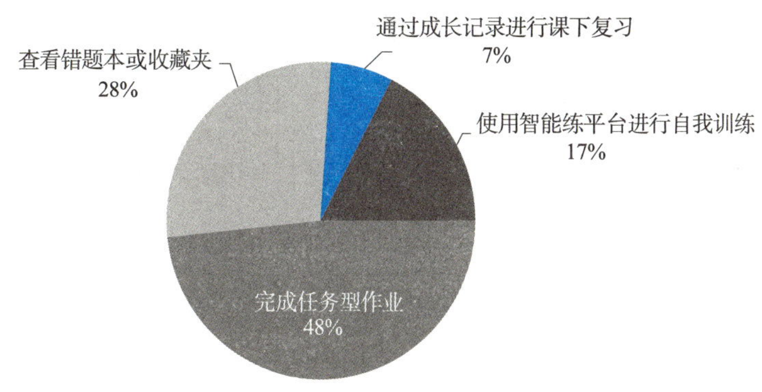

图5　课下各类型自学任务的平均时间分布

需要注意的是，课下自学过程中学生仍有近一半时间用于完成教师布置的任务型作业，建议教师可尝试适当减少任务型作业，使学生有更多时间进行基于个体情况的针对性复习和训练，以提升学生自学效率。

（三）管理方式的重构

随着“互联网+教育”的全面推进，教育不仅面临的是教与学层面的改革，更是数据支持下教育管理和治理模式的变革。[9] 传统的教育教学管理模式已不能完全适应信息化2.0时代新的教与学要求，具体表现为：①管理方式陈旧，对教师绩效方式的评价还依赖于传统纸质教案等文字材料；②评价方式单一，对教师和学生的结果性评价多，而过程性评价少；③管理效率较低，耗费人力且信息反馈周期长。

智慧课堂的常态化应用沉淀了大量的过程性数据，为以数据为驱动的教育管理方式提供了基础性支撑。通过对上述数据的挖掘分析和实时呈现，可以建立起“教、学、管、评、测”的数据闭环，为教育教学行政管理人员提供精准化的决策依据和趋势预测，实现管理方式的重构。以下试以首都师范大学附属回龙观育新学校的案例予以说明，该校以智慧课堂数据为基础，通过相应的智慧教育平台逐步构建了集行政、教学、教研为一体的学校信息化管理模型，初步实现了基于信息化的教育教学管理。

教学过程管理方面：以教师备课安排为例，传统模式下学校领导需将教师的教案本收回，进行检查与分析后方能进行决策，耗费大量的人力且决策周期长。在智慧课堂应用后，通过数据决策与分析平台即可查看全体教师备课的时间段，以此更加合理地安排学校活动（如图6所示，学校教师的备课集中于15时左右，学校在安排会议时可避开教师备课的高峰）；另外，通过查看教师备课时使用的“主观类资源”（即通过智慧课堂提供的工具，由教师创建的生生互动或师生互动类活动资源，最终达到学生高阶思维的培养）占比，即可较为客观地了解教师的课堂教学特点，从而更有针对性地指导教研工作。

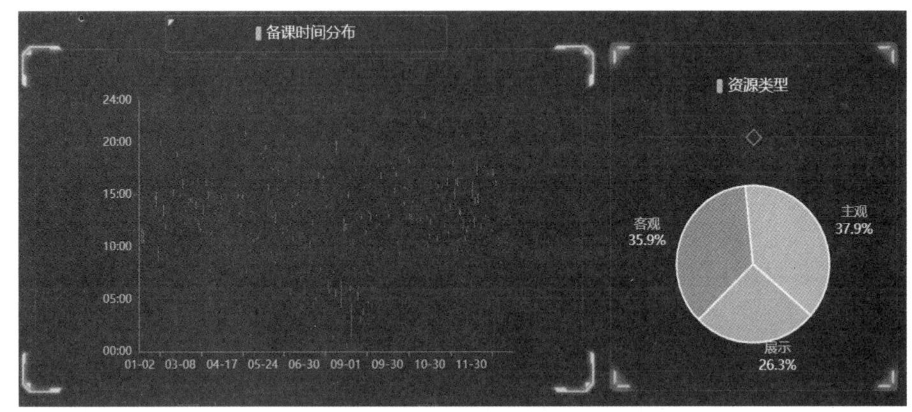

图6　案例校教师备课相关数据呈现

教学质量管理方面：传统的教学质量管理主要以成绩为结果导向，过程性评价及评价维度相对缺乏，对教师和学生的评价有失全面；而智慧课堂采集的大量过程性评价数据可以很好地改善这一问题。借助这些数据和分析工具，学校和教师可以对每一次课堂测验的答题结果和答题时间进行综合分析，对班级学生的学情特征进行精准分析。如图 7 所示，系统可将将学生划分为“优秀”（平均用时短且正确率高，说明该科的知识掌握牢固）、“勤能补拙”（平均用时长但正确率高，说明需要投入较大精力才能实现知识的牢固掌握）、“毛躁马虎”（平均用时短但错误率高，说明需建议学生应更加充分地审题，更加细致地作答）、“学习困难”（平均用时长且错误率高，说明该学科知识确实薄弱）四个象限，为管理人员更加全面地进行教学质量评估、为教师更有针对性地调整教学提供依据。

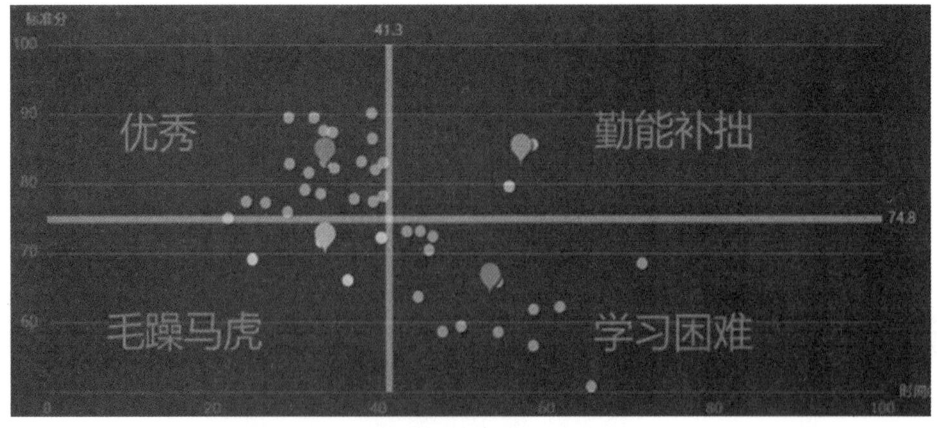

图7　样例校某班级学生学情特点

四、总结与展望

从智慧课堂的相关实践可知，其常态化应用必须从产品、数据、服务、管理方面形成四位一体的有效保障机制：产品设计需注重深度互动，促进学生的高阶思维发展；各教学系统需打破数据孤岛，实现数据的有效流转，为学校提供科学、全面、即时的数据分析；相关服务需以教研为核心，提升教师数据素养与融合应用能力；推进过程需以管理为抓手，校长深度参与，借助激励措施促进应用。

在智慧课堂的常态化应用中可以发现，智慧课堂已对传统的课堂教学结构、教学决策方式、教学反思方式、作业批改方式、学生知识获取方式、作业答题方式、课下自学方式、教学管理方式带来了改变，在《教育信息化2.0行动计划》中提到的“利用智能技术加快推动人才培养模式、教学方法改革”及《中国教育现代化2035》中提出的“推进管理精准化和决策科学化”等方面已初显成效。

2017年9月，教育部部长陈宝生在《人民日报》发表文章，提出“课堂是教育的主战场，教育改革只有进入到课堂的层面，才真正进入了深水区”。随着大数据、人工智能等技术与教育教学的深度融合，智慧课堂正逐步突破常态化应用的瓶颈并在一些学校和区域得到了验证，成为开辟教育改革“深水区”新航道的先行者。可以预见，智慧课堂常态化应用的普及将进一步推动我国教育的智能化变革，为我国教育事业发展注入新的活力。

参考文献

[1]余胜泉，李晓庆. 电子书包教学应用的核心价值（上）[J]. 人民教育，2014（4）：26-29.

[2]林厚从. 基于大数据分析的精准化教学[J]. 上海教育科研，2017（2）：63-67.

[3]教育部. 关于印发《教育信息化2.0行动计划》的通知[EB/OL].（2018-04-18）. http：//www.moe.gov.cn/srcsite/A16/s3342/201804/t20180425_334188.html.

[4]邢磊，邓明茜. 高校教师为什么不使用“新”的教学方法？——对J大学教师的访谈研究[J]. 现代教育技术，2018，28（211）：93-99.

[5]何可抗，李文光. 教育技术学[M]. 2版. 北京：北京师范大学出版社，2009.

[6]QU H. CHEN Q. Visual analytics for MOOC data[J]. IEEE Computer graphics & applications，2015，35（6）：69-75.

[7]王冬青，刘欢，邱美玲. 智慧课堂教师行为数据的分析方法与应用验证[J]. 中国电化教育，2020（5）：120-127.

[8]罗晓杰，牟金红. 反馈促进新教师教学反思能力发展的行动研究[J]. 教师教育研究，2016，28（1）：96-103.

[9]郑勤华，熊潞颖，胡丹妮. “互联网+教育”治理转型：实践路径与未来发展[J]. 网络教育，2020，5（7）：45-51.

我国人工智能教育发展浅析

耿　洁

人工智能是研究、开发用于模拟、延伸和扩展人的智能的理论、方法、技术及应用系统的一门技术科学。自1956年首次提出以来，人工智能从概念到技术、从技术到应用已发展60多年，当前正进入产业化应用初期。为抢抓战略发展机遇，世界各国积极布局人工智能产业发展并将人工智能人才培养提升至国家战略高度。根据联合国教科文组织发布的《教育中的人工智能：可持续发展的挑战与机遇》预测，未来10年人工智能教育可能呈现指数性增长。本文记录了近年来我国人工智能教育领域的实践并提出了相关的发展建议。

一、人工智能教育的政策与实践环境构建

作为新一轮产业变革的核心驱动力，人工智能正与各行各业快速融合，催生从微观到宏观各层面的智能化需求，不断促成新产品、新产业、新业态、新模式的诞生。人工智能是典型的技术密集型产业，其发展水平直接由从业者的智力资源决定。中国职业技术教育学会会长鲁昕在“2018无人系统与智能制造高峰论坛”上指出，人工智能对技术人才教育提出了五大挑战：技术人才培养体系的挑战、技术人才知识体系的挑战、技术人才总量供给的挑战、技术人才结构优化的挑战和技术人才终身学习的挑战。近年来，中央和地方政府高度重视人工智能人才培养与引进，多措并举，开展了大量相关实践。

（一）中央层面

2015 年以来，《国务院关于积极推进“互联网 +”行动的指导意见》（2015 年）、《“互联网 +”人工智能三年行动实施方案》（2016 年）、《新一代人工智能发展规划》（2017 年）、《国务院关于深化“互联网 + 先进制造业”发展工业互联网的指导意见》（2017 年）、《促进新一代人工智能产业发展三年行动计划（2018—2020）》（2017 年）等文件陆续出台，加快推动了人工智能产业发展。其中，《新一代人工智能发展规划》

明确提出加快培育高水平人工智能创新人才和团队，建设人工智能学科。

2018年4月，教育部印发《高等学校人工智能创新行动计划》，强调高校应积极参与国家发展战略转型，立足产业发展对数据智能人才培养的需要，探索数据智能人才培养范式，推动数据智能领域学科发展，瞄准世界科技前沿，为我国新一代人工智能发展提供战略支撑。文件要求加快人工智能领域学科建设，加强人工智能领域专业建设，形成“人工智能+X”复合专业培养新模式，加强人才培养与创新研究基地的融合，完善人工智能领域多主体协同育人机制，以多种形式培养多层次的人工智能领域人才，不断优化完善专业学科建设，构建人工智能专业教育、职业教育和大学基础教育于一体的高校教育体系。

2019年10月，根据《普通高等学校高等职业教育（专科）专业设置管理办法》，教育部公布了高职专业目录，在相关学校和行业提交增补专业建议的基础上，确定2019年度增补“人工智能技术服务专业”，自2020年起执行（见表1）。人工智能技术服务专业主要面向人工智能产业及其应用相关的企事业单位，在人工智能技术应用开发、系统运维、产品营销、技术支持等岗位群，从事人工智能应用产品开发与测试、数据处理、系统运维、产品营销、技术支持等工作。此外，智能控制技术等与人工智能技术和应用密切相关的高职专业数均有不同程度的增长。

表1　2019年增补高等职业教育专业相关数据

专业名称	专业代码	2019年开设专业数/个	2020年新增专业数/个	合计/个
智能控制技术	560304	183	76	259
人工智能技术服务	610101	—	171	171

（二）地方层面

近年来，各地政府也加紧人工智能战略布局，出台人工智能发展规划并同步规划人才支撑措施与策略。据统计，全国已有19个省（直辖市、自治区）发布了26项人工智能专项政策并提出了各自的发展定位与目标。综合来看，各地对人工智能发展所需的人才政策可归结为三条路径：一是加快速度建立以高校为主的人才培养体系；二是建立人才引进机制和服务保障制度与环境；三是大力推进产教融合，建立以基地为支撑的人才培育机制。

2016 年 2 月，贵州省发布《“互联网 +”人工智能专项行动计划》，鼓励高校和职业技术学院开设专业课程，加快培养创新型、复合型“互联网 +”人工智能管理型人才和技术型人才。2017 年 10 月，贵州省印发《智能贵州发展规划（2017—2020 年）》，实施“百千万人才引进计划”“黔归人才计划”等，构建“平台揽才、赴外招才、活动引才、项目聚才”的立体引才网络，支持引进和培养人工智能人才。

2017年8月，安徽省发布《人工智能产业发展规划（2017—2025）（征求意见稿）》，明确在人才培养方面依托中国科学技术大学、合肥工业大学等院校和相关研究机构的科教资源，支持和培养具有发展潜力的人工智能领军人才，加强人工智能基础研究、应用运行维护等方面专业技术人才培养。该规划还提出要完善高校人工智能相关专业、课程设置，建设人工智能学科，建立校企结合的基础人才培训实训基地等。

2017年9月，浙江省发布《新一代人工智能发展规划（征求意见稿）》，提出打造具有全球影响力的人工智能创新高地，培育引进一批人工智能高端人才，加强人工智能相关学科专业建设，主动更新教学内容，大力推进课程体系建设，加强人工智能与其他学科专业教育的交互融合，形成人工智能复合专业培养新模式，不断提高人才培养质量；鼓励企业与高校联合开展人才培养，加强人工智能人才储备，构建不同层次的人才体系。2019年2月，浙江省印发《促进新一代人工智能发展行动计划（2019—2022年）》，提出加强学科建设和高端人才培养，支持省内高等院校围绕人工智能前沿技术、关键核心技术以及技术产业化应用开展高水平研究，加强人工智能与其他学科专业教育的交叉融合；加大人工智能实训力度，支持相关研究机构、高等院校与企业开展培训合作，开展人工智能基础知识和应用教育，建设一批人工智能实训基地，强化高校对产业人才的培养和输送，建设结构优化务实高效的人工智能人才梯队。

2017年10月，江西省发布《关于加快推进人工智能和智能制造发展的若干措施》，确立了人工智能产业发展的主攻方向为人工智能产品、智能制造装备、人工智能和智能装备应用及服务四个领域，明确了人才引进方面的优惠政策。

2018年1月，天津市发布《关于印发天津市加快推进智能科技产业发展总体行动计划和十大专项行动计划的通知》，强调加快人才引进、培育，实施“杰出人才培养工程”和“131人才培养工程”，强化人才服务。同年10月，《天津市新一代人工智能产业发展三年行动计划（2018—2020年）》出台，提出加强高端人才引进、培育，完善高校的人工智能相关专业、课程设置，注重人工智能与其他学科专业的交叉融合，鼓励高校、科研院所与企业间开展合作，建设一批人工智能实训基地。

2018年5月，江苏省出台《新一代人工智能产业发展实施意见》，提出鼓励省内高校开设人工智能相关专业，提高学科建设水平，推广“人才+技术+项目+社会资本”的战略合作方式，培育人工智能产业发展的中高端人才；依托示范应用项目，鼓励校企合作，引导职业学校培养产业发展急需的技能型人才，构建不同层次的人才体系。

2018年7月，广东省印发《新一代人工智能发展规划》，提出大力引进人工智能基础理论、关键技术等领域的高端紧缺人才和高水平创新团队，加快引进人工智能领域的青年创新型人才；依托重大科技专项、博士后科研流动站、博士后科研工作站、博士工作站等重大人才平台和基地，在人工智能重点发展领域培育一批具有发展潜力的人工智能青年领军人才与科学家；推动企业加强人才自主培养，形成一批掌握人工智能应用的复合型人才和团队；支持省内高校设立人工智能学院或研究院，引导龙头企业、科研院所等参与高校的人工智能学科建设，增强人工智能基础理论与前沿技术领域研究力量。

2018年8月，上海市发布《关于加强推进上海人工智能高质量发展的实施办法》，提出将符合条件的人工智能人才和核心团队纳入上海“人才高峰工程”，并以“一人一策”的方式，为人工智能人才在上海的创新创业、工作生活等提供保障措施，配置具有国际竞争力的事业发展平台；支持本地高校、科研机构与企业联合培养人工智能人才，合作开设人工智能专业课程、设立人工智能研究院所，建立人才实训基地，提高应用型科技人才培养精准度。2019年8月发布的《关于建设人工智能上海高地 构建一流创新生态的行动方案（2019—2021年）》中，上海市又提出一系列具体的人才引进和培养目标：力争用三年时间使上海市人工智能人才规模翻一番，达到20万人；建设人工智能教育公共服务平台，发展3家以上具有市场影响力的人工智能培训机构，建设10家人工智能人才继续教育实训基地和高技能人才培养基地，培训万名以上人工智能紧缺急需专业技术人才和高技能人才。

2018年11月，山东省印发《新一代人工智能产业发展三年行动计划（2018—2020年）》，提出加快人才培养，以多种方式吸引和培养人工智能高端人才和创新创业人才；鼓励校企合作、产教融合，支持高等院校与企业合作，加强人工智能相关学科专业和研究中心建设，引导职业学校培养产业发展急需的技能型人才。2019年1月，山东省教育厅印发通知，成立省人工智能教育领导小组。领导小组下设基础教育、考试工作、智慧校园三个专项工作组，负责组织开展人工智能基础知识的普及工程，推动“人工智能+教育”应用场景的建设，并在全省组织申报人工智能教育试点市（区、县）、试点校。2019年8月，山东省教育厅发布《山东省教育信息化2.0行动计划（2019—2022）》，提出整合人工智能教育、机器人教育等创客教育资源，着力打造创客教育课程体系，推进人工智能教育试点区域和试点学校建设。

2019年7月，北京市发布《北京促进人工智能与教育融合发展行动计划》，明确了人工智能与教育融合发展在基础教育、职业教育、高等教育等阶段的主要任务。该计划指出，要推动基础教育阶段人工智能素养教育；推进人工智能素养教育及实践活动，推动优质教育资源均衡共享；加强人工智能职业教育和技能培训；完善高校人工智能领域人才培养体系等。此项人工智能教育政策与北京城市相关战略产业规划高度结合，以培养人工智能创新人才、人工智能与教育融合为实现路径，把北京市打造成为国际人工智能创新中心。2020年1月，北京市印发《加快科技创新培育人工智能产业的指导意见》，提出要构筑人才高地，精准引进人工智能领军人才及其团队来京创新创业；大力培养人工智能及相关领域的优秀杰出人才，特别是中青年骨干人才，形成一批高水平创新研究团队；重点培养贯通人工智能技术研发、产业发展和行业应用的复合型人才；完善人工智能领域学科布局，推动设立人工智能专业，推动人工智能领域一级学科建设，加快人工智能相关学科方向的研究生培养。

2019 年 12 月，河南省印发《关于推进中小学人工智能教育的通知》，推动智慧教育强省建设，促进人工智能、大数据在全省中小学校的普及应用，构建中小学人工智能教育生态体系，加快中小学人工智能知识体系建设与课程开发、智能学习支持环境和智能教育教学资源建设，确保中小学阶段设置人工智能相关课程工作切实落地。该通知提出开展中小学人工智能教育实验区、实验校创建工作，计划遴选“河南省中小学人工智能教育实验区”10 个（市、县、区）、“河南省中小学人工智能教育实验校”500 所。

二、人工智能教育的实施路径

目前，人工智能教育的理念、知识和方法正逐步融入我国各级各类教育的发展路径：在中小学，设置人工智能相关课程，推进普及教育；在职业院校，完善大数据、人工智能相关专业和课程建设，培养技术技能人才；在高等学校，布局人工智能相关的学科、专业体系，探索“人工智能+X”人才培养模式，加强复合型、应用型人才培养；在全民教育方面，面向社会公众开放开源人工智能研发平台或展馆，鼓励人工智能科普创作，支持社会机构开展人工智能技能培训。

当前，人工智能已写入高中新课标，第一本人工智能领域的高中教材《人工智能基础（高中版）》已于2018年出版；2019年5月发布的《中国新一代人工智能发展报告2019》显示，全国30多所高校成立了人工智能学院，75所高校自主设置了89个人工智能相关二级学科或交叉学科；另据不完全统计，截至2019年4月，全国已有50所高校把人工智能领域人才培养纳入“双一流”建设规划，有24所高校已经成立人工智能研究院。

（一）校企合作共建产教融合的人才培养模式

在人工智能人才培养方面，许多院校当前的培养模式无法让学生充分感知实际的产业环境，单向授课加实操的方式也难以让学生跳出校园氛围。在此方面，通过校企合作共同构建产教融合的人工智能人才培养模式，对提升人工智能人才培养质量、推动领域学科发展具有十分积极的作用（见图1）。一方面，通过深度链接相关企业，让学生置身校内或校外生产实训基地，通过多层次、分阶段的进阶式生产实践，利用实际的企业项目、有经验的企业工程师、真正的企业环境为学生营造真实的实践环境，从岗位核心技能到职业素养，实现对学生个人综合素质的全方位赋能，真正达到打造学生岗位核心竞争力的目标。另一方面，基于校企合作开展应用研究，解决人工智能研制过程中遇到的技术问题，提供技术储备，促进人工智能技术在产业中的应用。

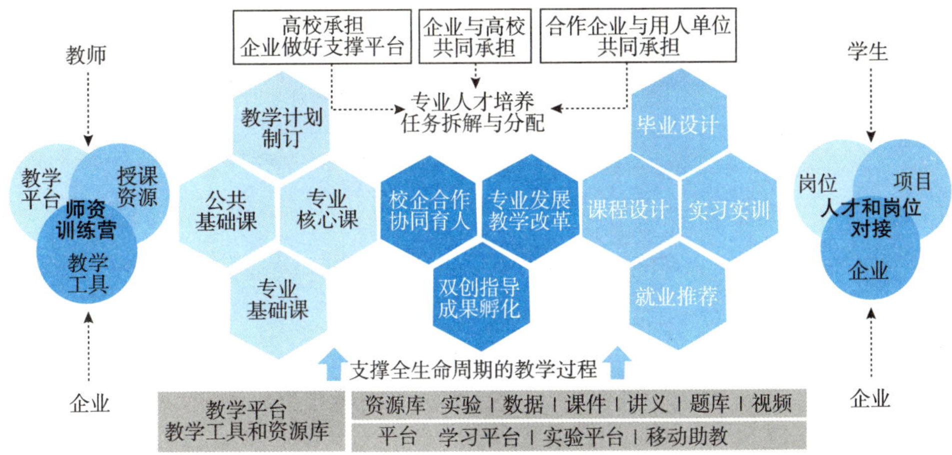

图1　产教融合的人工智能人才培养模式

例如，围绕智能医疗装备，淄博职业学院与企业合作共建人工智能研究中心，构建智能视觉与图像识别、智能语音识别、智能移动终端系统编程、智能协作机器臂应用等实训项目，开发人工智能语音识别、人工智能图像识别、人机（脑机）智能交互、智能机械臂等应用项目。又如，烟台职业学院与企业共建人工智能及机器人创研中心，共同建设人工智能基础实训室、智能机器人创客室、VR创作室、开源技术在线学习动手实验室等，构建人工智能和智能机器人创研基地，开展借助机器视觉的智能检测技术实现对零件质量预测与表面缺陷的智能识别，培养与装备制造产业发展同频共振的人工智能领域人才。

（二）课程与教材体系——以高职院校为例

职业教育是人工智能教育的重要组成部分，其与产业的关系最直接、最密切，肩负着为产业发展提供应用型技术技能人才的重任。高职院校的相关专业设置立足产业发展，对接专业岗位的技能要求。人工智能技术应用与服务领域的典型岗位职责与技能需求如表2所示。

表2　典型人工智能岗位职责与技能要求

岗位名称	工作职责	技能需求
人工智能训练师	了解人工智能模型训练数据特点，了解数据录入要求，负责设计、编辑、测试训练数据，完善人工智能的模型数据集。根据业务负责智能系统的训练，包括数据梳理，训练数据提供，测试及分析报告。负责总结归纳自然语言或者图像数据的规律，推进算法优化	具备一定的需求分析及较强的逻辑分析和独立解决问题能力；具备基础的计算机操作经验，对人工智能有基本了解。能使用图像处理或者文本处理的工具，能编写或使用Python等进行简单文件操作脚本最佳；细致认真，对事情负责，工作态度良好，有创新意识优先

续表

岗位名称	工作职责	技能需求
人工智能数据标注师	从业务视角出发，与算法工程师共同制定和管理数据标注需求；图像相关业务中负责对图片特征进行提取并鉴定；语音相关业务中负责语音数据的标注，筛选出有效语音，并对数据进行简单的裁剪等处理，并快速判定语音中出现的问题，对完成的标注语音数据进行质检；或者其他业务中对基础数据部门数据标注相关内容，对设备、机型数据进行标注及归纳整理	理解数据标注要求，管理数据标注质量，能熟练使用图像标注和语音标注工具，如Adobe Audition、Praat等标注软件
图像处理工程师	负责图像预处理、图像分割，包括图像的校正和是否为真的判别；负责图像特征提取，包括颜色、纹理、几何形状等；负责高效、实时处理的图像处理算法模块的开发与测试	熟悉图像处理各种算法的基本原理，并能够进行图像匹配、定位、分割、边缘提取；熟悉常用算法，如Open CV；熟悉Python，了解C/C++优先考虑；有车辆、行人、交通标识检测识别、目标跟踪、人脸识别等相关经验者优先
AI数据开发工程师	根据业务及项目与AI算法工程师进行对接；负责与AI算法工程师沟通训练数据要求；负责AI数据的收集、分类和整理；负责参与人工智能的模型训练；负责参与数据采集系统的开发和维护	熟悉Linux操作系统及基本原理，具备C/C++/Python开发经验；熟悉MySQL、SQLite，有SQL开发经验；具有网络爬虫、结构化数据提取、数据分析工具等使用/开发经验者优先；具有人脸识别、目标检测等AI领域相关经验者优先
人工智能系统开发工程师	负责AI相关项目的应用设计与开发工作，对现有项目的重构和优化，包括性能优化、代码优化、资源优化等；快速对接创新业务，构建Demo和原型；关注AI应用相关新技术的发展和研究，能快速跟进和掌握新技术	熟悉应用软件开发，具有过硬的应用开发技术水平；了解最新AI应用相关技术和服务及快速开发Demo和原型的能力
智能机器人与视觉系统应用工程师	负责机器人与视觉系统的安装、参数调试；机器人与视觉系统程序运行、调试；基本的机器人视觉系统应用开发；机器人与视觉系统方案选型、安装与评估；机器人与视觉系统应用程序开发与调试；典型视觉应用程序开发	能建立基本的机器人与视觉系统并完成基本的安装、调试、程序运行；根据工艺现场对于基本点位、速度等参数进行调试；能够独立完成典型视觉应用的开发；能够根据应用场景、应用需求完成视觉、光源的选型工作；能够根据典型测量、检测等应用场景需求自行组合使用多种高级视觉算子；完成小系统级别的应用程序的开发、调试任务

1. 课程体系建设

人工智能的实际应用与云计算、物联网、信息安全、大数据等紧密相关，其人才队伍的培养离不开多学科的交叉融合。在构建人工智能相关专业的课程体系的过程中，高职院校应面向岗位所需，融通多学科的知识和技能，实现人工智能的新思维、新技术、新方法与职业教育的真正融合（见表3）。

表3　人工智能技术服务专业参考核心课程体系

课程类别	第一学期	第二学期	第三学期	第四学期	第五学期
基础课	人工智能数学基础				
	高等数学	Python程序设计			
	……	数据库技术及应用			
专业课			机器学习	图像处理技术应用	
	人工智能导论		大数据技术基础	语音处理技术应用	
			云计算基础	深度学习	
		Python实战开发实训	智能机器人技术	开源人工智能框架应用开发	
综合实践			AI云技术实训	自然语言理论与应用开发	人工智能应用开发实训
					行业应用综合实训

2. 教材建设

如前文所述，高职阶段的人工智能人才培养强调服务产业应用需求。因此，高职阶段的人工智能教材也应注重建立人工智能技术与应用型教育教学体系的链接，着力突破人工智能知识体系与人工智能应用场景关联度低的问题以及算法教学的理解困难问题。围绕人工智能教材建设，一些职业院校已开展了有益的探索。

例如，深圳职业技术学院人工智能学院开发的《人工智能技术导论》以培养人工智能素养、计算思维能力和人工智能应用能力为目标，选用Python作为讲授计算思维和人工智能的载体，通过问题驱动、层层递进的方式，培养学生的信息处理能力、问题解决能力和人工智能技术应用能力。该书主要包括人工智能绪论、人工智能之Python基础、人工智能之Python进阶、人工智能之商业智能、人工智能之Baidu AI库应用、人工智能之机器学习、创建GUI程序，以及人工智能之仿真模拟等板块。

又如，武汉软件工程职业学院、常州信息职业技术学院、深圳信息职业技术学院、湖北科技职业技术学院的教师团队，围绕在一般机电、电子信息类专业开设人工智能基础教学的要求和问题，在教材中通过真实案例、项目引领，让学生从“走近”到“走进”，从认知人工智能技术到学习使用基础编程工具、应用深度学习、调用云AI平台等，从多个基础项目学习走向综合项目探究。在突破算法教学这一难点方面，教材通过具象化的小项目实现做中学、做中教，将重要的知技点与项目案例相匹配，并为学生提供了丰富的教学视频、源码等立体化教学资源（学习者可通过扫描书中二维码获取）。

（三）支持人工智能教育的教育装备

1. 人工智能教育装备分类

支持人工智能教育的教育装备（以下简称“人工智能教育装备”）是开设人工智能课程的软硬件基础，可分为智能软件或智能系统、智能编程平台、智能教育硬件三类。

（1）智能软件或智能系统。人工智能应用包括深度学习、机器视觉、智能机器人、虚拟个人助理、自然语言处理（语音识别）、自然语言处理（通用）、实时语音翻译、情境感知计算、手势控制、视觉内容自动识别、推荐引擎等。以百度、腾讯、阿里巴巴、深圳越疆等为代表的人工智能企业，领衔国内人工智能技术发展，搭建人工智能创新平台，开发了大量人工智能云服务与智能终端。各细分和应用领域可供使用的主要人工智能系统如表4所示。

表4　典型的人工智能系统

技术领域	软件或系统名称	开发者
深度学习	Alpha Go等	DeepMind等
计算机视觉	HKvision等	海康威视等
智能机器人	DOBOT等	越疆科技等
虚拟个人助理	Siri、小爱等	苹果、小米等
语音识别	百度AI开放平台、腾讯AI开放平台等	百度、腾讯等
实时语音翻译	讯飞输入法、腾讯翻译君等	科大讯飞、腾讯等
情境感知计算	百度AI开放平台、腾讯AI开放平台等	百度、腾讯等
手势控制	腾讯AI开放平台等	腾讯等
推荐引擎	各大资讯网站	京东、阿里巴巴等

（2）智能编程平台。编程学习是培养学生逻辑思维和创新思维的重要手段，是学生理解和实现图像识别、语音识别、语音合成等重要人工智能专项功能的基础，是人工智能课程的重要内容。适宜的编程工具是人工智能教育装备的重要内容，目前广泛使用的是开源的Python语言。

（3）智能教育硬件。智能教育硬件是学生完成体验式学习过程的重要基础。让人工智能变成看得见、摸得着的实物，对于激发学生的学习兴趣、培养学生的实践动手能力大有裨益。目前，从硬件形态看，可应用于教学的智能硬件主要有小车、机器人、无人机、集成教学板等。其中，智能机器人具有形态多样、易于获得、便于普及、深受师生喜爱、可承载多项教学功能等特点，适合作为开展人工智能教育的载体。

2. 人工智能教学平台

以上述人工智能教育装备为基础构建相应的教学平台，是开展人工智能教育的重要环节。以高职院校为例，部分院校已开展了人工智能技术实验实训平台建设。就目前来看，相关平台可分为两大类。一类是面向计算机、软件类专业的人工智能教学实验软件平台。这类平台提供人工智能开源框架和开源的算法及模型，供教师教学和学生学习。另一类是面向电子信息、自动化类专业，针对应用场景的硬软件综合平台。这类平台既可开展模型训练、算法学习，也可搭建面向实际问题的应用场景（见图2）。

(a) 人工智能教学实验软件平台

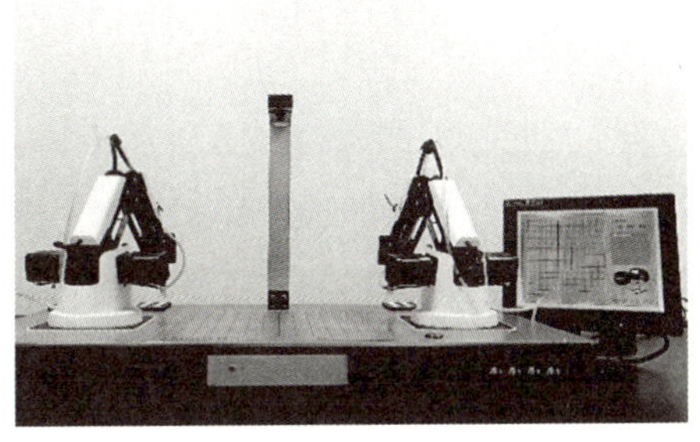

(b) 面向应用场景的人工智能硬软件平台

(c) 人工智能技术实训室

图2　人工智能教育的典型教学平台

三、人工智能教育发展建议

在2019年5月召开的“国际人工智能与教育大会”上，习近平主席致贺信并指出，人工智能是引领新一轮科技革命和产业变革的重要驱动力，正深刻改变着人们的生产、生活、学习方式，推动人类社会迎来人机协同、跨界融合、共创分享的智能时代。把握全球人工智能发展态势，找准突破口和主攻方向，培养大批具有创新能力和合作精神的人工智能高端人才，是教育的重要使命。

近年来，通过从中央到地方、从政策环境到教育实践层面的不断发力，我国人工智能教育的发展取得了显著成果。然而，人工智能教育在全球尚处起步阶段，仍有较大的探索空间。

（一）构建政府、企业、学校的联动机制

人工智能教育的发展离不开政府、企业、学校的合作，建立三方联动机制是推进我国人工智能教育发展的必由之路。明确政府在人工智能教育发展中的主导地位，发挥其在机制设计、资金支持、统筹协调方面的引导作用；进一步发挥市场在人工智能教育发展方面的推进作用，加强校企联动与深度合作，实现二者在人工智能领域的优势互补和协同发展，形成校企协同培养人才、校企协作开展科研、校企联动转化成果的局面。在教师队伍建设方面，构建与人工智能企业联合培养师资的行动框架，推动企业与学校人工智能教育高端人才的双向互聘机制；鼓励企业派高端人才进驻校园进行教学研究，将人工智能教育的新技术、新思想和新方法融入课堂教学中。

（二）以交叉学科和跨界思维培养“人工智能+X”人才

当前，我国各阶段教育的培养模式仍以分科教育为主，在培养学生的问题分析与解决、数据处理、沟通和合作等能力方面还有所不足。随着人工智能等新技术的快速发展，现有教育模式的限制日益显现。在人工智能人才的培养模式方面，应重新审视专业、学科之间的边界，完善人工智能的培养规划和学位体系，探索构建符合人工智能时代的“新工科”“新商科”“新农科”。人工智能的研究和应用需要多学科知识、能力、素质的跨界与融合，只有打通不同学科间的壁垒，才能培养出产业发展所需的复合型人才。

（三）打造具有系统性、开放性、普惠性的人工智能教育装备

人工智能教育装备作为人工智能教学实践过程中的重要载体，对保障人工智能教育的高水平发展具有重要作用。人工智能教育装备的开发应坚持系统性、开放性、普惠性原则。智能软件（系统）、智能编程工具和智能硬件等要彼此关联，打造系统化的教育体验；编程工具要具备良好的开放性，能够与多种智能硬件互联，要注重开源结构、开源电子硬件等的开源设计思路；要创建支撑课程的普惠性教育装备，为不同地区、不同层次的学校开展人工智能教育提供可能。

（作者单位：天津市教育科学研究院）

教育机器人发展现状与需求分析

北京师范大学智慧学习研究院
互联网教育智能技术及应用国家工程实验室

【编者按】

随着人工智能与教育学、心理学等学科的融合发展，机器人在教育过程中的应用对人类认知、决策、智力、情感等发展的影响广受关注。近年来，教育机器人已成为教育领域内的热门话题之一，在世界范围内迎来了新一轮发展浪潮。本文专题梳理了2014~2018年教育机器人领域的国际动态与研究热点，从适用对象和应用场域层面解析了教育机器人的应用情境。本文还通过调查问卷和文献调研，从用户和研究视角对教育机器人的需求特点进行分析，就教育机器人的实践应用及发展提供了建议，描绘了教育机器人未来发展的可能趋势。

科学技术是第一生产力，是先进生产力的集中体现和主要标志。进入 21 世纪，新科技革命迅猛发展，人工智能等领域的重大突破将深刻改变经济和社会面貌。我国长期注重科学技术对社会发展的促进作用。早在 2006 年，国务院发布的《国家中长期科学和技术发展规划纲要（2006—2020 年）》中就指出，“重点研究低成本的自组织网络，个性化的智能机器人和人机交互系统、高柔性免受攻击的数据网络和先进的信息安全系统”“智能服务机器人是在非结构环境下为人类提供必要服务的多种高技术集成的智能化装备。以服务机器人和危险作业机器人应用需求为重点，研究设计方法、制造工艺、智能控制和应用系统集成等共性基础技术”。[1] 2017 年，国务院在《新一代人工智能发展规划》中指出“大力发展人工智能新兴产业”“攻克智能机器人核心零部件、专用传感器，完善智能机器人硬件接口标准、软件接口协议标准以及安全使用标准。研制智能工业机器人、智能服务机器人，实现大规模应用并进入国际市场。”[2]

随着心理学、教育科学和人工智能等学科的发展，机器人对人类认知、决策、智力、情感发展的研究逐渐受到重视，为教育学研究和教育类产业提供了新视角。2018

年，我国《教育信息化 2.0 行动计划》提出“智慧教育创新发展行动”，要进一步加强智能教学助手、教育机器人、智能学伴、语言文字信息化等关键技术研究与应用。习近平主席在给 2019 年“国际人工智能与教育大会”的贺信中指出，“人工智能是引领新一轮科技革命和产业变革的重要驱动力，正深刻改变着人们的生产、生活、学习方式，推动人类社会迎来人机协同、跨界融合、共创分享的智能时代。把握全球人工智能发展态势，找准突破口和主攻方向，培养大批具有创新能力和合作精神的人工智能高端人才，是教育的重要使命。”教育机器人作为人工智能和机器人技术在教育领域应用的代表，将成为智慧学习环境的重要组成部分。

所有协助进行教学或学习活动的“机器人教育”，以及具有教育服务智能的“教育服务机器人”，统称为教育机器人。[3] 机器人教育是一系列的活动、教学课程、实体平台、教育资源或教育哲学；一般来说，模块化机器人和机器人套件是机器人教育中常见的辅助产品。教育服务机器人是具有教与学智能的服务机器人，通常被用于进行STEAM教育、语言学习、特殊人群学习等主题的辅助与管理教学中。区别于机器人教育中常见的产品，教育服务机器人具有固定的结构，一般不支持用户自行拆装。

一、教育机器人研究现状

针对教育机器人的学术研究现状，本文主要根据 Thomson Reuters 公司的 Web of Science（WoS）核心合集数据库所收录的 2014~2018 年教育机器人相关学术文献，从中量化分析出相关研究学者、出版期刊、研究地域分布和主要研究机构，并由此归纳整合出教育机器人的研究热点。教育机器人属跨领域研究，涉及计算机科学、教育、自动控制、机械、材料科学、心理学、光学等诸多领域。本文将教育机器人的学术研究聚焦在计算机科学导向与教育导向两大领域，采用英文关键词“education、robot”“teacher、robot”“child、robot”“student、robot”、“classroom、robot”在数据库中进行组配检索，并根据引用数统计分析主要研究机构。

在WoS核心合集数据库中，1993~2018年与教育机器人有关的学术文献共计检索到3060篇，其中2014~2018年与教育机器人有关的研究成果共1404篇。相比上一个5年周期的文献总量，后5年间有关教育机器人的研究数量开始急速增多。相关文献的数量和被引频次于2017年达到峰值，2018年有所回落，如图1所示。另外，在1404篇文献中，计算机科学导向或教育导向的文献共计459篇。

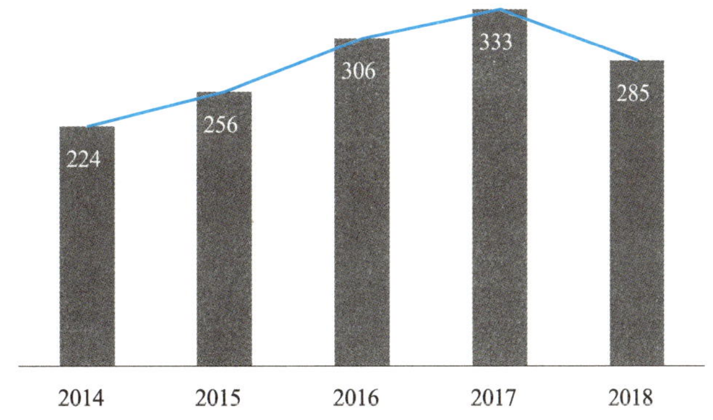

图1　2014~2018年教育机器人相关文献数量变化趋势（单位：篇）

（一）主要研究机构

2014~2018年与教育机器人相关的文献资料中，按各研究机构的文献数量，排列出全球主要的教育机器人研究机构如表1所示。

表1　全球教育机器人主要研究机构

国家	研究机构	简介
美国	塔夫茨大学	将工程学融入K12教育领域，塔夫茨大学的工程教育和外展中心是代表国家级研究水平的机构。目前，其主要项目有社区工程、乐高工程、互动学习和协作环境、教育创造者空间、学生教师外展指导计划等
英国	赫特福德大学	赫特福德大学自适应系统研究群于2000年创立，主要目的在于研究自闭症儿童与机器人的沟通互动是否有助于其与一般人的沟通交流
法国	蔚蓝海岸大学（联盟）	法国国家信息与自动化研究所在阿基坦地区设立“Poppy Education”项目，将机器人作为学习和创造力的有力工具。该项目以“Poppy”跨学科平台的全球教育转移和传播为基础，由初学者、专家、科学家、教育工作者、开发人员和艺术家组成
法国	法国国家科学研究中心	法国国家科学研究中心是法国国内最大的科技性政府研究机构，也是欧洲最大的基础科学研究机构。该中心的主要任务是从事对科学进步和国家经济、社会、文化发展有益的各项研究工作，促进研究成果的推广和应用，分析国内外科技发展形势，参与制订科技政策
法国	索邦大学	索邦大学是一所公立研究型大学，由巴黎第六大学（皮埃尔和玛丽居里大学）与巴黎第四大学（巴黎索邦大学）合并而成。机器人与系统研究所是由索邦大学的三个团队联合成立的多学科研究实验室，汇集了机械、自动化、信号处理和计算机科学等领域的研究人员
美国	佐治亚理工学院	佐治亚理工学院的机器人与智能机器研究所主要由Gary V.McMurray带领，研究深度和广度出众
意大利	意大利国家研究委员会	意大利国家研究委员会是意大利最大的公共研究机构，其使命是开展研究项目，促进国家产业体系的创新和竞争力提升，以及国家研究体系的国际化。该机构同时也为公共和私营部门的新兴需求提供技术和解决方案
塞尔维亚	贝尔格莱德大学	贝尔格莱德大学的Mihajlo Pupin研究所设有机器人实验室，在科学界，该研究所以人形机器人的早期工作而闻名

续表

国家	研究机构	简介
奥地利	格拉茨技术大学	格拉茨技术大学共设有95个研究所，工作涉及通过学校讲习班普及机器人/人工智能、为儿童和青少年学生提供机器人俱乐部、组织机器人/人工智能研究营、组织机器人挑战赛、建立并实施机器人和人工智能教师培训计划等
意大利	意大利技术研究院	意大利技术研究院是意大利政府成立的科学技术研究中心，目前该研究院的机器人研究群下设iCub、HyQ、Walkman and Coman、Plantoid四个研究平台，与教育机器人相关的是iCub

（二）研究区域分析

根据论文篇数指标，我们对2014~2018年WoS核心合集数据库中计算机科学和教育两个领域的459篇教育机器人相关文献进行了地区分析，发现当前教育机器人的研究区域主要集中在北美洲与欧洲。根据论文数排名前10的国家如表2所示。

表2　教育机器人论文篇数国家分布情况

排名	国家名称	论文数/篇	排名	国家名称	论文数/篇
1	美国	108	6	韩国	22
2	英国	76	7	中国	19
3	西班牙	52	8	荷兰	16
4	日本	33	9	土耳其	16
5	意大利	30	10	瑞士	15

（三）主要研究热点

对上述459篇文献进行内容分析，可知其中计算机导向文献365篇，教育导向文献126篇。删除无法获取全文及与教育机器人主题明显无关的文献，最终纳入内容统计的文献共计230篇（计算机导向论文189篇、教育导向论文41篇）。通过文献计量工具，我们采用知识图谱的研究方法对这230篇文献进行了教育机器人的主题研究及可视化分析。

关键词是研究主题的高度概括与凝练，分析关键词能有效探测某一研究领域的热点问题。通过CiteSpace工具和Pathfinder路径搜索算法对上述文献进行分析，共发现199个关键词。对其进行同语义合并处理后，发现词频大于4次的关键词有20个，如表3所示。

将230篇文献数据导入VOSviewer软件，选择频次大于4次的高频关键词进行聚类可视化分析，教育机器人的有关研究呈现出5种聚类情况，如图2所示。节点的大小与权重值有关（重要度、词频大小等），节点间连线表示关联度。

表3　高频关键词出现频次（词频＞4次）

关键字段	词频/次	关键字段	词频/次
robot	56	robot design	8
human-robot interaction	41	computational thinking	7
educational robot	28	child-robot interaction	7
social robot	19	programming	7
humanoid robot	15	teleoperation	6
education	12	service robots	5
autism	10	autonomous robots	5
artificial intelligence	9	engagement	5
children	8	imitation	5
mobile robots	8	LEGO robot	5

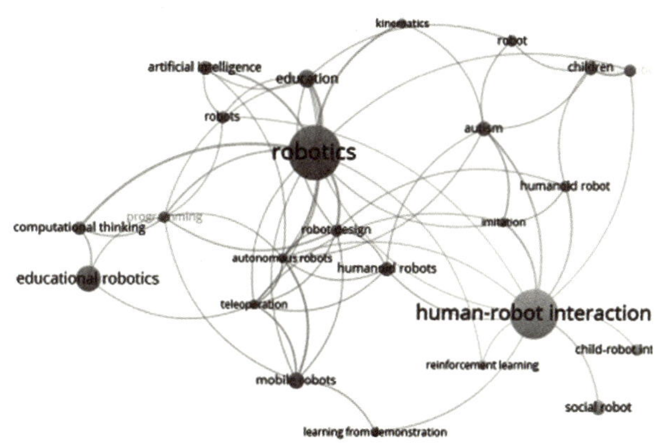

图2　出现4次以上的高频关键词聚类可视化

选择频次大于4的高频关键词依次使用Bicomb软件和SPSS进行数据处理和聚类分析，可将教育机器人的相关研究归入5个类团，每个类团的主要研究内容如表4所示。

表4　教育机器人研究主题分类

类团名	关键词
本体研究	artificial intelligence；education；robot
教学角色及影响研究	LEGO robot；humanoid robot；computational thinking；educational robot；creativity
设计研究	mobile robots；service robots；autonomous robots；robot design；teleoperation；programming
教学实践研究	social robot；engagement；child-robot interaction；STEM；teaching；learning；school
应用情境研究	imitation；children；autism；human-robot interaction

1. 本体研究

通过主题聚类分析发现，以“人工智能”“教育”“机器人”等关键词为主的教育机器人本体研究是教育机器人研究领域的重要组成部分。这类研究侧重于对教育机器人领域的核心组成部分的阐述，主要涉及共享概念，如“教育”的本质和目标、“人工智能”技术、“机器人学”，研究主要集中在对教育机器人的概念与特征、表示与分类，以及与教育机器人有关领域的概念、理论等的解析方面。

针对教育机器人的相关理论与模型应用，目前主要依托教育学和心理学领域的理论基础，常见的有认知理论、意义建构和社会建构理论，此外还有情境与经验学习理论、定向学习理论、中介学习经验理论、恐怖谷理论等；各种教学范式，如以学习者为中心的教学方法、非正式治疗与学习方法、基于项目的学习方法、基于位置的教育方法。涉及的模型包括PTD的理论框架、移情模型、用户模型、ARCS模型、技术理论模型。

随着研究的逐步深入，研究者更多地将教育机器人定位于机器人辅助教育教学，并在此框架下理解其概念、内涵、类别及核心要素等。相关研究的开展有利于明确机器人教育研究的对象和范畴，同时也表明教育机器人的发展离不开人工智能、心理学、社会学、教育学、机器人学等多领域的基础性知识的发展。

2. 教学角色及影响研究

机器人教学角色及影响研究涉及的关键词有两类。一类是以“人形机器人”“乐高机器人”为代表的机器人类型和角色研究。此类研究中，有的研究者指出教育机器人通常扮演导师、同伴、工具 3 种角色。机器人扮演导师角色时，可帮助学生进行语言词汇学习，调整算术练习方案，还可与学生讨论编程任务的难度；扮演同伴角色时，可以在学生正确发音或成功完成编程任务时给予赞赏与鼓励，可以和学生合作解决课程中的任务；机器人扮演工具角色时，其传感器可帮助学生更好地学习掌握物理知识，借助机器人学生可以进行编程语言的学习。[4] 有的研究者则认为机器人在教学中主要扮演学习材料、工具、学生 3 种角色，而且这种角色认知相对稳定。[5] 我们统计了文献中提及的机器人教学角色信息，如表 5 所示。

表5　教育机器人的角色统计

角色	论文数	
	计算机导向/篇	教育导向/篇
工具	111	35
同伴	20	7
导师/教师	13	1
教育环境	11	/
助理/助教	7	/
资源/学习材料	4	4
学生	2	/

需要说明的是：在工具角色的描述中，包括学习工具、教学工具、治疗工具、测试工具、评价工具及未明确分类工具，如LEGO NXT、Bioloid、ThymioII。同伴角色和学生角色含义不同：同伴角色是作为学生的实体同伴存在的，如Pleo机器人、ViPleo、PhyPleo；而学生角色是指机器人可以代替学生上课，通过语音、视频等方式记录课程信息，为因病请假等情况的学生提供服务，这类角色定位的机器人具有相当的学科知识，并以模仿新学生加入课堂的形式被整合到学校中。用如My-Mini-Pet和My-Pet等机器人作为智慧教育环境的一部分时，通过在学生和动物形态机器人之间建立一种饲养关系，来对学生进行生物学、环境学方面的教学引导。资源/学习材料角色主要将机器人用作教学内容，供学生进行机器人学、人工智能等学科知识的学习。

另一类机器人教学角色及影响研究是以“计算思维”“创造力”关键词为代表的机器人教育价值的研究。此类研究侧重于讨论机器人教育与教育机器人的相互关系，以及机器人教育的影响等，突出机器人对 STEAM、语言、特殊主题（自闭症治疗）教育整合的价值和对学生能力的培养。无论技术如何发展，机器人所包含的计算机编程、电子嵌入式系统、工程设计及数学都是永恒的议题，而这些领域的知识和技能又都囊括在机器人学这门综合型新兴学科中。因此，使用机器人开展教学活动，能让学生了解计算机编程、电子嵌入式系统、工程设计及数学等领域的基础性学科知识，同时也能向学生教授诸如时间管理、资源配置、团队合作、问题解决、人际沟通等 21 世纪必备技能。

3. 设计研究

教育机器人设计研究主要涉及“移动机器人”“服务机器人”“机器人设计”“远程操控”“编程”等关键词。此类研究侧重对投入教学的机器人类型、设计理念等进行研究。一方面，依托特定的机器人，通过一定的程序设定或设计改造，使之能实现既定的教学目标或教学功能。如有研究者使用 Probo 机器人，在 Ozsetup 向导中控制，启动预编程程序设定来执行自闭症儿童的治疗，同时通过 Probo 机器人的摄像头，操作员可以看到治疗室内发生的情况并进行交互式通信，适当调整机器人的动作以达到干预治疗的目的。[6] 另一方面，研究者致力于研发和提高机器人实现教学功能的技术设计，如计算机图像技术、VR 技术、机器人辅助筛查、光学跟踪、外观设计。如有研究者在 KindSAR 机器人中融合了机器学习算法、人工智能和实时控制、社会辅助技术等最新研究成果，提高了 KindSAR 机器人以孩童声音说话、表达情感（通过语言和非语言暗示）和执行各种动作的能力，证明了提升技术设计的 KindSAR 机器人纳入学前教育的可行性和预期效益。[7]

为了解教育机器人研究中使用的机器人类型，我们对实证研究中用到的机器人进行了统计。分析发现，计算机导向研究中使用最多的是类人形机器人，首先是社交机器人、移动机器人、LEGO套件。教育导向研究中使用最多的是LEGO套件，其次是人形机器人、编程机器人、社交机器人。总体来看，从形态角度而言，人形机器人如NAO、Robovie在教学实验中应用较为广泛，LEGO套件如LEGO Mindstorms NXT机器人在编程教学研究中使用较为普遍；从功能角度而言，很多教育研究中使用的机器人来自于社交机器人，如Keepon、KASPAR、Probo，其常被应用于特殊教育研究中。相比其他类型机器人，移动机器人在计算机科学教育中的讨论较多而应用较少，已有研究使用到的移动机器人有e-puck、iRobot Create。

4. 教学实践研究

该研究涉及探究机器人课程设计、教育技术支持、机器人教学、机器人课程实践效果、机器人教学实践场景分析等。针对机器人课程设计，有的研究者基于自主开发的机器人助教设计了一门初级英语课程。该课程采用交际语言教学法、全身反应教学法和故事教学法进行教学设计。通过4次不同类型的课堂实践，发现该课程不仅能提升学生英语学习的体验和成绩，也能增强其学习动机。[8]

针对机器人教学理念，有的研究者基于机器人套件提出了课程设计标准，指出机器人套件可用的课程选项应分为3类：软件开发工具包、教育（STEM领域）和其他，课程教学内容的指导、理论解释和评估指南，通常包含在机器人套件中或由第三方主体创建。机器人教育课程的教学材料需要配套全面，应包含用于课堂或家庭教育的任何类型材料，如工具包、教科书、课程指南等；要注重对不同主题教学课程和课程指南的设计，STEM课程、编程课程和机器人课程都应开发对应主题的课程及指南。[9]

对机器人教学实践场景进行分析，主要包括五个方面。

第一，教育智能管理与服务。有研究者指出，在机器辅助教学场景中，机器人的教学角色不再单一，可以实现多种角色的切换，如按照智能水平划分为编程控制型机器人和智能自动型机器人，通过预先编制的程序或者自动识别学习者特征确定教学策略。[10] 机器人通过人工智能等技术，可以实现学习路径规划、精准教研等功能。

第二，智能学习过程支持，如学科资源支持、资源智能生成、个性化学习。美国的CogniToys在2015年推出了名为“Dino”的机器人，这款机器人在听到使用者（儿童）的提问后，可自动连接网络寻找答案，并可以在与使用者的交流过程中逐渐学习和了解其情绪和个性。机器人和使用者交流得越多，对其了解就越深，与其对话就越个性化，越贴近其喜好。当然，这些对话均有严格监控，以避免儿童受到误导。

第三，智能教师助理。沃森助理机器人是智能教师助理的一次尝试，该虚拟机器人由IBM研发，通过线上平台为学生答疑，学生们只注意到“沃森”比其他助教回复更迅速，却未分辨出其机器的身份。目前这款机器人已经在美国的佐治亚理工学院、挪威奥斯陆的BI商学院等高等教育机构得到了应用，未来教育机器人还可以继续在自动出题与批阅、考勤记录等方面发力。

第四，智能教育评价。学生反馈是教学评估最重要的信息来源，已有研究者注意到机器人在这一领域相对传统调查方式的优越性。比如，利用聊天机器人在对话界面收集意见，回归自然教学情境，聊天机器人的对话可以根据学生的反应和个性进行调整，然后继续追问后续问题，并找出原因。

第五，智能教育环境。这类研究将机器人并入整个教育生态体系中设计，机器人可以智能感应教学环境，通过接收语音指令或者监控教学进度，实现教室灯光、教学音频等的调控。

5. 应用情境研究

机器人的应用情境研究包括两方面：一是机器人的教学应用场域研究，排名前三的场域是一般教室、专业场域和个人场域；二是机器人的适用对象研究，主要包括：K12教育中的幼儿、小学生、中学生3类人群，高等教育的本科生人群、研究生人群，成人（大学毕业后、退休前的成人使用者，约23~64岁）中的教师、家长等，老年人群（已退休的老年使用者，约为65岁以上），特殊群体中各种需要医疗健康帮助的患者（如自闭症儿童、语言障碍者）。

当前教育机器人主要应用于K12教育阶段（以小学生和中学生人群居多），其次是特殊人群和高等教育人群，面向中老年人需求开展的教育机器人应用较少。在面向K12教育的教育机器人应用研究中，围绕STEAM主题教育的研究最多，其次是语言学习。从应用研究所针对的具体需求来看，STEAM教育包含了对科学、技术、数学、工程、艺术五个学科的教学需求，其中艺术教育需求研究较少；身心障碍治疗需求主要涉及自闭症、运动复健、疾病筛查和治疗等具体需求；社会化需求主要是为满足用户的社交、认知学习、情感交流、社会角色要求下的职能培训等；语言教育需求主要涉及语言教学、手语教学、语言交流障碍的解决等方面；学科教育需求主要涉及各类学位课程或专业课程的学习，如电气、医学、计算机等学科知识的学习。

以STEAM为主题的教育机器人应用研究中：适用于幼儿群体的占9.82%，适用于小学生群体的占36.61%，适用于中学生群体的占31.25%，适用于大学生群体的占16.96%，适用于成人群体的占5.36%；相关文献中没有发现与老年群体有关的研究。对于幼儿群体的STEAM教育，机器人扮演教具或玩具角色，目的在于寓教于乐，使幼儿通过娱乐游戏对机器人的基本知识学习有兴趣，在兴趣基础上进行机器人基本知识的普及，所用机器人以乐高组合型机器人最为常见。小学生机器人教育与幼儿机器人教育很类似，以使用乐高组合型机器人为主，机器人在学习过程中扮演教具或玩具的角色。中学生及以上的机器人教育内容的深度和广度更大，使用乐高积木式机器人的比例骤减，取而代之的是Arduino等其他类型的机器人。

身心障碍治疗是教育机器人应用研究的第二大主题：以幼儿群体为适用对象的研究占29.07%，适用于小学生群体的占30.23%，适用于中学生群体的占24.42%，适用于大学生群体的占1.16%，适用于成人群体的占9.30%，适用于老年群体的占5.81%。分析发现，小学生和幼儿群体的治疗主要针对自闭症，主要是使用人形机器人扮演学习同伴的角色，通过游戏方式与小学生、幼儿进行社交互动，促进治疗对象与他人沟通。

针对社会化需求的教育机器人应用研究中，适用对象为幼儿群体的占26.92%，适用对象为小学生群体占比25%，适用对象为中学生群体的占19.23%，适用对象为大学生群体的占7.69%，适用对象为成人群体的占15.38%，适用对象为老年群体的占5.77%。在占比最大的幼儿和学生群体应用中，教育机器人通常扮演伙伴或教具角色，用以帮助提高幼儿和学生的社交能力、情感表达、提高审美能力等；对占比较大的成人群体而言，教育机器人主要扮演教具角色，用以帮助医生、护士、运动员、教师等人群进行相应的岗位技能培训与提升，协助开展特定职责下的工作内容。

从文献分析结果看，教育机器人应用于语言学习是幼儿、小学、中学、大学与成人群体的共同需求，研究占比依次为18.18%、42.42%、27.27%、9.09%、3.03%；文献中未涉及老年群体使用教育机器人进行语言学习的需求。幼儿语言教育中，机器人常扮演学习同伴的角色与幼儿进行语言互动交流，如陪伴幼儿进行对话练习、训练幼儿听力等，以人形机器人的使用最多。针对小学生、中学生两个群体的研究占比最高，机器人常扮演学习同伴、教具或教师的角色，陪伴或指导学生进行阅读或对话训练，其目的是协助学生提升以英语为主的第二语言读写能力，实现基础教育中的语言学习目标，所用机器人也以人形机器人为主。大学生和成人群体的语言学习中，机器人主要扮演教师角色，用以指导学生进行英语、西班牙语等非母语的语言学习，人形或非人形机器人的使用都有涉及。

教育机器人应用于学科教育的研究中，适用对象为小学生和成人的占比均为5.56%，适用对象为中学生的占 16.67%，适用对象为大学生的占 72.22%，文献中没有发现针对幼儿、老年群体的应用研究。对于占比远高于其他群体的大学生群体，在学科教育中主要将机器人作为教具，辅助进行计算机科学、机器人学、电子电气等专业领域的知识学习。

二、教育机器人的应用情境

为梳理目前教育机器人市场产品发展的分布状态，本文从产品与用户关系的角度，通过“适用对象”和“应用场域”两个维度来构建市场分析框架，并进一步划分出12类教育机器人产品，如图3所示。此框架可作为新产品市场定位与发展策略的重要参考。

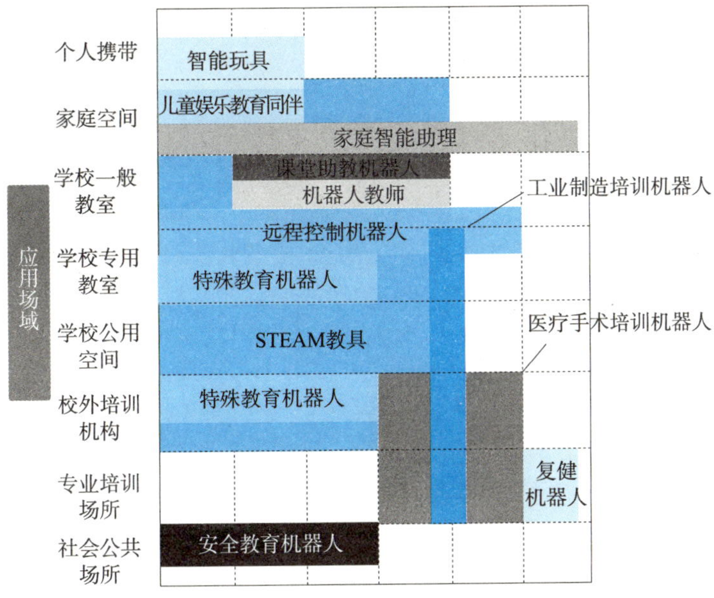

图3　12类教育机器人产品划分

从市场发展现状来看：首先，教育机器人产品主要集中在家庭和学校场域中使用，如家庭中的智能玩具、儿童娱乐教育同伴、家庭智能助理；学校一般教室与专用教室的远程控制机器人、STEAM教具；专用教室或培训机构的特殊教育机器人。其次，部分产品仍处于概念性阶段，如课堂助教机器人、机器人教师，这类产品的功能设计仍需市场验证。再次，公共场所的教育机器人产品主要涉及安全教育功能。最后，专业培训上的教育机器人发展显示了教育机器人在各领域的应用潜力，如工业制造培训、医疗手术培训、复健等。

以上述市场分析框架为基础，本文分析了来自全球市场的代表性产品，按类别对其使用场域及扮演角色进行了描述，如表6所示。

表6　12类教育机器人及代表产品

产品类型	说明	产品案例
课堂助教机器人	主要用于协助教师完成课堂辅助性或重复性工作，协助教师完成演示实验等任务	“未来教师”教育机器人
特殊教育机器人	针对有特殊教育需求的使用者设计，可以有效改善其社交与行为能力	Milo Qtrobot ASKNAO
医疗手术培训机器人	本质上是适用于某些外科手术的机器人，也可用于外科医生的培训	智医助理 达芬奇
复健机器人	用于康复护理、假肢和康复治疗等方面，助力患者恢复身体机能的辅助或锻炼型机器人，也包括辅助老年人锻炼、看护等方面的机器人	Care-O-bot3 Care-O-bot4
安全教育机器人	帮助低龄儿童认识安全问题并形成安全理念的教育机器人	Robotronics

续表

产品类型	说明	产品案例
儿童娱乐教育同伴	伴随0～12岁儿童成长的机器人，一般作为儿童的同伴，在与儿童玩乐与学习的过程中达到寓教于乐的效果	阿尔法超能蛋 小墨智能机器人 小忆机器人
智能玩具	一种可随身携带的拥有智能的玩具，在满足玩乐需求的基础上加入教学设计，帮助使用者以寓教于乐的方式学习生活、语言、社交等知识	LOBOT ChiP Sphero BB-8 Cozmo Dash&Dot
家庭智能助理	能按一定的业务处理流程完成特定功能任务，又能根据人机交互的语义结果执行相关功能任务	悟空机器人 小优机器人 BUDDY
机器人教师	扮演教师角色，能根据不同教学情境独自完成一门课程的教学	NAO 索菲亚 Pepper
远程控制机器人	通过提供较好的临场感，被应用于教育、医疗、商业领域的各种具有交互性的活动之中	Double Robotics PadBot oboMing
STEAM教具	根据STEAM教育理念所设计，用以达成STEAM教育目标的教学工具	AELOS 小哈机器人 CellRobot
工业制造培训机器人	本质上是工业机器人，但未用于生产线上，而是用于培训能设计、安装、维护机器人，或能与机器人协同工作的各类专业人员	YuMi U系列机器人 CR-35iA

三、教育机器人的需求分析

随着教育机器人设计与制造技术的发展，特别是人工智能应用于教育机器人后，教育机器人的智能化程度逐步提高，在教育服务领域的应用范围、应用价值越发受到产业界、学术界的关注。探讨教育机器人的创新应用途径，以及如何设计开发能满足各类教育服务对象需求的功能，可以为未来的教育机器人发展指明可能的趋势，为一线教师、教育政策制定者及进军教育机器人产业的企业提供相对应的参考信息。

本文通过网络问卷调查法，面向教育机器人的潜在用户群体采集相关数据。网络问卷调查了学生、教师、家长的观点，旨在发现教育机器人在教育服务市场的需求全貌，包括各类用户群体对教育机器人的可能应用途径、应具备的功能等方面的新观点及应用教育机器人的意愿，并在更广泛的人群中发现新的需求内容。网络问卷调查共收集了来自1032位教师、1345位家长及857名学生的有效问卷。调查结果分析包含需求群体、需求意愿、需求实现时程三个维度。需求群体包括幼儿、小学生、中学生、大学生、幼儿园教师、小学教师、中学教师、家长、老人。实现时程根据人机交互技术、机器人视觉技术、情境感知技术3项关键技术的成熟度作为区别阶段的准则，分为短期、中期、长期3个阶段。短期指近5年内可能实现的需求，中期指5~10年可能实现的需求，长期则指10年以上可能实现的需求。

调查发现，各类群体都清晰地表达自己对教育机器人的需求，并对其持积极使用的态度。其中，有超过85%的学生希望拥有一台教育机器人，教师中希望拥有一台教育机器人的比例高达90%；学生希望有陪伴自己学习或练习的机器人“学习伙伴”，教师希望有辅助自己完成教学任务的机器人“助教”，家长希望有替代自己部分监护职责的机器人“监护人”。

调查共汇总不同用户群体提出的教育机器人需求内容233项，归纳出17种教育机器人可扮演的角色：机器人保姆、机器人生活伙伴、机器人生活助理、机器人健康助理、机器人学习助理、机器人学习伙伴、机器人学习顾问、机器人教具（玩具）、机器人教师、机器人助教、机器人助理、老人陪伴员、机器人监护员、机器人安全教育员、机器人社会服务人员、智能家庭管控、智能教室管控。从需求内容来看，绝大部分需求集中在学生日常生活和学习中的陪伴与协助，此外还包括特殊儿童的辅助、幼儿的看护、老人的陪伴、教师和家长的辅助等。各类用户群体对教育机器人的需求按实现时程划分汇总，如表7所示。

表7　各类用户群体的教育机器人需求

用户群体	短期需求	中期需求	长期需求
幼儿	游戏玩伴 常识教育	自然对话 知识问答	机器人教师 情绪与心理引导 幼儿照护
小学生	生活助手 语言教育 机器人教育 环境与媒体管理 学习时间规划	游戏玩伴 学习助手	学习助手 学科知识教学
中学生	生活助手 学习助手 语言教育 环境与媒体管理	学习资源辅助 学习时间规划 日常陪伴	情绪与心理引导 学科知识教学
大学生	生活助手 移动学习助手 语言教育 环境与媒体管理 机器人教育	学习助手 日常陪伴 学生状态识别	学科知识教学 智能导学
幼儿园教师	日常辅助提醒	教学资源辅助 学生状态识别	机器人助教
小学教师	日常教学事务性工作辅助 环境与媒体管理 教学环境营造	批改作业 学生状态识别	情绪与心理引导 教学过程辅助 教学准备辅助

续表

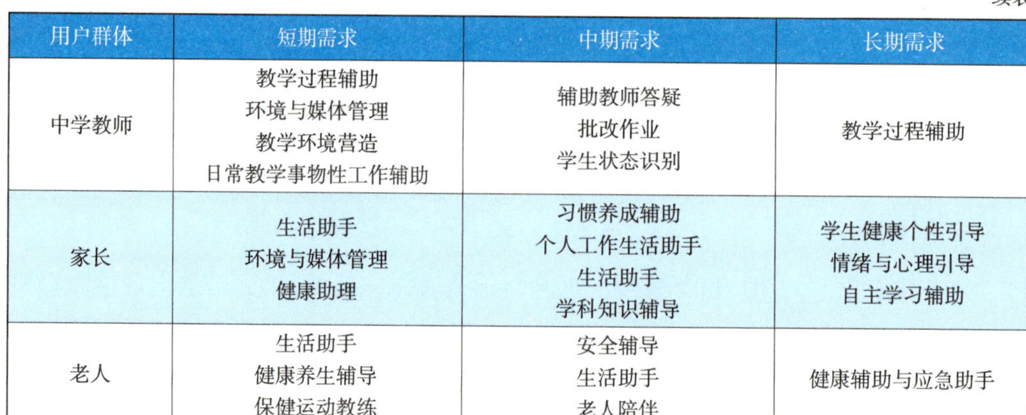

用户群体	短期需求	中期需求	长期需求
中学教师	教学过程辅助 环境与媒体管理 教学环境营造 日常教学事物性工作辅助	辅助教师答疑 批改作业 学生状态识别	教学过程辅助
家长	生活助手 环境与媒体管理 健康助理	习惯养成辅助 个人工作生活助手 生活助手 学科知识辅导	学生健康个性引导 情绪与心理引导 自主学习辅助
老人	生活助手 健康养生辅导 保健运动教练	安全辅导 生活助手 老人陪伴	健康辅助与应急助手

四、教育机器人关键技术

通过文献分析、专家访谈、企业实地走访等研究方法，本文汇总得出了与教育机器人未来发展相关的三项关键技术：人机交互、机器视觉、情境感知。

（一）人机交互

人机交互主要是研究人和机器人之间的信息交互或对话，是与认知心理学、人机工程学、语言学、社会学、计算机科学等密切相关的综合交叉学科。人机交互是智能服务机器人时代的前沿性、关键性技术，教育机器人作为智能服务机器人在教育领域的典型应用，其教育服务功能的设计与开发同样离不开人机交互技术。通过统计计算机科学领域中提及的与教育相关的机器人技术，人机交互的出现频次最高。

作为机器人科学研究领域中的重要组成部分，人机交互技术的发展历程已有半个多世纪。从计算机诞生之日起，人机交互技术的发展共经历了三个阶段：基于键盘和字符显示器的交互阶段、基于鼠标和图形显示器的交互阶段，以及基于多媒体技术的交互阶段。虽然通过多媒体信息进行交互极大地丰富了人机交互的内容，但离人与人之间的交互能力还相差较远。为了更好地理解外界的环境，人类每时每刻都在使用视觉、听觉、触觉和嗅觉，多模态是人类之间自然交互的体现。

（二）机器视觉

作为人工智能和机器人技术的重要组成部分，机器视觉技术利用机器代替人眼来进行各种测量和判断，可通过视觉传感器获取环境图像并进行分析与解释，能使机器人辨识物体并确定其位置。机器视觉技术是计算机学科的重要分支，综合了光学、机械、电子、计算机软硬件等方面的技术，涉及计算机、图像处理、模式识别、人工智能、信号处理、光机电一体化等多个领域。目前，机器视觉在电子、机械、智能机器、医疗、军事等许多领域有着广泛的应用前景。在教育领域中，与之相关的图像识别技术是被提及较多的机器人技术。如何识别教学场景，从而开发出更具教育适应性的机器人，已成为教育机器人厂商十分关注的问题。

机器视觉的研究中，常见的研究主题包括特征检测、描述和匹配、多视图几何、过滤和预测。许多相关技术已经成熟并且成为机器视觉系统的组成部分，如视觉测距、视觉同时定位和绘图、视觉位置识别，以及视觉与其他传感器的融合。

（三）情境感知

教育机器人需要满足不同群体的教育需求，适应多元的教学环境，实现特定的教学目标。跳脱出“为了机器人而做机器人”的思维，才能设计出更具教育适用性的服务机器人。从教育角度出发，机器人需要在动态、未知、非结构化的复杂教育环境中完成不同类型的教学任务，这就对教育机器人的情境感知技术提出了更高的要求。

根据Gartner公司的定义，情境感知是指在进行决策时，使用当时的各种补充信息对决策进行改进，以确保做出能够支持动态变化的商业和IT环境的正确决策。为向用户提供足够的服务，应用程序和服务应该了解其所处情境并自动适应不断变化的情境。

目前，情境感知技术已在教育场景得以应用，如在虚拟教室中使用智能导师来改进电子学习的教育功能；在教师培训时，基于应用的情境意识来协作工作空间；使用同步学习管理系统查看语言学习环境。此外，情境意识还被用于提高视频点播时的网络和动态服务体验质量。

情境有多种分类方式，如W.P.Li等人将情境分为用户和系统两个维度；A.K.Dey使用计算维度、用户维度、物理维度来建模情境；A.Zimmermann则将情境分为个体、时间、位置、活动、关系这5个维度。情境分类维度的多元性和易变性是情境感知技术发展道路上面临的巨大挑战。具体而言，情境感知系统通常是分布式的且包含多个嵌入式系统，这提升了监控和感知情境的复杂性和数据的异构性。此外，不断变化的情境要求系统能够对相应的变化进行迅速有效的处理。

五、教育机器人产业链框架及市场规模

（一）产业链框架

通过调研教育机器人产业相关的厂商现状，针对教育机器人产业的未来发展趋势，以成熟发展的平板电脑产业链为参考，本文对教育机器人的产业链层级进行了划分，如图4所示。

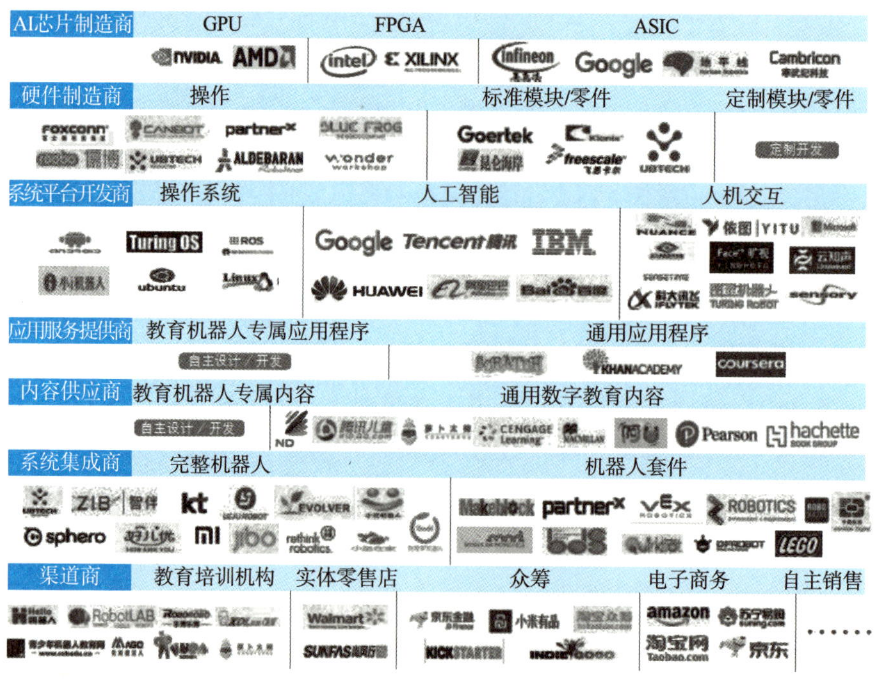

图4　教育机器人产业链框架

与工业机器人相比，教育机器人在形态、构成和功能上更加复杂，加之发展时间较短，目前仍处于早期创业探索阶段。教育机器人7层产业链中的企业并非严格的上下游关系，部分企业同时具备多种角色。

在教育机器人的 7 层产业链框架中，“AI 芯片制造商”提供机器人所需的人工智能芯片，这是实现机器人智能的基础；“硬件制造商”提供组成机器人的主板、控制板、舵机、传感器、通信模块、底盘移动机构、电源等各种零部件的制造、组装及测试；“系统平台开发商”开发与管理软、硬件资源的系统平台，提供人机互动最重要的自然用户接口；“应用服务提供商”基于系统平台，开发包括教、学课程在内的各种教育服务功能软件，并由“内容供应商”提供教与学过程中所需的内容；“系统集成商”负责将市场需求与软、硬件功能整合成一个最终产品；“渠道商”通过各种实体与虚拟销售渠道，将产品传递到最终消费者或使用者。

（二）产业链的发展

随着市场需求的具体化、技术发展的成熟、生产成本的降低，产业链会自发形成多样的竞争与合作关系，以满足多变、多样的市场需求，进而引发产业链的变化。依据教育机器人产业链的发展现状及相似产业的发展历程，由上游至下游可整理出以下6项未来产业发展趋势。

1. 教育机器人产业链形成专业分工

教育机器人产业仍处于发展初期，目前多数教育机器人厂商几乎涉及研发、设计、生产、销售等各产业链环节，如法国的Aldebaran推出的NAO；而家庭情绪智能机器人Pepper则是由Aldebaran研发设计，鸿海富士康科技生产制造，软银销售宣传，已形成产业链逐渐专业分工化的趋势。随着服务型机器人市场的逐渐成熟，未来教育机器人的产业链也将向专业分工的方向发展。

2. 服务机器人制造技术成熟，推进教育机器人加速发展

中国有“世界工厂”之称，全球超过 70% 的玩具、50% 的手机皆制造于中国。政策上，“中国制造 2025”规划将机器人列为十大重点发展领域。未来，随着伺服舵机、减速器等关键零组件制造技术的不断成熟，硬件制造的门槛和成本将逐步降低。这意味着，除与形态密切相关的机构件外，机器人的硬件产品差异化将越来越小，深入各领域应用将成为发展重心，这势必推进机器人各种教育应用的加速发展。

3. 自然人机交互成为产业关键技术

相较于应用其他智能设备进行教与学活动，教育机器人的优势在于自然的人机互动方式，如肢体动作、语音、图像识别等。教育机器人可被赋予如人类般的思考能力，这让教育机器人与人之间可以如人与人般自然地感知交互。由于降低了学习中的使用障碍，自然人机交互在教育领域中具有特殊的意义和重要的作用，也使其成为教育机器人产业的关键技术。

4. 教育专属应用服务程序与内容凸显产品价值

教育机器人的优势在于自然人机交互的设计，在形成机器人的生态体系后，第三方软件开发商将可运用自然人机互动接口，以机器人的表情动作、感知输入等功能，开发丰富的应用于教与学情境的应用程序服务与内容。未来，无论教育机器人是单独使用，还是配合其他移动设备使用，都将吸引更多的第三方开发者加入，对于教育机器人的专属应用服务与内容的提供商将形成较大的商机。

5. 专业教育机器人成为系统集成商的蓝海市场

纵观市场与产品的发展现状，教育服务机器人仍聚焦在K12的学校教育应用，如儿童娱乐教育同伴、智能玩具、课堂助教机器人、特殊教育机器人、安全教育机器人、机器人教师、远程控制机器人、STEAM教具等。目前除了医疗手术培训、复健、工业制造培训，较少系统集成商投入在专业场域的教育机器人研发。在服务型机器人市场中，许多领域已逐渐应用机器人以取代劳力的工作，如清洁机器人、厨师机器人、种菜机器人等。现今快速变动的市场，系统集成商投入专业场域的教育机器人研发，将有机会成为蓝海市场。

6. 产业链生态系统的竞争

在机器人制造、系统平台、第三方应用程序、教育内容趋向成熟发展的同时，唯有通过紧密的合作、结盟，形成完整产业链的生态体系，才能在产业链上建立足够的竞争优势。因此，对于产业链成员而言，除专注本领域内的技术和市场发展外，更可

参考生态系统的概念发展。

（三）市场规模

依据全球教育机器人的相关市场调查报告及相似产业的发展历程，本文提出终端消费、教育机构、教育套件、STEAM玩具套件这4类教育机器人市场的模型预测。其中，终端消费、教育机构市场模型用以预估教育服务机器人的市场规模；教育套件、STEAM玩具套件市场模型用以预估机器人教育的市场规模。2019~2023年4类市场的规模预估如表8所示。

表8　2019~2023年教育机器人市场规模预估　（单位：亿美元）

项目/年度	2019年	2020年	2021年	2022年	2023年
终端消费市场	45.5	136.4	363.6	1090.9	3272.7
教育机构市场	17.6	19.0	20.5	22.2	24.0
教育套件市场	20.5	22.8	25.5	28.4	31.7
STEAM玩具套件	30.7	31.9	33.3	34.7	36.1
市场规模总额预估	114.3	210.1	442.9	1176.2	3364.5

（1）终端消费市场规模至2023年预计将达3272.7亿美元。教育服务机器人方面的产品与个人移动计算机及平板计算机的系统结构相似。参考以上两个产品的发展历程可以发现，新产品从消费市场进入教育市场平均需要3年时间。

（2）教育机构市场规模至2023年预计将达24亿美元。参考美国2010年劳动力生产总额报告，服务业劳动力从事教育的比率为17%。按服务机器人取代约8%的教育劳动力生产总额进行预估，据市场调研机构Markets and Markets测算，2016~2022年全球服务机器人将以15.18%的年复合增长率增长，[11] 服务机器人将形成一个新的劳动力市场。

（3）教育套件市场规模至2023年预计将达31.7亿美元。机器人教育市场以可编程机器人作为教育套件。依据Markets and Markets报告统计，2018年可编程机器人的市场规模为18.34亿美元。[11]

（4）STEAM玩具套件市场规模至2023年预计将达36.1亿美元。越来越多的智能玩具以STEAM教育作为设计理念。根据Infiniti Research报告显示，全球玩具市场未来将以4.17%的年复合增长率增长。[12] Toy Industry Association的报告显示，拥有STEAM教育作用的产品约占玩具市场总份额的3%。[13]

总体来看，至2023年教育机器人市场规模总额预计将达3364.5亿美元。其中，相较机器人教育市场，教育服务机器人将拥有较大的营收额。此外，根据Markets and Markets的预测，教育服务机器人市场的服务与内容营收将占整体市场的78%。

六、教育机器人的实践与展望

（一）实践困境

目前，将教育机器人常态化引入教育体制仍面临不少挑战：

（1）缺乏具有战略高度的顶层设计。应从战略高度明确机器人教育的发展目标、市场机制等问题。目前我国机器人教育没有形成系统性的方案，各学段内容和目标不衔接，机器人教育的实施内容也不成系统。这种割裂的状态不利于人才的系统性培养和叠加效果的产生。

（2）缺乏完善的课程标准与评估机制。目前机器人课程的标准及评估机制都还处于空白期。什么样的课程可以进入学校、课程能取得什么效果、课程培养的人才是否与国家需求相匹配，都是有待研究的问题。

（3）缺乏相对应的学习内容。目前，市场上缺乏将教育机器人用于教学或学习所需的学习内容。未来在推动教育机器人方面，除技术层面的突破外，设计出相对应的教学与学习内容，提供学生与教师专属的教育服务将是关键。这样不仅可以减轻教师的负担，也能更好地推进教育机器人的应用与实践。

（4）缺乏应用机器人教学的师资。因为师范院校中未设置相应专业，所以技术工程类教师在学校非常紧缺。一些学校虽然开设了机器人方面的选修课或必修课，但都面临合格教师短缺的问题。由于师资缺乏，大部分机器人教育是通过课外活动、社团或补习班等非正式教育的方式进行。

（5）缺乏教育机器人的应用研究。机器人的相关研究由来已久，但专门针对教育机器人的应用研究尚十分缺乏。未来机器人的教育服务内容是最重要的一个部分，设计相对应的教育服务内容将是新的发展方向。

（二）发展建议

以下分别从需求面、社会面、产品与技术面就教育机器人的发展提供建议。

1. 需求面

广泛纳入其他国家与地区（如东南亚、欧美等）的需求，由此了解跨地区需求差异，从而更好地规划适用于全球需求的教育机器人与应用。充分发掘需求的多样性和相应市场，相较于面向儿童的教育机器人，市场仍缺乏面向成年及老年人的教育机器人产品。面向这些群体发展教育机器人，需要在垂直细分领域做更多的研究和探索。根据不同人群的需求，开发教育专属应用服务程序与内容。

2. 社会面

增强宏观引导：一是建设资源，整合和师资培养平台；二是大力推进标准及体系建设；三是打造一体化机器人教育创新生态系统。教育政策须从整体考虑：需要培养哪些师资，如何培养或帮助教师接受并使用机器人，如何补足不同教育阶段的师资匮乏，等等。制定明确的教育目标并设计相对应的课程内容。教育机器人的推动必须有明确的教育目标，明确定义教育所要培养的核心能力，同时教育机器人课程的设计要围绕核心素养进行，幼儿园至大学的课程须达到贯穿与衔接的效果。思考政府新推行的产业政策，以及如何将机器人应用到这些产业。将产业与教育合并思考，以培养出符合产业需求的人才，提升我国教育机器人产业的竞争力。教育机器人的研发需要教育领域专业研究人员的参与。为使教育机器人具备更完善的教育服务功能，未来需要更多的教育领域专业研究人员从安全、伦理、学科、适用性等方面给出建议。

3. 产品与技术面

（1）标准问题：教育机器人的设计应当在通信、接口、安全等方面健全标准。此外，在相关内容的规范性、教育目标的实现、学生年龄阶段的适用性、服务类型的规范等方面，应满足教育服务的特殊要求。

（2）关键技术：教育机器人相较于应用其他智能设备进行教与学的活动，优势在于自然的人机互动方式，是教育机器人可以如人类般自然地感知交互是决定产品成败的关键。

（3）发展专用教育机器人：从教育机器人的设计看，语音交互、日程提醒、讲故事等功能不仅在教育场域中适用，在其他场域中也普遍适用，市场上已经出现同质化的问题。教育机器人的设计可向专用教育机器人转变。增强教育机器人的教育适用性，需要深入研究课堂教学过程，把教育机器人在教学过程中真正能实现的服务功能分解出来，使教育机器人更胜任教育服务。

参考文献

[1]国务院.国家中长期科学和技术发展规划纲要（2006—2020年）[EB/OL].[2020-05-19].http：//www.gov.cn/gongbao/content/2006/content240244.htm.

[2]国务院.国务院印发《新一代人工智能发展规划》[EB/OL].[2020-05-19].http：//www.gov.cn/xinwen/2017-07/20/content_5212064.htm.

[3]黄荣怀，刘德建，徐晶晶，陈年兴，樊磊，曾海军.教育机器人的发展现状与趋势[J].现代教育技术，2017，27（1）：13-20.

[4]Ahmad M I，Mubin O，Orlando J.Adaptive Social Robot for Sustaining Social Engagement during Long-Term Children-Robot Interaction[J].International Journal of Human-Computer Interaction，2017：1-20.

[5]Ilaria Gaudiello，Elisabetta Zibetti. Learning Robotics，with Robotics，by Robotics[M].Wiley-ISTE，2016.

[6]Peca A，Simut R，Pintea S，et al.Are Children with ASD more Prone to Test the Intentions of the

Robonova Robot Compared to a Human?[J].International Journal of Social Robotics，2015，7（5）：629–639.

[7]Fridin M.Storytelling by a kindergarten social assistive robot：A tool for constructive learning in preschool education[J].Computers & Education，2014，70（1）：53–64.

[8]Wu W C V，Wang R J，Chen N S.Instructional design using an in–house built teaching assistant robot to enhance elementary school English–as–a–foreign–language learning[J].Interactive Learning Environments，2015，23（6）：696–714.

[9]Takacs A，Eigner G，Kovacs L，et al.Teacher's Kit：Development，Usability，and Communities of Modular Robotic Kits for Classroom Education[J].IEEE Robotics & Automation Magazine，2016，23（2）：30–39.

[10]Moravee H.Darpa Mars program research progress：RoInst navigation by probabilistic volumetric sensing[J].Carnegie Mellon University Tech Rep，2002.

[11]Markets and Markets.Service Robotics Market by Operating Environment[R/OL].（2017–01）.https：//www.marketsandmarkets.com/search.asp?search=service+robot.

[12]Market Intelligence Solutions & Market Research Services | Infiniti Research[EB/OL].[2020.5.19].https：//www.infinitiresearch.com.

[13]Toy Industry Association's American International Toy Fair 2011[EB/OL].[2020.5.19].https：//www.intertek.com/consumer/events/american–international–toy–fair–2011.

智慧书法教育及相关装备发展分析

北京华文众合科技有限公司

21世纪以来，信息技术迅猛发展，个人计算机、智能手机、互联网快速普及，人们的生活与工作方式发生了翻天覆地的变化。信息存储与交换的数字化、无纸化虽极大地提升了社会发展效率，却导致了文字书写能力的普遍下降。汉字较大的识记与书写难度，令这一现象在中文使用者中尤为显著，提笔忘字的情况频繁发生。作为延续几千年而不中断的文字，汉字本身蕴含着深厚的历史内涵，是中华文化的瑰宝，汉字书写因而也承载着信息表述之外的历史文化传承价值。鉴于此，在当今时代加强书法教育意义重大。本文从行业视角出发，检视了近年来我国书法教育的发展环境与挑战，梳理了智慧书法教育及相关装备产品的发展路径和市场现状，分析了智慧书法教育的未来趋势并对智慧书法教育装备的管理与应用提出了发展建言。

一、书法教育的机遇与困境

（一）书法教育的机遇

近年来，党中央、国务院、相关部委及地方政府非常重视传统文化和书法教育，先后出台多项政策推进相关工作，为书法教育的蓬勃发展创造了良好的政策环境（见表1）。在政府的大力推动下，社会各界均对书法教育寄予了高度的重视和极大的期望。

表1　近年来与推进书法教育相关的部分政策与举措

时间	政策与举措
2011年	教育部印发《教育部关于中小学开展书法教育的意见》
	原文化部印发《关于在全国乡镇综合文化站、社区文化中心开展中小学生书法普及教育活动的通知》
2013年	教育部印发《中小学书法教育指导纲要》
2014年	教育部审定通过了北师大版、粤教版、冀教版、湘美版、华文版、苏教版、青岛版、人美版、晋人版、沪科版、西泠版书法教材《书法练习指导（实验）》
	教育部印发《完善中华优秀传统文化教育指导纲要》
2017年	中共中央办公厅 国务院办公厅印发《关于实施中华优秀传统文化传承发展工程的意见》
2019年	北京市发布的中考考试说明中，语文增加了书法内容考查

高等教育方面,《全国普通高等学校公共艺术课程指导方案》要求普通高校要面向非艺术类专业的大学生开设包括“书法鉴赏”在内的限定性选修课程，实施学分制管理，要求学生在校期间须修满2个限定性选修课程学分方可毕业。《书法篆刻（第二版）》作为书法教学的教材被列入普通高等教育“十一五”国家级规划教材。继2016年15所高等院校获教育部批准新增书法学本科专业后，2017~2019年均有新增获批书法专业院校。截至目前，全国已有129所本科院校和12所专科院校开设相关专业，其中招收博士研究生的有17所、硕士研究生81所。此外，济南大学、四川大学等学位授予单位在“美术学”等一级学科下自主开设了“书法学”“中国画与书法”等相关二级学科，开展人才培养工作（根据国务院学位委员会、教育部颁布的《学位授予和人才培养学科目录设置与管理办法》规定，二级学科由学位授予单位自主设置）。

书法教育人才的培养也得到了行业社会组织的积极参与。2015年，由教育部和中国文联共同主办，中国教育学会、中国书法家协会、教育书画协会联合承办的“翰墨薪传·全国中小学书法教师培训”项目启动，计划用5年左右时间，培训全国中小学书法种子教师和省、地、县三级书法教研员约7000人，以此引领推动中小学书法教育的普及和质量提升。[1]

从各级政协和人大的相关提案建言中也可一窥社会各界对书法教育的关注。近年来，在全国政协和地方政协网站均能查到政协委员调研和建言“书法进课堂”的报道；在“百度”中以“政协”“书法进课堂”为关键词进行检索，可以得到276万余条结果。2018年，十三届全国人大一次会议专门针对中小学生书法进课堂提出建议（第7496号建议），密切关注书法教学课时落实、书法教学师资、书法纳入中高考评价体系等五方面问题。此建议得到了教育部的高度重视和答复。[2]

（二）书法教育的困境

从政府到民间的高度重视给书法教育及相关行业的快速发展带来了机遇。然而，在取得快速发展的同时，书法教育面临的挑战也依然紧迫，其全面开展和推广普及面临诸多困难。

1. 专业师资缺乏

以教育人才资源相对充裕的北京市为例，据《中国文化报》调查，除个别重点及书法特色学校外，北京市不少中小学均存在因专业教师短缺而未能配备专职书法教师或未开设书法课的情况。20世纪60年代起，高等院校的书法教育虽陆续健全了从专科到博士后的教学体系，但由于总体起步较晚且基础薄弱，书法学科培养的毕业生总体数量仍然很少，师范类书法毕业生则更为有限。《2019年全国教育事业发展统计公报》显示，2019年全国共有各级各类学校53.01万所，其中义务教育阶段学校21.26万所。据以上资料综合推算，全面开展和普及书法教育所需的书法教师缺口巨大。

2. 中小学缺乏完整的书法课程体系

书法学科的专业性和综合性相对较强，涉及篆、隶、楷、行、草多种书体，涵盖文字演变、技法、传统文化、审美多方面内容。截至目前，教育部仅审定通过了北师大版、粤教版、冀教版、湘美版、华文版、苏教版、青岛版、人美版、晋人版、沪科版、西泠版的书法教材（统一命名为《书法练习指导（实验）》）。这些教材基本以某一种楷书的教学为主，内容上仅涵盖了《中小学书法教育指导纲要》的一部分，即使所有教材组合起来（一般而言，学校只会选购一套教材），仍然无法形成一套完整的书法课程体系。此外，目前我国专门研究书法教育理论的专业教研员数量较少，书法教学理论体系较为薄弱，缺乏包括考核标准和评价体系在内的完整的、系统性书法教育体系。

3. 传统书法教学效率较低

传统书法的教学效率是制约书法教育开展的又一重要因素。例如，临摹是书法教学中的主要环节之一。“临”是指把字帖放在一旁仿写，“摹”是指将纸张覆盖在字帖上进行摹写，“临”“摹”结合是提升书法学习效率的有效途径。然而，传统书法教学主要以“临”为主，较少直接进行“摹”，其原因在于纸张覆盖到字帖上进行摹写很不方便，存在透明度差、辨识度低、易弄脏字帖等问题，大大降低了书法练习的整体效率。再如，传统书法教学过程中，教师需要走到每位学生身边逐一指导或示范，消耗了宝贵的课堂时间，有限的师资和课时未能得到有效利用。

二、智慧书法教育的兴起与发展

（一）智慧书法教育的出现

2015年，为解决传统书法教育所面临的问题与挑战，北京华文众合科技有限公司首次推出了智慧书法教室模型，智慧书法教育应运而生。这里的智慧书法教室指在保留笔墨纸砚和传统书法临摹练习的前提下，提供丰富的碑帖、示范视频等教学资源，以现代信息技术为支撑，提升书法教育教学效率的专用教学场所。[3] 智慧书法教育则是遵循“传统与科技融合而不摒弃传统”的理念，将现代信息技术融入传统书法教学过程的书法教育模式。具体而言，智慧书法教育将传统书法教学与人工智能、大数据、物联网、移动互联网等技术相结合，以提高教学效率、学生兴趣和教学效果。智慧书法教育具有以下特点：

（1）传统与科技融合而不摒弃传统。借助现代信息技术，继承和发扬传统书法文化。在使用新技术提高教学效率的同时，倡导教师和学生使用真实的笔、墨、纸进行教学和练习，不一味追求技术而抛弃传统书写体验，不建议学生使用电子笔或其他非真实笔墨体验的方式进行书法练习。

（2）借助科技实现教学的数字化、智能化。对丰富的高清碑帖、书写示范视频、名家书法课堂视频等资源进行数字化处理，内置在智慧书法教学系统中，方便师生随时使用；在示范、练习、点评、存档等基本的书法教学环节实现智能化，提升教学效率，保证教学效果。

（3）以学生为本的智慧教育理念。通过智能化手段将教、练、评有机结合，让学生有更多的练习和自主学习时间；通过科技体验式教学，使学生自发产生对书法学习的兴趣，提升学习成就感；借助智慧书法教学对学生开展因材施教，满足学生的差异化学习需求。

智慧书法教育站在“教”和“学”的角度，有针对性地解决了传统书法教育以下痛点：

（1）提升课堂教学效率。传统书法教学过程中，教师在书写示范时难以保证每个学生都观察清楚，需要反复给学生做一对一示范，指导效率较低。智慧书法教学的直播示范系统可将教师端的书写示范高清同步到学生端的交互式数字临摹台，教师不用再从台上跑到台下，就能让学生清楚地看到书写过程的每一处细微变化，达到一对一示范的效果。利用该系统，教师还可以把任意一名学生的书写动态同步到教师端和大屏，进行针对性点评，方便学生彼此观摩，取长补短。

（2）提升临摹练习效率。如前文所述，传统书法教学中的练习以“临”为主，较少直接进行“摹”，难以通过临、摹结合的方式提高学习效率。智慧书法教室的交互式数字临摹台具有抗压、耐磨、防水、自动调节亮度等多种特性，宣纸覆盖其上可清晰看到字体细节，还可把字号调大缩小并从资源库调出不同字体和书体以满足各种需求，有效解决了制约传统摹写练习开展时遇到的透明度差、辨识度低、易弄脏字帖等问题。

（3）丰富教学资源。传统书法教学主要依托纸质字帖，然而碑帖、字帖纸质资源较少。智慧书法教学系统则配备了大量的教学资源，包括专家书写示范视频、名家课堂视频及历代的碑帖、字帖字库等，充分满足了一般教学的需要。

（4）缓解专业师资短缺。通过提升教学效率，智慧书法教学系统可以缓解中小学专业书法教师不足的问题；另外，系统提供的多套专业课程资源除可供学生使用外，也可为教师的在岗学习提供支持，弥补师资专业能力上的缺陷。

（5）提升学生学习兴趣。书法教学中，学生需要经过反复枯燥的练习和积累才能有所成效。面对如此枯燥乏味的入门阶段，大部分学生很难提起学习兴趣。智慧书法教学系统内置拓碑帖、识字体、拼字等功能，通过体验式学习，提升学生的学习兴趣和主动性。

（6）兼顾个性化学习需求。学生学习书法的基础、进度和兴趣点各不相同，传统书法教学难以兼顾这种差异性。智慧书法教学通过差异化教学模式，根据学生的个人情况智能推送不同的教学内容，满足其个性化学习需求。

（二）智慧书法教育对书法教育的推动

（1）有利于开足开齐国家课程。在中小学专业师资欠缺的情况下，智慧书法教学系统可以辅助教师开展教学，让专业能力相对欠缺的教师也可以上好书法课，帮助学校更好地达成开足开齐书法课的要求。

（2）开启书法教育新模式，破解书法教学难题。如前所述，智慧书法教育采用传统与科技融合的方式，通过资源数字化、学习兴趣化、教学智能化、课程体系化、满足差异化，开启了书法教与学的新模式。

（3）创新书法科研平台。由于书法专业教师和教研员资源匮乏，书法科研的开展一直面临许多困难。借助智慧书法教学系统，搭建智慧书法教研平台，改善教学研究环境，可更好地推进书法教育教学的研究。例如，高等院校可以借助智慧书法教学系统搭建智慧书法实训室，为师生提供书法学习、创作和研究的专业环境；实训环境还可供师范院校提升学生的“三笔字”技能水平，组织书法模拟教学，提高教学实践水平。

（4）优质书法资源师生共享。智慧书法教学系统内含丰富优质的书法资源、专业书法知识和书法教学体系，学校可根据书法教学实际需要设置更加合理的网络教学体系，构建全校教师书法学习的课程资源平台。

（5）开展书法交流和培训。智慧书法教学平台可为区域书法教育活动的开展和交流提供技术支撑，用于组织地区书法教研培训和学习交流活动，推进本地区的书法教育发展。

（三）智慧书法教育装备标准制定

智慧书法教育自诞生以来，行业发展迅速，业内主流厂商已达10余家，涉足该领域的企业已有数百家。为进一步规范和促进行业的发展，在中国教育装备行业协会领导下，北京华文众合科技有限公司于2018年初提出并牵头制定了《中小学智慧书法教室装备规范》团体标准。该标准由中国教育装备行业协会归口，主要起草单位包括北京市教委教育技术设备研究中心、浙江省教育厅教育技术中心、湖北省教育厅教育技术装备处、陕西省教育厅教育技术装备管理中心、北京市教育科学院基础教育教学研究中心、北京市第一中学等多所中小学及多家行业主流厂商。此标准明确了智慧书法教室的定义及相应规范，填补了智慧书法教室标准领域的空白。标准于2019年6月3日正式发布，7月1日起施行。标准发布当日，中国教育装备行业协会联合山东省教育厅技术装备服务中心等地方教育部门举办宣贯培训会议，对《中小学智慧书法教室装备规范》及其他5项团体标准进行宣贯培训。[4]

（四）智慧书法教育的应用

1. 中小学

2013年颁布的《中小学书法教育指导纲要》明确要求中小学开展书法课教学，智慧书法教育因解决了传统书法教育在广泛开展方面的诸多挑战，在中小学领域（包括青少年宫）的应用也最为广泛。一般而言，中小学校往往通过建设一两间智慧书法教室的方式来应用智慧书法教学并达到以下目的：①通过传统文化的熏陶和学习，让学生在注意力和自制力方面得到提升；②提升学生的传统文化修养；③开齐开足国家规定课程；④让学生通过书法兴趣小组、社团活动的方式培养书法兴趣；⑤通过智慧书法教室降低学生学习书法的难度。

目前，中小学应用智慧书法教育模式的典型学校有：清华大学附属中学、中国人民大学附属中学、天津第四中学、上海市傅雷中学、中国人民大学附属小学、北京天坛东里小学、上海第一师范附属小学、广州深圳荔园外国语小学、浙江杭州教育厅教研室附属小学、北京东城区青少年宫，等等。

2. 普通高等学校

普通高校开展书法教育是深化素质教育的重要体现，教育类或师范类高校学生（包括师范类高等专科学校）更有对学生“三笔一画”能力的要求。因此，智慧书法教育在师范类院校或者师范类高等专科学校的应用相对其他高校而言更加广泛，其应用的主要意义在于：①构建书法教学实训室，便于学生提前适应教师教学模式，为今后成为专业书法教师打好基础；②智能化的授课模式为高校书法教师教学提供便利；③便于学生开展社团活动，更好地发展书法教育。

目前，普通高等学校中已开展智慧书法教学的典型学校有：首都师范大学、陕西师范大学、天津师范大学、吉林师范大学、河南师范大学、青岛大学、宁波大学、吉林大学、山东淄博师范高等专科学校、云南丽江师范高等专科学校、广西桂林师范高等专科学校、辽宁铁岭师范高等专科学校、江苏南京溧水教师进修学校、江西鄱阳洪迈学院、湖南衡阳幼儿师范学院，等等。

三、智慧书法教育装备的市场概况

（一）智慧书法教育装备的产品模式

智慧书法教育装备的产品模式主要包括纯软件模式、软硬件结合模式及智慧书法教室综合模式三种。

1. 纯软件模式

纯软件模式指仅给用户提供软件功能和教学资源的模式，是利用数字技术开展书法教育的一种早期产品模式。2012年前后市场上出现了书法教学软件辅助教学的方式，包括硬笔书法教学软件和软笔书法教学软件。由于当时国家尚未统一书法教材，学校对书法教学的重视程度较低，因此该类软件的应用受到限制。

2. 软硬件结合模式

智慧书法教育装备软硬件结合模式是给用户提供软件与硬件组合以开展书法教学的产品模式，可分为以下三类。

（1）以电子毛笔为主要手段的软笔书法教学。电子压感笔技术最早应用于美术、动漫、插画创作，21世纪初开始应用于智慧教育。随着书法教育信息化程度的提升，近年来电子压感笔技术开始应用于书法教育。电子压感笔类硬件的出现催生了书法教育软硬件结合的教学方式。通过压感、电子模拟或其他方式，模拟毛笔书写的轨迹并在屏上显示出来的设备，统称为电子毛笔。这类电子笔适用于笔画演示、粉笔板书等教学，但由于和真实书写体验有差距，其市场应用受到一定的限制。

（2）以笔迹记录为基础的硬笔书法教学。随着信息技术的高速发展，硬笔书法教学也出现了利用点阵笔、红外笔等硬件与软件相结合的教学方式。其中，点阵笔可以在专业的纸张上书写并由系统自动记录书写笔迹。

（3）以临摹台为基础的软笔书法教学。此模式的主要产品形式有拷贝台、投影屏和交互式数字临摹台。

1）拷贝台。2014年左右，市场把用于动漫、美术绘画学习的拷贝台引入书法教学，出现了书法练习用的拷贝台，结合市场上已存在的书法教学软件，形成了一种软硬件相结合的书法教学形式。

2）投影屏。在21世纪初，出现了利用投影机从桌面上方、侧方投影到桌面，以协助书法学习者练习书法的方式。2015年左右，出现了投影屏结合书法教学软件的书法教学方式，即通过投影机从课桌底部将电子字帖向上投影至桌面，学生使用传统笔墨纸进行临摹练习。由于该方式属于投影机的非常规应用，用户对投影光是否影响学生视力健康存在担忧，该方式未得到广泛使用。

3）交互式数字临摹台。2016年，基于智能硬件和液晶技术的交互式数字临摹台智慧书法教育装备问世。该类产品具有低亮、高清、抗压、耐磨、防水、可交互等特性，用户可以在临摹台使用真实的毛笔、墨汁、宣纸进行书法练习。这种交互式数字临摹台是智慧书法教室的核心硬件，得到了较为广泛的应用。

3. 智慧书法教室综合模式

2015年出现的智慧书法教室产品模式是一种综合性的软硬件结合模式。智慧书法教室综合教学模式以交互式数字临摹台为核心硬件，采用可平滑升级的智能硬件平台架构，可根据教学需求拓展功能。基于交互式数字临摹台，智慧书法教室可以拓展出互动教学、自主学习、差异化教学、场景式网络课堂等多种教学模式。典型的智慧书法教室布置方式如图1所示。

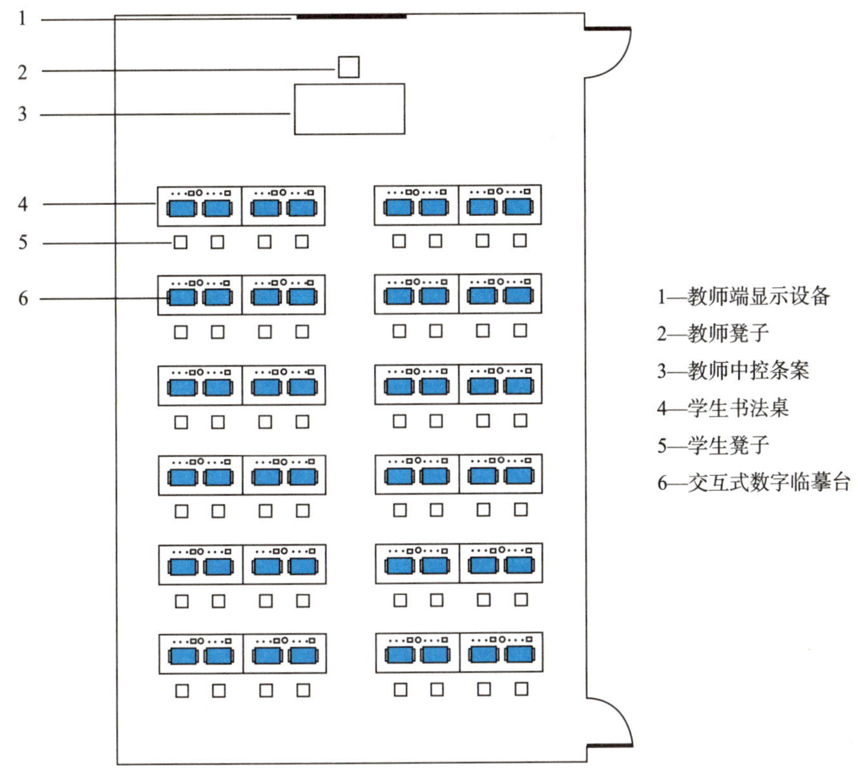

图1 智慧书法教室布置示意①

（二）智慧书法教育装备的采购情况

以2015~2019年中国政府采购网的数据为样本，5年间各地共采购智慧书法教室332间（其中，中小学316间，大学16间），书法教学软件35套（其中，中小学34套、大学1套）。分年度来看，两类装备的公开采购数量变化如图2所示。

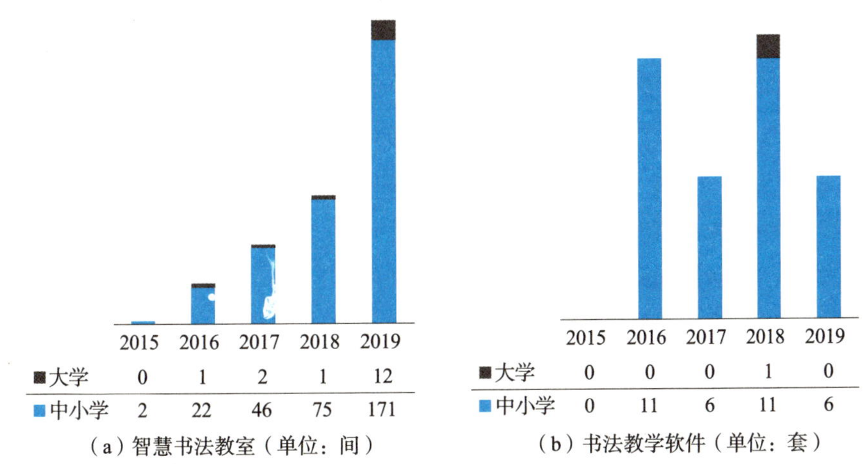

	2015	2016	2017	2018	2019
■大学	0	1	2	1	12
■中小学	2	22	46	75	171

（a）智慧书法教室（单位：间）

	2015	2016	2017	2018	2019
■大学	0	0	0	1	0
■中小学	0	11	6	11	6

（b）书法教学软件（单位：套）

图2 2015~2019年智慧书法装备公开采购数据

① 图片来源：《中小学智慧书法教室装备规范》。

中国政府采购网公开的采购数据虽然只是学校装备采购中的一部分，但也具有一定的代表性。从上述数据可以看出，2015~2019年智慧书法教室是智慧书法教育装备的主流，其采购量远大于书法教学软件且呈现快速增长态势（年复合增长率达209%）；智慧书法教育装备的绝大多数用户集中在中小学。另外，根据书法教育装备企业的公开数据统计，全国目前已经有近2000所中小学采用了智慧书法教室的方案及产品，其中不乏中国人民大学附属中学和小学、清华大学附属中学、华中师范大学附属小学等名校。智慧书法教室采购量的快速增长，表明了在相关政策和标准的推动下，以交互式数字临摹台为核心硬件的智慧书法教学模式已逐渐被地方教育部门和学校所熟知和认可，行业市场正逐步从初创推广阶段走向全面发展阶段。

四、智慧书法教育装备的未来趋势

（一）智慧书法教育装备行业的发展空间

纵观智慧书法教育装备行业的发展，2015~2019年可视为行业的初创阶段。在这5年间，行业从无到有，并逐步建立了用户的认知，积累了一定的用户基础，行业标准也得以建立。以此为基础，可以预见，2020~2024年智慧书法教育装备行业将迎来高速发展。以智慧书法教育装备的主要市场中小学校和普通高校为例，根据《2019年全国教育事业发展统计公报》，我国共有义务教育阶段学校21.26万所、高中阶段学校2.44万所、普通高等学校2688所。[5]假设仅30%的学校配备智慧书法教室且每个学校只配备1间，按照每间智慧书法教室60万元人民币计算，该市场规模约为431亿元，发展潜力巨大。

（二）智慧书法教育装备的发展趋势

1. 传统与科技进一步融合

智慧书法教育借助现代科学技术发扬传统文化，大数据、移动互联、物联网、人工智能等新技术已在相关产品中得到了应用。随着科技和行业的不断发展，智慧书法装备类企业将针对书法教学的实际需求，不断结合新兴技术研发出兼具专业化、人性化的新功能和新产品，实现传统与科技的深度融合，从而更好地提升书法教学水平，更好地传承和弘扬传统书法文化。

2. 产品规格多样化

为满足不同地区、不同类别学校的差异化需求，市场上将出现功能和价格定位不同的多样化智慧书法教育装备和解决方案。例如，《中小学智慧书法教室装备规范》已就中小学智慧书法教室提出了高、中、低三档配置标准（见表2）。

表2　智慧书法教室的三档配置标准

配置	基础	中档	高档
教师中控系统方案一	√		
教师中控系统方案二		√	√
示范直播系统	√	√	√
书法教学系统	√	√	√
书法教学资源	√	√	√
数字临摹台方案一	√	√	
数字临摹台方案二			√
学生书法桌	√	√	√
交互式教学一体机		√	√
交互式电子白板 + 投影机		√	√
互动教学系统			√

3. 智慧书法教室成为行业热点

近年来，智慧书法教室的发展迅速，已逐渐成为业界关注的热点，智慧书法教室的厂商数量持续增长。2015年，从媒体、展会和政府采购网等公开数据中仅检索到北京华文众合科技有限公司一家提供智慧书法教室产品的厂商，而目前已有北京华文众合科技有限公司、北京盛世宣合信息科技有限公司、北京洲洋华乐科技有限公司、北京易文汉学科技有限公司、广东广视通科教设备有限公司、山东启华教育科技有限公司、江苏汉丹云科技有限公司、杭州卓冠教育科技有限公司、江西省仁和教育技术设备有限责任公司等多家厂商。

智慧书法教室的热度从参加教育类展会的相关参展商数量也可一窥。以国内规模最大的中国教育装备展示会为例，智慧书法教室的商参展由2016年第70届展示会上的1家快速增长至2019年第76、77届展示会上的10家（见表3）。

表3　2016~2019年参加中国教育装备展示会的智慧书法教室厂商数量

年份	展会	厂商数量/家
2016年	第70届	1
	第71届	2
2017年	第72届	3
	第73届	7
2018年	第74届	8
	第75届	9
2019年	第76届	10
	第77届	10

4. 相关装备应用范围更加广泛

随着更加多元化的社会力量参与到书法教育的推广普及中来，智慧书法教育装备也将逐步走出中小学校和普通高校，覆盖老年大学、青少年宫、文化馆、科技馆等应用场景，惠及更加广泛的用户群体。

五、智慧书法教育装备应用管理建议

智慧书法教育装备行业起步较晚，而传统书法文化又亟待传承，其发展之路任重而道远。在此从行业角度，就智慧书法教育装备的应用管理工作建言如下。

（一）进一步落实书法教育

教育部2013年颁布的《中小学书法教育指导纲要》，对各省（区、市）教育厅（教委）以及新疆生产建设兵团教育局提出了加强书法教育工作的指导和管理、加强书法教师队伍建设等要求。多年来，受专业师资和内容等条件所限，书法教育的全面落地实施一直面临不少困难。建议各级教研部门积极探索书法教育新模式，将智慧书法纳入教学研究工作的范围并在支持智慧书法教育工作落地的同时加强督导评估，使“发展智慧书法教育、传承传统书法文化”成为一个紧要且长期推进的任务。

（二）加强书法师资的“双素养”培训

师资是书法教育发展的关键因素。智慧书法教育时代，专业教师需要做到书法专业水平及信息化专业水平兼顾，开展“双素养”师资培训势在必行。为解决书法专业教师的缺口问题，除通过高校培养具有“双素养”的专业人才外，建议加强对语文、美术等相关学科教师的“双素养”培训。通过将智慧书法教育系统和已有的师资培训体系结合，培养出既具备书法专业素养、又具备智慧书法教育应用素养的新型多学科教学人才。

（三）提升书法课程的融合性教研

从教和学的角度出发开展融合性教研，具体应包括：①以学生为本，提升书法课程的“教学”研究。通过教育专家的指导，从教和学的角度对书法课程进行教法和学法研究。②以传统为基，提升书法课程的“专业”研究。通过与专业书法家的交流，从书法技法、艺术、文化等角度对书法课程进行教研。③以科技为辅，提升书法课程的“融合”研究。通过智慧书法教育装备厂商的专业协助，从传统与科技融合的角度对书法课程进行融合性教研。

（四）加强对智慧书法教育装备的质量把控

智慧书法教育装备的质量直接关系到学校书法教学的质量。在加强对相关产品质量的把控方面，可从以下两方面着手：

（1）参考《中小学智慧书法教室装备规范》把控质量。智慧书法教室属于新兴的教育装备，该标准为中小学智慧书法教室的建设提供了可贵的依据和参考。该标准在制定过程中充分结合了包括书法教育专家、教育装备专家、教研专家、学校校长、一线教师以及行业厂商代表在内的多方意见和建议，从目前的使用反馈和评价来看，是一个质量较高、适用范围较广的标准。

（2）严格管理招投标及验收关键环节。目前教育装备产品主要通过招投标的方式进入学校。为严控产品质量，杜绝厂家用虚假应标或低标产品充当高标产品的情况，建议有关单位在招标时进行严格的质量把控。另外，对产品进校的最后环节（产品验收）也应严加把控和管理，确保采购的智慧书法教育装备能够高水平、高效率地应用到教学过程之中。

参考文献

[1]中国教育学会. 翰墨薪传・全国中小学书法教师培训[EB/OL].[2020-07-01]. http：//www.cse.edu.cn/index/detail.html?category=12&id=40.

[2]教育部. 教育部对十三届全国人大一次会议第7496号建议的答复（教建议〔2018〕第411号）[EB/OL].（2018-09-19）[2020-07-01].http：//www.moe.gov.cn/jyb_xxgk/xxgk_jyta/jyta_jijiaosi/201812/t20181229_365452.html.

[3]中国教育装备行业协会.TJYBZ 007—2019 中小学智慧书法教室装备规范[S].

[4]中国教育装备行业协会. 教育装备行业团体标准宣贯培训活动成功举办[EB/OL].（2019-06-10）[2020-07-01]. http：//www.ceeia.cn/news/detail_2930.htm.

[5]教育部. 2019年全国教育事业发展统计公报[EB/OL].（2020-05-20）[2020-07-01]. http：//paper.jyb.cn/zgjyb/html/2020-05/21/content_580165.htm?div=-1.

物联网与人工智能助力智慧校园安防

刘朝华　蔡吴斐

学校是育人的场所，担负着培养社会主义合格建设者和接班人的重任。校园安全是一项重大社会问题，学校的平安和谐是促进学生健康成长的基础和前提，是推动教育持续协调健康发展的必然要求。当前，物联网与人工智能技术发展迅猛，其应用频繁出现在国家和各级地方政府的政策、规划中（如智能交通、智慧旅游、智慧城市等）。利用二者在物件标识、定位防盗、精密化管理等方面的独特优势，可显著提升校园安防水平，为智慧校园安防体系的构建提供支持。本文结合安防系统的发展历程，对物联网和人工智能技术及其在校园安防场景中的应用进行阐释，提出其应用过程中应注意的问题，旨在为面向未来的智慧校园安防建设提供参考。

一、校园安防的发展趋势

（一）安防行业的代际变迁

校园安防利用视频监控系统、防盗报警、门禁系统、巡更系统、紧急求助、呼叫系统、对讲系统、一卡通等各种硬件设施保障校园安全。视频监控系统是校园安防系统中发展最迅速、使用频率最高的系统之一，其核心技术发展至今已经历了四个代际，即第一代模拟视频监控系统、第二代数字视频监控系统、第三代IP网络高清视频监控系统、第四代人工智能视频监控系统。

（1）2005年以前的模拟视频监控时代：这一阶段国内安防市场开始起步，国外安防厂家占据市场主流。国内的安防企业大多起步于2001年左右，且大都从低端产品开始研发。

（2）2005~2008年的数字视频监控时代：这一阶段数字信号设备逐渐取代模拟信号设备，国内安防市场也迎来了加速释放。这一时期，国内厂家开始抢占国外安防品牌市场；国内品牌也出现分化，安防龙头企业出现。

（3）2009~2013年的IP网络高清视频监控时代：这一阶段网络监控设备和高清摄

像头市场占比持续增加，产品升级迭代进一步加速市场释放，行业应用向重视结构效率的规模化阶段发展，安防市场步入快速成长期。这一时期，大厂商开始在解决方案方面发力，逐渐形成了完整的行业解决方案布局，行业整合加剧，市场份额趋于集中。

（4）2013年至今：物联网与人工智能技术成为安防技术的标配。物联网作为集传感、通信、网络、计算、控制技术为一体的数物复合型系统，被公认为是继计算机、互联网之后，世界信息产业的第三次浪潮；而在2016年“阿尔法围棋”（Alpha Go）人工智能机器人横空出世并战胜多名世界级围棋大师之后，人工智能技术也全面进入安防行业。二者结合产生的“智能安防”成为最新安防技术，并迅速投入实际应用。在这一阶段，国内安防巨头企业依靠强大的研发实力进一步扩大技术优势，前端智能、中心运算、按需调配算力等技术使我国安防企业在国际市场上建立了显著的竞争优势，美国政府甚至对海康威视等国内安防企业做出了一系列技术和市场限制。

从以上梳理可以看出，安防行业的总体技术趋势是从模拟向智能化发展，从独立系统向集成化发展，从功能安防向智慧安防发展。

（二）教育信息化2.0背景下的校园安防新要求

《教育信息化 2.0 行动计划》提出，到 2022 年基本实现“三全两高一大”的发展目标。其中，“三全”指教学应用覆盖全体教师、学习应用覆盖全体适龄学生、数字校园建设覆盖全体学校；“两高”指信息化应用水平和师生信息素养普遍提高；“一大”指建成“互联网 + 教育”大平台。具体来说，教育信息化 2.0 就是要实现从专用资源向大资源转变，从提升学生信息技术应用能力向提升信息技术素养转变，从应用融合发展向创新融合发展转变。

“人本+智能+创新”是教育信息化2.0的基本特征，也是教育信息化2.0时代校园安防的基本要求。教育信息化2.0时代的校园安防体系是智慧校园的有机组成部分，其所需的不仅是技术和硬件的更新迭代，更多的是促进技术与校园、教育更好地融合。

1. 人本：以人为本，应用为先

校园安防就是要完善安全防范体系，提高校园整体防控能力，保障师生人身财产安全，预防并震慑校园犯罪，创建一个文明、安全、健康、和谐、美丽、宜学的校园环境。校园安防系统应用场景丰富，覆盖校园出入口、道路、广场、教室、办公楼、实验室、宿舍等不同区域。安防业务应用也将进一步融合，形成统一门户和平台；高频应用将逐渐移动化，以达到随时随地、方便使用的要求。

2. 智能：效率更高，成本更低

智能技术将大量进入校园安防领域，而非停留在纯粹的概念层面，其成本也会进一步降低。通过替代重复劳动、降低人员工作强度、降低人工失误概率，智能技术将有效提升安保水平，在有形和无形中保障校园内的生活与学习。

3. 创新：系统互联，情报预知

纵观当下校园安防建设，一方面，目前不少校园监控系统仍处于分散、孤立的状态，门禁、考勤、监控等系统多为独立运行，无法产生联动，部分设备甚至仍未联网；另一方面，需要从海量视频数据中提取有效情报数据，将物理世界数据向数字世界转换，让校园安防体系从事后追查走向事先预防。这些问题都需要放在智慧校园的框架下，运用新技术、新思路去探索解决。

二、物联网及人工智能技术在智慧校园安防中的应用

（一）物联网技术

1. 物联网技术简介

物联网是在现有网络的基础上，综合运用射频识别技术（RFID）、传感器技术、二维码技术、卫星定位技术、无线通信技术等信息感知技术手段，按照约定的协议，将物品和网络连接起来，进行信息交换和通信，以实现对物品的智能化识别、定位、跟踪、监控和管理的一种网络。

物联网具有全面感知、可靠传递、智能处理等特点：利用RFID、传感器、二维码及其他感知设备对物体进行标识，随时随地采集其信息，实现对环境的全面感知；利用以太网、无线网、移动网将感知到的信息进行实时传送；信息处理中心对送达信息进行处理。通过物联网可以实现对物体24小时不间断地控制和管理，真正实现人与物的“沟通”。物联网的技术特点使其在国计民生的多个领域得到了广泛应用，遍及智能交通、物流管理、环境保护、公共安全、智能安防、军情侦查和情报搜集等多个领域。将物联网技术应用于校园的信息化建设，可有效提高其可视化程度、管理效能及安全防卫水平等。

2. 物联网在智慧校园安防领域的应用

经过前期的发展，不少院校已建设有校园监控系统，也研制配套了各种信息系统，为校园的可视化管理打下了基础。然而，相关建设也存在一些局限，例如，虽然监控系统的投入使用在一定程度上提高了校园的可视化管理水平，但由于感知手段单一，仍存在不少死角和过多的人工参与，存在“安保人员看到的时候可视，看不到的时候就是盲区”的问题，离智能化相差甚远。另外，多种信息系统的使用虽提高了校园的整体信息化程度，但系统间尚存在兼容问题。

基于物联网技术的智慧校园安防建设，其基本原理是对校园内各种对象的感知、定位与控制。通过综合利用二维码、RFID、嵌入式系统、无线传感器、卫星定位等技术手段，对校园内人员、车辆、物资器材、基础设施等资源进行信息化改造，对校园内需要感知的对象进行标识；利用标签读写器、智能终端设备、手持接收终端、无线

感应器等信息识别设备，对上述标识信息进行识别，得到感知对象的数字信息；通过有线、无线网络技术将这些信息及时、准确地传送到信息处理中心；处理中心对收到的信息进行汇总、融合等处理后，传输到校园的指挥信息系统；指挥信息系统通过对获取的信息进行综合分析处理，使校园管理部门、各级安保单位等实时掌握各感知对象的详细信息，为形成正确的决策提供依据。物联网技术极大地增强了智慧校园的对象感知能力，大幅提升了其感知速度、精度和范围，这是其他技术无法实现的。其在校园安防中的具体应用场景包括以下方面：

（1）人员可视化管理。为校园人员配备管理卡（可与借书卡、饭卡、浴卡等功能合并，形成可远距离读取的一卡通），通过门禁系统和遍布校园的感应点，实现在校园范围内对所属人员24小时不间断、无死角、全自动的实时感知与定位。院校安保单位、各系辅导员、班主任等可通过智慧校园管理平台实时了解所属人员的在位情况。借助此卡，还可实现学生、职工的电子签到、电子点名、智能查岗等日常管理功能。

（2）智能化保密措施。为重要资料、机密文件、办公电脑及其他需要保密的设备贴上二维码或嵌入射频卡，可实时感知其所在位置，防止因带出时管理失控而泄密，实现对重要文件、资料、设备等的保密安全管理。

（3）装备精细化管理。通过为院校所属车辆、重点设备等安装电子标签，嵌入传感器、卫星定位装置等，实现对各类装备的准确定位和实时跟踪；通过嵌入其中的各类智能传感器，监控其工作状态、完好情况等，实现精细化管理。

（4）电子岗哨。为校园重点区域安装智能传感器，实现24小时不间断的安全检测。一旦发现可疑情况，可由感应点自动调整摄像头的方向进行视频监控，并向值班人员发出通知或巡视提醒，以便及时处理。

（5）智能安保。通过遍布校园的摄像头和感应点，自动对在校园中活动的人员进行身份区分，对进入重要区域的可疑人员进行重点监控，确保校园安全。

（二）人工智能技术

1. 人工智能技术简介

人工智能是研究、开发用于模拟、延伸、扩展人类智能的理论、方法、技术及应用系统的一门技术科学，是计算机科学的一个分支。人工智能研究力图了解智能的本质，并生产一种能以与人类智能相似的方式做出反应的智能机器。该领域的研究包括机器人、图像识别、自然语言处理和专家系统等。总体说来，人工智能研究的主要目标是使机器能够像人一样思考，用机器来胜任通常需要人类智能才能完成或一般人类智能难以完成的复杂工作。自1956年诞生以来，人工智能的发展共经历了两次高峰和两次低谷，目前我们正处于其发展的第三次浪潮（见图1）。

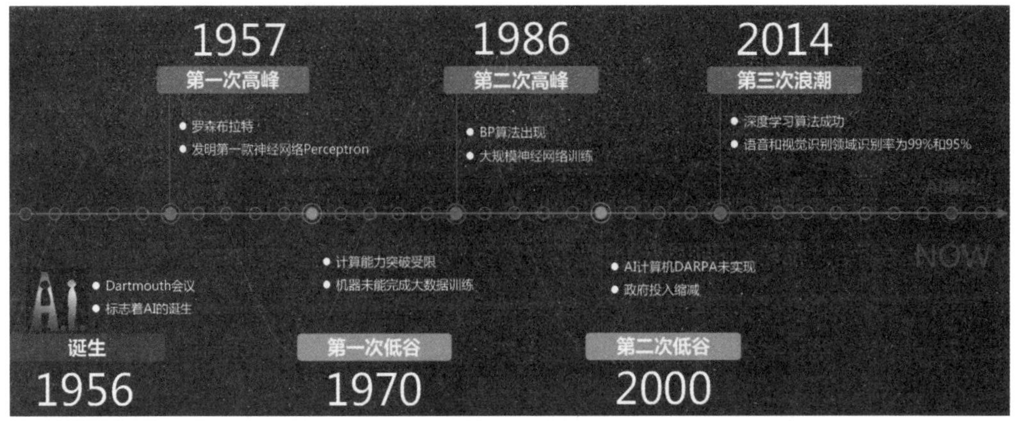

图1　人工智能的发展历程

目前，应用场景相对普遍的人工智能应用（如人脸识别、车牌识别、声音识别、人员越界视频报警、人员密集等）基本都有龙头公司在研并推出了相关产品；但对更多的细分领域和行业场景而言，相关的人工智能应用研究还远远不够，如生产线的缺陷产品识别、校园内学生红领巾佩戴提醒、校园欺凌用语的识别，等等。为解决人工智能研发门槛高，普通企业和机构难以企及的问题，人工智能的头部企业推出了人工智能开放平台，将人工智能建模、编码、产品化等复杂过程模块化和平台化，将复杂的开发过程简单化，实现人人可参与、处处可智能。中小企业等机构可以利用开放平台开发符合特定需求的人工智能算法并“灌装”到人工智能硬件设备（如人工智能摄像机）中，来实现所需的功能。截至目前，国内的百度、海康威视、阿里巴巴、腾讯、网易、京东等厂商都推出了各自人工智能开放平台；海康威视等厂家还提供有系列配套服务，方便用户挑选性能和成本适宜的硬件，从而进一步加速了人工智能算法在细分领域的开发和应用。

2. 人工智能技术在智慧校园安防领域的应用

在校园安防领域，人工智能分析技术的视频内容理解能力可迅速帮助管理者从海量的监控视频中找到重点，其技术核心是视频结构化技术，融合了机器视觉、图像处理、模式识别、深度学习等最前沿的人工智能技术。

人工智能分析技术可划分为目标检测、目标跟踪和目标属性分析提取三个步骤。目标检测过程是从视频中提取前景目标，然后识别其是有效目标（如人员、车辆、人脸等）还是无效目标（如树叶、阴影、光线等）。这一过程主要应用了运动目标检测、人脸检测和车辆检测等技术。目标跟踪过程是对特定目标在场景中的持续跟踪，并从整个跟踪过程中获取一张高质量图片作为该目标的抓拍图片。这一过程主要应用了多目标跟踪、目标融合及目标评分技术。属性提取过程是对已经检测到的目标图片中目标属性的识别，判断该目标具有哪些可视化的特征属性（如人员目标的性别、年龄、着装，车辆目标的车型、颜色等属性）。这一过程主要基于深度学习网络结构的特征提取和分类技术。人工智能分析技术在校园安防场景中的具体应用包括以下几方面。

（1）校园监控视频应用。人工智能可以减轻常规检查、排除等工作给人带来的沉重负担，代替人工完成人员识别、动作行为识别、危险判断、趋势判断等。

（2）陌生人识别和安保响应。学校只要将学生和教师的图像资料储存到资料库中，摄像头就可轻松识别出某在校人员是否为外来人员，甚至还可以通过将图像识别系统与公安系统相关资料库联网，来判断该人员是否具有威胁。

（3）人车大流量及多人员聚集监控报警。学校的人员密度本身就很大，而且往往呈现出固定时间点（如放学、集会等高峰时段）人流量集中的特点；部分寄宿制学校还存在大星期时校门前人流和车流大、安全隐患增多的情况。利用人脸识别技术可在人数密集的区域“数人头”，一旦超出承载力便进行预警并提示相关人员进行疏导处理，防患于未然。

（4）在校师生情况管理。中小学学生出勤需要教师时刻监管。利用布置在教室内的摄像头可对空位进行识别并自动报告学生的出勤情况（甚至可以精确地报告缺席的学生个体、缺席的时间段等），以便教师进行管理，预防校外安全事故的发生；对于目前已开始推行的走班制，也可利用人工智能技术实现自动点名，大大减轻教师日常教学工作外的管理工作压力。

（5）敏感词语音识别。人工智能分析技术对声音的识别可以让校园安全进一步得到保障。在校园内对敏感词进行分析检索，可以在一定程度上防范校园欺凌等情况的发生。

（三）智慧校园安防的应用案例——测温联网助力校园复学

本文撰写期间，遭遇新冠疫情肆虐全球，对世界经济和社会发展造成了严重打击，同时也对校园管理带来了极大的挑战。幼儿园、中小学校、高校都属于人员密集场所，如何在有效防控疫情传播的同时保障正常教学的开展，是教育行政管理者和校领导必须回答的问题。根据教育部门对校园开学防疫的要求，学校需做好封闭化管理，对校内人员的体温一日三测，未经学校批准学生一律不准返校，校外无关人员严禁入校，师生入校一律核验身份并检测体温，发烧咳嗽者一律实行医学隔离观察，不服从管理者一律严肃处理。

在以上各项工作中，入校人员管理和体温检测工作往往需要耗费大量人力和时间，给学生、教师、管理人员造成额外的负担，而利用物联网与人工智能技术构建的校园安防系统则可以很好地应对这一挑战。具体而言，学校可采用人脸识别加红外热成像测温技术来把好入校检测关，同时教育管理部门可采用测温联网技术完成对所辖学校的自动化监管。

红外热成像系统可通过测量物体的红外辐射（热辐射）量来测定温度，而无须与被测对象接触，可作为物联网感知系统的终端设备。红外辐射是一种人眼不可见的电磁波（波长范围为在0.7~1000μm），任何温度高于绝对零度的物体都在不停地发出红外辐射，且不同温度对外辐射的波长不同。红外热成像相机即是利用热敏感材料吸收红外辐射后温度升高的原理实现非接触式测温。对于体温测量而言，红外热成像技术通过热辐射检测人体表面温度，基于人体测温大数据，用测温算法映射出人体内部温度。此项技术可瞬时完成测温，快速发现体温异常个体，大大提升检测效率；管理人员只需对筛查过程中提示异常的个体进行专业医学体温复测即可，显著降低了人工检测的工作量。另外，在红外热成像系统的基础上，结合人脸识别技术，即可一次性自动化完成入校人员管理、学生考勤、入校体温检测三项工作，进一步提升工作效率。

图2　红外热成像系统测温界面

教育行政管理部门则可组建教育防疫联网平台，将各学校的测温、考勤设备数据及校门口、测温防疫关键点视频通过网络采集汇总，结合防疫要求，实现晨检、午检、晚检制度化、数据化、图表化，实现开学前健康填报，开学后测温日报，以及异常上报和跟踪，形成学校重落实、教育局作监管、联动卫生公安等部门共同防疫的局面。

三、智慧校园安防建设中应注意的问题

智慧校园安防建设是一个持续的过程，学校或区域教育行政管理部门应做到未雨绸缪、规划为先：以区域为单位，先搭建系统框架，按统一规划的建设内容定好规范和接口（实现“全区一张网”），然后分步实施，不另起炉灶，不轻易改变既定的建设内容；学校在框架基础上根据其个性化需求细化、深化、特色化。建设过程中应谨防系统孤岛的产生，每个系统都应将互联互通、接口标准且开放作为上线的基本要求。

具体而言，各系统建设必须坚持的原则主要包括：①实用性和经济性原则。充分利用原有系统的硬件资源，尽量减少硬件投资；充分利用原有系统的软件资源和数据资源，使其规范化。②先进性和成熟性原则。选用成熟技术和符合国际标准的标准化

设备，确保设备兼容性，保证硬件及软件在数年内不落后。③安全性和可靠性原则。安全性指网络系统的安全性和应用软件的安全性，能有效防止非法用户越权使用系统资源；可靠性指系统长期不间断运行的稳定性，包括双机备份或分布式存储数据，以及故障后恢复的措施等。④开放性和可扩展性原则。选择具有良好的互联性、互通性及互操作性的设备和软件产品，应用软件开发时应注意与其他产品的配合，保持一致性（特别是数据库的选择，要求能够与异种数据库无缝联接），集成后的系统应便于今后需求增加而进行扩展。⑤标准性原则。遵循国家制定的计算机软件开发规范，落实其规定的各个开发阶段以及每一个阶段的任务、实施步骤、实施要求、测试及验收标准、完成标志及交付文档，使整个开发过程阶段明确、任务具体、可控可管；采用科学和规范的指导和制约，使得开发集成工作更加规范化、系统化、工程化，以提高系统的质量。

目前，物联网及人工智能技术正处于发展初期，技术标准体系尚不完善，相关法规制度尚未建立，其在智慧校园安防中的应用应关注以下五方面问题。

（1）智慧校园安防建设的认识问题：对智慧校园安防建设要有科学的认知。当前是物联网和人工智能技术的热潮期，各行业纷纷向物联网进军。这种情况下要避免盲目乐观，谨防不顾实际开展大规模建设工作，浪费人力、物力、财力。与此同时，也要避免简单地认为相关技术尚不成熟，应“等等再说”的无为思想。总之，管理部门和相关人员应在充分理解智慧校园建设重要性的基础上，通过局部试点、重点推进的方法，逐步取得经验，做好技术铺垫。

（2）数据格式标准问题：物联网系统涉及的感知手段多样，各类传感器、射频标签的制造厂商众多，标准各异，互不兼容，易造成感知信息的数据格式千差万别，彼此孤立，难以实现高效管理和集中控制。技术应用过程中，应加强顶层设计，制定规范的数据格式标准，使用兼容的信息系统管理软件，使感知到的数据能够共享和合并处理，实现校园资源的统一管理，提高管控水平。

（3）成本控制问题：智慧校园安防涉及的感知对象种类多，各种对象所需感知的信息复杂程度差别较大，感知定位的要求也有所不同。如果统一使用某种感知技术手段来实现感知要求，不仅会造成大量的信息冗余，而且会提高感知的成本。技术应用过程中，应根据感知对象的特点，差异化地运用射频识别、二维码、无线传感器、嵌入式系统等多种感知手段，通过“量体裁衣”来有效控制成本。比如，图书、普通物资、设备等可以使用二维码、被动式射频标签对其进行标识和感知；车辆、重要装备等可以采用主动式射频标签、卫星定位等技术进行定位追踪；一些重要区域可以利用智能传感器芯片对周边环境进行感知，随时了解其安全状态。

（4）系统整合问题：基于物联网和人工智能技术的校园安防系统是智慧校园的组成部分，在建设过程中应充分考虑其与现有系统和其他系统的兼容性设计，确保系统间的衔接性，减少重复开发的成本。

（5）信息安全保密问题：信息是智慧校园的基础元素，信息安全保密贯穿信息收集、传输、处理和运用的全过程。智慧校园安防系统从感知到传输再到处理，会经过多个环节并涉及无线通信，应注意对全流程进行安全和保密处理，确保信息安全。在智慧校园建设过程中，要始终把安全保密工作放在重要位置，根据智慧校园建设发展情况，制定切合实际的安全策略，逐步建成完善的安全保密体系，确保智慧校园的安全、可靠、健康运行。

四、未来校园安防建设中的新技术展望

大数据技术应用于校园安防：物联网应用的普及使校园信息采集手段增多，数据全面性进一步增强。通过数据资源的积累，利用大数据技术可显著提升校园安全工作的客观性和全面性，如汇总考勤、消费、位置、学习、外出、情绪等数据，可以对师生的行为习惯进行分析，做出综合评价并刻画人员画像。当行为数据反常不符合画像时，可以提示预警，进行辅导干预，预防因孤僻抑郁导致极端问题，或传销诈骗、校园欺凌等安全事件的发生。当然，在这一技术的应用过程中应建立全面的规章制度，在充分保障人员隐私的基础上开展相关工作，严防数据滥用和泄露。

5G通信技术应用于校园安防：5G网络具有广连接、大带宽、低延时等特点，可在校内实现无死角视频监控并将4K高清视频上传管理中心，实现7天／24小时全天候监控。5G网络也使无人移动巡检成为可能，即运用巡检机器人采集校园内的人员、车辆、装备的监控视频数据并进行实时分析处理，用以识别人员身份、车辆信息、装备运行状态。另外，将5G网络与人工智能（深度学习和图像处理技术）相结合，可实现人脸数据／模型的交换，做到实时分析监控与身份鉴别、追查行径踪迹，一旦发生闯入、离岗、可疑停留、聚众等情况，可及时进行安全预警和干预。

相信在不久的将来，以物联网和人工智能为代表的更多新技术将深入校园生活，助力智慧校园的安防建设。

（作者单位：杭州海康威视系统技术有限公司）

参考文献

[1]前瞻产业研究院. 2016~2021年中国安防行业市场前瞻与投资战略规划分析报告[R/OL].（2015-11-30）. http：//www.wendangku.net/doc/5ea104674028915f814dc244.html.

[2]龚卫锋，孙敏. 军事物联网：感知现代军事物流[J]. 军队采购与物流，2009（6）：68-75.

[3]教育部. 关于印发《教育信息化2.0行动计划》的通知[EB/OL].（2018-04-18）[2018-04-25]. http：//www.moe.gov.cn/srcsite/A16/s3342/201804/t20180425_334188.html.

中小学校教室照明相关标准浅析

许建兴

当前，我国儿童及青少年视力不良率呈现持续上升和低龄化趋势，保护儿童、青少年的视力健康已成为一项重大公共卫生问题。据国家卫生健康委员会调查统计，2018年全国儿童青少年总体近视率为53.6%，近视防控任务艰巨。[1] 相关研究表明，[2] 诱发学生视力下降的原因很多，如先天遗传因素、户外光照时间、用眼环境因素、坐姿不正、学习负担过重、长时间使用电子产品等。国家疾控部门研究指出，不良的视觉环境是儿童青少年视力不良的重要诱因之一。视觉环境主要指用眼光环境。教室作为学生长时间学习的场所，其光环境质量与学生的视觉健康密切相关。近年来，已有研究者开始关注改善教室照明环境对学生视力的影响，[3-5] 改善教室照明环境的相关实践也得到了业界的广泛响应和参与。

2018年8月，为贯彻落实习近平总书记关于学生近视问题的重要指示精神，教育部等八部门联合出台了《综合防控儿童青少年近视实施方案》，明确指出学校应改善视觉环境，为学生提供符合用眼卫生要求的学习环境，严格按照普通中小学校、中等职业学校建设标准，落实教室、宿舍、图书馆（阅览室）等采光和照明要求，使用有利于视力健康的照明设备。国家卫生健康委员会于2019年3月发布通知，对学校、托幼机构、校外培训机构教室（教学场所）的采光和照明以“双随机”方式进行抽检、记录并公布。

本文结合行业技术发展与近视防控需求，对现行标准中涉及中小学校教室照明的光环境指标要求进行了梳理和差异性分析，供教育照明标准体系建设与近视防控工作参考。

一、光环境指标介绍

教室光环境是影响学生视力的重要因素之一，而良好光环境的打造离不开标准的指引与规范。为了更好地探讨当前国内有关教室采光和照明的标准，需先对照明环境的主要指标予以解读和明确。与照明环境相关的光的基本概念包括：光通量、色温、显色指数、光频闪、照度、照度均匀度、眩光。

光通量：光通量表示一个光源在单位时间内发出光的量，它是光源的一个基本参数，单位为流明（lm）。光通量越高，灯就越亮。

色温：色温用于表征光的颜色。当光源的色品与某一温度下黑体的色品接近或相同时，该黑体的绝对温度为此光源的色温，单位为开尔文（K）。通常所说的白光色温约为6000K，黄光色温约为3000K。太阳光的色温是不断变化的，清晨和傍晚的色温约2000~3000K，上午9~10点钟的色温约为5000K，正午的色温约6000K。

显色指数：显色指数是光源对被观察物体颜色还原能力的度量，是表示被测光源照明观察物体呈现的心理物理色与标准光源照明同一物体的心理物理色符合程度的量，即人眼在被测光源下看到物体的颜色与其在标准光源（如太阳光）下看到的颜色的相符合程度，通常用数值0~100来表示。数值越高说明显色能力越强，反之越差。太阳光的波长范围是380~780nm，如果光源发出的光在某些波长上缺失，就会造成对应的颜色无法体现。以昏黄的路灯为例，在这种环境下人难以分辨物体的真实颜色，只能看到一片黄色，其原因在于，低压钠灯发出的是波长为589nm和589.6nm的黄光光谱。

光频闪：光频闪指光输出强度呈周期性变化的现象。通常情况下，当光的闪烁频率在70Hz以下时，人眼可以觉察，高于70Hz则不可觉察。需要指出的是，人眼不可觉察不等于对人眼没有影响。国际电气和电子工程师协会（IEEE）的研究表明，光频闪潜在的不利影响主要包括：导致光敏性癫痫或闪烁光诱导的癫痫；导致偏头痛或严重的阵发性头痛，常伴有恶心和视觉障碍；导致自闭症人士的重复行为加重；导致视疲劳（包括眼疲劳）、疲惫、视物模糊、普通头痛、视力相关作业能力下降；频闪效应及相关的旋转机械的明显减慢或停止。

照度：照度是表征参考面被照明程度的量，指单位表面接收到光通量的密度，单位是勒克斯（lx）。1lx指1lm光通量均匀分布在1m²面积上所产生的照度。晴朗天，满月地面照度约为0.2lx；室外天空散射光照射（非直射）下，地面照度约为10^3lx；正午太阳光直射下，地面照度高达约10^5lx。需要明确的是，照度不是越高越好，不同的使用环境对照度有不同的要求。高精度作业、连续长时间紧张的视觉作业、识别移动对象的作业、对操作安全有重要影响的视觉作业等，对照度值的要求相对较高。

照度均匀度：照度均匀度指规定表面上的最小照度与平均照度之比，是照明质量的重要指标。光线分布越均匀说明照度均匀度越好，视觉感受越舒服；照度均匀度不佳，易造成明暗适应困难和视觉疲劳。

眩光：眩光指由于视野中的亮度分布或亮度范围的不适宜，或存在极端的对比，以致引起不舒适感觉或降低观察细部或目标能力的视觉现象，即俗语中常说的“晃眼”。眩光会让人感到刺眼，可能引起眼睛酸痛、流泪和视力下降，严重时甚至可因明暗不能适应而丧失视觉能力。

二、教室照明相关标准介绍

（一）教室照明环境标准

我国对教室照明提出具体技术参数要求的标准包括：住建部发布的《建筑照明设计标准》（GB 50034—2013）、《中小学校设计规范》（GB 50099—2011），原卫生部发布的《中小学校教室采光和照明卫生标准》（GB 7793—2010），国家市场监管总局发布的《中小学校普通教室照明设计安装卫生要求》（GB/T 36876—2018），上海市发布的地方标准《中小学校及幼儿园教室照明设计规范》（DB31/T 539—2020），中国教育装备行业协会的团体标准《中小学校教室照明技术规范》（T/JYBZ 005-2018）等。上述标准的主要指标对比如表1所示。

表1　不同标准对教室照明参数的要求对比

参数名称	GB 50034—2013	GB 7793—2010	GB 50099—2011	GB/T 36876—2018	DB31/T 539—2020	T/JYBZ 005—2018	CQC 3155—2016①
桌面维持平均照度/lx	≥300	≥300	≥300	≥300	≥300	≥300	≥300
桌面照度均匀度	≥0.6	≥0.7	≥0.7	≥0.7	≥0.7	≥0.7	≥0.7
黑板维持平均照度/lx	≥500	≥500	—	≥500	≥500	≥500	≥500
黑板照度均匀度	≥0.7	≥0.8	—	≥0.8	≥0.8	≥0.8	≥0.7
统一眩光值*UGR*	≤19	≤19	≤19	≤19	≤16	≤16	≤16
显色指数	≥80	≥80	≥80	≥80	≥80	≥80	≥80
色温/K	3300~5300	3300~5500	—	3300~5300	3300~5500	3300~5500	3300~5500
频闪	—	—	—	—	无显著影响	无显著影响	无显著影响
功率密度	≤11	≤11	≤11	≤11	≤11	≤9	≤8
灯具安装高度	—	—	≥1.7m	≥1.7m	—	—	—
维护系数	0.8	0.8	0.8	—	0.8	0.8	0.8
光源选择	不限	推荐荧光灯	推荐荧光灯	推荐荧光灯	不限	不限	不限
测试方法	GB/T 5700	GB/T 5700	GB/T 5700	GB/T 5700	另行要求	另行要求	GB/T 5700

1.《建筑照明设计标准》（GB 50034—2013）

《建筑照明设计标准》（GB 50034—2013）是照明设计的指导性标准，其指标限值被多份相关标准引用。该标准为国家强制标准，但仅能耗部分为强制要求，其他均为推荐条款。从标准的名称可以看出，该标准对建筑的所有场所照明进行规范，但大而全的照明场景覆盖也意味着在标准中难以对细分场景做出深入的要求。如在学校教室照明方面，该标准将教室内的眩光值限值与办公室、会议室等同（*UGR*≤19），对

① CQC 3155—2016属于教室照明产品标准，具体信息见后文。

教室桌面和黑板的照度均匀度分别限定为不小于0.6和0.7（其他几项标准多限定为不小于0.7和0.8）。另外，该标准条款4.4.4（当选用发光二极管灯光源时，其色度应满足下列要求：长期工作或停留的房间或场所，色温不宜高于4000K，特殊显色指数R9应大于零）中的数值设置现在来看也需要进行更深入的研究探讨。

2.《中小学校教室采光和照明卫生标准》（GB 7793—2010）

作为专门针对学校教室采光和照明的国家强制标准，GB 7793—2010的重要性不言而喻，是目前评估学校教室采光与照明的主要依据。该标准在照明部分对课桌面和黑板照度及照度均匀度、眩光、显色指数、色温等参数指标进行了要求，其照度均匀度较GB 50034—2013有所提高，但统一眩光值仍限定为不大于19。该标准还对使用光源及灯具安装高度进行了推荐和要求，推荐使用细管径直管形稀土三基色荧光灯。这项要求在荧光灯时代确实具有合理性，但在标准出台后的近10年里，半导体照明技术发展迅速，照明产品已今非昔比，该条款的内容反而限制了更先进的产品在教育环境的应用，也制约了先进照明光源技术的普及推广。

3.《中小学校设计规范》（GB 50099—2011）

该标准主要针对中小学校的新建、改建和扩建项目的规划和工程设计，内容包括：场地选择、各学校用房规范、安全疏散、室内环境、建筑设备等。该标准将照明作为室内环境的一部分，除对教室照度、照度均匀度、显色指数、眩光、功率密度提出要求外，在光源选择、安装方式等方面也给出了要求。该标准照明部分的规范要求主要还是依据GB 7793—2010，并在此基础上增加了灯具的安装方式要求。

4.《中小学校普通教室照明设计安装卫生要求》（GB/T 36876—2018）

最新颁布的国家推荐标准GB/T 36876—2018综合了GB 7793—2010和GB 50099—2011中照明部分的内容，并在此基础上增加了调光系统和黑板灯的安装要求。

5.《中小学教室照明技术规范》（T/JYBZ 005—2018）

由中国教育装备行业协会发布的团体标准T/JYBZ 005—2018于2018年5月1日生效执行。该标准虽为团体标准，但在参数指标等方面却比较贴近行业发展与用户的实际需求。该标准的主要亮点有：①不对光源做推荐或限定（荧光灯、LED及其他光源不予限定），只要求产品及环境技术指标；②将光频闪指标纳入考核指标；③将眩光指标的限值提高为$UGR \leqslant 16$；④明确了维持平均照度及统一眩光值的测试方法。

6.《中小学校及幼儿园教室照明设计规范》（DB31/T 539—2020）

上海市的地方标准DB31/T 539—2020为DB31/ 539—2011的修订版，由上海市教育委员会提出，归口上海市教委教育技术装备中心。该标准的主要亮点有：①明确了半导体光源产品——LED教室照明灯具的要求。针对LED光源的特点，对蓝光危害、频闪和闪烁、灯具可靠性等方面提出了严格的限定；②对灯具表面亮度进行限制，要求灯具出光口平面在垂线以上≥65° 度角的平均亮度不高于1000cd/m²；③增加垂直照度要求。垂直照度有利于看清人脸，但同时会增加眩光，在实践中二者需要平衡；④对有视觉显示终端（指电脑显示器、投影仪、一体机等）的教室照明提出要求；⑤对照明装置的维护和运行提出了具体要求；⑥测试方法采用T/JYBZ005—2018的测试方法。

（二）教室照明产品标准

目前，我国针对学校教室照明灯具产品质量的主要标准有：由原国家质监总局发布的《灯具：一般要求与试验》（GB 7000.1—2015）和中国质量认证中心发布的团体标准《中小学校及幼儿园教室照明产品节能认证技术规范》（CQC 3155—2016）。

1.《灯具：一般要求与试验》（GB 7000.1—2015）

该标准旨在对产品本身的安全性进行评价，确保产品对人及环境没有安全风险，主要从电气强度、防触电保护、机械强度、防火防燃、防水、光生物危害以及标识等方面对产品进行规定。按中国产品法规要求，产品必须完全满足标准条款，同时还必须通过有资质的实验室检测并进行工厂审核；满足所有要求后，由发证机构颁发认证证书。这一过程就是通常所说的强制认证（CCC认证）。未获得CCC认证证书的产品严禁上市销售。

2.《中小学校及幼儿园教室照明产品节能认证技术规范》（CQC 3155—2016）

中国质量认证中心发布的CQC3155—2016主要侧重产品应用参数性能的评价。该标准主要有如下亮点：①首次在标准层面取消了学校教室灯具光源类别的限制，将LED灯具和传统荧光灯灯具放在同等位置上供用户选择（标准仍对LED灯具在蓝光危害和更长的使用寿命等方面做出了更多的限定）；②首次在国内将灯具的光闪烁作为重要性能指标纳入考核，采用IEEE Std 1789—2015作为判断依据；③重点突出节能效果，将普通教室照明功率密度提高到8W/m²。

三、教室照明标准关键指标的探讨

通过上述分析，我们可以看出各项标准的差异主要体现在光源的选择、眩光指标的限定、照度、照度均匀度指标、频闪指标、测量方法方面。下面针对以上几个指标进行分析探讨。

（一）光源的选择

针对教室光源，上述标准中有三份都推荐细管径三基色稀土荧光灯，这在过去几年存在诸多争议。究其根本，所有认为 LED 光源不宜使用的理据焦点都在于 LED 光源的蓝光危害。关于这一问题：首先，蓝光并非 LED 光源独有，而是白光不可或缺的组成部分，荧光灯灯光、太阳光都含有蓝光。在同等照度、同等色温条件下，荧光灯光源的蓝光含量并不比 LED 光源少。其次，在合适的辐射能量下，蓝光并不会对眼睛产生伤害，适量的蓝光反而是必要的。GB 7000.1—2015 对蓝光伤害问题做了明确的限定：满足 RG0 或 RG1 为无限制使用。再次，国家层面已对 LED 照明产品的应用做出了引导。国家发展改革委、教育部等 13 部委于 2017 年 7 月 10 日联合印发了《半导体照明产业“十三五”发展规划》，明确提出：“推动国家机关办公和业务用房、学校、医院、博物馆、科技馆、体育馆等公共机构开展绿色建筑行动，率先实行照明系统 LED 改造，引领全社会推广应用 LED 照明产品。”

同时，荧光灯用于教室照明本身也存在一些问题。2017年8月15日，原环保部等17部委联合发布了《〈关于汞的水俣公约〉生效公告》。该公约明确我国将从2021年起淘汰含汞电池、荧光灯产品的生产和使用。公约的生效意味着荧光灯将加速退出市场，也意味着不远的将来学校将无法买到荧光灯灯管用以维修和替换。另外，以传统荧光灯作为黑板照明光源时，要实现国家标准要求的照度和照度均匀度难度较大，需通过增加灯具与黑板的距离来实现，但这样会因灯光直射教师眼睛而形成严重的眩光；而利用LED光源定向发光的特点进行灵活的光学配光则可以很好地解决这一问题。除此之外，荧光灯的工作原理还决定了其很难在频闪指标上达到一定的限制要求，如相对于LED光源较难于实现大于90的显色指数。

综上所述，在教室环境中选择使用LED光源的专用照明灯具已是大势所趋，未来业界的研究重心应转向选择和控制LED光源的品质上，使这些灯具更有利于保护师生的视力健康。

（二）眩光指标的限定

眩光除会引起眼部不适和视觉功能降低外，在教室场景中还会影响学生的专注力和学习效率。因此，眩光指标是教室照明环境标准中一个非常重要的指标。如前所述，目前多项国家标准（GB 7793—2010、GB 50034—2013、GB 50099—2011）中，教室照明环境的统一眩光值限值都按照不大于19来规定，与普通办公室等同。然而，与使用者在多数时间里伏案工作的普通办公场所不同，学生在教室上课期间至少有2/3的时间要抬头与教师互动，照明环境的眩光对学生视力的影响更为显著。采用统一的标准来规范两个完全不同的使用场景，其合理性值得商榷。

为了方便理解，可以结合图1来观察不同统一眩光值下的教室照明情况。在正常观看黑板的视角下：图1a中存在刺眼的灯光；图1b中的灯光虽较图1a柔和，但仍可直接看到灯具发光；而图1c中防眩光灯具发出的光几乎不存在直射人眼的现象。显然，图1c中教室的照明环境更为舒适。因此，从提高教室光环境质量的角度来看，适当提高现行国家标准中教室照明的统一眩光值要求十分必要。

(a) $UGR \approx 23$

(b) $UGR \approx 19$

(c) $UGR \approx 14$

图1　不同统一眩光值的教室照明效果对比

（三）照度及照度均匀度指标

目前，所有前述标准中课桌面维持平均照度的下限值都为300lx，而美国IESNA-2000、德国DIN 5035-1990及我国台湾地区《学习照明节能改善参考手册2012》对课桌面维持平均照度的要求均为500lx。现在已有呼声建议将教室课桌面维持平均照度的限值提高到500lx。然而，照度值并非越高越好，还需结合具体场景考量。例如，将维持平均照度限值提高到500lx就意味着初始值要达625lx以上。在实践中，这样的照度值在白天没有问题，但在周边环境相对昏暗的夜间，从低照度的室外进入教室时会明显感到刺眼，需要较长时间调整适应。因此，需要对适宜的照度限值要求开展进一步研究。对于照度均匀度，只有GB 50034—2013和CQC 3155—2016的规定略有不同（见表1）。就照明质量而言，均匀度越高照明效果越好，不存在争议。

（四）频闪指标

频闪是近年来才被关注的指标，上述几项国家标准均未就其给出限定。但如前文所述，光的频闪对视力及人体健康的影响不容忽视。IEEE Std 1789—2015将波动深度作为频闪的评价指标，将光频闪等级分为无危害、低危害和高危害三个级别。可参考该标准对频闪指标作出的限定，尽早将相关指标纳入照明环境的标准要求中。

（五）测量方法

虽然各项标准中对照度、照度均匀度及眩光等指标均作了限定，但不同的测试方法却可能导致测试结果呈现显著差异。前述标准中，除 T/JYBZ 005—2018 给出了明确的测量方法外，其余标准均依据 GB/T 5700—2008 来执行。在教室照明环境的测量实践中，GB/T 5700—2008 的测量方法可能存在一定的局限性。以普通小学为例，按照该标准规定的方法取测量点，用中心布点法，课桌面按 2m × 2m 的正方形网格布点测量。普通小学教室宽度通常为 7m，摆放课桌的空间约为 7m × 5.8m（GB 50099—2011 规定“最后排课桌的后沿与前方黑板的水平距离应符合：小学不宜大于 8m”“最前排课桌的前沿与前方黑板的水平距离不宜小于 2.2m”），在其中按 2m × 2m 的正方形网格画线，将纵向取整为 6m，最多只能设置 9（3 × 3）个测量点，如图 2a 所示。而按照 T/JYBZ 005—2018 规定的 1m × 1m 布点方法，同样纵向取整为 6m，可取点 42 个测量点，如图 2b 所示。

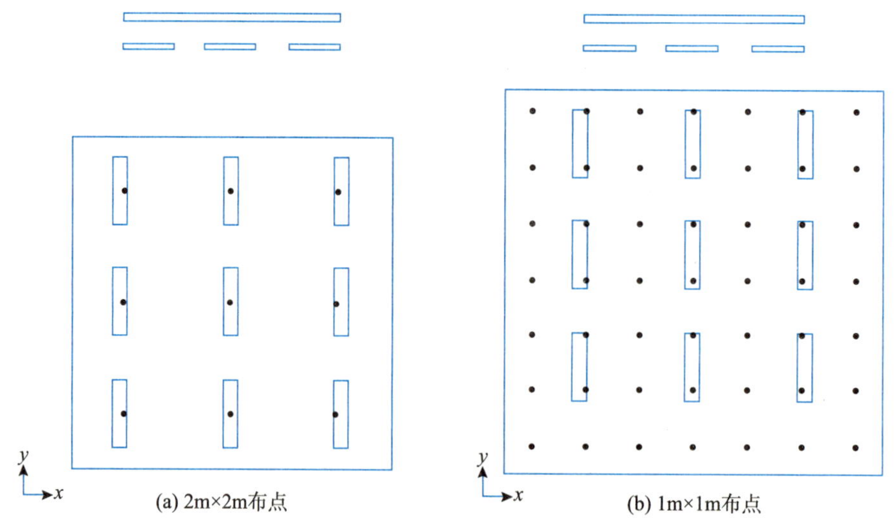

图2　课桌面照度、照度均匀度测量布点示意

用照明设计软件DIALux evo模拟两种布点方法对某案例教室进行测量。正常情况下，该尺寸的教室会按照3 × 3盏的方案布灯。假设施工方恰好在取点的上方布灯，得出的照度测量值如图3所示，测量结果如表2所示。从数据可知，2m × 2m布点方法测出的照度和照度均匀度合格，而1m × 1m的布点方法测出的照度均匀度不合格，但1m × 1m的布点测量结果显然更加符合现场的实际照明情况。

450 523 452
528 623 532
439 512 442

(a) 2m×2m布点

270 385 424 448 424 387 271
336 484 534 565 535 487 336
357 521 578 612 580 524 366
358 518 575 609 578 522 362
330 477 527 558 528 460 332
256 372 411 434 413 375 265
146 201 226 237 229 203 152

(b) 1m×1m布点

图3　两种布点方式下的课桌面照度值

表2　两种布点方式下的课桌面照度及照度均匀度对比

布点方式	平均照度/lx	最小照度/lx	最大照度/lx	照度均匀度（最小值/平均值）
0.75m课桌面（2m×2m）	500	439	623	0.88
0.75m课桌面（1m×1m）	410	146	612	0.24

黑板照明的测量也面临同样的情况。目前黑板的普遍尺寸是1.2m×4.0m。按照GB/T 5700—2008，以0.5m×0.5m的正方形网格布点，则竖直方向上只能选取2个点，每个点距黑板边缘0.3m，整块黑板最多只能设置16（2×8）个测量点；如果按照T/JYBZ005—2018，以0.4m×0.4m的正方形网格布点，则可在竖直方向选取3个点，每个点距黑板边缘0.2m，一共能设置30（3×10）个测试点。同样用软件模拟两种布点方式进行测试，照度值结果如图4所示，测量结果如表3所示。

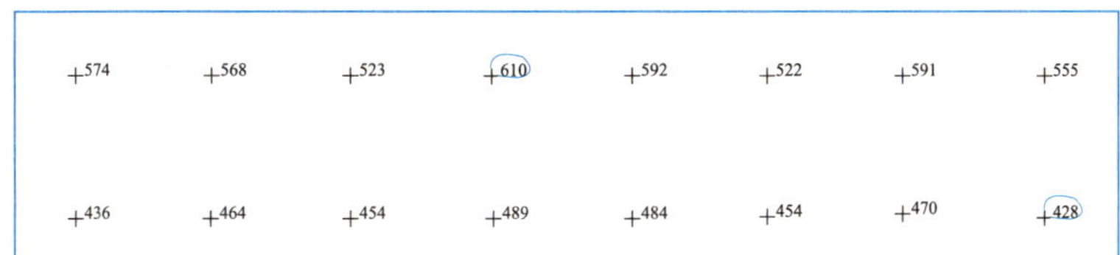

(a) 0.5m×0.5m布点

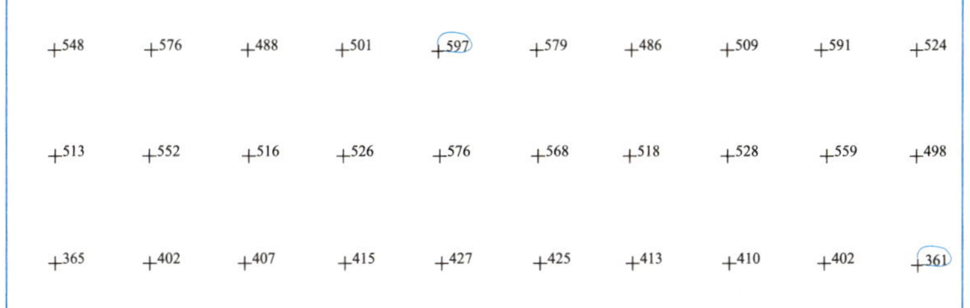

(b) 0.4m×0.4m布点

图4　两种布点方式下的黑板照度值

表3 两种布点方式下的课桌面照度及照度均匀度对比

布点方式	平均照度/lx	最小照度/lx	最大照度/lx	照度均匀度（最小值/平均值）
黑板面（0.5m×0.5m）	513	428	610	0.83
黑板面（0.4m×0.4m）	493	361	597	0.73

从以上分析可知，即使采用同样的衡量指标和限值，不同的测试方法也会导致检测结果的显著差异。因此，在学校教室照明环境标准中，应充分考虑场景的特殊性，明确选用更具针对性的测量方式，使标准更加完善。值得注意的是，GB/T 5700—2008仅给出了布点方式，但未明确测试区域的选择，实操过程中只能从GB 50099—2011中去寻找相应的依据。

四、对学校教室照明标准建设的建议

目前，我国中小学教室照明标准建设已初具成效。在已有标准基础上，匹配当前技术发展水平，制定更具先进性和引领性的学校照明标准应成为下一步工作的重点。在进一步加强教室照明标准建设方面，笔者认为可从以下方面开展工作。

（一）统一并提高教室光环境指标

一般情况下，标准都会相对滞后于行业发展。就教室照明环境而言，现行标准除有所滞后外，还存在不同标准中关于教室照明的同一参数要求不一致的情况，导致在设计和新建学校或实施学校灯光改造项目时无所适从。因此，制定独立且更加科学严谨、更加适用的教室照明标准十分必要。同时，在制定和更新相关标准的过程中，适当提高光环境指标（如提高显色指数、降低眩光值、增加频闪指标等）也有助于更好地落实对学生视力健康的保护。

（二）增加讲台区域的照明环境参数要求

教师与学生同为教室的使用者，其视力健康也会受到教室光环境的影响。多数时间里，教师在讲台区域以站姿授课。为保护教师的视力健康，应在相关标准中明确讲台区域的照明要求。根据相关研究，建议讲台区域应维持平均照度≥500lx，照度均匀度≥0.7；同时建议增加讲台区域眩光要求*UGR*≤16。

（三）明确教室照明灯具的检测方法和维护要求

为规范教室照明灯具的使用和维护，在教室照明灯具技术规范中应添加维护和运行方面的要求，强调为保持工作面平均照度而采取的维护措施，如建立光源和灯具的清洁制度；按照光源的寿命、维持平均照度及光源或灯具的主要性能参数，定期更换光源和灯具，使维护系数大于0.8。同时，对于教室现场照明参数与设计值是否符合的检验，应添加相应的测试方法和现场测量的周期等要求。

（作者单位：厦门立达信照明有限公司）

参考文献

[1]国家卫生健康委员会.国家卫生健康委员会2019年4月29日例行新闻发布会文字实录[EB/OL].（2019-04-29）.http：//www.nhc.gov.cn/xcs/s7847/201904/e9117ea8b6b84f48962e84401d305292.shtml.

[2]王斌，王文青.青少年近视防治研究进展[J].福建医药杂志，2019，41（1）：140-143.

[3]陈玉胜，杨丽华，等.教室照明质量对学生视力影响研究[J].医疗保健器具，2007（8）：46-47.

[4]蔡建奇，郭娅，等.面向视觉健康需求的教室照明需求[J].照明工程学报，2018，29（6）：1-4.

[5]郭娅，郝文涛，等.LED教室照明灯具对人眼生理特性的影响[J].照明工程学报，2019，30（3）：7-14.

[6]中华人民共和国国家质量监督检验检疫总局.GB/T 1.1—2009标准化工作导则 第1部分标准的结构和编写的规则 [S].北京：中国标准出版社，2010.

[7]中华人民共和国国家质量监督检验检疫总局.GB/T 5700—2008照明测量方法[S].北京：中国标准出版社，2009.

[8]中华人民共和国国家质量监督检验检疫总局.GB 7000.1—2015灯具 第1部分：一般要求与试验照明测量方法[S].北京：中国标准出版社，2009.

[9]中华人民共和国国家质量监督检验检疫总局.GB 7793—2010中小学校教室采光和照明卫生标准[S].北京：中国标准出版社，2011.

[10]国家市场监督管理总局.GB/T 36876—2018中小学校普通教室照明设计安装卫生要求[S].北京：中国标准出版社，2018.

[11]中华人民共和国住房和城乡建设部.GB 50034—2013建筑照明设计标准[S].北京：中国建筑工业出版社，2013.

[12]中华人民共和国住房和城乡建设部.GB 50099—2011中小学校设计规范[S].北京：中国建筑工业出版社，2010.

[13]中国质量认证中心.CQC 3155—2016中小学及幼儿园教室照明产品节能认证技术规范[S].北京：2016.

[14]上海市市场监督管理局.DB31/T 539—2020中小学校及幼儿园教室照明设计规范[S].上海，2018.

[15]许建兴，陈玉嫦.团体标准《中小学教室照明技术规范》编制情况解析[J].中国照明电器，2018，401（8）：34-38.

[16]沈英琪，许建兴，线亚威，辛珉，董雪莲.学校教室照明情况调研分析[J].教育装备与研究，2018，（6）：7-15.

[17]STANDARDS COMMITTEE OF THE IEEE POWER ELECTRONICS.IEEE Recommended Practices for Modulating Current in High-Brightness LEDs for Mitigating Health Risks to Viewers.IEEE Std 1789—2015[S].New York， USA：2009.

附　录

附录Ⅰ 大事记

1. 2019年1月3日，教育部召开义务教育课程修订启动会。

2. 2019年1月10～11日，中国教育装备行业协会六届三次理事会暨六届六次常务理事会在广东惠州举行。

3. 2019年1月18日，2019年全国教育工作会议在北京召开。

4. 2019年2月25日，教育部等五部门召开城镇小区配套幼儿园治理工作座谈会。

5. 2019年2月28日，教育部召开全国学校安全工作电视电话会议。

6. 2019年4月3日，教育部、国家卫生健康委联合召开全国综合防控儿童青少年近视暨推进学校卫生与健康教育工作视频会议。

7. 2019年4月3日，中国教育装备行业协会团体标准委员会发布《中国教育装备行业团体标准管理规定（V2.0）》。

8. 2019年4月11～12日，2019年全国教育信息化工作会议在云南昆明举行。

9. 2019年4月13日，中国教育装备展示会第六次荣获中国会展产业金手指奖。

10. 2019年4月26～28日，第76届中国教育装备展示会在重庆举行。

11. 2019年5月16～18日，由中国教育部、联合国教科文组织、中国联合国教科文组织全国委员会、北京市人民政府共同主办的国际人工智能与教育大会在北京举行。会议通过成果文件《北京共识——人工智能与教育》。

12. 2019年6月3日，中国教育装备行业协会发布《中小学智慧书法教室装备规范》（T/JYBZ 007—2019）等六项团体标准并举办标准宣贯培训活动。

13. 2019年7月1～3日，中国教育装备行业协会在宁夏举办“2019教育装备行业弘扬长征精神 提升干部综合素质培训班”。

14. 2019年7月29日，国务院召开全国基础教育工作会议，中共中央政治局委员、国务院副总理孙春兰出席并讲话。

15. 2019年8月28日，国务院总理李克强主持召开国务院常务会议，决定推进“互联网+教育”，加快建设教育专网。

16. 2019年9月2日，中国期刊协会、中国教育装备行业协会联合发布《中小学图书馆推荐优秀期刊目录》。

17. 2019年9月23日，中国教育装备行业协会信用评价工作委员会公布2019年教育装备行业企业信用等级评价结果。

18. 2019年9月27日，由教育部召集的全国综合防控儿童青少年近视工作联席会议机制第一次会议在北京召开。

19. 2019年9月28～30日，2019中国国际教育装备（上海）博览会在上海举行。

20. 2019年10月12～14日，第77届中国教育装备展示会在山东青岛举行。

21. 2019年11月5～6日，教育部在安徽合肥举行全国中小学图书馆图书审查清理专项行动启动工作会。

22. 2019年11月6日，国家市场监督管理总局在河北石家庄召开2019年儿童和学生用品安全守护行动工作总结和现场推进会。

23. 2019年11月，中国教育装备行业协会教育装备研究院公布2019年立项课题名单。

24. 2019 年 12 月 5 日，工业和信息化部公布 2019 年团体标准应用示范项目名单，中国教育装备行业协会发布的《中小学教室照明技术规范》（T/JYBZ 005—2018）名列其中。

25. 2019年12月26日，中国教育装备行业协会召开“不忘初心、牢记使命”主题教育总结会暨2019年党建工作述职评议会。

26. 2019 年 12 月,《中国教育装备行业蓝皮书（2019 版）》出版发行。

附录Ⅱ 2019年度相关政策法规目录

1. 2019年1月2日，教育部办公厅发布《关于“智慧教育示范区”建设项目推荐遴选工作的通知》（教技厅函〔2019〕1号）。

2. 2019年1月3日，教育部办公厅发布《关于公布2018年度教育信息化教学应用实践共同体项目名单的通知》（教技厅函〔2019〕2号）。

3. 2019年1月8日，教育部发布《关于公布2018年国家精品在线开放课程认定结果的通知》（教高函〔2019〕1号）。

4. 2019年1月9日，国务院办公厅发布《关于开展城镇小区配套幼儿园治理工作的通知》（国办发〔2019〕3号）。

5. 2019年1月9日，国家标准委、民政部发布通知（国标委〔2019〕1号），印发《团体标准管理规定》。

6. 2019年1月10日，教育部发布通知（教高函〔2019〕2号），发布教育行业标准《高等学校固定资产分类与代码》。

7. 2019年1月10日，教育部办公厅发布《关于进一步加强高校教学实验室安全检查工作的通知》（教高厅〔2019〕1号）。

8. 2019年1月16日，教育部办公厅发布《关于继续开展全国青少年校园足球师资国家级专项培训的通知》（教体艺厅函〔2019〕5号）。

9. 2019年1月17日，教育部、住房和城乡建设部发布通知（教发函〔2019〕1号），印发《幼儿园标准设计样图》。

10. 2019年1月17日，教育部、人民日报社、全国少工委发布《关于在全国中小学校开展“学习新思想，做好接班人”主题阅读活动的通知》（教基函〔2019〕1号）。

11. 2019年1月23日，教育部办公厅发布《关于加强流感等传染病防控和学校食品安全工作的通知》（教体艺厅〔2019〕1号）。

12. 2019年1月24日，国务院发布通知（国发〔2019〕4号），印发《国家职业教育改革实施方案》。

13. 2019年2月2日，教育部办公厅发布《关于继续做好2019年全国青少年校园篮球特色学校遴选等有关工作的通知》（教体艺厅函〔2019〕11号）。

14. 2019年2月20日，教育部、国家市场监管总局、国家卫生健康委发布《学校食品安全与营养健康管理规定》（中华人民共和国教育部、中华人民共和国国家市场监督管理总局、中华人民共和国国家卫生健康委员会令第45号）。

15. 2019年2月22日，教育部发布《教育部2019年工作要点》。

16. 2019年2月27日，教育部办公厅发布通知（教技厅〔2019〕2号），印发《2019年教育信息化和网络安全工作要点》。

17. 2019年2月28日，教育部办公厅发布《关于开展2019年“一师一优课、一课一名师”活动的通知》（教基厅函〔2019〕12号）。

18. 2019年2月，中共中央、国务院印发《中国教育现代化2035》。

19. 2019年2月，中共中央办公厅、国务院办公厅印发《加快推进教育现代化实施方案（2018~2022年）》。

20. 2019年3月1日，国务院办公厅发布《关于在制定行政法规规章行政规范性文件过程中充分听取企业和行业协会商会意见的通知》（国办发〔2019〕9号）。

21. 2019年3月6日，教育部发布《关于公布2018年度国家虚拟仿真实验教学项目认定结果的通知》（教高函〔2019〕6号）。

22. 2019年3月14日，全国青少年校园足球工作领导小组发布《关于做好2019年校园足球工作的通知》（教体艺函〔2019〕2号）。

23. 2019年3月15日，教育部办公厅发布《关于开展2019年全国青少年校园网球特色学校遴选工作的通知》（教体艺厅函〔2019〕20号）。

24. 2019年3月20日，教育部发布《关于实施全国中小学教师信息技术应用能力提升工程2.0的意见》（教师〔2019〕1号）。

25. 2019年3月21日，教育部办公厅发布《关于做好2019年度高等学校科研实验室安全工作的通知》（教技厅函〔2019〕37号）。

26. 2019年3月21日，教育部基础教育司发布《关于举办第七届全国中小学实验教学说课活动的通知》（教基司函〔2019〕13号）。

27. 2019年3月21日，国家市场监管总局办公厅发布通知（市监质监〔2019〕19号），印发《2019年儿童和学生用品安全守护行动工作方案》。

28. 2019年3月22日，教育部办公厅发布《关于开展足球特色幼儿园试点工作的通知》（教体艺厅函〔2019〕24号）。

29. 2019年3月28日，教育部基础教育司、基础教育课程教材发展中心发布《关于开展向全国中小学图书馆（室）推荐优秀图书活动的通知》（教基司函〔2019〕15号）。

30. 2019年3月29日，教育部、财政部发布《关于实施中国特色高水平高职学校和专业建设计划的意见》（教职成〔2019〕5号）。

31. 2019年3月29日，教育部办公厅发布《关于公布2018年度网络学习空间应用普及活动优秀区域和优秀学校名单的通知》（教技厅函〔2019〕38号）。

32. 2019年4月8日，教育部发布通知（教基函〔2019〕4号），发布《基础教育装备分类与代码》等22项教育行业标准。

33. 2019年4月8日，教育部发布通知（教基函〔2019〕5号），发布《初中物理教学装备配置标准》等六个学科配置标准。

34. 2019年4月23日，教育部办公厅发布《关于召开国际人工智能与教育大会的通知》（教技厅函〔2019〕49号）。

35. 2019年4月24日，教育部办公厅发布《关于开展2019年全国青少年校园足球特色学校、试点县（区）和“满天星”训练营创建工作的通知》（教体艺厅函〔2019〕34号）。

36. 2019年5月5日，教育部办公厅发布《关于公布2019年度“智慧教育示范区”创建项目名单的通知》（教技厅函〔2019〕52号）。

37. 2019年5月6日，教育部办公厅发布《关于举办2019年教育厅局长教育信息化专题培训班的通知》（教技厅函〔2019〕53号）。

38. 2019年5月6日，民政部办公厅发布《关于机构改革后全国性社会组织变更业务主管单位等有关事项的通知》（民办函〔2019〕53号）。

39. 2019年5月8日，民政部发布《关于在社会组织登记管理工作中贯彻落实〈中共中央关于加强党的政治建设的意见〉有关要求的通知》（民函〔2019〕54号）。

40. 2019年5月14日，教育部办公厅发布通知（教材厅函〔2019〕3号），印发《2019年中小学教学用书目录》。

41. 2019年5月20日，教育部等四部门发布《关于加快推进全国青少年冰雪运动进校园的指导意见》（教体艺〔2019〕3号）。

42. 2019年5月22日，教育部发布《关于加强高校实验室安全工作的意见》（教技函〔2019〕36号）。

43. 2019年5月31日，教育部发布《关于建立全国综合防控儿童青少年近视工作联席会议机制的函》。

44. 2019年5月31日，教育部发布通知（教职成函〔2019〕9号），印发《高等职业学校物流管理专业实训教学条件建设标准》等21项职业教育教学标准。

45. 2019年6月11日，国务院办公厅发布《关于新时代推进普通高中育人方式改革的指导意见》（国办发〔2019〕29号）。

46. 2019年6月11日，教育部办公厅发布《关于开展体育美育浸润行动计划的通知》（教体艺厅函〔2019〕41号）。

47. 2019年6月11日，教育部办公厅发布《关于开展2019年中华优秀传统文化传承基地遴选工作的通知》（教体艺厅函〔2019〕42号）。

48. 2019年6月14日，国家发展改革委等十部门发布《关于全面推开行业协会商会与行政机关脱钩改革的实施意见》（发改体改〔2019〕1063号）。

49. 2019年6月23日，中共中央、国务院发布《关于深化教育教学改革全面提高义务教育质量的意见》。

50. 2019年7月8日，教育部、国家发展改革委、财政部发布《关于切实做好义务教育薄弱环节改善与能力提升工作的意见》（教督〔2019〕4号）。

51. 2019年7月9日，国务院办公厅发布《关于加快推进社会信用体系建设构建以信用为基础的新型监管机制的指导意见》（国办发〔2019〕35号）。

52. 2019年7月12日，教育部等六部门发布《关于规范校外线上培训的实施意见》（教基函〔2019〕8号）。

53. 2019年7月17日，教育部办公厅发布《关于普通高中思想政治、语文和历史教学用书有关事项的通知》（教材厅函〔2019〕4号）。

54. 2019年7月17日，教育部办公厅发布《关于进一步支持高校校园实体书店发展的指导意见》（教发厅〔2019〕6号）。

55. 2019年7月26日，财政部发布《关于促进政府采购公平竞争优化营商环境的通知》（财库〔2019〕38号）。

56. 2019年8月2日，财政部、教育部发布通知（财教〔2019〕100号），印发《义务教育薄弱环节改善与能力提升补助资金管理办法》。

57. 2019年8月10日，教育部等八部门发布《关于引导规范教育移动互联网应用有序健康发展的意见》（教技函〔2019〕55号）。

58. 2019年8月13日，住房和城乡建设部、国家发展改革委发布通知（建标〔2019〕86号），批准发布《高等职业学校建设标准》。

59. 2019年8月13日，教育部办公厅、国家发展改革委办公厅、财政部办公厅发布《关于编制义务教育薄弱环节改善与能力提升工作项目规划（2019~2020年）的通知》（教督厅〔2019〕1号）。

60. 2019年9月6日，教育部办公厅发布《关于进一步加强义务教育学校校园安全防范设施建设的通知》（教督厅函〔2019〕5号）。

61. 2019年9月18日，教育部基础教育司发布《关于公布第七届全国中小学实验教学说课活动现场展示案例名单的通知》（教基司函〔2019〕50号）。

62. 2019年9月19日，教育部等十一部门发布《关于促进在线教育健康发展的指导意见》（教发〔2019〕11号）。

63. 2019年10月15日，教育部基础教育司发布《关于开展全国中小学图书馆图书审查清理专项行动的通知》（教基司函〔2019〕55号）。

64. 2019年10月21日，教育部办公厅发布《关于开展2019年度网络学习空间应用普及活动的通知》（教技厅函〔2019〕74号）。

65. 2019年10月22日，教育部办公厅发布通知（教基厅函〔2019〕47号），印发《2019年全国中小学图书馆（室）推荐书目》。

66. 2019年10月24日，教育部办公厅发布《关于推荐遴选“基于教学改革、融合信息技术的新型教与学模式”实验区的通知》（教基厅函〔2019〕46号）。

67. 2019年11月11日，教育部办公厅发布通知（教技厅〔2019〕3号），印发《教育移动互联网应用程序备案管理办法》。

68. 2019年11月15日，教育部等五部门发布《关于进一步加强农村义务教育学生营养改善计划有关管理工作的通知》（教督函〔2019〕2号）。

69. 2019年11月20日，教育部发布《关于加强和改进中小学实验教学的意见》（教基〔2019〕16号）。

70. 2019年11月27日，财政部发布《政府采购信息发布管理办法》（中华人民共和国财政部令第101号）。

71. 2019年12月6日，教育部办公厅发布《关于服务全民终身学习　促进现代远程教育试点高校网络教育高质量发展有关工作的通知》（教职成厅〔2019〕8号）。

72. 2019年12月16日，教育部发布通知（教材〔2019〕3号），印发《中小学教材管理办法》《职业院校教材管理办法》和《普通高等学校教材管理办法》。

73. 2019年12月18日，国家卫生健康委等十二部门发布通知（国卫疾控发〔2019〕63号），印发《健康中国行动——儿童青少年心理健康行动方案（2019~2022年）》。

特别说明

本书各篇报告所引用的事实性信息和统计调查数据均来自公开媒体信息、政府统计公报或学术研究文献，由于来源不同、口径不同、采集时点不同，可能存在不尽一致的情况，请读者在引用时注意核对。